| | |
|---|---|
| **펴낸이** | 김기훈 · 김진희 |
| **펴낸곳** | (주)쎄듀 / 서울시 강남구 논현로 305 (역삼동) |
| **발행일** | 2014년 4월 30일 제2개정판 1쇄 |
| **내용문의** | www.cedubook.com |
| **구입문의** | 콘텐츠 마케팅 사업본부 |
| | Tel. 02-6241-2007 |
| | Fax. 02-2058-0209 |
| **등록번호** | 제 22-2472호 |
| **ISBN** | 978-89-6806-020-5 |

EBS비연계 만점 공략 시리즈

# 빈칸

대수능 영어 영역 빈칸추론 유형의 만점 공략법

**ALL YOU MUST KNOW ABOUT BLANK COMPLETION**

# 백서

쎄듀

저자

## 김기훈

現 ㈜ 쎄듀 대표이사
現 메가스터디 영어영역 대표강사
前 서울특별시 교육청 외국어 교육정책자문위원회 위원

**저서:** 천일문 / 천일문 Training Book / 천일문 GRAMMAR
첫단추 / 쎄듀 본영어 / 어휘끝 / 어법끝 / 문법의 골든룰 101 /
절대평가 PLAN A / 리딩 플랫폼 / READING RELAY / 거침없이 Writing
독해가 된다 / The 리딩플레이어 / 빈칸백서 / 오답백서
파워업 / ALL쏨 서술형 / 수능영어 절대유형 / 수능실감 등


**쎄듀 영어교육연구센터**
쎄듀 영어교육센터는 영어 콘텐츠에 대한 전문지식과 경험을 바탕으로
최고의 교육 콘텐츠를 만들고자 최선의 노력을 다하는 전문가 집단입니다.
**오혜정** 센터장 · **한예희** 책임연구원


## 검토위원

**박민영 선생님** 부일외고 국제교류부장(영어교사)
　　　　　　　부산교육청 영어수업개선 컨설턴트 / 전국연합학력평가 출제위원

**마케팅** | 콘텐츠 마케팅 사업본부
**영업** | 문병구
**제작** | 정승호
**내지디자인** | 구수연
**표지디자인** | 디자인신지
**영문교열** | Eric Scheusner, 에디티지 (www.editage.co.kr)

# *Preface*

이 책을 펴내며

EBS 연계 시대에서도, 고득점을 가르는 열쇠가 빈칸추론 문제라는 데 이의를 제기할 사람은 없어 보인다. 문제수와 배점은 가장 많은데 정답률은 가장 낮은 유형에 해당하기 때문이다. 유독 수능에서만 빈칸추론의 정답률이 낮은 것은 아니고 텝스나 토플, 토익 등 다른 여러 시험에서도 수험생들이 가장 어려워하는 유형은 바로 이 빈칸추론이다.

빈칸추론을 '평가'의 관점에서 바라보자면, 원래 어려울 수밖에 없는 유형이라 할 수 있다. 가장 중요한 정보가 빠져 있기 때문에, 정보가 온전히 있는 다른 유형들보다 어려울 수밖에 없다. 더구나 수능 빈칸추론으로 출제되는 단락은 그 내용이 상당히 추상적이고 구문 · 어휘 난이도도 상대적으로 매우 높다. 그렇지 않아도 어려운데 난이도까지 높은 건, 이 유형이 수능 영어 영역에서 상위권 수험생들을 변별해내기 위한 목표를 가지고 있기 때문이라고밖에 설명할 수 없다.

한편, 빈칸추론을 '학습'의 관점에서 바라보자면 또 다른 의의를 찾아볼 수 있다. 우리는 영문을 읽으면서 잘 이해가 되지 않는 부분을 언제든 만나기 마련인데, 빈칸이 바로 그러한 부분이라고 가정한다면 이를 제대로 추론해내는 능력을 기르는 것은 독해에 있어 매우 유용하다. 빈칸을 알아내기 위해 독해에 필요한 여러 다양한 전략을 검토하고 적용해 보아야 하므로, 빈칸추론을 집중적으로 학습한다면 단지 그 유형뿐만 아니라 전반적인 독해 실력 향상도 꾀할 수 있다. 그러므로 다른 어떤 유형의 학습보다 효율이나 효과 면에서 가장 뛰어날 것으로 생각된다.

본 교재는 바로 이러한 점들을 바탕으로 하여 개발한 교재이다. 단순히 빈칸추론 문제만 모아놓은 것이 아니라 전반적인 독해 실력 향상을 위하여 필요한 전략을 모두 정리하고 적용해볼 수 있도록 설계한 훈련서이다. 본 교재에 수록할 지문을 찾기 위해서 미국의 서점가를 누비며 셀 수 없을 정도의 책을 샅샅이 훑었다. 10권을 읽어도 교재에 실을 단락 하나를 발견하기 어려웠던 적이 부지기수다.

그러한 노력이 밑바탕이 되어 탄생한 교재이므로, 수험생들이 빈칸추론 만점뿐만 아니라 자신에게 부족했던 독해 능력까지 완벽히 채워 다른 유형들의 대처능력까지 기르게 된다면 더 바랄 것이 없겠다. 본 교재로 학습하는 모든 수험생의 앞날에 넘치는 기쁨이 있기를 기대한다.

저자

# *How to Use This Book*

### 이 책의 구성과 특징

## 1

### Point - 전략의 핵심

자세한 설명과 도식화, 기출문제를
통해 전략의 핵심이 잘 이해될 수 있
도록 하였다. 이미 잘 알고 있는 개
념일지라도 중요한 것은 Exploring
the concepts 코너를 통하여 정리하
였고, 기출문제 등으로 구성된 예제
학습으로 적용까지 해볼 수 있다. 기
본이 되는 전략을 먼저 익히고 고난
도 · 초고난도에 적용되는 전략을 나
중에 익히도록 난이도별로 체계적으
로 구성하였다.

## 2

### 실전 적용문제

앞서 다뤄진 Point를 실전에 적용해
보기 위한 기출과 예상문제로 구성되
어있다. 중요한 구문이나 어휘를 자
세히 살펴보는 Digging Deeper와
Voca Extra 코너도 준비되어있다.

# 3

## Words & Phrases

각 실전 적용문제와 실전 모의고사의 앞부분에 정리되어 있다.
어휘가 걸림돌이 되어 앞서 배운 전략의 적용이 방해받지 않도록 미리 학습해두어야 한다. 반복학습을 적극 실천하여 어휘실력을 기르는 데에도 활용할 수 있다.

# 4

## 품질 높은 실전 모의고사

총 15회로, 100% 예상문제로만 구성되어 있다. 반드시 시간을 재어 제한 시간 내에 풀도록 하자.

# 5

## 자세하고 친절한 해설

오답이 되는 이유를 분석하고 자세히 풀어 설명하여 문제에 대해 확실히 이해하고 넘어갈 수 있다.

# Contents

목차

# PART 2
## 실전편

Contents

# 전략편 I

# 빈칸추론
## 문제의

본 전략편에서는 빈칸추론 유형을 풀 때 반드시 적용해야 할 여러 필수 전략들에 대해 다룬다. 이는 가장 먼저, 그리고 가장 많이 훈련해야 할 내용으로서, 문제를 만나는 순간 이러한 전략이 자동적으로 적용되도록 체화하는 것을 목표로 한다. 무엇보다 중요한 전략은 빈칸 문장을 먼저 읽어야 한다는 것이다. 그 배경과 핵심 Point를 살펴 보자.

# 필수 전략

## Point
## 01

# 빈칸 어구는 개괄적(General)이다

빈칸 문장은 그 단락에서 말하고자 하는 바, 즉 주제문인 경우가 대부분이고
나머지 문장들은 이를 뒷받침하기 위한 세부사항에 해당한다. (간혹, 주제문이
아닌 주요 세부사항이 빈칸 문장인 경우도 있는데, 이 부분의 학습은 추후 보강
되기로 한다. ☞ p.69)

| 주제문 | ( ) |
|---|---|
| 세부사항1 | ~~~~~~~~~~~~~~~~~~~~~~~~~~~~~~~~~~~. |
| 세부사항2 | ~~~~~~~~~~~~~~~~~~~~~~~~~~~~~~~~~~~. |

주제문은 언제나 개괄적(General) 성격의 어구로 이루어지므로 빈칸에 들어
가는 어구도 개괄적 표현들이다. 세부사항에 해당하는 나머지 문장들은 구체적
(Specific) 어구로 표현된다.

Exploring
the
concepts

## General vs. Specific

'감정(emotion)'과 '기쁨(joy)'이라는 단어가 있을 때 개괄적인 것은 '감정', 구체적인 것은 '기쁨'이다.
이렇듯 개괄적(General) 어구는 다른 많은 개개의 것을 포괄하고 있는 전체집합이라 할 수 있다.
**eg.** disaster ⊃ earthquake
    means of communication ⊃ the Internet
    reasons to go on a diet ⊃ to fit into old clothes
개괄적이냐 구체적이냐 하는 것은 상대적인 개념이다. ornaments와 jewelry의 관계에서는
jewelry가 구체적이지만, jewelry와 earrings의 관계에서는 earrings가 구체적이다.
**eg.** ornaments ⊃ jewelry ⊃ earrings

**1** Magicians are honest deceivers. To investigate the secret used by magicians to fool their audiences, Jastrow worked with two great illusionists. He invited these performers to his laboratory and had them participate in a range of tests measuring their speed of movement and accuracy of finger motion. But Jastrow's results revealed little out of the ordinary. He demonstrated magic has little to do with fast movements. Instead, magicians use a range of _____ weapons to fool their audiences. The technique of suggestion, which captures people's minds, plays a key role in the process. In the same way that people can be made to believe that they once went on a non-existent trip in a hot-air balloon, so magicians have to be able to manipulate people's perception of a performance. 모의

① ethical        ② political        ③ physical
④ economic       ⑤ psychological

**2** When faced with things that are too big to sense, we comprehend them by _____. The first appearance of a shining star in a darkening evening sky can take you out into the universe if you combine what you see with the twin facts that the star is merely one of the closest of the galaxy's 200 billion stars and that its light began traveling decades ago. The smell of gasoline going into a car's tank during a refueling stop, when combined with the fact that each day nearly a billion gallons of crude oil are refined and used in the United States, can allow our imagination to spread outward into the vast global network of energy trade and politics. 수능

• **crude oil** 원유

① establishing the local network
② understanding the energy policy of a nation
③ comparing the universe with human beings
④ associating the objects with their names
⑤ adding knowledge to the experience

## Point 02

# 빈칸 문장부터 읽어라 Ⅰ

빈칸 문장의 남아 있는 어구를 통해서 대략 어떤 내용이 빈칸에 들어가야 하는지를 파악한다. 선택지 어구가 그렇게 길지 않다면 선택지를 읽는 것도 도움이 된다. 찾아야 할 단서를 보다 명확하게 알 수 있어 효과적이고 효율적인 읽기 전략을 세울 수 있다.

이때 빈칸 문장인 주제문의 기본적인 구성을 고려하는 것이 도움이 된다.

주제문은 '주제(Topic)'에 대한 '글쓴이의 주장이나 설명'이므로
주제 + 글쓴이의 주장 · 설명 으로 이루어진다.

---

**주제문 = 주제 + 글쓴이의 주장·설명**

*주제에 대한 서술*

---

이때 빈칸은 '주제' 부분에 주어지기도 하고 '글쓴이의 주장 · 설명' 부분에 주어지기도 하는데, 이에 따라 주제를 파악해야 할지, 주제에 대한 서술 부분을 파악해야할지를 염두에 두고 풀이를 해나가는 것이 좋다.

*Exploring the concepts*

### Topic & Topic Sentence

단락이 다루고 있는 '무엇'이 Topic(주제)에 해당한다.
그리고 그 주제에 대해 글쓴이가 말하고자 하는 바가 바로 Main Idea(요지)이다.
이것이 직접적으로 단락에 문장으로 표현되는 경우, 그것을 Topic Sentence(주제문)라 한다.

● **Topic** : 친구들과의 가장 좋은 의사소통의 형태
  (The best form of communication with friends)
● **Main Idea** : 친구들과의 가장 좋은 의사소통의 형태는 침묵이다.
  (The best form of communication with friends is silence.)
● **Topic Sentence** : Often the best form of communication with friends is, surprisingly, silence.

# 1 주제 부분이 빈칸인 경우

당연히 단락의 주제를 찾아야 한다.
주제에 대한 서술에 해당하는 부분에 매달리지 말자.

기출돋보기

A brilliant friend of mine once told me, "When you suddenly see a problem, something happens that you have the answer — before you are able to put it into words. It is all done subconsciously. This has happened many times to me." This feeling of knowing _____ is common. The French philosopher and mathematician Blaise Pascal is famous for saying, "The heart has its reasons that reason cannot know." The great nineteenth-century mathematician Carl Friedrich Gauss also admitted that intuition often led him to ideas he could not immediately prove. He said, "I have had my results for a long time; but I do not yet know how I am to arrive at them." Fittingly so, sometimes true genius simply cannot be put into words. 모의

① the meaning of the feelings in your heart
② without being able to say how one knows
③ the way others solve the problems they face
④ how to use the right words to persuade others
⑤ someone that you have never met before in your life

> This feeling of knowing _____이 이 단락의 주제. 주제가 This라는 지시어로 시작되므로, 주제는 빈칸 문장 앞부분에서 다루어졌을 것임을 알 수 있다.

> 빈칸 문장 뒷부분은 '글쓴이의 주장, 설명(is common)'에 해당하는 부분을 여러 저명한 학자들의 말을 이용하여 설명하는 내용에 해당하므로, 그 부분을 이해하느라 시간을 들이지 않도록 한다.

# 2 글쓴이의 주장·설명 부분이 빈칸인 경우

'주제' 부분에 빈칸이 주어지는 경우보다 훨씬 더 많이 출제된다. 주제에 대해 글쓴이가 주장/설명하는 부분에 해당하므로 주제를 서술한 부분에 특히 주목하여 이를 종합, 개괄적으로 표현한 선택지를 찾는다.

**기출돋보기** We push down our feelings because most of us have been brought up to believe that there are feelings which are unacceptable. Some of us learned that all emotions are unacceptable, while others learned that specific emotions such as anger or crying are unacceptable. In fact, there is absolutely nothing wrong with any kind of feeling. When someone tells you not to feel sad or angry, he or she is asking the impossible. You can deny the feelings you are having but you cannot stop them from coming. All that feelings need, in order to pass, is to be acknowledged and accepted. Just saying to yourself, or someone else, 'I feel angry' (or sad, or frightened) is a great start. Let yourself _____ the feelings, good or bad. 모의

① deny    ② hide    ③ respect    ④ choose    ⑤ distinguish

> 명령문은 글쓴이의 주장을 강하게 표현한 것이므로 주제문일 가능성이 높다.

> '좋은 감정이든 나쁜 감정(the feelings, good or bad)이든 네 자신을 _____ 하게 하라.'라는 의미로서, 빈칸은 주제(the feelings, good or bad)에 대한 서술 부분에 해당한다.

**1** One of the little understood paradoxes in communication is that the more difficult the word, the shorter the explanation. The more meaning you can pack into a single word, the fewer words are needed to get the idea across. Big words are resented by persons who don't understand them and, of course, very often they are used to confuse and impress rather than clarify. But this is not the fault of language; it is the arrogance of the individual who misuses the tools of communication. The best reason for acquiring a large vocabulary is that _____.
A genuinely educated person can express himself tersely and trimly. For example, if you don't know, or use, the word 'imbricate,' you have to say to someone, 'having the edges overlapping in a regular arrangement like tiles on a roof, scales on a fish, or sepals on a plant.' More than 20 words to say what can be said in one. 수능

① it keeps you from being long-winded
② you can avoid critical misunderstandings
③ it enables you to hide your true intentions
④ it makes you express yourself more impressively
⑤ you can use an easy word instead of a difficult one

**2** Time pressure leads to frustration, and when we are frustrated or experience other negative emotions, our thinking becomes narrower and less creative. However, people are unaware of this phenomenon and live under the illusion that when they are experiencing time pressure, they are also more creative. This explains why time pressure is pervasive and to some extent accounts for the increase in rates of depression. We are generally too busy trying to squeeze more and more activities into less and less time. Consequently, we fail to enjoy potential sources of happiness that may be all around us. To enjoy the richness that life has to offer, _____. 모의

① we need to take our time
② we should maximize our opportunities
③ we have to deal with depression wisely
④ it is necessary to explore some creative ideas
⑤ it is important to embrace even negative emotions

**Point**
**03**

# 빈칸 문장부터 읽어라 Ⅱ

앞에서 살펴보았듯이 빈칸 문장은 어떤 단서를 찾아 글을 읽어 내려가야 할지 그 목표를 정해주는 것 외에도, 직간접적으로 정답으로 연결될 수 있는 가능성을 가지고 있다.

# 1 정답 추론이 가능한 경우

아래 예들의 경우처럼 매우 객관적이면서도 논리적으로 절대 부인할 수 없어서 정답이 바로 보이는 경우가 있다. 특히 선택지 어구가 짧아서 읽는 데 시간이 별로 걸리지 않거나, 빈칸 문장이 길어서 정보를 많이 담고 있을 때 유용하다.

기출엿보기

01 ... _____ is clearly an important virtue, yet so many people stand in front of their microwaves thinking "Hurry up!" 수능
① Ambition ② Modesty ③ Patience ④ Diligence ⑤ Honesty

02 ... If you see things through your camera lens that distract from what you are trying to say, _____. ... 수능
① leave them as they are ② make them larger ③ put them in focus
④ get rid of them ⑤ change them slightly

03 ... Why? One explanation: Greenery creates a natural gathering space for neighbors and, ultimately, stronger _____ in the community. ... 수능
① fear ② traps ③ quarrels ④ bias ⑤ bonds

04 ... The reason that we keep making the same error repeatedly is that associations form between the ideas in the chain of thoughts and become firmer each time they are used, until finally the connections are so well established that _____. ... 모의
① the chain is very difficult to break
② persistent problems are solved automatically
③ the ideas lose their associations with one another
④ those connections become weaker as time goes by
⑤ the phenomenon will lead to a profitable line of thought

**1** What you do in the 15 to 30 minutes after eating your evening meal sends powerful signals to your metabolism. You'll set the stage for more vigor throughout the evening hours along with a weight-loss benefit if you stay _____ after your meal. Among many possible activities, walking is one of the easiest ways to get some minutes of exercise after a meal. In fact, research shows that if you walk after a meal, you may burn 15 percent more calories than if you walk the same time, distance, and intensity on an empty stomach. 수능

① active      ② alone      ③ full
④ satisfied      ⑤ silent

**2** The hazards of migration range from storms to starvation, but they are outweighed by the advantages to be found in the temporary superabundance of food in the summer home. The process of evolution ensures that a species migrates only if it pays it to do so. Birds of the same species may be migratory in one area, but sedentary elsewhere. Most song thrushes migrate from northern Scotland; but in the south of England, the balance of advantage against disadvantage is so delicate that while some migrate to Spain and Portugal, the majority normally _____ over winter. Moreover, England's winters have been getting warmer since the late 1980's and if the trend continues it is likely that our song thrushes will become increasingly sedentary. 모의

• **sedentary** 이주하지 않는 • **thrush** 〈조류〉 개똥지빠귀

① suffer from a scarcity of food
② do not lay eggs
③ stay in England
④ fly back to Scotland
⑤ migrate somewhere north of England

## 2  단서의 위치를 알려주는 경우

빈칸 문장에 의거하여 단서가 빈칸 문장의 앞에 위치하는지 뒤에 위치하는지를 알 수 있는 경우가 있다.
주로, 빈칸 문장의 지시어, 연결어, 대명사 등이 직접적인 근거가 된다.

다음 빈칸 문장을 읽고 단서 위치를 예측한 뒤, 문제를 풀어보자.

기출돋보기 If you were a butterfly, would you be attracted to a more colorful flower or a less colorful one? Most of you would probably prefer the more colorful option. The same is true for pollinators such as bees and butterflies. For years, biologists have known that flowers use striking colors, scents, elaborately shaped petals, and nectar to attract pollinators. Recent studies, however, reveal another powerful tool of attraction used by flowers: _____. Scientists have discovered that mobile flowers are visited more often by pollinating insects than their more static counterparts. It is almost as if the flowers are waving to the insects, saying, "Welcome. Come here and have a drink." Along with this interesting finding, scientists have also concluded that, due to their greater range of motion, flowers with long, thin stalks attract more insects. 모의

• **pollinator** 꽃가루 매개자

① moving in the wind　　② fancy color schemes
③ unique tasting nectar　　④ having deep roots
⑤ receiving vocal messages

> 빈칸 문장을 살펴보면, 앞 내용과 반대되는 내용을 이끄는 연결사 however가
> 있고 another powerful tool이라는 어구가 있다. 이를 통해, 빈칸 문장 앞에서 어
> 떤 powerful tool에 대해 설명이 되었고 그와는 대조가 되는 또 다른 powerful tool
> 에 대해서는 뒤에 자세히 언급될 것임을 알 수 있다. 그러므로 단서의 위치는 빈칸
> 문장 뒤가 된다.

Be careful

❶ 지시대명사 this는 뒤에서 언급될 내용을 가리키기도 하므로 무조건 앞 내용
을 받을 것으로 판단하면 안 된다.
Listen to **this**! They've canceled tomorrow's meeting.

❷ 대명사는 대부분 앞에서 언급된 명사를 가리키지만, '부사절+주절'로 이루어
진 문장의 부사절에서는 뒤에 나오는 주절의 명사를 대신하는 경우가 더 많다.
Even when you cannot control **them**, *unpleasant events* tend to be
less stressful if they are predictable.

In today's world we have come to neglect the habit of writing because so many other forms of communication have taken its place. Telephones, tape recorders, computers and fax machines are more efficient in conveying news. If the only goal is to transmit information, then writing deserves to become obsolete. But writing is for _____. In the past, educated persons used journals and personal correspondence to put their experiences into words, which allowed them to reflect on what had happened during the day. The incredibly detailed letters many Victorians wrote are an example of how people used writing to establish order from the random events they experienced. The kind of material we write in diaries and letters does not exist before it is written down. It is the slow, organically growing process of thought involved in writing that lets the ideas emerge in the first place.

① recording historic events
② enjoying one's free time
③ creating new information
④ drawing inspiration from the world
⑤ communicating effectively with others

# 3 정답 가능성이 없는 선택지를 알 수 있는 경우

빈칸에 어떤 내용이 들어갈지 정확히는 아니더라도 대강 짐작할 수 있어 전혀 상관없는 오답들을 한두 개라도 걸러낼 수 있는 경우가 있다. 이때 누구도 부정할 수 없는 객관성과 논리에 바탕을 두되, 섣불리 본인이 가진 '상식이나 지식'으로 짐작하지 않도록 주의해야 한다.

앞의 p.15의 예제 1을 다시 확인해 보자.

**기출돋보기** One of the little understood paradoxes in communication is that the more difficult the word, the shorter the explanation. The more meaning you can pack into a single word, the fewer words are needed to get the idea across. Big words are resented by persons who don't understand them and, of course, very often they are used to confuse and impress rather than clarify. But this is not the fault of language; it is the arrogance of the individual who misuses the tools of communication. The best reason for acquiring a large vocabulary is that _____.
A genuinely educated person can express himself tersely and trimly. For example, if you don't know, or use, the word 'imbricate,' you have to say to someone, 'having the edges overlapping in a regular arrangement like tiles on a roof, scales on a fish, or sepals on a plant.' More than 20 words to say what can be said in one. **수능**

① it keeps you from being long-winded
② you can avoid critical misunderstandings
③ it enables you to hide your true intentions
④ it makes you express yourself more impressively
⑤ you can use an easy word instead of a difficult one

> ⑤는 많은 어휘를 습득하는 이유가 될 수 없다. 쉬운 단어를 사용하기 위해 어휘를 많이 습득하는 것은 누가 봐도 비논리적이기 때문이다.

In traditional societies, high status may have been extremely hard to acquire, but it was also comfortingly hard to lose. It was as difficult to stop being a lord as, more darkly, it was to cease being a servant. What mattered was one's identity at birth, rather than anything one might achieve in one's lifetime through the exercise of one's abilities. The great aspiration of modern societies, however, has been to reverse this equation — to strip away both inherited privilege and inherited under-privilege in order to make rank dependent on individual achievement. Status in the current society rarely depends on _____ handed down through the generations. 모의

① immediate insight
② learned behavior
③ an unchangeable identity
④ available information
⑤ a personal accomplishment

# Point 04

# 빈칸 문장의 위치에 주목하라

주제문은 단락의 어디에도 올 수 있으므로 그에 따라 빈칸 문장도 단락 어디에나 위치할 수 있다. 그런데 그 위치에 따라 단서의 위치를 짐작할 수 있는 경우가 있다.

| 빈칸 문장의 위치 | 단락 구조 | 단서의 위치 |
|---|---|---|
| ❶<br>첫 한두 문장 | (도입문)<br>**주제문**<br>세부사항 1<br>세부사항 2<br>⋮ | 빈칸 문장이 반드시 주제문이며, 이어지는 내용은 구체적인 예시, 상술, 부연이므로 **빈칸 다음 문장부터 추론 근거가 포착될 때까지만** 읽어 내려가면 된다.<br>두 번째 문장에 빈칸이 있을 경우 첫 문장은 도입 내용이다.<br>양괄식 단락일 가능성도 있으므로 마지막 문장도 주의해서 살펴보자. |
| ❷<br>중반부 | 세부사항 1<br>세부사항 2<br>**주제문**<br>세부사항 3<br>세부사항 4 | 빈칸 문장의 남아 있는 어구들을 토대로 단서 위치를 최대한 예측해본다. 단서가 빈칸 문장의 앞에 있음을 나타내주는 특별한 근거가 없는 한, 빈칸 문장 앞부분은 주제문을 말하기 위한 도입 또는 세부 사항 중 일부이고 **빈칸 문장 뒷부분**에 단서가 있는 경우가 많다. |
| ❸<br>후반부 | 세부사항 1<br>세부사항 2<br>**주제문**<br>**주제문 부연 설명** | **빈칸 문장 뒤 이어지는 마지막 문장**이 빈칸 문장에 대한 부연 설명으로 명백한 추론 근거가 되는 경우가 많다. |
| ❹<br>마지막 문장 | **주제문**<br>세부사항 1<br>세부사항 2<br>⋮<br>**주제문**<br><br>세부사항 1<br>세부사항 2<br>⋮<br>**주제문** | 빈칸 문장이 대개 단락의 결론이나 요약에 해당되고 양괄식일 경우가 많으므로 **첫 한두 문장**을 살펴봐서 답이 나오지 않으면 **빈칸 직전 문장**을 본다. 특히 인과관계(☞ p.67)일 경우 빈칸 문장의 직전 내용을 살펴보고 인과관계에 맞도록 빈칸에 알맞은 것을 찾는다. |

**1** When people began to bind books with pages that could be turned rather than unrolled like papyrus, the process of _____ changed. Now the reader could easily move backward in the text to find a previously read passage or browse between widely separated sections of the same work. With one technological change, cross-referencing became possible, while the physical space needed to house a collection of books was sharply reduced. Page numbers became a possibility, as did indexes; tables of contents became workable references. 수능

● **papyrus** 파피루스

① abusing technology
③ eliminating documents
⑤ creating characters

② locating information
④ spelling words

**2** Journeys are the midwives of thought. Few places are more conducive to internal conversations than a moving plane, ship, or train. There is an almost peculiar correlation between what is in front of our eyes and the thoughts we are able to have in our heads: large thoughts at times requiring large views, new thoughts new places. Introspective reflections which are liable to stall are helped along by the flow of the landscape. The mind _____ when thinking is all it is supposed to do. The task can be as paralyzing as having to tell a joke or mimic an accent on demand. Thinking improves when parts of the mind are given other tasks, are charged with listening to music or following a line of trees. 수능

① may be reluctant to think properly
② may focus better on future thoughts
③ can become confused by multitasking
④ is likely to be paralyzed by fear of new tasks
⑤ can be distracted from what is before the eyes

**3** Studies regarding our habits of eating out found that, when we eat out, we tend to underestimate the number of calories we consume by up to half. When we eat in a relaxing, candle-lit restaurant, we tend to enjoy our food longer even if we are full. Dining with friends also contributes to consuming more calories. Researchers found that women who dined with two or three friends ate 700 calories on average, double that of solo diners. Our psychology is another factor in the consumption of calories. A waiter who greeted customers with the question, "What are we celebrating tonight?" _____ than waiters who didn't. Therefore, if you treat dining as a special occasion, you're more likely to eat more. 모의

① got more orders
② dined out more frequently
③ was in a worse mood
④ delivered food more slowly
⑤ consumed more calories

**4** People tend to stick to their first impressions, even if they are wrong. Suppose you mention the name of your new neighbor to a friend. "Oh, I know him," your friend replies. "He seems nice at first, but it's all an act." Perhaps this evaluation is groundless. The neighbor may have changed since your friend knew him, or perhaps your friend's judgment is simply unfair. Whether the judgment is accurate or not, once you accept it, it will probably influence the way you respond to the neighbor. Even if this neighbor were a saint, you would be likely to interpret his behavior in ways that _____. 수능

① fit your expectation
② upgrade your status
③ make you intelligent
④ keep you wealthy
⑤ remove your prejudice

**5** Mathematics definitely influenced Renaissance art. Renaissance art was different from the art in the Middle Ages in many ways. Prior to the Renaissance, objects in paintings were flat and symbolic rather than real in appearance. Artists during the Renaissance reformed painting. They wanted objects in paintings to be represented _____. Mathematics was used to portray the essential form of objects in perspective, as they appeared to the human eye. Renaissance artists achieved perspective using geometry, which resulted in a naturalistic, precise, three-dimensional representation of the real world. The application of mathematics to art, particularly in paintings, was one of the primary characteristics of Renaissance art. 수능

① with accuracy          ② in a tradition
③ without reality        ④ in abstraction
⑤ with symbols


**6** Science is making the future, and nations are busy making future scientists. The more science that emerges from this investment, the greater the need for us to follow the gist of the science with sufficient understanding. In other words, if we the ordinary people are to keep pace with science, we need more science writers, and more science writing that is clear, wise and eloquent, and that demands to be read. People often feel excluded from science, convinced that it takes an advanced degree to understand what scientists do. As a result, they defensively shrug off the whole business as an exclusive realm of little relevance to their lives. One of the surest cures for scientific _____ is great scientific literature, writing that does not merely translate technical terms into plain English or explain complicated ideas simply. 모의

① intolerance          ② immorality
③ illiteracy           ④ irregularity
⑤ manipulation

## Point 05 빈칸 문장 뒤의 환언 어구에 주목하라

주제문은 그 의미가 구체적이지 않으므로 이를 다른 말로 풀어서 설명하거나 강조하기 위해 이를 환언한 문장이 뒤따라 나오는 경우가 종종 있다. 반대로, 주제문이 그 앞 문장의 환언인 경우도 있다. 환언이 된 문장들은 서로 다른 말로 설명이 되어 있긴 하지만 의미적으로 밀접한 연관이 있으므로 빈칸의 단서가 된다.

환언 문장을 이끄는 연결어는 다음과 같다.

> in other words, that is (to say),
> to put it another way, put another way

아래와 같은 구두점(punctuations)도 환언과 유사한 문장을 이끌 수 있다.

> colon(:), semi-colon(;)

Be careful ❗

연결어 중에서 For example 등의 연결어들이 자주 생략되는 경우와 마찬가지로, '환언'을 나타내는 어구도 생략될 수 있음을 함께 알아두자.

Few things hold people back more than _____. (In other words,) They do not ask for what they need because the answer may be no. (For example,) They do not ask their boss for a raise or for more time off. ... 모의

① **the fear of rejection**
② the loss of patience
③ the shortage of time
④ the lack of knowledge
⑤ the excess of curiosity

The introduction of unique products alone does not guarantee market success. Another vital factor is increasing one's responsiveness to the markets by providing products suited for the local communities that make up the market. This means understanding that each country, community and individual has unique characteristics and needs; it requires _____. In other words, one of the challenges is to avoid a one-size-fits-all strategy that places too much emphasis on the "global" aspect alone. Even categorizing countries as "developed" or "emerging" is dangerous. Upon closer analysis, "emerging" countries are not only vastly different from one another, they are also composed of numerous unique individuals and communities. 수능

① global markets that expand rapidly
② employment of a one-size-fits-all strategy
③ sensitivity to regional and individual differences
④ resources that make the challenges meaningful
⑤ individual competition to raise productivity

### ★ 예제

A clean sheet of paper is lying in front of you, and you have to fill it up. Suddenly, your mind may seem as blank as the paper. What can you do to set your pen in motion? The answer is simple: Don't be caught in the _____ trap. That is, if you can convince yourself that the first draft isn't your best writing and can be made more effective with additional thought and some revision, then it will be easier to get started. When starting, don't worry about what the reader will think about what you have written. Make writing as easy for you as you can by not being concerned with how good the first draft is. There will be time for revising and polishing any ideas you want to pursue later. 수능

① perfection           ② copyright           ③ relativism
④ destruction          ⑤ imitation

# 문장과 문장 간의 논리 관계를 따져라

연결어를 올바로 판단하기 위해서는 단락의 전체적인 흐름 내에서 문장과 문장 간의 논리 관계를 제대로 판단할 수 있어야 한다. 우선, 다음 표로 정리해보자. 지금까지 수능과 모의고사에 정답이나 오답으로 기출된 연결어는 굵게 표시되어 있다.

| 구분 | | 기출 | 설명 |
|---|---|---|---|
| 역접 | | 그러나, 그럼에도 불구하고<br>**however, nevertheless[nonetheless], yet,**<br>**unfortunately, otherwise,** still, rather<br>반대로, 대신에 **conversely, instead**<br>반면에, 대조적으로<br>**in[by] contrast, on the other hand, on the contrary** | 앞뒤의 내용이 서로 반대되거나 대조적일 때 사용된다.<br>예를 들어, '~의 장점'을 서술한 뒤 '단점'을 서술하기 전에 사용된다. |
| | | 사실은[실제로는]<br>**indeed, in fact,** as a matter of fact | 앞 내용과 반대되는 내용을 강조할 때 사용된다.<br>＊ 자세한 내용을 덧붙일 때에도 사용된다.<br>It was cold. **In fact,** it was freezing. |
| 비교 | | 마찬가지로, 같은 방식으로<br>**similarly, likewise,** in the same way | 앞 내용과 유사한 내용을 비교할 때 사용된다. |
| 예시 | | 예를 들면<br>**for example, for instance,** as an illustration | 앞에 나온 포괄적인 내용(주제문)에 대해 구체적인 예(세부 사항)를 제시할 때 사용된다. |
| 결론 | 결과 | 그래서, 따라서, 결과적으로<br>**therefore, thus, hence, consequently,**<br>**accordingly, as a result,** in consequence, so | 앞부분이 원인, 뒷부분이 결과로서 '결과'가 되는 내용에 글의 초점이 있다. |
| | 요약 | 요약하면, 간단히 말해서<br>**in short,** in brief, in sum(mary), in conclusion,<br>to sum up, to summarize, to put it simply | 필자가 주장하는 내용을 단락 마지막 부분에서 한 문장으로 표현한 것이다. |
| 첨가 | | 게다가, 더군다나, 또한 **in addition, moreover, also,**<br>**furthermore, besides,** additionally, what is more | 앞 내용과 연결이 되는 또 다른 내용을 추가할 때 사용된다. |
| 환언 | | 즉, 다시 말해서 **that is (to say), in other words,**<br>namely, to put it another way, so to speak, as it were | 앞 내용과 같은 내용의 말을 다른 어구로 표현하기 위해 사용된다. |
| 화제 전환 | | 한편, 그런데 한편에서는 **meanwhile,** in the meantime | 화제나 장면을 바꿀 때 사용된다. |
| 기타 | | **finally, at the same time** | |

Exploring
the
concepts

### 역접 vs. 순접

역접은 앞의 내용과 상반, 대립, 대조 등 어긋나는 내용을 연결하는 것을 말한다. 그 외 대부분의 연결어는 앞 내용을 순서대로 이어주는 순접에 해당하는데, 역접을 나타내는 연결어들에 비해 의미 종류가 더 다양하다. '~하고', '~하여', '~하니', '또한' 등으로 해석된다.

# 1 앞뒤의 논리적 관계를 따져라

연결어는 어디까지나 앞뒤 내용의 논리적 관계를 따져야 하며 다른 요소에 의해 판단을 내리지 않도록 한다. 예를 들어, 연결어의 위치가 단락의 후반부일 때 '결과, 결론'의 연결어를 선택하는 경우가 많으므로 주의한다. 마찬가지로, 빈칸 뒤에 매우 구체적인 어구가 쓰였다고 해서 무조건 '예시'의 연결어가 적절한 것으로 판단해서도 안 된다.

기출돋보기 American culture in general appears suspicious of leisure. Some people believe this may be due to the Protestant work ethic. Many Americans fill their free time with intellectually or physically demanding hobbies or volunteer work. Even on vacation, Americans stay in touch with the workplace via their cellular phones and laptop computers. _____(A)_____, Europeans hold leisure in high regard. A new French law gave France the shortest work week in Europe. Companies with more than twenty employees are required to cut work hours from 39 to 35 per week. Besides creating more leisure time for workers, this move is expected to help ease unemployment. In Germany, _____(B)_____, longer work weeks may soon be the standard. Its low birth rate has resulted in fewer workers supporting more and more retired Germans in the generous state welfare system. 모의

|  (A) | (B) |
| --- | --- |
| ① On the other hand ---- | therefore |
| ② On the other hand ---- | however |
| ③ Likewise ---- | indeed |
| ④ Likewise ---- | however |
| ⑤ Nevertheless ---- | therefore |

> (B)는 글의 후반부에 위치하므로 '결론'에 해당하는 연결어를 선택하도록 오도할 수 있다.

**1** Physicists have always been intrigued by how nature produces self-organizing criticality. A common example is a growing sand pile. As grains build up, the pile grows in a predictable way, until suddenly and without warning, it hits a critical point and collapses. These sand avalanches occur spontaneously, and the sizes and timing are impossible to predict, so the system is said to be both critical and self-organizing. _____(A)_____, when you introduce a random subject to your mind and blend it with your imagination, it may stimulate a thought that will cause a single brain cell to fire. In turn, this may cause its neighbors to fire too, causing a flood of brain activity that can propagate across small networks of brain cells, much like an avalanche of sand. _____(B)_____, when your thoughts build up and hit a critical point, they will self-organize into new ideas.

● **criticality** 〈물리〉 임계(臨界) (어떠한 현상이 다르게 나타나기 시작하는 경계) ● **avalanche** (눈[산])사태

| (A) | | (B) |
|------|------|------|
| ① Similarly | ---- | However |
| ② Similarly | ---- | In other words |
| ③ At the same time | ---- | By the same token |
| ④ At the same time | ---- | Instead |
| ⑤ Besides | ---- | In summary |

**2** The more items or contexts a particular cue is associated with, the less effective it will be at bringing up a particular memory. _____(A)_____, although certain songs may be associated with certain times of your life, they are not very effective cues for retrieving memories from those times if the songs have continued to play all along and you're accustomed to hearing them. This often happens with classical radio stations that rely on a somewhat limited repertoire of "popular" classical pieces. _____(B)_____, if we hear a song that we haven't heard since a particular time in our lives, the floodgates of memory open and we're immersed in memories. The song has acted as a unique cue, a key unlocking all the experiences associated with the memory for the song, its time and place.

| (A) | | (B) | | (A) | | (B) |
|------|------|------|------|------|------|------|
| ① That is to say | ---- | In addition | | ② That is to say | ---- | On the other hand |
| ③ By contrast | ---- | Instead | | ④ Thus | ---- | In addition |
| ⑤ Thus | ---- | On the other hand | | | | |

# 2 혼동할 수 있는 연결사를 주의하라

역접인지 순접인지를 구별하는 것은 그다지 어렵지 않다. 그러나 특히, 순접과 순접끼리 구별을 하는 것은 그 논리 관계를 명확히 알아두지 않으면 혼동하기 쉽다. 아래 문제를 통해 확실히 구별해두도록 하자.

기출돋보기

**01** Although paper products are technically biodegradable, they fail to biodegrade in most landfills. _____, the production of paper releases up to 70 percent more pollutants into the air than does the production of plastic bags. 모의응용

① Furthermore        ② In other words

**02** When individuals truly value themselves, they have no need to compare themselves with others, to tear others down, or to appear superior. _____, there is only togetherness and mutual aid. 모의응용

① Instead        ② Unfortunately

**03** It is a mistake to assume that all people with blond hair are more closely related to each other than they are to people with brown hair; similarly, long-haired dogs are not more closely related to one another than they are to short-haired dogs. Such groupings based solely on appearances do not reflect natural relationships in nature. Modern botanists, _____, attempt to categorize plants based on their truly fundamental characteristics. 모의응용

① therefore        ② moreover

**04** It is important to be selective with the words you choose; you must be aware of every nuance. When speaking to a labor union, _____, it makes a world of difference whether you refer to your audience as workers, comrades, or simply people. 모의응용

① in addition        ② for example

**05** The ability to apply mathematics, rather than simply memorize lists of facts, is what employers and life will demand of students in the future, and _____ mathematics instruction should be tailored to this real life application. 모의응용

① similarly        ② consequently

**1** Learning is often thought of as the alternative to instinct, which is the information passed genetically from one generation to the next. Most of us think the ability to learn is the hallmark of intelligence. The difference between learning and instinct is said to distinguish human beings from "lower" animals such as insects. Introspection, that deceptively convincing authority, leads one to conclude that learning, unlike instinct, usually involves conscious decisions concerning when and what to learn.      (A)      , work done in the past few decades has shown that such a sharp distinction between instinct and learning — and between the guiding forces underlying human and animal behavior — cannot be made. It has been found that many insects are prodigious learners. Furthermore, we now know that the process of learning in higher animals, as well as in insects, is often innately guided.      (B)      , the process of learning itself is often controlled by instinct, led by information inherent in the genetic makeup of the animal.

| (A) | (B) | (A) | (B) |
|---|---|---|---|
| ① Instead ---- Conversely | | ② Likewise ---- In other words | |
| ③ However ---- Besides | | ④ Likewise ---- Conversely | |
| ⑤ However ---- In other words | | | |

**2** Some say that the greatest human inventions were spoken and written language. For others it was the wheel, the printing press, gunpowder, the internal combustion engine, the computer chip, or the lift. It is impossible to deny the importance of these inventions.      (A)      , the most influential elements in the evolution of human civilization were not inventions, but discoveries: fire and sport. Fire enabled us to discover and define our humanity, it provided us with a warm and safe "home," it accelerated our progression in the external environment, and it also allowed us to discover the fire that is within us. Unlike any other animal on the planet, humans are driven by the need to explore the world and satisfy a range of deep human needs through play, recreation and, ultimately, sport.      (B)      , sport's importance, as structured and sometimes scripted play, in human life is not adequately captured by the assumption that sport is merely a social invention.

| (A) | (B) | (A) | (B) |
|---|---|---|---|
| ① In addition ---- Consequently | | ② However ---- For instance | |
| ③ Similarly ---- That is | | ④ Nevertheless ---- Therefore | |
| ⑤ On the Contrary ---- Otherwise | | | |

## Point 07 장문 빈칸추론 문제의 특징에 유의하라

 빈칸추론이 출제되는 장문은 보통 200단어 정도의 글에 두 문제가 출제되는데 하나는 제목, 주제 등 대의를 묻는 것이고 나머지 하나가 빈칸추론에 해당한다. 지문의 내용이 추상적인 경우가 많고 글 전체가 하나의 단락인 경우도 있어 난이도는 높은 편이다. 장문에 빈칸이 출제되었다고 해서 특별한 해결법이 있지는 않고 앞에서 배운 접근법을 그대로 적용하면 된다. 즉 빈칸 문장부터 읽은 뒤에 추론을 해나가도록 한다.

 한 문제가 대의를 묻는 것이므로, 빈칸이 주어지는 문장은 직접적으로 대의를 드러내기 보다는 세부사항 중의 하나에 주어지는 것이 대부분이다. 어느 한 문제의 정답을 냈다고 해서 다른 문제까지 자동적으로 풀 수 있게 출제되지는 않는다. 즉 빈칸 문장이 대의를 직접적으로 드러내거나 부연설명하고 있지 않아서 서로 단서가 되지 않는다. 직접적으로 부연설명한다고 해도 말바꿈이 매우 심하게 이루어져 있어 쉽지 않다. 아래 기출 예들을 보자.

### 기출둘러보기

**01**　제목: Connected yet Detached in Virtuality

　빈칸 문장: As an American writer once put it, we may want to live less 'thickly' and wait for more infrequent but meaningful <u>face-to-face encounters</u>. 수능

**02**　제목: Do Not Let Failure Fail You

　빈칸 문장: One way to help keep life's slings and arrows from knocking you off course is to ensure your life is <u>multidimensional</u>, says Stephen Berglas, a California psychologist and personal coach. 모의

03

Many people believe that it is critical to share similar, if not identical, beliefs and values with someone with whom they have a relationship. While this may seem preferable, it is far from mandatory. Individuals from extremely diverse backgrounds have learned to overlook their differences and live harmonious, loving lives together. I've seen people from opposite ends of the spectrum economically and politically that ended up in happy, lasting marriages. I've seen couples from different ethnic groups merge into harmonious relationships, and I've seen people from different religions come together for a strong, lasting bond. Furthermore, many good friends have little in common except a warm loving feeling of respect and rapport. That's the only essential thing.

People who enjoy the best relationships with others, who live life with the least frustration regarding their differences, have learned that differences are to be expected, a fact of life. This understanding must go beyond a mere intellectual 'I know we're all different.' You must truly own this idea and incorporate it into your daily life.

The way I see it, we have only two realistic choices. We can _____ the principle of separate realities and remain frustrated and angry over the fact that no one seems to conform to our way of thinking, or we can strive to understand what in Eastern philosophy is called 'the way of things.' Separate realities *is* the way things really are. Everyone is unique and has different gifts to offer. When we look for these gifts we will surely find them — and in doing so, we will open the door to a world of personal growth. 수능

● **rapport** 친밀한(공감적인) 관계

**1.** 윗글의 제목으로 가장 적절한 것은?
  ① Facing Challenges in Life
  ② Leading an Intellectual Life
  ③ Finding Meaning in Friendship
  ④ Accepting Differences in Others
  ⑤ Enriching Life through Meditation

**2.** 윗글의 빈칸에 들어갈 말로 가장 적절한 것은?
  ① resist   ② establish   ③ master   ④ grasp   ⑤ overestimate

**1** In 1978, economist Richard Easterlin conducted a survey among adults. He asked them to pick items from a list that they "Would like to own" and then, from that same list, items they "Currently own." Sixteen years later, he corralled the same group and asked them the same questions with the same list. While nearly everyone had acquired all of the items on their respective "wish lists," instead of being satisfied they chose new items from the list which were not desired during the initial survey. Termed the "hedonic treadmill," it has become clear to economists and "happiness experts" alike that _____.

In turn, this has led to the concern that a focus on GDP — gross domestic product — as the primary indicator of a country's well-being has sidetracked us from what we really want, while taxing the environment along the way in our incessant push to produce. Senator Robert Kennedy once highlighted that the GDP counts *products* like bombs, toxic chemicals, and cigarettes, but not children's health and quality of education, nor the strength of marriages or the compassion and joy felt by the citizens. He reminds us that the GDP "measures everything, in short, except that which makes life worthwhile."

● **hedonic** 쾌락의, 향락적인

**1.** 윗글의 제목으로 가장 적절한 것은?
① What We Sacrifice When Chasing Wealth
② Learning to Measure What's Needed
③ Is Our Faith in the GDP Mistaken?
④ Why GDP Matters Less in Free Economies
⑤ Non-possession: The Key to Happiness

**2.** 윗글의 빈칸에 들어갈 말로 가장 적절한 것은?
① "more" does not necessitate "better"
② desires vary as we grow older
③ happiness is not as "intangible" as we expect
④ the premise of the experiment was erroneous
⑤ an economic approach to well-being is desirable

**2** People who support the "law of averages" buy lottery tickets over and over because they mistakenly believe that something is more likely to occur in the future because it hasn't occurred yet. The belief is more or less that things will eventually happen.

The attraction of this law is due in part to its similarity to a genuine statistical law — the law of large numbers. According to this, if you toss an unbiased coin a small number of times, say 10 times, the occurrence of heads may deviate considerably from the mean (average), which is 5; but if you toss it a large number of times — say 1000 times — the occurrence of heads is likely to be much closer to the mean (500). And the bigger the number of tosses, the closer it is likely to be. So, in a series of random events of equal probability, it is true that things will even themselves out if the series is extended far enough. However, this statistical law has no bearing on the probability of any single event occurring; in particular, a current event has no recollection of any previous deviation from the mean and cannot _____

_____. So there is no comfort here for the habitual lottery ticket buyer.

● **heads** (무엇을 결정하기 위한 동전 던지기에서 동전의) 앞면

**1.** 윗글의 제목으로 가장 적절한 것은?
① The Simple Math behind Most Lotteries
② The Fallacy Believed by Frequent Lottery Players
③ Don't Give Up! Try Until You Succeed
④ How to Make Predictions Based On Past Results
⑤ The Irresistible Draw of Lottery Tickets

**2.** 윗글의 빈칸에 들어갈 말로 가장 적절한 것은?
① increase your wealth if you're fortunate
② tell us anything about the ideal number of trials
③ alter its outcome to correct an earlier imbalance
④ serve as motivation for choosing which bet to place
⑤ help us to calculate the standard deviation

# 실전
# 적용
# 문제

→

## 실전 적용 문제 **1** 회

## Words & Phrases **3단계 활용법**

**1단계**: 아는 단어는 □ 안에 체크를 한다. 모르는 단어는 뜻을 확인한다.
**2단계**: 지문의 문맥을 통해 모르는 단어의 뜻을 재확인한다.
**3단계**: 학습 후 알게 된 단어의 □ 안에 체크를 하고 모르는
단어는 뜻을 확인하는 과정을 반복한다.

---

**1**

| □ **give way** | 무너지다, 부서지다; (to) 지다, 양보하다; (to) 바뀌다, 대체하다 |
| □ **manufacturer** | 제조업자, 생산자 |
| □ **precisely** | 바로, 정확히 |
| □ **intimate** | 친밀한 |
| cf. intimacy | 친밀함 |

| □ **disguise** | ~을 위장[변장]시키다; 위장 |
| □ **retailer** | 소매상 |
| □ **decontaminate** | 오염물질을 제거하다, 정화하다 |

---

**2**

| □ **interdependency** | 상호 의존 |
| □ **kinship** | 친족관계 |
| □ **colony** | 식민지; (특정 집단의) 공동체; (새 · 개미 등) 집단, 군생 |
| □ **flock** | (of) (동물 · 사람의) 떼, 무리 |
| □ **capture** | ~을 붙잡다, 포획하다; ~을 포착하다; 포획(물) |
| □ **transmit** | ~을 전송하다, 전하다; (병을) 전염시키다 |
| □ **oral** | 구두의, 말의 |
| □ **aggregate** | 총계의; 총계; ~을 모으다, 결집하다 |
| □ **candidate** | 후보자, 지원자 |

| □ **sustain** | ~을 유지[지속]하다; (가족 등을) 부양하다; ~을 뒷받침하다, 입증하다 |
| □ **collective** | 집합적인, 집단적인; 공동체 |
| □ **interaction** | 상호작용 |
| □ **revolutionize** | ~에 혁명을 일으키다, 급격한 변화를 가져오다 |
| □ **intrude** | 침입하다; 방해하다, 참견하다 |
| □ **complement** | ~을 보충[보완]하다; 보충[보완]하는 것 |
| □ **augment** | ~을 증대시키다, 증가시키다 |
| □ **competence** | 능력; 적성 |

---

**3**

| □ **submission** | 제출물; 복종; 항복 |
| □ **depict** | ~을 (그림 등을 이용하여) 설명하다, 묘사하다 |
| □ **nursery** | 유아원, 유치원 |
| □ **accompany** | ~을 동행하다, ~와 함께 가다; ~을 동반하다 |
| □ **genetically** | 유전적으로 |
| □ **code** | 암호, 코드; 암호화하다; 유전정보를 부여하다 |

| □ **racist** | 인종차별적인; 인종차별주의자 |
| cf. racism | 인종차별주의 |
| □ **bias** | 편견, 선입견 |
| □ **domestic** | 가정의; 국내의; 길들여진 |
| □ **pick up** | ~을 집어 들다; ~을 (차에) 태우다; (지식 · 외국어 등을) 익히게 되다 |

| 4 | ☐ **prevalent** | 널리 퍼진, 만연한 | ☐ **reward** | ~을 보상(하다); 보상금 |
| | ☐ **multi-tasking** | 다중 작업 | ☐ **realm** | 영역; 범위; 왕국 |
| | ☐ **multi-cultural** | 다문화의 | ☐ **boundary** | 경계(선); 《주로 pl.》 한도, 한계 |
| | ☐ **guarantee** | ~을 보증[보장]하다 | ☐ **expertise** | 전문 기술 |

| 5 | ☐ **tendency** | 성향, 경향 | ☐ **intimidated** | 겁을 내는, 두려워하는 |
| | ☐ **outcome** | 결과, 성과 | ☐ **implement** | ~을 시행하다; 도구, 기구 |
| | ☐ **asset** | 자산, 재산 | ☐ **realistically** | 현실적으로, 사실적으로 |
| | ☐ **faulty** | 결점이 있는, 잘못된 | ☐ **belittle** | ~을 과소평가하다, 얕보다 |

| 6 | ☐ **normally** | 보통(은); 정상적으로 | ☐ **despondent** | 낙담한, 실의에 빠진 |
| | ☐ **leading** | (시합에서) 선두의; 가장 중요한 | ☐ **reverse** | 반대[거꾸로]의; ~을 반대로[거꾸로] 하다 |
| | ☐ **depression** | 우울(증); 불경기 | ☐ **trait** | (성격상의) 특성, 특징 |
| | ☐ **clinical** | 임상의; 병상의 | ☐ **capability** | 능력, 역량 |
| | ☐ **definition** | 한정; 정의(定義) | ☐ **invigorating** | 기운 나게 하는, 활기를 북돋는 |
| | ☐ **pessimistic** | 비관적인 (↔ optimistic 낙관적인) | ☐ **description** | 묘사, 서술 |
| | ☐ **inadequacy** | 불충분함, 부적당함; 무능함 | ☐ **hence** | 그러므로, 따라서 |

**[1–5] 다음 글의 빈칸에 들어갈 말로 가장 적절한 것을 고르시오.**

**1**

The wrapping of Christmas presents, William Waits notes, is a fairly recent phenomenon in American life. It arose at the turn of the 20th century, during a period when hand-made presents were giving way to machine-made, store-bought ones. For both givers and manufacturers, this shift presented a problem, for the machine-made items, precisely because they were convenient, represented less of the giver's personal attention than the hand-made items had done; thus they were symbolically less intimate. To disguise this loss of symbolic value, and to invest the manufactured items with a personal touch, *retailers encouraged shoppers to have their purchases gift-wrapped. Gift-wrapping, in Waits's acute term, became a 'decontaminating mechanism' that removed the presents from the 'normal flow of bought-and-sold goods' and made them, for a single ceremonial moment, emblems of _____ rather than commerce. 모의

● **emblem** 상징

① intimacy　　② disguise　　③ generosity
④ convenience　　⑤ encouragement

voca
Extra

**\* retail**

**re**–(back) + **tail**(= to cut, trim) **다시 자르다 → 적은 양을 팔다 → 소매(하다)**

Business/Commerce에서 최종 소비자에게 물건을 파는 것은 retail(소매), retailer(소매상)에게 파는 것은 wholesale(도매)이라 한다. 소매에 비해 도매로 파는 것은 좀 더 다량이고 저렴한 것이 보통이다.

● **at[by] retail** 소매로, 소량으로
● **at[by] wholesale** 도매로, 다량으로

포장은 소매 상황에서 나올 수 있는 말이고, 도매일 경우는 포장하지 않고 대량으로 선적하기 때문에 in bulk란 표현이 자주 등장한다.

It is much more economical to buy goods **in bulk**.
(**대량으로** 구입하는 것이 훨씬 더 경제적이다.)

**2**

A social network is a social structure, which is connected by one or more specific types of interdependency, such as friendship, kinship, common interest, or financial exchange. Ideas flow and move within the social networks we create, and these networks _____ _____. Similar to the way an ant colony is "intelligent" even if individual ants are not, or the way flocks of birds determine where to fly by combining the desires of each bird, social networks can capture and contain information that is transmitted across people and time, like oral histories or online wikis, and can aggregate millions of decisions to set market prices or select candidates in an election. The human social network does what no person could do alone. And the ability of networks to create, sustain, and strengthen our collective goals helps us to achieve much more than the building of towers or the destruction of walls as the scale of interactions increases. [3점]

● **wiki** 위키 (인터넷 사용자들이 내용을 수정·편집할 수 있는 웹사이트)

① are revolutionizing how we view our world
② will increase the size of human social groups
③ have a tendency to intrude on one's privacy
④ block face-to-face communication between individuals
⑤ complement and augment individual competence

**3**

Kate and her classmate, Jamie, were the youngest of the winning teams in the Stop Racism National Video Competition in 1998. Their submission *depicted children playing at a nursery accompanied by messages such as "Everyone is the same; all these babies are beautiful." Kate says the point of their video was to show that human beings are not genetically coded with racist attitudes. "_____," she explains. And she adds, "The children at the nursery don't say, 'I am not playing with you since you're black,' because they don't really know about racism." According to Kate, education begins with the younger generation. And if they grow up experiencing all sorts of cultures, they have less bias.

모의

① Cultures are very important for winning the competition
② Different skin colors give a bad impression to babies
③ Babies should be taken care of in domestic surroundings
④ Children pick up racist ideas from their surroundings as they grow up
⑤ Educational institutes are free from racism due to the government's efforts

---

Voca
Extra

### depict, describe, illustrate, demonstrate

* **depict** 말이나 그림으로 묘사하다 to describe someone or something using words or pictures

  a book **depicting** life in pre-revolutionary Russia
  혁명 이전의 러시아에서의 삶을 **묘사한** 책

● **describe** (특징 등을) 상세히 묘사하다, 설명하다 to give details about what someone or something is like

  The police asked her to **describe** the man.
  경찰이 그녀에게 그 남자를 **상세히 묘사하라고** 요청했다.

● **illustrate** 예시, 도해, 그림, 사진 등을 이용하여 설명하다 to make the meaning of something clearer by giving examples, pictures, numbers, etc.

  The following examples **illustrate** our approach to customer service.
  다음의 예시는 고객서비스에 대한 우리의 접근법을 **설명합니다**.

● **demonstrate** 구체적 증거를 들어 설명[증명]하다 to show or prove something clearly

  The study **demonstrates** the link between poverty and malnutrition.
  그 연구는 가난과 영양부족의 관계를 **증명한다**.

**4**

What is the most prevalent and perhaps most important prefix of our times? The answer *should be *multi*, which means 'more than one.' Our modern jobs are increasingly requiring multi-tasking. Our communities are getting multi-cultural. Our entertainment is multi-media. While detailed knowledge of a single area once guaranteed success, today the top rewards go to those who can operate with equal confidence in different realms. Let us call these people boundary crossers. They develop expertise in multiple areas, they speak different languages, and they _____.
They live multi-lives because that is more interesting and, nowadays, more effective. 수능

● **prefix** 접두사

① consider bilingual speech communities inefficient
② are satisfied with their specialty in a single area
③ find joy in the rich variety of human experience
④ avoid areas that require varied expertise
⑤ seek comfort in doing the same task

---

*Digging deeper*

### 추측 · 당연을 나타내는 조동사 * should

should는 (의무 · 필요) ~해야 한다'라는 의미로 많이 쓰이지만, '추측'을 나타내거나 완곡어법으로 쓰이는 경우도 많으므로 무조건 '의무'로 해석하지 않도록 주의한다. would도 '추측'을 나타낼 수 있다.

They **should** arrive at noon.
그들은 **당연히** 정오에 도착할 **거예요.**

I **should** think he would like to go.
제 생각으로는 그 사람이 가고 싶어 **할 것 같은데요.**

That **would** be Steve at the door.
문 앞에 있는 사람은 스티브**일 거예요.**

**5**

Our tendency to focus only on outcomes narrows our self-image. When we envy other people for their assets, accomplishments, or characteristics, it is often because we are making a faulty comparison. We look at the fruits of their efforts instead of at the efforts themselves. For example, imagine that while talking to a professor in her office, you hear her use a word that you do not understand. You may feel intimidated and stupid. Now imagine that the same professor is sitting at her desk with an open dictionary. You would probably conclude that she knows that unfamiliar word because she spends time looking up words, looking for them in the books she reads, or learning them in some other simple manner. You, too, could do this. Focusing on the process, on the steps one must take to develop knowledge and skills, will

_____. [3점]

① help us implement our plans realistically
② keep us *from forming a belittling view of ourselves
③ give us the confidence to make the best choice
④ be the best place to start if we want a quick result
⑤ allow us to compare our current situation with others'

Digging
deeper

**전치사 * from의 확장 의미**

from ~은 기본적으로 이동(go away **from** Seoul)의 의미가 있어, 근원(hear **from** your father), 변화(be made **from** clay), 원인(result **from** laziness), 추리 근거(**from** what I heard)의 의미로 확장되어 쓰인다. 또한, 이동을 한다는 것은 X from Y의 식으로 X와 Y를 서로 구분해서 갈라놓는 것이므로 '구분, 구별'의 의미가 있으며, Y라는 행동이나 상태에서 떨어져 있음, 즉 하지 않음을 나타낸다.

They're so alike that I can never **know[tell, distinguish]** one **from** the other.
그들은 정말 똑같아서 누가누구인지 **분간할 수 없어.**

These worries **kept** her **from** sleeping properly.
이러한 걱정들 때문에 그녀는 제대로 잠을 자지 **못했다.**

Actions will be taken to **free** the media **from** government control.
대중매체가 정부의 통제에서 **벗어나게** 하기 위해 조치가 취해질 것이다.

Please **refrain from** smoking in this area.
이 구역에서는 흡연을 **삼가 주세요.**

They are **prohibited from** revealing details about the candidates.
그들은 후보자들에 대한 자세한 내용을 누설하지 **못한다.**

**다음 글의 빈칸 (A), (B)에 들어갈 말로 가장 적절한 것을 고르시오.**

**6**

We don't normally think of games as hard work. After all, we *play* games, and we've been taught to think of play as the very opposite of work. _____(A)_____ nothing could be further from the truth. Games are hard work that we choose for ourselves, and it turns out that almost nothing makes us happier than good, hard work. As Brian Sutton-Smith, a leading psychologist of play, once said, "The opposite of play isn't work. It's depression." When we're depressed, according to the clinical definition, we suffer from two things: *a pessimistic sense of inadequacy* and *a despondent lack of activity*. If we were to reverse these two traits, we'd get something like this: *an optimistic sense of our own capabilities* and *an invigorating rush of activity*, which is a perfect description of the emotional state of playing a game. _____(B)_____, playing a game is the direct emotional opposite of depression.

|  | (A) |  | (B) |
|---|---|---|---|
| ① | However | ---- | Besides |
| ② | Moreover | ---- | That is |
| ③ | Nevertheless | ---- | That is |
| ④ | Hence | ---- | Besides |
| ⑤ | Above all | ---- | Nevertheless |

## Words & Phrases 3단계 활용법

**1단계** : 아는 단어는 □ 안에 체크를 한다. 모르는 단어는 뜻을 확인한다.
**2단계** : 지문의 문맥을 통해 모르는 단어의 뜻을 재확인한다.
**3단계** : 학습 후 알게 된 단어의 □ 안에 체크를 하고 모르는
단어는 뜻을 확인하는 과정을 반복한다.

---

**1**

| | | | | |
|---|---|---|---|---|
| □ **corrupt** | ~을 타락시키다, 부패시키다; 부패한, 타락한 | | □ **ecosystem** | 생태계 |
| □ **component** | 구성 요소, 성분 | | □ **drastic** | 과감한, 극단적인; 급격한 |
| □ **tow** | (차 등을) 끌다, 잡아당기다; 견인 | | □ **impact** | 충돌; 영향(력), 효과 |
| □ **wiring** | 전기선, 배선 | | □ **intolerance** | 참을 수 없음; 편협함 |
| □ **circuit** | 빙 돌기, 순회; 《전기》 회로, 회선 | | □ **insensitivity** | 무감각, 둔감 |
| □ **estimated** | 추측의, 견적의 | | □ **accessibility** | 접근(가능성), 접근하기 쉬움; 이해하기 쉬움 |
| □ **vanish** | (갑자기) 사라지다, 없어지다 | | □ **subjectivity** | 주관성, 주관적임 (↔ objectivity 객관성, 객관적임) |
| □ **extinction** | 멸종, 절멸 | | | |

---

**2**

| | | | | |
|---|---|---|---|---|
| □ **commentary** | 논평, 주석 | | □ **guarantee** | ~을 보증[장담]하다; 보증(하는 것) |
| □ **critique** | 비평, 평론; ~을 비평[논평]하다 | | □ **appreciate** | ~을 감상하다; ~의 진가를 인정하다; ~에 감사하다 |
| □ **biography** | 전기, 일대기 | | | |
| □ **valid** | 유효한; 근거가 확실한, 타당한 | | | |

---

**3**

| | | | | |
|---|---|---|---|---|
| □ **paradox** | 역설, 모순되는 일 | | □ **norm** | 표준, 규범 |
| □ **capitalism** | 자본주의 (체제) | | □ **boundary** | 경계(선); 《주로 pl.》 (활동 등의) 한계, 한도 |
| □ **destruction** | 파괴, 파멸 | | □ **at any cost** | 어떤 대가를 치르더라도, 어떻게 해서든 |
| □ **out of business** | 파산[폐업]하여 | | □ **competency** | 능력; 적성 |
| □ **strive** | (for) 노력하다, 힘쓰다 | | | |
| □ **edge** | 가장자리, 날; 우세, 유리; (toward) 서서히 나아가다; ~의 가장자리를 두르다 | | | |
| cf. **give A an[the] edge over B** | A에게 B에 대한 우위를 점하게 하다 | | | |

**4**

- [ ] **unavoidable** 피하기 어려운, 불가피한
- [ ] **to a certain extent** 어느 정도까지는, 다소
- [ ] **stringent** 엄격한, 엄중한
- [ ] **constraint** 제한, 제약; 강제, 속박
- [ ] **dictate** 지시[명령]하다; 받아쓰게 하다
- [ ] **oppressive** 억압적인; (날씨가) 불쾌한

- [ ] **slave** 노예; **(away)** 노예처럼 일하다
- [ ] **pub** (선)술집
- [ ] **to make a long story short** 한마디로 말해서, 요약해서 말하자면
- [ ] **attain** ~을 얻다, 획득하다
- [ ] **allocate** ~을 할당하다, 배분하다

**5**

- [ ] **glimpse** 언뜻 봄; ~을 언뜻 보다
- [ ] **document** 문서, 서류; ~을 상세히 기록하다; ~에게 증거[자료]를 제공하다
- [ ] **commemorative** 기념이 되는, 기념적인
- [ ] **demonstrate** ~을 증명하다, 입증하다; (반대하여) 시위하다

- [ ] **dwelling** 거처, 사는 집
- [ ] **may well** 아마 ~일 것이다; ~하는 것도 당연하다
- [ ] **precisely** 정확히, 바로
- [ ] **inspire A to-v** A가 ~하도록 고무[격려]하다, 영감을 주다
- [ ] **impression** 인상, 감명; 생각, 느낌

**6**

- [ ] **ubiquitous** 어디에나 있는, 아주 흔한
- [ ] **dramatically** 극적으로; 급격히
- [ ] **a range of** 다양한; 일련의
- [ ] **border** 국경, 경계; (사진 등의) 가장자리(를 이루다)
- [ ] **intent** 몰두[열중]하는; 의도
- [ ] **dominance** 우월; 지배
- [ ] **anthropologist** 인류학자
- [ ] **vigilant** 바짝 경계하는, 조금도 방심하지 않는
- [ ] **dampen** (물에) 적시다; (기세를) 꺾다
- [ ] **booster** 촉진제; 추진 로켓

- [ ] **prejudice** 편견, 선입견 (= bias)
- [ ] **feminine** 여성스러운; 여성의 (↔ masculine 남자 같은; 남자의)
- [ ] **account for** ~을 설명하다; ~의 이유가 되다; ~을 차지하다
- [ ] **competitor** 경쟁자; (시합) 참가자
  cf. **competitiveness** 경쟁력
- [ ] **inattention** 부주의, 태만
- [ ] **outperform** ~을 능가하다
- [ ] **aggressively** 공격적으로
- [ ] **disregard** ~을 무시[묵살]하다

**[1–5] 다음 글의 빈칸에 들어갈 말로 가장 적절한 것을 고르시오.**

**1**

Errors and failures typically corrupt all human designs. Indeed, the failure of a single component of your car's engine could *force you to call for a tow truck. Similarly, a tiny wiring error in your computer's circuits can mean throwing the whole computer out. Natural systems are different, though. Throughout Earth's history, an estimated 3 million to 100 million species have disappeared, which means that this year somewhere between three and a hundred species will vanish. However, such natural extinctions appear to cause little harm. Over millions of years the ecosystem has developed an amazing _____ to errors and failures, surviving even such drastic events as the impact of the Yucatan meteorite, which killed tens of thousands of species. 모의

● **meteorite** 운석

① connection　　② intolerance　　③ insensitivity

④ accessibility　　⑤ subjectivity

---

Digging deeper

**\* force A to-v  vs.  persuade A to-v**

force A to-v는 'A가 억지로[강제로] ~하게 시키다'의 의미로서, A가 실제로 ~한 것으로 이해해야 한다.

persuade A to-v의 경우도 'A에게 ~하라고 설득하다'가 아니라 'A를 설득해서 ~하게 하다'의 의미로서, A가 설득을 당하여 실제로 ~한 것을 뜻한다.

I **forced** *myself* **to** practice daily.
나는 **억지로** 매일 연습**했다**.

I **persuaded** *him* **to** turn himself in to the police.
나는 그를 **설득해서** 자수하게 **했다**.

**2**

When reading poems, in general, readers feel that they must know more about the poets and their times than they really have to. We put much faith in commentaries, critiques, biographies — but this may be only because we *doubt our own ability to read. Almost anyone can read any poem, if he is willing to go to work on it. Anything you discover about a poet's life or times is valid and may be helpful. But a vast knowledge of the context of a poem is no guarantee that the poem itself will be understood. To be understood, it must be _____. Reading any great poem is a lifetime job — not, of course, in the sense that it should go on and on throughout a lifetime, but rather that as a great poem, it deserves many return visits. We may learn more about a poem than we realize when we are free from it for a while.

① read over and over with breaks
② interpreted in a variety of ways
③ viewed in a historical context
④ appreciated at one sitting
⑤ evaluated from your own perspective

Voca
Extra

**\* doubt vs. suspect**

위 두 단어 모두 '의심하다'로 의미가 달려있는 어휘서가 많으나, doubt의 의미는 don't think에, suspect의 의미는 think에 가깝다.

- **doubt** ~인 것을 의심하다
- **suspect** ~이 아닌가 하고 생각하다

I **doubt** she would come.
나는 그녀가 올지 **의문이다**.

I **suspect** him a liar.
나는 그가 거짓말쟁이**가 아닌가 생각된다**.

I **suspect** that we will have snow before night.
나는 밤이 되기 전에 눈이 내리**지 않을까 생각된다**.

**3**

The great paradox of capitalism is that destruction brings creation. Companies trying to put each other out of business in fact put many more businesses into existence and people into jobs, as they strive for better technology, more efficient ways of operating, smarter ways of pricing their product — for anything that will win them more customers and give them an edge over the competition. But this only works if _____ _____. Consumers do not benefit when companies are free to do whatever they want to get a *competitive edge. Competition has to be based on agreed norms and within set boundaries, rather than on aiming to win at any cost. The quality of football would not improve if teams could use any means necessary to score a goal. Similarly, capitalism produces benefits when there is fair competition over products and pricing, within the law, so that the most efficient business wins.

① consumers support the competition
② the goal of the business is obvious
③ companies have better technical competency
④ certain rules of the game are observed
⑤ we understand the dark side of capitalism

Voca
Extra

**문맥에 따라 다른 * competitive의 의미**

기본적으로는 '경쟁하는; 경쟁력 있는, 지지 않을 힘을 가진'의 의미이다.

● a **competitive** society 경쟁 사회

그런데 '경쟁력 있는'의 의미로 쓰일 때는 문맥에 따라 다음과 같이 이해해야 한다.

We offer a **competitive** salary and excellent benefits.
우리 회사는 **높은** 급여와 최고 수준의 복리후생을 제공합니다.

The mart sells merchandise at **competitive** prices.
그 마트는 **저렴한** 가격으로 제품을 판다.

**4**

*To live means to experience — through doing, feeling, thinking. Experience takes place in time, so time is the ultimate scarce resource we have. The content of our experience determines our quality of life, and beyond the unavoidable demands of daily life, there is still room for personal choice that makes control over time, to a certain extent, in our hands. Of course, it is not our decision alone to make — stringent constraints dictate what we should do, not only as members of the human race but also as members of a certain society and culture. However, as the historian E. P. Thompson noted, even in the most oppressive decades of the Industrial Revolution, when workers slaved away for more than eighty hours a week in mines and factories, there were some who spent their few precious free hours in literary pursuits or political action instead of following the majority into the pubs. *To make a long story short, one of the most essential decisions in life is about how we _____. [3점]

① try to attain wealth and honor
② allocate or invest our time
③ find our true career
④ behave as members of society
⑤ bear the difficulties of life

*Digging deeper*

**문장이 * to부정사로 시작되는 경우의 해석 총정리 1**

| **To** do ~ + 동사 ... : ~하는 것은 (주어 역할) |
|---|
| S         V |

**To establish** better educational programs for teaching the Korean language to foreign workers **is** essential. 수능응용
외국인 노동자들에게 한국어를 가르칠 더 좋은 교육 프로그램을 만드는 것이 중요하다.

※ 현대영어에서는, to부정사가 주어로 쓰이는 경우 가주어 it으로 시작하는 문장으로 표현하는 것이 보통이다.

(= **It** is essential **to establish** better educational programs for teaching the Korean language to foreign workers.)

**5**

It is common for those who have glimpsed something beautiful to express regret at not having been able to photograph it. So successful has been the camera's role in defining beauty that photographs, rather than the real world, have _____. Except for those situations in which the camera is used to document commemorative events, what moves people to take photographs is finding something beautiful. Just *to demonstrate how truly beautiful their dwelling is, house-proud hosts may well pull out home photographs instead of showing someone around the house itself. We, too, regard ourselves as attractive at precisely those times that we believe we would look good in a photograph. After all, nobody exclaims, "Isn't that ugly! I must take a photograph of it." And even if someone did say that, all it would mean is: "I find that ugly thing ... beautiful." [3점]

① inspired us to create beauty in our lives

② changed our impressions of the beautiful

③ led us to search for beauty in nature

④ allowed us to remember the very moment

⑤ become the standard of the beautiful

---

Digging
deeper

### 문장이 * to부정사로 시작되는 경우의 해석 총정리 2

> **To** do ~, 주어+동사 ...

1. ~하기 위해 (목적)

   **To keep** seafood frozen, the freezer room has to be maintained at a temperature of 30 degrees below zero. [사관학교 응용]

   (해산물을 냉동시키**기 위해서는**, 냉동고가 영하 30도로 유지되어야 한다.)

2. 만약 ~라면 (조건)

   **To look at** him, you could hardly help laughing. (= **If you looked at** him, ~.) (그를 본다면, 당신은 웃지 않을 수 없다.)

3. 독립부정사

   **To make a long story short**, everything worked well. (= **In short**, ~.)

   (한마디로 말해서 모든 것이 잘 되었다고 해도 좋을 것입니다.)

※ **To make matters worse** 설상가상으로, 엎친 데 덮친 격으로

   **To say the least of it** 적어도 (= at least)

**다음 글을 읽고, 물음에 답하시오.**

**6**

Color is a ubiquitous feature of the environment, though we rarely notice colors unless they're particularly bright or deviate dramatically from our expectations. Nonetheless, they can shape a range of outcomes: A recent study conducted by University of Rochester psychologists Andrew Elliott and Daniela Niesta, for example, showed that men are slightly more attractive to women when they wear red shirts rather than shirts of another color. The same effect applies to women, who seem more attractive to men when their pictures are bordered in red. Red signals both romantic intent and dominance among lower-order species, and this applies to both males and females. This relationship between red and dominance explains findings by the evolutionary anthropologists Russell Hill and Robert Barton of the University of Durham that, "across a range of sports," contestants who wear red tend to _____. But red isn't always beneficial: we've come to associate it with errors and caution, so although it makes us more vigilant, it can also dampen our creativity. All these effects have sound bases in biology and human psychology, but that doesn't make them any less remarkable.

**1.** 윗글의 제목으로 가장 적절한 것은?

① Red: A Booster for Your Creativity

② When Our Color Prejudices Betray Us

③ The Evolution of Color Perception in Humans

④ Is Red Feminine or Masculine?

⑤ The Hidden Power of an Everyday Color

**2.** 윗글의 빈칸에 들어갈 말로 가장 적절한 것은?

① account for less than half of competitors

② suffer from careless mistakes and inattention

③ bring out the competitiveness in others

④ outperform those wearing other colors

⑤ play aggressively and disregard rules

## Words & Phrases 3단계 활용법

**1**

| | | | |
|---|---|---|---|
| □ **regardless of** | ~에 관계없이 | □ **assembly line** | 조립라인 |
| □ **genetics** | 유전학; 유전적 특질 | □ **conventional** | 전통적인; 관습적인 |
| □ **prevalent** | 널리 알려진 | □ **fundamentally** | 근본적으로 |
| □ **bio-mechanical** | 생체[생물] 역학적인 | □ **come up with** | ~을 생각해내다; ~을 제시하다 |
| □ **roll off** | (대량으로) 생산되다 | | |

**2**

| | | | |
|---|---|---|---|
| □ **encounter** | ~을 우연히 만나다, 마주치다; 마주침 | □ **improvise** | (시·곡 등을) 즉석에서 하다[짓다, 연주하다] |
| □ **have A in common** | A를 공유하다, A를 공통으로 하다 | □ **owe A to B** | A를 B의 덕택으로 알다 |
| □ **composer** | 작곡가 | □ **interpretation** | 해석, 이해; 연주 |
| □ **musical note** | 악보 (= score) | | |

**3**

| | | | |
|---|---|---|---|
| □ **elevate** | ~을 (들어) 올리다; ~을 승진시키다, 등용하다 | □ **stamp** | 짓밟다; ~에 날인하다, 도장을 찍다; ~의 본성을 나타내다 |
| □ **noble** | 귀족의, 고귀한; 귀족 | | |
| cf. **nobility** | 귀족(계급); 고결함 | □ **tactician** | 전술가, 책략가 (= strategist) |
| □ **lord** | 귀족; 영주 | □ **pluck** | ~을 잡아 뜯다, 뽑다; (현악기를) 퉁기다, 뜯다 |
| cf. **duke** | 귀족; 공작 | □ **obscurity** | 불분명, 흐릿함; 미천한 신분, 무명 |
| □ **genealogy** | 가계, 혈통 | □ **opponent** | 적수, 반대자, 상대 |
| □ **adorn** | ~을 꾸미다, 장식하다 | □ **inevitably** | 필연적으로, 불가피하게 |
| □ **exploit** | ~을 (부당하게) 이용하다; ~을 개척[개발]하다; 공훈, 공적 | □ **respecter** | 차별대우하는 것[사람] |
| | | cf. **be no respecter of** | ~을 차별하지 않다, 가리지 않다 |

**4**

| | | | |
|---|---|---|---|
| ☐ **reputation** | 평판, 명성 | ☐ **accumulate** | 쌓이다, 축적하다 |
| ☐ **asset** | 자산, 재산 | ☐ **interaction** | 상호작용 |
| ☐ **demoralize** | ~을 의기소침하게 만들다, ~의 사기를 꺾다 | ☐ **dilute** | (액체를) 묽게 하다, 희석시키다; 묽게 한, 희석한; (가능성을) 희박하게 하다 |
| ☐ **stain** | 더럽히다, 얼룩지다; 얼룩, 때 | | |

**5**

| | | | |
|---|---|---|---|
| ☐ **status** | 신분, 지위 | ☐ **declare** | ~을 선언하다, 선포하다 |
| ☐ **bestow** | 《on[upon]》~을 주다, 수여하다 | cf. **declare oneself** | 자기의 의견을 말하다, 자기의 입장을 밝히다 |
| ☐ **immerse** | (in) ~을 담그다, 적시다 | ☐ **frugal** | 절약하는, 검소한 |
| cf. **immersed in** | ~에 빠진, 몰두한 | ☐ **accessory** | 액세서리, 장신구 |
| ☐ **overwhelming** | 압도적인, 굉장한, 극도의 | ☐ **vain** | 헛된, 무익한 |
| ☐ **aesthetics** | 미학 | ☐ **like-minded** | 같은 생각[취미]의, 생각이 비슷한 |
| cf. **aesthetic** | 미(美)의, 미적 감각이 있는; 미학의 | ☐ **alienate** | ~을 소원하게[멀어지게] 만들다; ~에게 소외감을 느끼게 하다 |
| ☐ **substance** | 물질; 실질, 실체 | | |
| ☐ **identity** | 정체, 신원; 동일함, 일치 | ☐ **harshly** | 가혹하게, 무자비하게 |

**6**

| | | | |
|---|---|---|---|
| ☐ **biological** | 생물학의; 생물체의 | ☐ **obsessive-compulsive disorder** | 강박장애 |
| ☐ **fallacy** | 틀린 생각; 오류 | cf. **obsessive** | 사로잡혀 있는, 강박적인 |
| ☐ **disorder** | 장애, 병; 무질서 | **compulsive** | 강박적인; 통제하지 못하는 |
| cf. **anxiety disorder** | 불안장애 (다양한 형태의 불안과 공포로 인한 정신 질환 통칭) | ☐ **strictly** | 엄격히; 오로지 |
| ☐ **solely** | 혼자서, 단독으로; 단지 | ☐ **dysfunction** | 기능 장애; 역기능 |
| ☐ **physiological** | 생리학(상)의; 신체의 조직이나 기능에 관련되는 | ☐ **disturbance** | (심리적) 장애; 방해 |
| ☐ **causation** | (다른 사건의) 야기; 인과 관계; 원인 | ☐ **chronic** | 만성적인 |
| ☐ **panic disorder** | 공황장애 (갑자기 심한 불안과 공포를 느끼는 공황 발작이 되풀이되는 병) | ☐ **repressed** | (감정이) 억눌러진, 억제된 |
| cf. **panic attack** | 공황발작 | | |

**[1–5] 다음 글의 빈칸에 들어갈 말로 가장 적절한 것을 고르시오.**

**1**

The goal of medicine as it is currently practiced is to develop procedures and drugs that work equally well on all patients, *regardless of gender, age, or genetics. It derives from the prevalent belief that all of us are similar bio-mechanical units that rolled off the same assembly line — a most imperfect conception of human beings that limits conventional medicine's effectiveness. The doctor of the future, however, needs to practice medicine in fundamentally different ways. One of the most important shifts will be an increased recognition of _____, a concept now largely ignored. Instead of treating different patients that display similar symptoms with the same drugs, doctors should identify root causes of disease to come up with a personalized treatment. 수능

① group therapy ② patient individuality
③ medical technology ④ doctors' qualifications
⑤ wonder drugs

---

Voca Extra

**\* regardless of vs. despite[in spite of]**

**Regardless of** her age, I think she's the right person for this job.
그녀의 나이에 **상관없이**(그녀가 몇 살인지는 모르지만 어리든 나이 들었든), 나는 그녀가 이 일에 적합한 사람이라고 생각해.

우리말의 '~에 상관없이'가 '역접'의 의미인지 '양보'의 의미인지를 구별할 수 있어야 한다.
위의 경우, '나이가 몇 살인지는 모르지만, 어리든 나이가 들었든'의 의미이므로 '양보'를 나타내는 데 비해, 아래 예는 역접에 해당한다.

**In spite of** the rain, we went out.
비에 **상관없이** 외출했다.

이는 '비가 왔다. 그러나 외출했다.'를 의미하므로 역접이다. 이때는 despite나 in spite of를 써야 한다.

**2**

Upon entering a record store, one encounters a wide variety of genres from easy listening to jazz and classical music. Jazz and classical music have a number of things in common. However, they also have a number of differences. Before sound recording, classical music was passed down through written scores, whereas early jazz mainly relied on live performance. The composers are in control in classical music; they write the musical notes along with detailed instructions. In jazz, on the contrary, the performers often improvise their own melodies. *In sum, classical music and jazz both aim to provide a depth of expression and detail, but they _____. 수능

① take different approaches to record sales
② owe their traditions to the easy listening genre
③ achieve their goal through different approaches
④ rely on their performers' interpretations of music
⑤ depend on their music scores to gain popularity

---

Voca
Extra

### sum이 만드는 어구

* **in sum** 요컨대 (= to sum up)

  **In sum**, alternative policies were not considered.
  요컨대, 대안적인 정책들이 고려되지 않았다.

● **sum up** 요약하다

  In your final paragraph, **sum up** your argument.
  마지막 단락에서는, 주장을 **요약하라**.

● **sum A up** A를 압축해서 보여주다[묘사하다], A에 대해 파악하다

  The city's problem can be **summed up** in three words: too many people.
  그 도시의 문제는 3단어로 **압축해 말할** 수 있다. 즉, 사람이 너무 많다는 것이다.

  I'd already **summed** him **up**, and I knew he'd be difficult to work with.
  나는 이미 그를 **파악했고**, 그와 함께 일하기 어려울 것임을 알았다.

● **zero-sum game** 제로섬 게임 (게임 이론에서 참가자 각각의 이득과 손실의 합이 0이 되는 게임)

One of Napoleon Bonaparte's most important insights was that _____ _____. As a child of the middle classes, he wasn't about to elevate noble lords above their ability. "Bonaparte judged men by what they could do, and not by their genealogy. He looked not at the decorations that adorned the breast, but at the exploits that stamped the warrior; not at the learning that made the perfect tactician, but at the real practical force that brought out great achievement," wrote J. T. Headley. Napoleon's surest colleagues had risen from the ranks or were plucked from obscurity. One was the son of a grocer, another of a mechanic, and so on. This gave Napoleon a crucial advantage in battle, because his opponents inevitably based their selection strategies on nobility, and their armies were led by dukes and lords rather than by talented professional soldiers.

● **the ranks** 〈군대〉 졸병, 사병

① talent is no *respecter of birth
② a great leader is also a great follower
③ the age of nobility was about to end
④ a competent strategist is also a strong warrior
⑤ success depends not only on ability, but also on effort

Voca Extra

**\* respect의 여러 파생어**

respect는 기본적으로 '존경하다'를 의미하지만 동시에 '점(點), 사항'을 의미할 수도 있음을 기억해야 한다.

● **respectful** 존경심을 보이는, 공손한
Do not talk to teachers as you do to friends, but speak in a **respectful** way. 친구에게 하듯이 선생님께 말하지 말고 **공손한** 방식으로 말해라.

● **respectable** 존경할 만한, 훌륭한; (수량·크기 등이) 상당한, 꽤 많은
Put a tie on — it'll make you look more **respectable**.
넥타이를 매는 것이 당신을 좀 더 **훌륭해** 보이게 할 겁니다.
**respectable** income 상당한 양의 수입

● **respective** 각자의, 각각의 cf. **respectively** 각각, 제각기
Jane and Patrick chatted about their **respective** childhoods.
제인과 패트릭은 그들 **각자의** 어린 시절에 대해 이야기했다.
The cups and saucers cost $5 and $3 **respectively**.
컵과 컵 받침은 **각각** 5달러, 3달러이다.

**4** Essentially, your reputation is your most valuable asset — so guard it well. But do not be terribly demoralized if you make some mistakes along the way. With time it is possible to repair a stained reputation. Every experience you have with someone else is like a drop of water falling into a pool. As your experiences with that person grow, the drops accumulate and the pool deepens. Positive interactions are clear drops of water and negative interactions are red drops of water. But they are not equal. That is, _____, and that number differs for different people. Those who are very forgiving only need a few positive experiences — clear drops — to dilute a bad experience, while those who are less forgiving need a lot more to wash away the red. [3점] 모의

① a number of clear drops can dry up with time
② a drop of red water can lead your life to ruin
③ a number of water drops can affect your experience
④ a number of red drops can accumulate gradually
⑤ a number of clear drops can dilute one red drop

**5**

Once upon a time, status was bestowed upon people by their class and birth. Nowadays, immersed in a consumer culture of overwhelming choice, we define our social circle by style and aesthetics. As Virginia Postrel explains in *The Substance of Style*, our surface is our entire identity. Before we say anything with words, we declare ourselves through look and feel. *Here I am. I'm like this. I'm not like that.* Aesthetic identity is an expression of _____. Do you want to be thought of as a practical, frugal person who sees fashion accessories as foolish and vain? Or do you prefer to seem like those who pay attention to every detail, including personal appearance? *No matter what, you'll tend to attract the like-minded while alienating those who disagree. Because others make similar selections, for similar reasons, *I like this* becomes *I'm like this*. [3점]

① why style has become more significant than before

② with whom we want, or expect, to be grouped

③ how you dress and act in the way you like most

④ why you judge others more harshly than yourself

⑤ how you have been influenced by the media

---

Digging deeper

**\* no matter what의 여러 해석**

● **No matter what** you do, I love you the way you are.
   절           절
   네가 **무엇을 하든**, 나는 있는 그대로의 너를 사랑해.

● **No matter what** you do is fine with me.
   S       V
   네가 하는 **무엇이든** 나에게는 괜찮다.

● I'll always love you, **no matter what**. (= no matter what happens)
   **무슨 일이 있든지[반드시]**, 나는 너를 사랑할 거야.

● It rained most of the time, but Venice was beautiful **no matter what**.
   대부분의 기간 동안 비가 내렸지만, **어쨌든** 베니스는 아름다웠어요.

**다음 글의 빈칸 (A), (B)에 들어갈 말로 가장 적절한 것을 고르시오.**

**6**

The biological fallacy assumes that a particular type of anxiety disorder is caused solely by some biological or physiological imbalance in the brain or body. _____(A)_____, there has recently been a tendency to reduce the causation of panic disorder, as well as obsessive-compulsive disorder, to a strictly biological level — some kind of imbalance in the brain. It is helpful for treatment to identify the brain dysfunctions involved in anxiety and anxiety disorders, but that does not mean that anxiety and anxiety disorders are physiological disturbances only. The question remains: what caused the physiological disturbance itself? Perhaps chronic stress due to psychological conflict or repressed anger causes specific brain imbalances that lead to difficulties such as panic attacks or generalized anxiety disorder. _____(B)_____, because any particular brain disturbance may have originally been set up by stress or other psychological factors, it is a fallacy to assume that anxiety and anxiety disorders are *solely* (or even primarily) caused by physiological imbalances.

| (A) | | (B) |
|---|---|---|
| ① However | ---- | Instead |
| ② On the other hand | ---- | Therefore |
| ③ As a result | ---- | Nevertheless |
| ④ For example | ---- | Therefore |
| ⑤ Likewise | ---- | Instead |

Contents

# 전략편 Ⅱ

# 고난도 · 초고난도 문제

본 챕터에서는 고난도 · 초고난도 문제들에 대한 여러 대처법에 대해서 다룬다. 너무 어려워서 맥락이 명확히 잡히지 않더라도 일단 문제가 주어진 이상 우리의 과제는 어떻게든 근거를 잡아 풀어내는 것이다. 대처법들을 익히고 적용하다 보면 그에 대한 적응력이 커지고 자신감도 붙게 마련이니 포기하지 말고 도전해보기 바란다. 고난도 · 초고난도 지문에 대비하기 위한 전략의 핵심 Point를 살펴보자.

# 대처법

# 비유 표현 가능성을 염두에 두라

빈칸 문장이 주제문일 경우 개괄적 표현의 어구로 구성된다는 것을 앞에서 학습한 바 있다. 최근에는 개괄적인 것에서 한 걸음 더 나아가 비유적으로 표현된 부분을 빈칸으로 하는 문제도 출제되고 있으므로 그 가능성을 염두에 두어야 한다.

비유 표현은 문맥과 유기적으로 보아야 하고, 따로 놓고 보면 글자 그대로 해석되어 문맥과는 동떨어진 의미가 될 수 있다. 이는 문맥을 제대로 이해하지 못한 학생들에게 오답 선택을 유발하므로 출제자들에게는 좋은 출제 요소가 된다.

Exploring
the
concepts

## Literal vs. Figurative

대부분의 어구는 Literal meanings(글자 그대로의 의미)와 Figurative meanings(비유적 의미)를 가질 수 있다. 글자 그대로 표현하는 것은 그 의미가 곧이곧대로 이해되므로 독해에 별 문제가 되지 않는다. 반면, 비유적 표현은 전달하려고 하는 개념이 암시적으로 내포된 단어를 이용하므로 상대적으로 이해가 어려울 수 있다.

문맥과 그 단어가 내포할 수 있는 특정 의미를 잘 연결하여 판단해야 한다.

**eg.** If we keep on pushing this idea forward, it might actually **take root**.
우리가 이 아이디어를 계속해서 밀고 나가면, 그것은 정말 <u>뿌리를 내릴지도</u> 모른다. → 널리 받아들여지기 시작할지도

He **watered down his proposal** a lot and in the end it wasn't ambitious enough.
그는 <u>자신의 제안에 물을 많이 타서</u> 결국 그것은 충분히 의욕적이지 않았다. → 자신의 제안을 약화시켜서

The minister is expected to **stay the course on transportation policy**.
장관은 <u>교통 정책의 경로에 그대로 있을 것으로</u> 예상된다. → 교통 정책을 그대로 유지할 것으로

In a classic set of studies over a ten-year period, biologist Gerald Wilkinson found that, when vampire bats return to their communal nests from a successful night's foraging, they frequently vomit blood and share it with other nest-mates, including even non-relatives. The reason, it turns out, is that blood-sharing greatly improves each bat's chances of survival. A bat that fails to feed for two nights is likely to die. Wilkinson showed that the blood donors are typically sharing their surpluses and, in so doing, are saving unsuccessful foragers that are close to starvation. So the costs are relatively low and the benefits are relatively high. Since no bat can be certain of success on any given night, it is likely that the donor will itself eventually need help from some nest-mate. In effect, the vampire bats have created a kind of _____. 수능

● **forage** 먹이를 찾아다니다

① complex social hierarchy      ② ecological diversity

③ mutual insurance system      ④ parasitic relationship

⑤ effective reproduction process

> 정답 ③번의 '상호 보험 체계'란 말은 흡혈박쥐와 영 관련이 없어 보이지만, 본문에서 언급되고 있는 흡혈박쥐의 생태를 문맥상 비유적으로 잘 표현하는 어구라고 할 수 있다. 이렇듯, 선택지 어구들을 해석할 때는 글자 그대로의 의미만 생각할 것이 아니라 그것이 전체 문맥에서 비유적으로 뜻할 수 있는 의미까지 염두에 두도록 하자.

The spread of prosperity, the single-family home, the invention of television and computers have all made it possible for us to live private lives unimaginable to previous generations. We no longer live in close quarters with our neighbors, we can move about without crowding into buses or trains; we do not have to go to theaters or share our tastes with our neighbors. However, the same technologies that help separate us from the crowds also make it possible to monitor and record our behaviors. Although fewer people have intimate knowledge of our lives, many people mostly unknown to us know something about us. The very technology that was supposed to free us from mass society has turned out to be as much a fishbowl as an information highway. In modern society, we have discovered that _____. 모의

① people cannot use public transportation because of crowding
② technology makes us independent from natural environments
③ more people become indifferent to the spread of prosperity
④ cooperating with people leads to wrong conclusions
⑤ being free often means also being naked

# 논리적으로 추론하라 I : 원인 ⇄ 결과 · 결론

어떤 사건이나 행위가 서로 원인 ⇄ 결과 · 결론의 논리 구조일 때 다음과 같은 연결어나 구문/동사가 사용된다. 표에서 볼 수 있듯이, 원인 → 결과의 순서일 수도 있고 결과 → 원인의 순서로 제시될 수도 있다. 글쓴이나 화자의 초점은 뒤에 나오는 사건이다. 즉 원인→결과일 때는 결과를, 결과 → 원인일 때는 원인을 중요시하는 것이다.

| 원인 | 연결어 | therefore, thus, hence, accordingly, consequently, for this reason | 결과 |
| | 구문 | so[such] ~(원인) that ...(결과), too ~(원인) to-v(결과), so that, that[this] is why | |
| | 동사 | affect, generate, produce, trigger, stimulate, contribute, bring about, result in, set off, lead to, make happen, cause | |

| 결과 | 연결어 | due to, because (of), in response to, in consequence of, as a result of | 원인 |
| | 구문 | this[that] is because | |
| | 동사 | result from | |

Be careful

### so that 구문

so that은 '목적'을 나타낼 수도 있고 '결과'를 나타낼 수도 있음에 유의한다.
'목적'을 나타낼 때는 so 앞에 콤마(,)가 없다.
We arrived early **so that** we could get good seats. (목적)
We arrived early, **so that** we got good seats. (결과)

Exploring
the
concepts

### Cause vs. Effect

Cause(원인)와 Effect(결과)는 말 그대로 어떤 사건이나 일, 또는 행동이 다른 사건 등을 낳게 되는 것을 말한다. 특히 수능에 빈번하게 등장하는 역사, 과학, 사회학과 관련된 소재의 지문들은 이러한 인과관계에 따라 설명을 전개하는 경우가 많으므로 매우 중요한 논리구조에 해당한다.

여러 원인이 하나의 결과를 낳을 수도 있고 하나의 원인이 여러 결과를 낳을 수도 있다는 것도 함께 알아두자.

원인1 ↘
원인2 → 결과
원인3 ↗

원인 → 결과1
결과2
결과3

# 1 원인 vs. 결과의 논리 구조 파악

연결어나 어구가 명백히 있으면 무엇이 원인이고 무엇이 결과인지를 명확히 알 수 있다. 그러나 연결어가 종종 생략되기도 하고 그 밖의 다른 어구로 표현되는 경우도 있어, 제시된 사건들 중 무엇이 원인이고 무엇이 결과인지 논리적으로 추론해내는 능력을 기르는 것이 중요하다.

> The arrival of computers in business changed all that; now office workers suffer from "repeated motion injuries," such as backache, neckache, and eyestrain.
>
> 원인: The arrival of computers in business
> 결과: office workers suffer from "repeated motion injuries," such as backache, neckache, and eyestrain

다음은 원인 ⇄ 결과의 논리구조를 가진 기출 예문으로서, 이를 직접적으로 나타내주는 연결어를 ▆▆▆▆로 삭제한 것이다. ▆▆▆▆의 앞뒤가 각각 원인인지, 결과·결론인지를 판단해보자.

**기출**돋보기

01 These so-called non-governmental organizations deliver social services. They are active in various areas from law to medicine. They watch and influence what governments do at home or abroad. What is more, they often work better than governments. ▆▆▆▆ they are able to use people from all walks of life. 수능응용

02 Unfortunately, some sports coaches in the camps occasionally become over-enthusiastic in their desire to help the children excel. ▆▆▆▆, they put pressure on them to perform at high levels, win at all costs, and keep playing, even when they get hurt. 수능

# 2 원인 또는 결과 내용의 추론

원인-결과가 서로 특히 밀접한 관계에 있을 경우 어느 하나에 빈칸이 있어도 다른 하나에 의해 논리적으로 그 내용을 추론할 수 있다. 즉, 빈칸 문장 앞뒤로 추론을 이끌어 낼 수 있는 근거들이 부연설명 되어있으니, 어렵더라도 포기하지 말고 빈칸 문장 앞이나 뒤 문장에 주목해보자.

기출돋보기

**01**

In Chinese food, ... [중략] Apparently, the higher the temperature, the more intense the flavor. This is why _____, which is why ice cream makers add stacks of sugar — as you can tell all too clearly when ice cream melts. In a similar way, some bitter tastes, like tea, taste better when hot because they are more intense. 모의

① ice cream tastes better when tea flavors are added
② ice cream does not taste that sweet straight from the fridge
③ they serve ice cream for dessert in Chinese restaurants
④ it is not recommended to eat ice cream while drinking hot tea
⑤ ice cream tastes sweeter especially in the winter time

> 바로 빈칸 앞 문장이자 주제문에서 온도가 높을수록 맛이 더 강하다고 했으니, 온도가 낮을 수밖에 없는 아이스크림은 단맛이 잘 나지 않는다는 내용의 선택지와 연결이 되어야 한다.

> 이렇게 문제 해결에서 논리적 추론이 요구되는 경우, 빈칸 문장은 주제문이 아닌 세부사항에 해당할 수도 있다. 이때 주제문은 빈칸 문제 해결에 결정적인 단서가 되는 역할을 한다.

기출돋보기

**02**

Although there are numerous explanations for the fall of the Roman empire, the deeper cause lies in the declining fertility of its soil and the decrease in agricultural yields. ... [중략] Overgrazing of livestock resulted in further deterioration of the soil. Consequently, Rome's _____ could not provide sufficient energy to maintain its infrastructure and the welfare of its citizens. 수능

① dense forests　　　② climate changes　　　③ irrigation system
④ declining population　　　⑤ agricultural production

> 빈칸 문장이 결론을 나타내는 연결어(Consequently)로 시작하고 있으므로, 직전 문장(Overgrazing ~)은 원인에 해당할 것이다. 가축을 과도하게 방목하여 토양이 더 안 좋아졌다고 했으므로, 결과적으로 농업생산량에 좋지 않은 영향을 가져왔을 것으로 추론할 수 있다.

**1** Unlike the novel, short story, or play, film is not handy to study; it cannot be effectively frozen on the printed page. The novel and short story are relatively easy to study because they are written to be read. The stage play is slightly more difficult to study because it is written to be performed. But plays are printed, and because they rely heavily on the spoken word, imaginative readers can create at least a pale imitation of the experience they might have watching a performance on stage. This cannot be said of the screenplay, for a film depends greatly on visual and other nonverbal elements that are not easily expressed in writing. The screenplay requires so much filling in by our imagination that we cannot really approximate the experience of a film by reading a screenplay, and reading a screenplay is worthwhile only if we have already seen the film. Thus, most screenplays _____. 모의

① rely more on the spoken word than stage plays

② attract a much wider readership than short stories

③ do share many elements with other literary genres

④ are popular though it requires extra effort to study them

⑤ are published not to be read but rather to be remembered

**2** When you choose an item among a number of options, the attractive features of the rejected items will decrease the satisfaction derived from the chosen item. This is a very important reason why many options _____. Because we do not put rejected items out of our minds, we experience the disappointment of having our satisfaction with decisions reduced by all the options we considered but did not choose. In light of these negative effects of opportunity cost, which is the cost of the opportunity you lost by making one choice instead of another, we are tempted to ignore opportunity costs altogether in making decisions. 모의

① can be harmful to our well-being

② are open to consumer age groups

③ are handed down through generations

④ can be offered by satisfied consumers

⑤ can contribute to the local economy

# 논리적으로 추론하라 II : 비교·대조

헷갈리기 쉬운 두 가지(A, B) 이상의 것들을 비교 또는 대조하는 글에서, A, B 중 어느 하나에 빈칸을 두어 어느 것이 적절한지를 묻는 문제가 출제되고 있다. A와 B뿐만 아니라 이 둘의 주변 어구들도 서로 혼동을 유발할 정도로 말바꿈 되어 있는 경우가 대부분이므로, 이 둘을 정확히 구분해야 한다.

기출돋보기

For the most part, we like things that are familiar to us. To prove the point to yourself, try a little experiment. Get the negative of an old photograph that shows a front view of your face and have it developed into a pair of pictures — one that shows you as you actually look and one that shows a reverse image so that the right and left sides of your face are interchanged. Now decide which version of your face you like better and ask a good friend to make the choice, too. If you are like most people, you should notice something odd: Your friend will prefer the true print, but you will prefer the reverse image. Why? Because you both will be responding favorably to the more familiar face — your friend to _____ and you to the reversed one you find in the mirror every day. 수능

● **negative** [사진] 원판

① his own true face
② other people's faces
③ the one the world sees
④ the negative of his own face
⑤ the one more recently photographed

> 비교 또는 대조되고 있는 것들을 정확히 구분하기 위해, 위의 본문처럼 서로 다른 표시로 마킹하면서 읽어 내려가는 것도 좋은 방법이다.

Take a moment to cast your mind back over the past week or so, and think about something you regret. Was it something you did or something you failed to do? It seems that _____. As an example, consider Mary and Laura, who invest their money in companies A and B. Mary invests in company A and considers switching to company B but she decides not to. Laura invests in company B and considers switching to company A and she decides to do so. They both find out that they would have been better off by $1,000 if they had taken different actions. Who do you think feels more regret? Most people judge that Laura will regret her action more than Mary will regret her inaction. 모의

① unplanned actions always give rise to regrets
② people regret their actions more than their failures to act
③ people regret most when their relationship with others suffers
④ people feel satisfied when they make their own decisions
⑤ regret makes people take more profitable actions

# 연구 · 실험문의 구조와 접근 순서에 집중하라

연구 · 실험 내용은 〈실험목적(가설) – 실험내용 및 결과 – 결론 또는 시사점〉의 내용으로 구성되는 것이 보통이다. 주제문은 자연히 결과 – 결론 또는 시사점에 해당하며 빈칸도 이 부분에 주어진다. 가설이 무엇인지 실험목적을 명백히 이해한 후, 실험결과가 어떻게 도출이 되었는지 확인하고 결론을 논리적으로 정리하는 순서로 접근하는 것이 좋다.

기출돋보기 | Psychologist Solomon Asch wanted to discover whether **people's tendency to agree with their peers** was stronger than their tendency toward independent thought and rational judgment. Asch assembled groups of twelve university students and announced that they were taking part in an experiment on visual perception. He showed them three line segments, and asked each one in turn which line was the longest. It was an easy task and the correct answer was obvious. However, Asch had secretly instructed all but the last person in each group, who was the real subject of the experiment, to say that the medium-length line was the longest. As it turned out, over 70 percent of the real subjects _____ and said that the medium-length line was the longest. 수능

① caved in to group pressure
② figured out the correct answer
③ had problems with their vision
④ roped the other group members in
⑤ used rational judgment in their decision-making

> 빈칸 문장이 As it turned out으로 시작하는 것으로 보아 실험 결과 내지는 결론에 해당하는 문장임을 알 수 있다.

**가설**: 사람들이 또래집단에 동조하는지 아니면 독립적인 사고와 합리적 판단을 하는지?
**내용**: 각 그룹의 한 사람, 즉 피실험자만 빼놓고 거짓으로 대답하라고 함.
**결과**: 70%의 피실험자가 다른 사람들의 대답을 따라 거짓을 말함.
**결론**: 즉, 그 70%의 피실험자들은 집단 압력에 굴복한 것이 됨.

Be careful

실험 결과/결론/시사점을 이끌 수 있는 어구

The psychologist[researcher, scientist] found ~
The research showed that ~
According to the research[experiment] ~
(As) It turned out ~
..., so that ~

The human auditory system ———————————————————. A psychologist named Richard Warren demonstrated this particularly well. He recorded a sentence and cut out a piece of the sentence from the recording tape. He replaced the missing piece with a burst of static of the same duration. Nearly everyone who heard the altered recording could report that they heard both a sentence and static. But a majority of people could not tell where the static was! The auditory system had filled in the missing speech information, so that the sentence seemed uninterrupted. Most people reported that there was static and that it existed apart from the spoken sentence. The static and the sentence formed separate perceptual streams due to differences in the quality of sound that caused them to group separately. 수능

● **static** 잡음

① recognizes incorrect pronunciation
② plays an important role in speaking
③ has its own version of perceptual completion
④ reacts differently according to different languages
⑤ analyzes auditory and visual cues at the same time

# 빈칸이 두 개인 문제는 지문과 빈칸 문장 특성에 유의하라

지문에 빈칸이 두 개, 즉 서로 떨어져 있는 문장에 각각 하나씩 있는 형태로서, 빈칸에 들어갈 어구는 대개 한두 단어의 짧은 어구로 구성된다. 빈칸이 하나가 있어도 추론이 쉽지 않은데 두 개가 있다는 것은 심리적으로도 더 어려움을 준다. 최근에는 지문과 빈칸 문장의 난이도가 급격히 높아지고 단서 위치도 빈칸 문장과 상당히 떨어져 있는 등 추론 난이도가 올라가 정답률이 고작 30~40% 사이에 머물고 있으므로 (초)고난도 유형에 해당한다.

이 유형의 특성을 잠깐 살펴보면, 빈칸 문장 위치는 대개 단락의 초반과 후반이며, 빈칸 문장은 주제문일 수도 있고 세부사항에 해당하는 문장일 수도 있다. 초기에는 각각 대조, 상반 관계를 이루는 세부사항 문장에 빈칸이 하나씩 위치하는 경우(유형1)가 많았다. 최근에는 주제문에 빈칸 하나가 위치하고 세부사항 문장에 나머지 빈칸이 주어지는 경우(유형2) 등 빈칸 문장의 단락 내 역할이 다양해지고 있다.

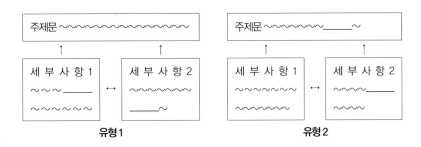

유형1         유형2

또한, 이 유형은 빈칸 하나의 정답을 추론해낸 것과 똑같은 단서를 적용해서 나머지 하나의 빈칸도 저절로 풀리도록 구성되지 않는다. 즉, 단서는 각각 따로 존재한다. 단서가 같다면 굳이 빈칸을 두 개로 만들어 출제할 필요가 없기 때문이다. 그러므로 한 단락에서 빈칸 두 개가 가능하려면, 단락이 서로 대조되는 내용으로 전개가 되거나, 세부사항이 두 개 이상이 되는 등 상대적으로 좀 복잡한 전개방식을 가진 단락이어야 한다.

어찌되었든, 빈칸이 두 개라고 해서 별달리 색다른 전략이 필요하지는 않으므로 지금까지 학습한 내용을 잘 적용해보도록 하자.

01

When you are picking out products in the grocery store and searching for the best possible strawberry jam, you are trying to maximize your own enjoyment. You are the only person that matters; it is your sense of pleasure that you are trying to please. In this case, _____(A)_____ is the ideal strategy. You should listen to those cells in the brain that tell you what you really want. However, when you are making a moral decision, this egocentric strategy backfires. Moral decisions require taking other people into account. You cannot act like a greedy brute or let your anger get out of control. Doing the right thing means thinking about _____(B)_____, using the emotional brain to mirror the emotions of strangers. Selfishness needs to be balanced by some selflessness. 모의

● **backfire** 역효과를 낳다

       (A)                (B)

① selflessness  ----  your neighbors

② selflessness  ----  utmost justice

③ self-esteem  ----  genuine happiness

④ selfishness  ----  eternal beauty

⑤ selfishness  ----  everybody else

> 단락 중간의 However를 기점으로 내용이 서로 대조 관계를 이루고 있다.
> 첫 번째 세부사항은 자기 이익을 극대화해야 하는 상황으로서 '이기심'이 바람직한 전략이다.
> 두 번째 세부사항은 도덕적 결정을 해야 하는 상황이므로 나보다는 '다른 사람들'을 고려해야한다.

Like an artist who pursues both enduring excellence and shocking creativity, great companies foster a _____(A)_____ between continuity and change. On the one hand, they adhere to the principles that produced success in the first place, yet on the other hand, they continually evolve, modifying their approach with creative improvements and intelligent adaptation. But the point here is not as simple as "some companies failed because they did not change." Companies that change constantly but without any consistent rationale will _____(B)_____ just as surely as those that change not at all. There is nothing inherently wrong with adhering to specific practices and strategies. But you should comprehend the underlying *why* behind those practices, and thereby see when to keep them and when to change them.

모의

|  | (A) |  | (B) |
|---|---|---|---|
| ① | tension | ---- | collapse |
| ② | tension | ---- | prosper |
| ③ | balance | ---- | flourish |
| ④ | divergence | ---- | succeed |
| ⑤ | divergence | ---- | perish |

> 빈칸 (A) 문장 바로 뒤의 내용에서, 위대한 회사는 성공원칙 고수와 개선을 같이 가져 간다고 했으므로 빈칸 (A)에는 '차이, 상이함'을 의미하는 divergence가 올 수 없다.

> 빈칸 (B) 문장 뒤에서 '관행 뒤의 근본 이유를 이해하고 유지할지 변화시킬지 판단해야 한다'고 했으므로 끊임없이 변화만 하거나 전혀 변화하지 않는 회사들은 '무너질' 것이다.

**1** Many of us make the mistake of surrounding ourselves with people who think exactly like we do. This often just _____(A)_____ every idea or prejudice we have, distorting our outlook. One needs the corrective bucket of cold water in one's face every so often. The only problem with surrounding yourself with bright people who think differently is that you might be told that you are wrong about something. This can be difficult for those who measure their self-worth in terms of how "right" their ideas are. But even Einstein could not have achieved so much without bright people around him who disagreed with his ideas. Ideas are refined and made clearer by explaining them to people who don't understand them well. Good ideas benefit from _____(B)_____, just as precious stones benefit from cutting, shaping, and polishing.

| (A) | (B) | | (A) | (B) |
|---|---|---|---|---|
| ① reinforces | ---- accomplishment | | ② reinforces | ---- resistance |
| ③ discards | ---- shaving | | ④ discards | ---- debate |
| ⑤ replaces | ---- protection | | | |

**2** Startling claims have been made for optimism, or at least for the power of positive thinking. All that's required, according to the creed, is to think positively, and good things will start to happen. As Barbara Ehrenreich reminds us, much of this descends into magical thinking, and ends up more or less _____(A)_____ reality. Thinking alone is not as effective as many gurus would have us believe. An accident survivor, paralyzed from the waist down, who believes that she can still have a high quality of life is likely to go to the gym to work on her upper body strength, and get out and about to enjoy an active social life. Someone who believes her life is over will probably not do these things. The power of positive thinking and the power of positive actions are not unrelated, but it's the latter that _____(B)_____ the rewards of optimism.

● **guru** (정신적) 지도자

| (A) | (B) | | (A) | (B) |
|---|---|---|---|---|
| ① dependent upon | ---- precede | | ② dependent upon | ---- deserve |
| ③ isolated from | ---- reap | | ④ isolated from | ---- follow |
| ⑤ predicted by | ---- distort | | | |

**Point 13**

# 초고난도 문제, 전략적으로 대처하라

빈칸추론 문제는 정답률 60%를 넘는 것이 얼마 없을 정도로 다른 유형에 비해 난이도가 높다. 자칫 시간을 과도하게 뺏기면 전체 시험에 영향을 미칠 수 있음도 고려해야 한다. 따라서 초고난도의 문제를 만나면 푸는 순서를 뒤로 돌리는 등 시간 안배에 특히 주의하도록 하자.

풀이 순서를 뒤로 돌리더라도 상대적으로 시간을 무조건 많이 투자하여 모든 문장을 샅샅이 읽고 해석해서 해결하겠다는 생각은 버리자. 모르는 부분은 과감히 무시하고 앞에서 배운 모든 전략을 융통성 있게 적용하여, 아는 것과 가능성이 큰 전략에 집중해야 정답률을 끌어 올릴 수 있다.

## 1 빈칸에 들어갈 대강의 의미를 짚어보자

단서라고 짐작되는 곳의 쉬운 표현들을 읽고 빈칸에 들어갈 내용이 긍정적인지 부정적인지를 짚어 내는 것만으로도 결정적인 도움이 되는 경우가 있다.

기출돋보기

It is a fundamental mistake to imagine that when we see the non-value in a value or the untruth in a truth, the value or the truth ceases to exist. It has only become relative. Everything human is relative, because everything rests on an inner polarity; for everything is a phenomenon of energy. Energy necessarily depends on a pre-existing polarity, without which there could be no energy. There must always be high and low, hot and cold, etc., so that the equilibrating process — which is energy — can take place. Therefore, the tendency to deny all previous values in favor of their opposites is just _____. And in so far as it is a question of rejecting universally accepted and indubitable values, the result is a fatal loss. 수능 정답률 34%

① another way of pursuing relativeness in human affairs
② as desirable as the tendency to accept all those values
③ as much of an exaggeration as the earlier onesidedness
④ the one and only way of approaching the ultimate truth
⑤ to admit the presence of energy derived from an inner polarity

# 2 막연히 읽지 말고 **가능성이 큰 전략에 집중하라**

빈칸 문장의 내용, 위치 등 가능성이 큰 전략을 적용해본다. 빈칸 문장을 바꿔 말한 어구가 있는지도 반드시 살펴본다.

**기출돋보기** The most obvious salient feature of moral agents is a capacity for rational thought. This is an uncontested necessary condition for any form of moral agency, since we all accept that people who are incapable of reasoned thought cannot be held morally responsible for their actions. However, if we move beyond this uncontroversial salient feature of moral agents, then the most salient feature of actual flesh-and-blood (as opposed to ridiculously idealized) individual moral agents is surely the fact that every moral agent _____ every moral problem situation. That is, there is no one-size-fits-all answer to the question "What are the basic ways in which moral agents wish to affect others?" Rather, moral agents wish to affect 'others' in different ways depending upon who these 'others' are. **모의 정답률 41%**

① brings multiple perspectives to bear on
② seeks an uncontroversial cure-all solution to
③ follows the inevitable fate of becoming idealized in
④ comes with prejudices when assessing the features of
⑤ sacrifices moral values to avoid being held responsible for

## Words & Phrases 3단계 활용법

**1단계**: 아는 단어는 □ 안에 체크를 한다. 모르는 단어는 뜻을 확인한다.
**2단계**: 지문의 문맥을 통해 모르는 단어의 뜻을 재확인한다.
**3단계**: 학습 후 알게 된 단어의 □ 안에 체크를 하고 모르는
단어는 뜻을 확인하는 과정을 반복한다.

**1**

| | | | |
|---|---|---|---|
| □ **ground** | 지면; 《주로 pl.》 기초, 근거; ~에 근거를 두다 | □ **sentiment** | 감정, 정서 |
| □ **protest** | 항의, 시위; (against) ~에 맞서 항의하다 | □ **presuppose** | ~을 예상하다; 추정하다; ~을 전제로 하다 |
| □ **unjust** | 부당한, 불공평한 | □ **personally** | 직접; 개별[개인]적으로 |
| □ **beneath** | ~의 밑[아래]에; (신분 등이) ~보다 못하여; 품위를 떨어뜨리는 | □ **disreputable** | 평판이 안 좋은 |
| □ **involved** | (사건 등에) 관련된; 열중[몰두]하여, 열심인 | □ **individualism** | 개인주의 |
| □ **take up** | ~을 시작하다; ~을 차지하다; (제의 등을) 받아들이다 | □ **conviction** | 유죄 선고; (강한) 신념, 확신 |
| □ **opponent** | 상대; 적; 반대자 | □ **ethics**  cf. **ethical** | 윤리(학)  윤리적인, 도덕상의 |
| □ **voice** | 목소리; (말로) 나타내다 | □ **familiarity** | 익숙함; 친근함 |
| □ **warring** | 전쟁 중인 | □ **solidarity** | 연대, 결속 |

**2**

| | | | |
|---|---|---|---|
| □ **justifiably** | 마땅하게, 정당하게 | □ **sensation** | 감각, 느낌; 세상을 떠들썩하게 하는 행동[사건] |
| □ **accuse A of B** | A를 B로 비난하다, 고소하다 | | |
| □ **coverage**  cf. **cover** | 적용 범위; 보도 (범위); (보험의) 보상 범위  ~을 덮다; (범위에) 걸치다, 적용되다; (뉴스 등을) 취재[보도]하다; (손실을) 보상하다 | □ **rating** | 평가(액); 《pl.》 (텔레비전 등의) 시청률 |
| | | □ **critical** | 비판적인; 중요한; 위태로운 |
| | | □ **disgust** | 혐오감; ~을 역겹게 하다 |
| □ **novel** | 새로운; (장편) 소설 | □ **encounter** | 마주침; ~을 (우연히) 마주치다 |
| □ **regardless of** | ~에 관계없이, 상관없이 | □ **robbery** | 강도(질) |
| □ **relevance** | (문제와의) 관련성, 타당성 | □ **deception** | 속임, 사기 |

**3**

| | | | |
|---|---|---|---|
| □ **automatically** | 자동적으로 | □ **identification**  cf. **identify** | (심리적) 동일시; 신원 확인  《with》 동일시하다 |
| □ **onstage** | 무대 위에서(의) | | |
| □ **facilitate** | ~을 쉽게[용이하게] 하다; ~을 촉진하다 | □ **scattered** | 드문드문 있는, 산발적인 |
| □ **epic** | 서사의; 서사시 | □ **commentary** | 해설 |
| □ **alienation** | 소외(감), 멀리함 | | |

**4**
- [ ] **humiliation** 굴욕감, 창피
- [ ] **self-esteem** 자존감
- [ ] **back** ~의 등을 떠밀다, 밀어붙이다; (up) ~을 지원하다
- [ ] **ratio** 비(比), 비율
- [ ] **actuality** 《주로 pl.》 현실, 사실
- [ ] **supposed** 상상의, 가정의
- [ ] **potentiality** 잠재력

- [ ] **illustrate** ~을 설명하다, 예증하다
- [ ] **entail** ~을 수반하다, 일으키다
- [ ] **hint at** ~을 넌지시 비치다, 암시하다
- [ ] **latter** 후자(候者)(의) (↔ former 전자(前者)(의))
- [ ] **pretension** 가식, 허세
- [ ] **blessed** 축복받은, 행복한
- [ ] **gratify** ~을 만족시키다, 기쁘게 하다

**5**
- [ ] **neuroscientist** 신경과학자
- [ ] **get in the way of** ~을 방해하다
- [ ] **thoroughly** 완전히, 철저히
- [ ] **ingrain** (생각 등을) 스며들게 하다
- [ ] **neural** 《인체》 신경(계)의

- [ ] **circuit** 순회, 빙 둘러서 감; 《전기》 회로, 회선
- [ ] **pathway** 경로, 길
- [ ] **disruption** 붕괴, 분열
- [ ] **choke** 숨 막히다, 질식하다
- [ ] **derail** (선로를) 벗어나다, 이탈하다; (계획 등을) 못하게 막다

**6**
- [ ] **postindustrial** 산업화 이후의, 후기 산업의
  cf. post- 다음의, 후기의
- [ ] **assumption** 가정, 가설
- [ ] **eternally** 영원히, 영구히
- [ ] **materialistic** 물질주의적인
- [ ] **boost** ~을 밀어 올리다; (사기·기력을) 돋우다
- [ ] **prosperity** 부유함, (물질적) 번영
- [ ] **counterargument** 반대론, 반론
- [ ] **become[be] accustomed to A** A에 익숙해지다, 길들여지다

- [ ] **affluence** 풍족, 부유함
- [ ] **take A for granted** A를 당연하게 여기다
- [ ] **variable** 변하기 쉬운; 변하기 쉬운 것; 《수학》 변수
- [ ] **determinant** 결정물, 결정요인
- [ ] **superficial** 표면(상)의, 피상적인
- [ ] **undermine** ~의 밑을 파다; ~을 약화시키다
- [ ] **societal** 사회의, 사회적인

**[1–5] 다음 글의 빈칸에 들어갈 말로 가장 적절한 것을 고르시오.**

**1**

Sometimes _____ can give us special reason to criticize our own people or the actions of our government. Take for example two different grounds that can lead people to oppose a war and protest against it. One is the belief that a war is unjust; the other is the belief that it is beneath the people involved. The first reason can be taken up by opponents of a war whoever they are or wherever they live. But the second reason can be felt and voiced only by citizens of the country responsible for the war. The people in uninvolved nations could oppose the war and consider it unjust, but only the people of the warring countries could feel ashamed of it. That is a moral sentiment that presupposes a shared identity. Americans traveling abroad can be embarrassed when they encounter rude behavior by American tourists, even though they don't know them personally. Non-Americans might find the same behavior disreputable but could not be embarrassed by it.

① individualism
② conviction
③ ethics
④ familiarity
⑤ solidarity

**2**

The media, perhaps justifiably, is often accused of "man bites dog" coverage, which means that it is always seeking the novel and the strange, regardless of relevance. Sensation and ratings certainly play a role, but _____ is a more critical factor when analyzing why the media chooses to cover certain crimes. I was recently watching the news and saw a video from a security camera that showed a 101-year-old woman being punched and having her purse stolen. I immediately felt that this video was a calculated attempt to make the audience feel disgusted and angry, but then realized that the people who made the news felt the same disgust and anger upon first encountering these images. In the end, it was these feelings that drove the reporters to share this material in the first place. Robberies of young men rarely make the news, but attacks on the elderly do. This is *not so much a conscious deception by the media as a reflection of our own feelings.

① the issue of race      ② the level of emotion
③ the image of the elderly      ④ the influence of advertisers
⑤ the perception of crime

---

*Digging deeper*

**\* not so much A as B 구문**

'A라기보다는 차라리 B인 (A<B)'을 의미하는 것으로, 앞에서부터 차례대로 해석해 나가는 것이 자연스럽다. 이 구문은 마치 관용적인 표현처럼 생각될 수 있으나, 다음과 같이 해석해보면 직역으로도 그 정확한 의미가 짐작될 수 있다.

> **not so much A    as B**
> 아니다   그렇게 대단한 A가    B가 그런 것만큼
> = not A so much as B
> = B rather than A

The great thing is **not so much** where we stand **as** in what direction we are moving.
중요한 것은 우리가 처한 입장이**라기보다** 어느 방향으로 나아가고 있는가이다.

**cf. not so much as A**: A와 같은 그 정도도 아니다 → A조차 아니다
He could **not so much as** write his own name.
그는 자신의 이름**조차** 쓸 수 **없었다**.

**3**

Not all authors trusted that the theater audience would automatically understand their plays in the intended manner. Thus, they repeatedly attempted to make it clear to their public that visiting the theater was not merely for the purpose of entertainment, but rather to draw lessons from the play offered onstage. It was, therefore, important for the viewer _____ so as to facilitate interpretation of the content. This idea was developed by Bertolt Brecht with his 'epic theater,' which used alienation as a strategy to prevent the identification of the public with the figures of the drama. Through scattered narration and commentary throughout the play, for example, the viewers are invited to take a step back from the performance. In this way, they are given hints to better understand the play while the conclusion is left open so as to leave them to draw their own conclusions. 수능

① to imitate the actor's performance
② to learn about the play beforehand
③ to identify himself with the actors on the stage
④ to bridge the gap between himself and the actors
⑤ to create a distance from the actions on the stage

**4** With no attempt there can be no failure and with no failure no humiliation. So our self-esteem in this world depends entirely on what we back ourselves to be and do. It is determined by the *ratio of our actualities to our supposed potentialities. Thus, _____.

This illustrates how every rise in our levels of expectation entails a rise in the dangers of humiliation. What we understand to be normal is critical in determining our chances of happiness. It also hints at two ways for raising our self-esteem. On the one hand, we may try to achieve more; and on the other, we may reduce the number of things we want to achieve. The advantages of the latter approach lie in the following statement: To give up pretensions is as blessed a relief as to get them gratified. [3점] 모의

① the higher your expectations are, the more you will achieve
② self-esteem can be increased by lowering actualities
③ success divided by pretensions equals self-esteem
④ early failures in life may lead to happiness later in life
⑤ more supposed potentialities increase chances of happiness

---

voca
Extra

**ratio, proportion, rate**

* **ratio** 비율

  The **ratio** of expenditure *to* revenue was 2 to 1.
  지출 대 수입의 **비율**은 2:1이었다.

* **proportion** (전체의) 부분; 비(율)

  Only a small **proportion** of graduates fail to find employment.
  졸업생 중 아주 낮은 **비율**(= 수)만 일자리를 찾지 못한다.

  The **proportion** of trucks *to* cars on the roads has changed dramatically. 거리의 트럭과 자동차 **비율**은 극적으로 변했다.

* **rate** 속도; 비율(주로 일정 기간에 일어나는 횟수); 요금

  New diet books appear *at a* **rate** of nearly one a week.
  새로운 다이어트 책이 일주일에 거의 한 권 **비율**로 출시된다.

**5**

The success of Nike's slogan "Just do it" is not an accident. Neuroscientists have interpreted this slogan to mean, don't let your conscious awareness get in the way of what your brain already knows how to do. When you have repeatedly performed something thoroughly, your brain automatically ingrains patterns into its own neural circuits that become "preferred pathways." We create our own disruption of these brain pathways when we think too much, which leads to choking. In other words, you should make an effort _____. Our own brain is an amazingly competent biologic machine that has been built through millions of years of evolution. Maybe we can allow ourselves the freedom to sit back, stop worrying, and watch it do its thing.

① to enjoy what you are getting involved in
② to let your brain take a break from its busy day
③ not to derail the brain's natural process
④ not to regret what you decided to do
⑤ to expand your horizons through wide experience

**다음 글의 빈칸 (A), (B)에 들어갈 말로 가장 적절한 것을 고르시오.**

**6**

Experimental data that demonstrates a change in the values of post-industrial societies _____(A)_____ the assumption that voters are eternally or naturally materialistic. As time passes, they seem to be more interested in protecting the environment, for example, than in boosting prosperity. However, there is a counterargument: People may have simply become accustomed to affluence, so that they do not appreciate it on an everyday basis. In a wealthy environment, they have the opportunity to desire and demand "higher" post-materialistic goods, but only because they take for granted their comfortable *economic life. Thus, _____(B)_____ variables remain the essential determinants of voters' political assessments even if voters are unaware of it, and post-materialistic preferences are only a superficial decoration. [3점]

| | (A) | | (B) |
|---|---|---|---|
| ① | undermines | ---- | environmental |
| ② | undermines | ---- | *economic |
| ③ | questions | ---- | individual |
| ④ | supports | ---- | materialistic |
| ⑤ | supports | ---- | societal |

---

voca Extra

**파생어 의미가 다른 어휘들**

- **consider** 고려하다 → considerable 상당한
  considerate 사려 깊은

- **emerge** 출현하다 → emergence 출현
  emergency 응급

- **economy** 경제 → *economic 경제에 관한
  economical 경제적인, 절약하는

- **compete** 경쟁하다 → competition 경쟁
  competence 능력

- **observe** 관찰하다 → observation 관찰
  observance 준수

- **confide** 신뢰하다 → confident 자신하는
  confidential 극비의

- **liter** 문자 (= letter) → literary 문학의
  literal 문자 그대로의
  literate 읽고 쓸 수 있는

## Words & Phrases  3단계 활용법

**1단계**: 아는 단어는 □ 안에 체크를 한다. 모르는 단어는 뜻을 확인한다.
**2단계**: 지문의 문맥을 통해 모르는 단어의 뜻을 재확인한다.
**3단계**: 학습 후 알게 된 단어의 □ 안에 체크를 하고 모르는
　　　　단어는 뜻을 확인하는 과정을 반복한다.

**1**

□ **motivation** — 동기(부여), 자극
□ **priority** — 우선 사항; 우선권
□ **presto** — 짠, 야앗 (마술 따위의 기합소리)

□ **squeeze** — 압착되다, 짜내다
cf. **squeeze in** — 틈새를 비집고 끼워 넣다
□ **enormously** — 엄청나게, 대단히, 매우

**2**

□ **united** — 단결한; (국가들이) 연합한, 통합된
□ **centralize** — ~을 중앙집권화하다
□ **monarchy** — 군주제; 군주국; 군주 일가, 왕가
□ **city-state** — 도시 국가
□ **the Pope** — (가톨릭교의) 교황
cf. **papal** — 교황의
□ **rival** — 경쟁자; 경쟁하는; ~에 필적하다, 비할 만하다

□ **peninsula** — 반도
□ **seedbed** — 모종을 키우는 자리, 모판; 온상
□ **civilization** — 문명 (사회)
□ **prosper** — 번영[번성]하다
□ **rarity** — 진귀한 사람[것]; 희귀성
□ **drawback** — 결점, 문제점

**3**

□ **deviance** — 이상행동, 일탈
cf. **deviant** — (정상에서) 벗어난, 일탈적인; 사회의 상식에서 벗어난 사람
□ **setting** — (연극 등의) 배경, 무대; 환경, 장소
□ **norm** — 《the-》 표준, 기준; 《pl.》 (사회적) 규범
□ **acceptance** — 수용, 받아들임
□ **commit** — 맡기다; 약속하다; 헌신하다, 전념하다
cf. **be committed to v-ing** ~하는 데 전념[헌신]하다

□ **ground** — 지면, 땅; 땅 위에 놓다[내리다]; 근거, 기초; 《in[on]》 근거를 두다, 기초하다
□ **dynamic** — 《pl.》 (세력·영향력 사이의) 역학; 역동적인
□ **enact** — (법을) 제정하다; (연극 등을) 행하다
□ **alienated** — 소외된, 고립된
□ **disciplined** — 잘 훈련된, 통제된
□ **conformity** — (규칙·관습 등을) 따름, 순응

**4**

□ **shortcoming** — 《주로 pl.》 결점, 단점
□ **be quick with** — ~이 빠르다, ~에 머뭇거리지 않다
□ **criticism** — 비판; 비평
□ **frugal** — 절약하는; 소박한

□ **be tied to A** — A와 관련 있다
□ **promptly** — 지체 없이; 정확히 제시간에
□ **earlier on** — 미리, 일찍부터
□ **contain** — (감정을) 억누르다; ~이 들어 있다

| | | |
|---|---|---|
| ☐ **biting sarcasm** 신랄한 야유[빈정거림] | ☐ **inevitably** 당연히 | |
| ☐ **recall** (~을) 기억해 내다 | ☐ **backfire** 역효과를 낳다 | |
| ☐ **grievance** 불만 (사항) | | |

---

**5**

| | |
|---|---|
| ☐ **so[as] far as** ~하는 한 | ☐ **execute** ~을 실행[수행]하다; (법을) 집행하다; ~을 사형에 처하다 |
| ☐ **bring about** ~을 가져오다, 일으키다 | cf. **execution** 실행, 수행; 사형 집행 |
| ☐ **resolve** 결심; 결심하다; ~을 해결하다 | ☐ **transaction** 거래, 매매 |
| ☐ **secure** 안전한; ~을 확보하다, 얻어내다 | ☐ **balance A against B** (상대적인 중요도를 살피기 위해) A를 B와 비교해 보다 |
| ☐ **sufficiency** 충분, 넉넉함; 충분한 양 | ☐ **asset** 자산, 재산 |
| ☐ **induce A to-v** A가 ~하게 하다 | ☐ **justify** ~을 정당화하다, ~의 정당한 이유가 되다 |
| cf. **induce** ~을 유도[설득]하다 | ☐ **exact** 정확한; 엄격한; ~을 요구하다, 받아내다 |
| ☐ **weary** 지친, 피곤한 | ☐ **conditionally** 조건부로 |
| ☐ **till** ~할 때까지; (땅을) 갈다, 경작하다 | ☐ **exceed** ~을 초과하다 |
| ☐ **tend** (to-v) ~하는 경향이 있다; 돌보다 | ☐ **exert** ~을 쓰다, 행사하다 (= exercise) |
| ☐ **livestock** 가축 | ☐ **approximate** 대략의, 근접한; (to) 가까워지다, 비슷해지다 |
| ☐ **in abundance** 풍부하게, 풍요롭게 | ☐ **infinity** 무한함 |
| cf. **abundant** 풍부한, 풍요로운 | |
| ☐ **better off** 형편이 나아진 | |

---

**6**

| | |
|---|---|
| ☐ **when it comes to A** A에 관해서라면 | ☐ **overlook** ~을 (위에서) 내려다보다; ~을 간과하다; ~을 너그럽게 봐주다 |
| ☐ **leap** 껑충 뛰다, 도약하다; 뜀, 도약 | ☐ **commute** 통근[통학]하다; 통근 (거리) |
| ☐ **potent** 강력한, 유력한 | ☐ **convince A that** A에게 ~을 납득시키다, 확신시키다 |
| ☐ **immune** 면역(성)의 | cf. **convince A to-v** A를 설득하여 ~하게 하다 |
| ☐ **capacity** 용량, 수용력; 능력 | ☐ **rationalize** 합리화하다 |
| ☐ **transform** ~을 변형시키다, 바꾸다 | ☐ **absorb** ~을 흡수하다 |

**[1–6] 다음 글의 빈칸에 들어갈 말로 가장 적절한 것을 고르시오.**

**1**

Some people tend to be late as a general rule, whether they are busy or not. To stop being late, all one has to do is *change the motivation by deciding that in all circumstances being on time is going to have first priority over any other consideration. Presto! You will never have to run for a plane or miss an appointment again. As a lifelong latecomer, that is how I cured myself. Having made the decision that _____ was now of major importance, I found that answers came automatically to such questions as "Can I squeeze in one more errand before the dentist?" or "Do I have to leave for the airport now?" The answers are always no, and yes. Choosing to be on time will make your life enormously easier, and those of your family, friends, and colleagues as well. 모의

① harmony ② precision
③ promptness ④ consistency
⑤ thriftiness

Digging deeper

**\* 보어로 쓰이는 원형부정사**

특히 미국영어에서 원형부정사를 보어로 쓰는 경우가 많다.

All he did after his lunch was **yawn**.
점심 먹은 뒤 그가 하품만 했다.

The only thing he did was **submit** his resignation.
그는 그저 사표를 낼 뿐이었다.

**2**

For several reasons, Italy was never very united, which for the Renaissance was a _____. Italy did not develop strong centralized monarchies and states like France and England. The Holy Roman Emperors had tried to rule the region but had given up by the fourteenth century, and Italy had been divided into several states. Another obstacle to unity was the fierce competition between the city-states and the Pope in Rome, who ruled over a large territory called the Papal States. But all these rival centers of money and power made the Italian Peninsula the seedbed of the Renaissance because the competition allowed the civilization to prosper and advance.

① benefit
② mistake
③ priority
④ rarity
⑤ drawback

**3**

Unlike deviance in other settings, deviance in sports often involves _____ norms and expectations. For example, most North Americans see playing football as a positive activity. Young men are encouraged to 'be all they can be' as football players and to live by slogans such as "There is no 'I' in t-e-a-m." They are encouraged to increase their weight and strength, so that they can play more effectively and contribute to the success of their teams. When young men go too far in their acceptance of expectations to become bigger and stronger, when they are so committed to playing football and improving their skills on the field that they use muscle-building drugs, they become deviant. This type of 'overdoing-it-deviance' is dangerous, but it is grounded in completely different social dynamics from the dynamics that occur in the 'antisocial deviance' enacted by alienated young people who reject commonly accepted rules and expectations. 모의

① a disciplined control of the desire to avoid
② wasted efforts and resources in establishing
③ ambitious attempts to get independent of and free from
④ a traditional approach of matching slogans and mottos with
⑤ an unquestioned acceptance of and extreme conformity to

**4** A common shortcoming among managers is to be quick with criticism but frugal with praise, a practice which leaves employees feeling as though feedback is tied to failure. This tendency to criticism is made worse by managers who _____. J. R. Larson, a University of Illinois at Urbana psychologist, notes, "When a boss fails to let his feelings be known promptly, his frustrations slowly build *until they reach the point where they can no longer be contained and there is a blow-up. If the criticism had been given earlier on, the employee could have corrected the problem. Too often, people criticize only when things have gotten so bad that they can no longer contain themselves. And that's when they give their criticism in the worst way, in a tone of biting sarcasm, recalling past grievances, or making threats. Inevitably, such attacks backfire. It's the worst way to motivate someone."

① hold back words of praise    ② criticize employees in public
③ delay giving any feedback at all    ④ express their frustrations violently
⑤ point out every mistake specifically

---

Digging deeper

**\* until vs. not ~ until**

- **until**: happening or done up to a particular point in time, and then <u>stopping</u>

  You'll just have to wait **until** they call your name.
  너는 그들이 네 이름을 부를 **때까지** 그저 기다려야만 할 것이다.

  즉, 계속되던 동작이 until 이하가 나타내는 때부터는 '멈추는' 것을 의미한다.
  마치 아래 구문의 to와 유사하다.
  I usually work from nine **to** five. = ~ from nine **until** five.

- **not ~ until**: used for stating the point at which <u>something finally happens</u>

  not이 들어가게 되면 반대로, 동작이 안 일어나던 것이 until 이하가 나타내는 때부터는 '시작되는' 것이다.

  They did**n't** see each other again **until** the autumn.
  그들은 가을이 되기 전에는 서로 다시 만나지 못했다. → 가을이 **되어서야 비로소** 서로 다시 만났다.

  즉, not ~ until은 not ~ before와 같다.

  They did**n't** see each other again **before** the autumn.

**5**

So far as you are wholly concentrated on bringing about a certain result, clearly the quicker and easier it is brought about, the better. Your resolve to secure a sufficiency of food for yourself and your family will induce you to spend weary days in tilling the ground and tending livestock; but if Nature provided food and meat in abundance ready for the table, you would thank Nature for sparing you much labor and consider yourself so much the better off. An executed purpose, in short, is a transaction in which the time and energy spent on the execution are balanced against the resulting assets, and the ideal case is one in which _____.
Purpose, then, justifies the efforts it exacts only conditionally, by their fruits.
[3점] 수능

① demand exceeds supply, resulting in greater returns
② life becomes fruitful with our endless pursuit of dreams
③ the time and energy are limitless and assets are abundant
④ Nature does not reward those who do not exert efforts
⑤ the former approximates to zero and the latter to infinity

**6**

Our failure to accurately predict how we will feel in the future can lead to poor choices like choosing the wrong career. When it comes to money, we think that *if we were richer and able to consume things that we currently cannot, our lives would improve. However, studies indicate that when we improve our ability to purchase the things we desire, it has little or no impact on our satisfaction. So *if there's no great leap in happiness associated with increased earning, why are we working so hard? Scientists have found that because we have a potent psychological immune system, a powerful mental capacity to transform, invent, or ignore information, we will conveniently overlook the long commute and stressful assignments in a potential new job. And *as we are largely unaware of the mind's ability _____, we're convinced that the more money we get in a new job will make us happier than it actually would. [3점]

① to rationalize our decisions
② to learn and absorb information
③ to find solutions to problems
④ to adjust to new circumstances
⑤ to put on rose-colored glasses

Digging deeper

**기억해야 할 접속사의 의미**

* **if** ① (조건) ~라면 ② (양보) ~일지라도, ~에도 불구하고
  '조건'으로 해석해서 의미가 통하지 않으면 '양보'로 해석해 보도록 한다.
  He'll go through with it **if** it's too late.
  너무 늦어지**더라도** 그는 그것을 끝까지 해낼 것이다.

* **as** ① (때) ~하면서 ② (이유) ~이므로 ③ (양태) ~와 같이, ~처럼
  ④ (비례) ~(함)에 따라 ⑤ (비교) ~만큼 ⑥ (양보) ~일지라도, 비록 ~이지만

  Try **as** you will, you won't manage it.
  아무리 열심히 **해도** 너는 그것을 해내지 못할 것이다.

## Words & Phrases 3단계 활용법

**1단계** : 아는 단어는 □ 안에 체크를 한다. 모르는 단어는 뜻을 확인한다.
**2단계** : 지문의 문맥을 통해 모르는 단어의 뜻을 재확인한다.
**3단계** : 학습 후 알게 된 단어의 □ 안에 체크를 하고 모르는
단어는 뜻을 확인하는 과정을 반복한다.

---

**1**

□ **solid** 고체의; 견고한; 견실한

□ **opponent** 상대; 적

□ **soar** 비상하다; 높이 솟다

□ **competitiveness** 경쟁력

□ **meditation** 명상; 심사숙고

---

**2**

□ **vitality** 생명력, 활기

□ **be obliged to-v** ~할 의무가 있다, ~할 수밖에 없다

□ **limitation** 제약, 한계

□ **thorny** 가시가 있는; (문제 등이) 골치 아픈

---

**3**

□ **weaverbird** 《조류》 산까치

□ **cuckoo** 뻐꾸기

□ **be down to A** A로 귀결되다, A 때문[덕분]이다

□ **spot** 작은 점; (특정한) 곳, 장소; ~을 발견하다, 알아채다

□ **foreign** 외국의; 낯선, 생소한

□ **colony** 식민지; (동·식물의) 군집

□ **demonstration** 입증, 설명

□ **invasion** 침입

□ **adapt** (to) 적응[순응]하다, 익숙해지다

---

**4**

□ **exclude** ~을 제외[배제]하다; ~을 몰아내다, 추방하다

□ **infant** 유아, 젖먹이

□ **evolve** 진화하다, 발달하다

□ **enormous** 엄청난, 막대한

□ **in turn** 차례로, 번갈아; 이번에는

□ **stimulate** ~을 자극하다, 활발하게 하다

□ **necessitate** ~을 필요로 하다

□ **illustrious** 저명한, 유명한; (업적이) 빛나는

□ **feasible** 실행할 수 있는, 가능한

□ **transmit** ~을 전송하다, 전하다; (병을) 전염시키다

**5**

- [ ] **in some way**    어떤 점에서는, 어떻게 해서든
- [ ] **presume**    추정하다, 가정하다
- [ ] **evolutionary**    진화의, 발달의
- [ ] **natural selection**    자연선택, 자연도태

- [ ] **feel pity for**    ~을 측은히[불쌍히] 여기다 (= take pity on)
- [ ] **clan**    씨족
- [ ] **close-knit**    관계가 긴밀한
- [ ] **chances are (that)**    아마 ~일 것이다

**6**

- [ ] **cliché**    상투적인 문구[생각]
- [ ] **restrict**    ~을 제한[한정]하다
  - cf. **restrict A from v-ing**    A가 ~하는 것을 제한[한정]하다
- [ ] **penetrate**    꿰뚫다, 관통하다
- [ ] **core**    핵심, 중심; 핵심의, 중심이 되는
- [ ] **constraint**    강제, 압박; 억제
- [ ] **particularity**    특수성; 구체적 사항
- [ ] **foster**    ~을 촉진[육성]하다; (수양부모로서) 기르다; 수양의
- [ ] **selfhood**    자아, 개성
- [ ] **empathic**    감정 이입의

- [ ] **extension**    뻗음, 확장
- [ ] **deepen**    (지식 등이) 깊어지다; (색 등이) 짙어지다
- [ ] **universalize**    일반화[보편화]하다
- [ ] **to the extent that**    ~할 정도까지; ~한 결과로
- [ ] **embody**    ~을 구체화하다, 구현하다; ~을 포함하다
- [ ] **underused**    충분히 쓰이지 않은, 신선한 (↔ overused 과도하게 쓰인, 진부한)
- [ ] **compose**    ~을 구성하다; 작곡[작문]하다
- [ ] **grammatically**    문법적으로, 문법에 맞게
- [ ] **formalize**    ~의 형식을 갖추게 하다

**[1-5] 다음 글의 빈칸에 들어갈 말로 가장 적절한 것을 고르시오.**

Michel de Montaigne, the sixteenth-century French essayist, loved conversation. "To my taste," he says, "the most fruitful and natural exercise of our mind is conversation. I find the practice of it the most delightful activity in our lives." According to Montaigne, "studying books is a weak mental activity, while conversation provides teaching and exercise all at once." Montaigne thinks of conversation as _____ that will improve his *mind. "If I am fighting with a strong and solid opponent, he will attack me; his ideas send mine soaring. Rivalry, competitiveness and glory will drive me and raise me above my own level. Our mind is strengthened by contact with dynamic and well-ordered minds."

모의

① a regular meditation
② an accidental discovery
③ an efficient field study
④ a psychological disorder
⑤ an intellectual sporting event

---

voca Extra

**\* mind**

보통 '마음, 정신'으로 해석을 하게 되는데, '감정'에 해당하는 의미의 heart(마음, 가슴) 와는 구별해야 한다. mind의 기본적인 의미는 ability to think로서 우리말로는 '머리, 두뇌'로 해석해야 문맥에 알맞은 경우가 많다. 흔히 말하는 '머리가 좋다'는 의미로서, '지성이 뛰어난 사람'을 뜻하기도 한다.

His **mind** was full of the things he had seen that day.
그의 **머리**는 그날 본 것들로 가득 찼다.

He is one of the finest **minds** in physics today.
그는 오늘날 물리학계의 가장 뛰어난 **지성** 중 한 명이다.

**2**

In the late nineteenth century, some thinkers were of the opinion that marriage merely *appears* to offer health benefits; what is really going on, they said, is that married people seem healthier because _____. In 1872, Douwe Lubach, a Dutch physician, argued that those with physical handicaps or mental sufferings are unlikely to marry, and this causes those who do marry merely to appear healthier as a result of marriage. And the mathematician Barend Turksma argued that almost all with the least vitality, hardly able to provide for themselves, are obliged to spend their lives alone. In other words, the factors that are responsible for a shorter life — poverty; mental illness; or other social, mental, or physical limitations — are also obstacles to marriage. Consequently, these thinkers identified a thorny problem: what came first, health or marriage?

① they have someone who cares for them
② they feel more secure than others
③ there is an error in selecting *sample groups
④ we feel that married life is an ideal life
⑤ study results show that they actually are

voca Extra

**실험과 조사에 관련된 여러 용어**

실험을 할 때, 실제로 실험이 수행되는 집단을 experimental group(실험집단)이라 하고, 그 결과와 비교하기 위해 실험이 수행되지 않는 집단을 comparative group (비교집단) 또는 control group(통제집단)이라고 한다.

연구조사의 대상이 되는 집단 전체를 대상으로 하는 조사를 census(전수조사)라 하는데, 대부분의 경우 모두 조사하기에는 한계가 있어 그 집단의 일부만 조사하게 된다. 이때 전체집단을 population(모집단)이라 하고, 실제로 조사가 진행되는 집단 을 *sample group(표본집단)이라 한다. 표본집단이 모집단을 제대로 대표하지 못 하면 조사의 신뢰도에 문제가 있을 수 있기 때문에, sampling(표본추출)이 중요하다.

**3**

Researchers have come to understand how the African village weaverbird prevents itself from being taken advantage of by cuckoos — it is all down to the speckles on the eggs. David Lahti and his colleagues have described how village weaverbirds lay eggs which all show a very similar pattern of speckles, suggesting that if a cuckoo laid an egg in the nest, the weaverbird will be able to spot the foreign egg almost immediately. But when the researchers studied two colonies of the birds that had been introduced more than 200 years ago to two islands without any cuckoos, they found that those birds' eggs no longer exhibited the same speckle patterns. In a neat demonstration of the power of evolution, these results show how, in the absence of pressure from parasitic cuckoos, the appearance of the eggs has altered because

_____. 모의

● **speckle** 얼룩, 반점 ● **parasitic** 기생하는

① nest building instincts are determined by genetic factors
② having a similar pattern is no longer so much of an advantage
③ invasions by cuckoos have forced the birds to become strong
④ adapting to a new environment takes a certain amount of time
⑤ their unique speckle patterns attracted too many enemies

**4**

The vast majority of mammals, excluding humans, can move and follow their mothers about shortly after birth. What would have caused human infants to evolve this slower pace of development? It is certainly true that there are physical reasons involving the growing size of the human brain that partly answer this question. However, this explanation is lacking unless we consider the effect of culture. The enormous body of cultural knowledge that human infants must process and learn is too great to be absorbed through individual experience. Language became necessary to communicate this knowledge, which in turn stimulated further brain growth, as well as necessitated "learning by being told." This means that our big new brains evolved along with a growth of culture and _____, thus requiring a period of postnatal development beyond that of the other mammals. [3점]

* **postnatal** 출산 후의

① common sense developed in a particular society
② emotional bonds that connect members of society
③ conventions shaped by a long and illustrious history
④ language that makes it \*feasible to transmit complex ideas
⑤ physical change gained through individual experience

voca
Extra

**feasible vs. plausible**

* **feasible** 실현 가능한 possible or likely to succeed

  There seems to be only one **feasible** solution.
  실현 가능한 해결책은 하나밖에 없어 보인다.

* **plausible** 타당한 것 같은, 그럴듯한 likely to be true

  The story was **plausible** but that didn't necessarily mean it was true.
  그 이야기는 **그럴듯**하지만 그게 반드시 사실임을 의미하는 것은 아니었다.

**5**

Some people believe that _____ is some kind of instinct, developed because it benefits our species in some way. At first, this seems like a strange idea: Darwin's *theories of evolution presume that individuals should act to preserve their own interests, not those of the species as a whole. But the British evolutionary biologist Richard Dawkins believes that natural selection has given us the ability to feel pity for someone who is suffering. When humans lived in small clan-based groups, a person in need would be a relative or someone who could pay you back a good turn later, so taking pity on others could benefit you in the long run. Modern societies are much less close-knit and when we see a heartfelt appeal for charity, chances are we may never even meet the person who is suffering — but the emotion of pity is still in our genes. [3점] 모의

① not wanting to suffer

② giving to charity

③ drawing pity from others

④ exploring alternatives

⑤ pursuing individual interests

---

voca
Extra

**hypothesis에서 * theory로**

사회과학 분야의 연구 조사의 process(과정)는 대개, 우선 hypothesis(가설)를 세우고 이를 검증하기 위해 experiment(실험)나 research(조사) 등을 시행한 뒤 이에 대한 data(자료) 수집과 statistics(통계) 작업을 통해 analyze(분석)하여 conclusion (결론)을 도출, 비로소 theory(이론, 학설)가 세워진다.

> hypothesis → experiment → data / statistics → analyze
> ＼ research ／
> → conclusion → theory

다음 글의 빈칸 (A), (B)에 들어갈 말로 가장 적절한 것을 고르시오.

**6**

Oral cultures rely on _____(A)_____ expressions. Only by repeating standard lines of thought, over and over, are they able to guarantee predictable communication. People communicate in generalized cliché, talking to each other without deeply touching each other. This often restricts them from being able to penetrate to the core of a situation because they are unable to produce adequate descriptions. Written language, on the other hand, allows communication between people to break out of the constraints of oral culture. Every sentence is _____(B)_____ to communicate the particularity of the situation. Thus, when children are raised in a writing culture, they bring this uniqueness to their speech. The process of communication becomes increasingly individualized so that one can really know how a unique other person feels and thinks. Unlike an oral culture, writing cultures foster the growth of selfhood, *in that empathic extension deepens and "universalizes" to the extent that personalized communication is embodied within society.

|  | (A) |  | (B) |
|---|---|---|---|
| ① | underused | ---- | logically written |
| ② | overused | ---- | uniquely composed |
| ③ | underused | ---- | predictably restricted |
| ④ | useful | ---- | adequately personalized |
| ⑤ | overused | ---- | grammatically formalized |

voca Extra

**that이 들어가는 관용표현**

* **in that** ~라는 점에서, ~이므로
  She was fortunate **in that** she had friends to help her.
  (그녀는 자신을 도와줄 친구들이 있다는 **점에서** 운이 좋았다.)

* **at that** (정보 추가) 그것도
  There were a lot of problems to be dealt with, and fairly complicated ones **at that**. (처리해야 할 문제가 많았다. **그것도** 꽤 복잡한 것들로)

* **and all that** 그 밖의 모든 것, 뭐 그런 것들
  Did you bring the document **and all that**?
  (서류와 **그 밖의 모든 것**을 가지고 오셨나요?)

# Contents

# 실전편

# 실전 모의고사

이제 앞에서 배운 모든 전략을 융통성 있게 적용하여 실제 수능과 같이, 시간 내에 정확하게 풀어보자. 15회의 실전 모의고사를 다 끝내는 순간, 빈칸추론에 대한 자신감뿐 아니라 전반적인 독해실력이 한층 업그레이드된 것을 느낄 수 있을 것이다.

## 시간 내에 정확히 풀기

## Words & Phrases  3단계 활용법

**1단계 :** 아는 단어는 □ 안에 체크를 한다. 모르는 단어는 뜻을 확인한다.
**2단계 :** 지문의 문맥을 통해 모르는 단어의 뜻을 재확인한다.
**3단계 :** 학습 후 알게 된 단어의 □ 안에 체크를 하고 모르는
단어는 뜻을 확인하는 과정을 반복한다.

---

**1**

| □ **patent** | 특허(권); ~에 대한 특허(권)를 얻다; 명백한 |
| □ **equivalent** | (to) 동등한, 상응하는; 상당[대응]하는 것 |
| □ **ownership** | 소유권 |
| □ **pocketbook** | 지갑, 핸드백 |
| □ **exclusive** | 배타적인; 독점적인; 상류의, 고급의 |
| cf. **exclude** | (from) ~을 제외[배제]하다; (from) ~을 몰아내다, 추방하다 |

| □ **give away** | (비밀을) 누설[폭로]하다; ~을 거저 주다 |
| □ **regulation** | 규칙, 규정; 규제 |
| □ **clarify** | 명확히 하다; 맑아지다, 정화하다 |
| □ **existing** | 현존하는, 현행의, 현재의 |
| □ **lawsuit** | 소송, 고소 |

---

**2**

| □ **arrogant** | 거만한, 오만한 |
| □ **demoralize** | ~의 사기를 꺾다, ~을 의기소침하게 하다 |
| □ **professional** | 직업의; 전문직의; 전문가, 숙련가 |
| □ **tolerant** | 관대한, 아량 있는; 잘 견디는 |
| □ **sensible** | 분별 있는, 사리에 맞는 |

| □ **organized** | 조직화된, 정리된; (사람이) 체계적인 |
| □ **confirm** | ~을 확인하다, 확증하다 |
| □ **achievable** | 성취 가능한, 달성 가능한 |
| □ **refer to A as B** | A를 B라고 부르다[일컫다] |
| □ **touchstone** | 시금석, 표준, 기준 |

---

**3**

| □ **recite** | 암송[낭송]하다 |
| □ **extraordinary** | 보통이 아닌, 놀랄 만한 |
| □ **overwhelm** | ~을 압도하다, 당황하게 하다 |
| □ **minutiae** | ⟨pl. (단수형) minutia⟩ 자세한 점, 사소한 일 (= trivia) |
| □ **sort out** | ~을 분류[구분]하다; (문제를) 해결하다 |

| □ **torment** | 고통, 고문; ~을 괴롭히다, 고문하다 |
| □ **aisle** | 통로, 복도 |
| □ **illustrate** | ~을 설명하다, 예증하다; 삽화를 그려 넣다 |
| □ **keep A in mind** | A를 마음에 새기다, 명심하다 |
| □ **portion** | 일부, 부분; 분할[분배]하다; (음식의) 1인분 |

**4**
- ☐ **be meant to-v** ~하기로 되어 있다
- ☐ **convey** ~을 나르다, 전달하다
- ☐ **sadden** 슬프게 하다, 슬퍼지다
- ☐ **irritate** ~을 짜증이 나게 하다, 화나게 하다
- ☐ **aesthetic** 미(美)의, 심미적인; 미학의; 《pl.》 미학
- ☐ **primarily** 주로, 우선
- ☐ **nonverbal** 비언어적인 (↔ verbal)
- ☐ **solely** 단지; 혼자서
- ☐ **boundary** 경계(선); 《주로 pl.》 한계, 한도
- ☐ **acceptable** 허용할 수 있는; 무난한
- ☐ **insight** 통찰(력)
- ☐ **unconditionally** 무조건적으로, 절대적으로

**5**
- ☐ **assert** ~을 단언[주장]하다
- ☐ **decode** (암호문을) 풀다, 해독하다
- ☐ **infer** ~을 추론[추측]하다
- ☐ **consistently** 일관되게, 변함없이
- ☐ **circumstance** 《주로 pl.》 상황, 환경
- ☐ **flexible** 구부리기 쉬운; 융통성 있는, 유연한
- ☐ **constantly** 끊임없이, 항상

**6**
- ☐ **equator** 《the-, the Equator》 (지구의) 적도
- ☐ **significantly** 상당히, 크게
- ☐ **current** 현재의, 현행의; 흐름, 기류; 《전기》 전류; 경향
- ☐ **predatory** 육식하는; 약탈하는, 남을 희생시키는
- ☐ **congregate** 모이다, 군집하다
- ☐ **stopover** 잠시 들름, 단기체류
- ☐ **parasite** 기생충, 기생동물
- ☐ **breed** (동물이) 새끼를 낳다, 번식하다
- ☐ **offspring** 자식, 자손; 결과
- ☐ **cost** 값, 비용; 희생, 손실
- ☐ **undermine** ~의 밑을 파다; (특히 자신감 · 권위 등을) 약화하다; 손상하다
- ☐ **outweigh** (가치 등이) ~보다 더 무겁다, 중대하다

**[1–5] 다음 글의 빈칸에 들어갈 말로 가장 적절한 것을 고르시오.**

**1**

People tend to think that having a patent on something is equivalent to ownership. When I say "I own my pocketbook," I mean I have the exclusive right to keep and use it any way I want. I can damage or destroy it. I can give it away or sell it. But a patent does not _____. Whether you can make it or sell it yourself is a question of government regulation. To clarify, if I get a patent on a new energy source, that allows me to prevent anybody else from claiming to invent it or sell it. However, I may not be able to sell or use my invention if it is in conflict with existing environmental regulations. Patents only give you the right to exclude others from making or selling your invention. And they do not give the right to use or sell the invention however or whenever you want.

① help you upgrade your invention
② give you all those rights
③ always make you great profit
④ defend your invention from lawsuits
⑤ prevent others from copying your invention

**2**

Comparing ourselves with others makes us arrogant if we think we're better, and demoralizes us if we think we're worse. However, in our personal and professional lives, when it comes to setting goals for our performance which apply to our own behavior and development, or when we simply wish that we could become more patient, tolerant, kind, or sensible, _____ can be a way to accomplish success. By thinking, "I'd like to be as well organized as this person" or "I want to be as calm as that person," you are comparing yourself to other people in a positive way. This means you can confirm that your goal is achievable and see how much work you have to do. You don't have to tell the person you are referring to them as your guide, although you can certainly ask their advice if it would help. Through this person you can simply evaluate your progress and know that your goals are achievable.

① not demoralizing yourself and others

② looking for goals that are achievable

③ not comparing yourself with others

④ using someone as a touchstone

⑤ evaluating yourself by your performance

---

**3**  Imagine reading a list of seventy words today and being able to recite it without error fifteen years later. The Russian psychologist Aleksandr Luria described a man named Shereshevski who had such extraordinary recall. He was overwhelmed by a sea of minutiae — he remembered so much that he couldn't generalize or sort out the important from the trivial. Everything was recalled as a specific experience, and he was tormented with details that he neither needed nor desired. Imagine trying to relate the events of a simple shopping trip, but being unable to skip over minor points as unimportant as the number of aisles in the store, or the names of each and every clerk. This example can only serve to illustrate a tiny piece of the daily struggle that Shereshevski faced. It's useful to keep Shereshevski's experience in mind whenever we wish for an extraordinary memory — better to remember _____.

① something that causes us pleasure

② things as a whole, like a picture

③ a select portion of our experiences

④ events with strategies that suit you

⑤ our past experiences, as many as possible

**4** Art is not meant to convey facts; it is meant to convey ideas and emotions. So a painting might delight or sadden. A drawing might inspire or irritate. Art provides an opportunity for observers to have an aesthetic experience that is primarily emotional and nonverbal. But many people simply focus on whether art is pleasing to look at, and this seems to prevent them from having such experience. Not all artists are talented, and not all art has value, but try not to evaluate an artwork based solely on how pretty, familiar, or comfortable it is. Keep in mind that artists tend to want to push the boundaries of what is culturally acceptable. They are driven to translate personal visions into creative works that others can experience. So _____ could mean you'll miss out on some interesting insights, ideas, and feelings. [3점]

① neglecting popular opinion
② focusing only on the artwork
③ praising artists unconditionally
④ having no background on the work
⑤ ignoring what is not beautiful

**5** Sometimes when people assert that a language has no grammar, what they really mean is that there is no grammar book for that particular language. In fact, the rules of a language _____. If you hear a sentence in German for 'Give me some water,' you can be pretty sure you can use the same pattern for 'Give me some food.' If there weren't any patterns, people wouldn't be able to communicate because they would have no way to decode what others were saying. You, as a speaker of English, know that 'This is a fast car' is a possible sentence of English, while you also know that 'Fast is car this a' is not. In this way, we can infer the existence of the rules through the behavior of the speakers, as they consistently use similar structures in similar circumstances. You do not need a grammar book to tell you this, because you have an internal grammar that does this for you. [3점]

① are flexible and constantly changing

② reflect the cultural traits of a society

③ should be understood in context, not in a sentence

④ exist in the heads of the speakers of that language

⑤ are not always necessary for language learners

**다음 글의 빈칸 (A), (B)에 들어갈 말로 가장 적절한 것을 고르시오.**

**6** Many bird species spend their winters in relatively warm regions such as the Mediterranean, North Africa, or Central America, and their northerly flight is a sign that summer is coming. But close to the Equator temperatures don't vary significantly throughout the year, so why do they head north at all? After all, there are _____(A)_____ . Birds are good at using air currents, but the long journey still takes a lot of energy. The chances of being eaten by predatory birds are also high, and when the travelers congregate at stopovers they can spread disease and parasites to each other. All of these problems, however, are _____(B)_____ by the increased daytime in the north during summer, producing a much greater food supply and more time in which to feed, which enables the birds to breed and feed their young more successfully. As the summer ends and their offspring gain strength, the birds head south again to a winter of warm weather and a steady food supply.

|  | (A) |  | (B) |
|---|---|---|---|
| ① | many costs | ---- | enhanced |
| ② | better places | ---- | undermined |
| ③ | many costs | ---- | outweighed |
| ④ | better places | ---- | caused |
| ⑤ | warmer areas | ---- | complicated |

## Words & Phrases 3단계 활용법

**1단계**: 아는 단어는 □ 안에 체크를 한다. 모르는 단어는 뜻을 확인한다.
**2단계**: 지문의 문맥을 통해 모르는 단어의 뜻을 재확인한다.
**3단계**: 학습 후 알게 된 단어의 □ 안에 체크를 하고 모르는
단어는 뜻을 확인하는 과정을 반복한다.

---

**1** ☐ **integrity** 고결, 정직; 완전(한 상태)

☐ **collide** (with) 충돌하다, 부딪히다; (with) 상충하다

☐ **refrain** (from) 자제하다, 삼가다

☐ **ethical** 도덕상의, 윤리적인

---

**2** ☐ **cognitive** 인지의, 인식의

☐ **therapist** 치료전문가, 치료사
cf. **therapy** 치료, 요법

☐ **dysfunctional** 기능 장애의; 역기능적인

☐ **provoke** ~을 화나게 하다; (감정을) 불러일으키다

☐ **foster** ~을 촉진[육성]하다; (수양부모로서) 기르다; 수양의

☐ **willpower** 의지력, 결단력

☐ **alternative** (to) 대안, 양자택일; 대안의, 양자택일의

☐ **entertain** (손님을) 접대하다; 즐겁게 해주다; (생각 등을) 품다

☐ **in the grip of** ~에 붙들려, 사로잡혀

☐ **severe** 엄한, 엄격한, 심한

☐ **depression** 우울(증); 불경기

☐ **insensitive** 무감각한, 둔감한

☐ **suicidal** 자살의; 몹시 위험한

☐ **intensity** 세기, 강도

---

**3** ☐ **masquerade** 가면무도회; (as) 변장[가장]하다, ~인 체하다

☐ **show-off** 자랑쟁이, 과시적인 사람

☐ **be consumed with[by]** ~에 열중하다, 사로잡히다

☐ **gravitate** (toward[to]) 자연히 끌리다

☐ **self-absorbed** 자기에게만 몰두한, 관심이 있는
cf. **absorb** ~을 흡수하다, 빨아들이다

☐ **egotistical** 자기중심의, 이기적인

☐ **self-assured** 자신 있는, 자신만만한
cf. **assure** ~을 보증하다, 확실하게 하다

☐ **for itself** 단독으로, 혼자 힘으로

☐ **brag** 자랑하다 (= show off)

☐ **arrogant** 거만한, 오만한

☐ **instinctively** 본능[직관]적으로

☐ **acknowledge** ~을 인정[승인]하다

☐ **pretense** 겉치레, 가식, 허세

**4**

☐ **intuitively** 직감적으로

☐ **elicit** ~을 도출하다, 이끌어 내다

☐ **subtly** 미묘하게, 신비스럽게

☐ **prompt A to-v** A가 ~하도록 촉구하다, 부추기다
  cf. **prompt** ~을 촉구하다, 부추기다; 즉석의; 신속한

☐ **derive** (from) ~을 끌어내다, 얻다; (from) 비롯되다, 유래하다

☐ **prominent** 현저한, 두드러진; 중요한; 돌출한

☐ **ensure** ~을 확실히 하다, 보증하다

☐ **turn to A** A 쪽으로 향하다; A에게 도움을 청하다, A에 의지하다; A로 변하다

☐ **end up v-ing** 결국 ~하게 되다

**5**

☐ **stunning** 굉장히 멋진; 깜짝 놀랄

☐ **intricacy** 복잡성; 복잡한 것 (= complexity)

☐ **evolution** 진화(론); 발전

☐ **organism** 유기체, 유기적 조직체

☐ **physiology** 생리학; 생리(기능)

☐ **behavioral** 행동의, 행동에 관한

☐ **repertoire** 레퍼토리, 연주곡목

☐ **presumably** 아마, 생각건대

☐ **progressively** 점진적으로, 진보적으로

**6**

☐ **motivation** 동기(부여), 자극

☐ **entity** 존재; 실체(實體); 독립체

☐ **trait** (성격상의) 특성, 특징

☐ **capture** (관심을) 사로잡다; ~을 (사진 · 문장 등에) 담다

☐ **out of reach** 손이 닿지 않는, 힘이 미치지 않는

☐ **short-term** 단기(간)의 (↔ long-term 장기(간)의)

☐ **when it comes to A** A에 관해서라면

☐ **every inch (of A)** (A의) 전부 다, 구석구석

☐ **for A's sake** A를 위하여; A를 이유로

☐ **learned** 박식한; 학문의; 학습된, 후천적인

☐ **innate** 타고난, 선천적인 (= inborn)

☐ **under control** 통제[제어]되는, 지배되는

☐ **drift** 표류하다; (서서히 일어나는) 이동

☐ **intrinsically** 본래, 본질적으로

☐ **rewarding** 보답하는; 보람 있는

**[1–5] 다음 글의 빈칸에 들어갈 말로 가장 적절한 것을 고르시오.**

**1**
Imagine a man who values integrity and has just witnessed his boss stealing money from his company. Considering that he may lose his job if he stays true to his values, what action will this man take? Many people get into trouble when their values and their feelings collide, but successful people do what's right no matter how they feel about it. They don't expect their feelings to lead their actions. They act first and hope that their feelings follow. If good health is one of your values, will you exercise even when it is difficult? Will you refrain from eating a big piece of chocolate cake even though you really want it? For you to be successful, your values need to _____. Ken Blanchard and Norman Vincent Peale wrote in *The Power of Ethical Management*, "Nice guys may appear to finish last, but usually they are running in a different race." Living by your values is running in a different race.

① be exercised in an ethical way
② be shared by others
③ control your actions
④ extend to your career
⑤ be higher than those of others

**2**
By teaching people to identify their negative thoughts and replace them with more positive ones, cognitive therapists hope to help patients overcome dysfunctional thinking by becoming masters of their own emotions. By training ourselves to eliminate thoughts that provoke bad moods and to encourage thoughts that foster pleasant emotions, we may be able to gain some measure of control over our emotional state and lift ourselves out of the blues by willpower alone. But this may not always be possible. Sometimes, _____ may not permit alternative thoughts to be entertained, which is why cognitive therapy does not always work. For someone who is slightly blue, it may help to suggest alternative ways of looking at her situation. But for someone in the grip of a severe depression, such suggestions may appear rather insensitive. Telling a suicidal person to think positively is not a very effective way to cheer him up.

① the intensity of the emotion

② the environment of treatment

③ a patient's negative relationships

④ a patient's distrust of therapy

⑤ negative thoughts themselves

---

**3** Masquerading as a perfect and confident figure _____.
When you show others that you don't take yourself so seriously, it makes them feel closer to you and want to be around you. Nobody likes a "show-off" or a person who is so consumed with himself that he must pretend to be perfect. We tend to like and gravitate toward those who are neither self-absorbed nor egotistical. This aspect of human nature contrasts with the fact that we are also drawn toward those who are self-assured. But we know that a person who has real confidence doesn't feel the need to let the world know how great he is; he lets the world find out for itself. Rather, the bragging, arrogant person is really a person who feels small inside, and we are often instinctively uninterested in and not attracted to this person. So it turns out that not taking ourselves so seriously and acknowledging our faults and mistakes shows the world that we are confident.

① is a valuable social skill to learn

② makes so much of your life easier

③ isn't always considered pretense

④ is not as easy as it may seem to be

⑤ rarely leads to your being liked more

**4** Studies show that people intuitively lean toward asking the questions that are most likely to elicit the answers they want to hear. And when they hear those answers, they tend to believe what they have subtly prompted others to say, which is why "Tell me you love me" remains such a popular request. We derive support for our preferred conclusions by listening to the words that we already put in the mouths of other people. This tendency is especially prominent when it comes to choosing the company we keep. We spend countless hours carefully arranging our lives to ensure that we are surrounded by people who *like* us, and people who *are like* us. It isn't surprising, then, that when we turn to the folks we know for advice and opinions, they tend to _____. [3점]

① end up asking us for advice instead
② tell us to be more objective
③ only hear what they want to hear
④ expect us to understand how they feel
⑤ confirm our favored conclusions

**5** When observing the stunning intricacy of the natural world, it is logical to conclude that complexity must be a central principle of evolution. In other words, when two organisms compete for energy, the one with the more complex physiology or behavioral repertoire tends to have the advantage. This is also true in human society. Suppose you are about to buy a camera. It is likely that you will prefer a model that, compared to others available, has more unusual features that work together well and are easier to use. Other customers will presumably have the same preferences. Thus, the competition among cameras will slowly eliminate the simpler devices, and result in a population of models that have progressively more features. In this sense, complexity _____; one could even say that it is forced on us. [3점]

① encourages economic growth
② is selected out over time
③ leads to lifestyle changes
④ is the limitation of modern society
⑤ results in unfair competition

다음 글을 읽고, 물음에 답하시오.

**6** Motivation is a mysterious entity. Some people seem to have more of it than others do from the start, as if they were born with it. While motivation may indeed be a natural personality trait, it's good to know that you can easily increase yours by attaching it to something meaningful. Without doing so, you can easily lose interest in whatever you do. For example, if Bill Gates Jr. hadn't found anything significant to capture his attention, the motivation to do what he has done would not have been there.

Perhaps the best approach for staying motivated is to have clearly defined goals that are always challenging and exciting, and never completely out of your reach. The goals should be both short-term and long-term, too, so that you can tell when your efforts are taking you somewhere, but this is just part of the picture when it comes to motivation. When the process of working toward your achievements is _____, motivation is likely to follow. When babies pick a thing up and examine every inch of it by tasting it, shaking it, throwing it down, and playing with it, they are learning not because of any potential reward, but for the pleasure of discovery itself. And a child who enjoys learning for learning's sake rather than for good grades or to please parents is a happier and more successful student.

**1.** 윗글의 제목으로 가장 적절한 것은?
① Finding Your Goal in Life
② Inner Desires, Outer Rewards
③ Learned vs. Innate Motivation
④ Secrets of the Motivational Experts
⑤ Enjoy the Journey, Achieve Success

**2.** 윗글의 빈칸에 들어갈 말로 가장 적절한 것은?
① under control
② actually drifting
③ challenging enough
④ performed efficiently
⑤ intrinsically rewarding

## Words & Phrases  3단계 활용법

**1단계** : 아는 단어는 □ 안에 체크를 한다. 모르는 단어는 뜻을 확인한다.
**2단계** : 지문의 문맥을 통해 모르는 단어의 뜻을 재확인한다.
**3단계** : 학습 후 알게 된 단어의 □ 안에 체크를 하고 모르는
단어는 뜻을 확인하는 과정을 반복한다.

**1**

| | |
|---|---|
| □ **ethnic** | 인종의, 민족의 |
| □ **insult** | 모욕(적 언동), 무례; ~을 모욕하다, ~에게 무례한 짓을 하다 |
| □ **prejudice** | 편견, 선입견 (= bias) |
| □ **tolerant** | 관대한, 아량 있는; 잘 견디는 |
| □ **object to A** | A에 반대하다, 이의를 제기하다 |
| □ **on the spot** | 현장에서; 즉석에, 곧장 |
| □ **turn a blind eye** (to) | 무시하다, 못 본 체하다 |

| | |
|---|---|
| □ **pivotal** | 주축의, 중추의 |
| □ **condemn** | ~을 비난[힐난]하다; ~에게 유죄 판결을 내리다 |
| □ **tacit** | 무언의, 암묵의 |
| □ **follow through** | (with) 끝까지 완수하다; (~을) 이행하다 |
| □ **speak out** | 터놓고 말하다, 솔직한 의견을 말하다 |
| □ **injustice** | 불공정, 불의, 부당함 |
| □ **stereotype** | 고정관념 |

**2**

| | |
|---|---|
| □ **categorization** | 범주화, 분류 |
| □ **static** | 정적인, 고정된; 변화가 없는 |
| □ **realization** | 깨달음, 실감; 현실화, 달성 |
| □ **on the fly** | 빠르게, 쉴 새 없이 |
| □ **capture** | 포획, 억류; ~을 포획하다, 억류하다; (마음을) 사로잡다, 매료하다; (사진을) 기록하다 |

| | |
|---|---|
| □ **locate** | ~의 위치를 찾아내다; (특정 위치에) 두다, 설치하다 |
| □ **stimulate** | ~을 자극하다, (자극을 주어) 활발하게 하다 |
| □ **ingenious** | 재치 있는, 영리한; 독창적인 |
| □ **impulsive** | 충동적인 |

**3**

| | |
|---|---|
| □ **synthetic** | 합성의, 인조의; 진짜가 아닌 |
| □ **quaint** | 기묘한, 기이한 (= odd) |
| □ **rationale** | 근본적 이유, 원리 |
| □ **side effect** | (약물 등의) 부작용 |
| □ **therapeutic** | 치료(상)의 |
| □ **constituent** | 성분, (구성) 요소; 구성하는; 선거권자 |
| □ **pharmacologist** | 약학자 |
| □ **isolate** | ~을 격리[고립]시키다, 분리하다 |
| □ **ingredient** | 재료, 성분 |

| | |
|---|---|
| □ **herbalist** | 약초학자 |
| □ **compound** | 혼합물, 합성물; ~을 혼합하다; (문제를) 악화시키다; 합성의, 복합의 |
| □ **laboratory** | 실험실, 연구실 |
| □ **accompany** | ~와 동행하다, 함께 가다; ~을 동반[수반]하다 |
| □ **internally** | 내적으로, 내부로; 체내로 |
| □ **subtle** | 미묘한, 지각하기 어려운 |
| □ **extract** | ~을 뽑다, 추출하다; 추출물 |

**4**
- ☐ **possible** 가능한; 적절한
- ☐ **attuned** (to) 맞춘, 익숙한
- ☐ **approval** 찬성, 동의, 승인 (↔ disapproval)
- ☐ **microscope** 현미경
- ☐ **interfere** (with) 방해[간섭]하다

- ☐ **simultaneously** 동시에, 일제히
- ☐ **scale** (물고기 등의) 비늘, 껍질; 저울; 비례, 비율; (판단의) 척도
- ☐ **have to do with** ~와 관계가 있다, 관련이 있다
- ☐ **invoke** (감정을) 불러일으키다; (법·규칙을) 적용하다

**5**
- ☐ **weigh down** ~을 내리누르다; ~을 압박하다, 침울케 하다
- ☐ **unreasonable** 불합리한; 부당한
- ☐ **constraint** 제한, 강제
- ☐ **excess** 초과, 여분; 초과한, 여분의
- ☐ **simplicity** 간단(함), 단순(함)
- ☐ **do away with** ~을 없애다, 제거하다 (= abolish)
- ☐ **rewarding** 보답하는, 보람 있는
- ☐ **nourishing** 영양이 되는, 자양분이 많은
- ☐ **austerity** 긴축(경제); 엄격함, 금욕적임

- ☐ **choke** 숨 막히게 하다, 질식시키다
- ☐ **deprivation** 박탈, 상실; 궁핍
  cf. **deprive** (of) ~에게서 빼앗다, (권리 등을) 허용치 않다
- ☐ **want** 필요; 결핍, 부족
- ☐ **devour** ~을 게걸스럽게 먹다, 집어 삼키다; ~을 파괴하다
- ☐ **enrich** ~을 부유하게 하다; (맛 등을) 진하게 하다
- ☐ **stern** 엄격한, 단호한, 가혹한
- ☐ **self-denial** 자제(력), 극기, 금욕

**6**
- ☐ **photography** 사진(술); 사진 촬영
- ☐ **imply** ~을 암시[시사]하다 (= suggest)
- ☐ **possibility** 가능성; 있음직한 일
- ☐ **be rooted in** ~에 뿌리를 두다; ~에 원인이 있다
- ☐ **fill in** ~을 메우다; ~을 작성하다
- ☐ **sharply** 날카롭게; 급격히
- ☐ **instructive** 교육적인, 유익한

- ☐ **unaware** (that) (~을) 알지 못하는
- ☐ **dramatist** 극작가
- ☐ **point out** ~을 지적[언급]하다
- ☐ **complex** 복잡한; 복합 건물, 단지; 콤플렉스
- ☐ **narrate** 이야기를 하다[들려주다]; (다큐멘터리 등의) 내레이션을 하다

**[1–5] 다음 글의 빈칸에 들어갈 말로 가장 적절한 것을 고르시오.**

**1**   If there is one thing that should be done to make corporate culture more open-minded, it is to encourage people _____. One study found that when people in a group heard someone make ethnic insults, they were more likely to make similar insults themselves. It seems that by witnessing open acts of prejudice that went unpunished, the members of the group became more tolerant of prejudice. The simple act of naming bias as such or objecting to it on the spot establishes a corporate atmosphere that discourages it; saying nothing serves to turn a blind eye to it. In this endeavor, those in positions of authority play a pivotal role: their failure to condemn acts of bias sends the tacit message that such acts are okay. However, following through with action can send a powerful message that bias is not trivial, but has real — and negative — consequences.

① to keep silent in a high position        ② to speak out against injustice
③ to think of patience as a virtue         ④ to establish lasting social ties
⑤ to change their ethnic stereotypes

**2**   One of the problems of the vast number of various physical goods is that they force us into simple categorization and static taxonomy. This means that a raincoat can be in the "Jackets" or the "Sports" section, but not in a "Red" or "Nylon" section. Most of these categories of the latter type would seem silly for most people, so off-line retail stores generally ignore the few shoppers those categories would be perfect for. However, with the evolution of online retail has come the realization that being able to re-categorize and rearrange products on the fly _____.
Online retailers have the freedom to list products in whichever, and however many, sections they choose. This has the potential to capture customers who would have been unable to locate the product in the original category, and it also stimulates demand in those who weren't even looking for the product in the first place but were motivated to buy through ingenious positioning. [3점]

● **taxonomy** 분류(학)

① blocks impulsive buying
② reduces the size of off-line shops
③ increases the volume of sales
④ instead makes consumers confused
⑤ establishes reasonable pricing competition

**3** With the growth of the synthetic drug industry in the 20th century, the direct use of herbs in medicine became unpopular for a time in the Western world: old stories about such remedies sounded quaint and the rationale uncomfortable to the modern mind. However, herbs have no side effects in the standard way. All effects are the result of the plant's character and therapeutic strategy. In using herbs as medicine, there are no wanted or unwanted constituents, which leads to a dichotomy in style of treatment. Where a pharmacologist would isolate the active ingredient in an herb, an herbalist believes that "nature knows best" and that the many compounds present in herbs _____. It is inaccurate to conclude from laboratory studies that "x does this." It may act this way on its own, but its effects will change when it is accompanied by other ingredients and taken internally. This complex action may be direct or subtle, and it may involve strategies unknown to present-day science.

● **dichotomy** 이분법

① should be correctly extracted
② are essential ingredients for flavoring
③ are not safe to be used for treatment
④ are more effective when working together
⑤ can be defined exactly by modern science

**4** The famous personality theorist, Harry Stack Sullivan, provided a possible explanation for why certain traits reoccur again and again while other traits are never developed. He suggested that from a very young age the individual becomes attuned to those things that result in either approval or disapproval. Much like looking through a microscope, this narrow focus interferes with noticing the rest of the world. What the child is aware of through this very narrow field is something that he or she identifies with and calls "self" or "I." The self becomes increasingly aware of personality traits that receive the approval or disapproval of significant others, while simultaneously becoming less aware of traits that are ignored. And one can find in others only what is in the self. You may discover that you use certain trait scales repeatedly in evaluating people. A favorite saying of Sullivan's was, "As you judge yourself, so shall you judge others." Many times when you respond strongly to something in another person, it _____. [3점]

① is to get approval or attention　　② has more to do with you than with them
③ reflects what you want to be in the future　　④ is because it invokes bad memories
⑤ is the trait that you consider as least valuable

**5** Modern life is weighed down by constant financial burdens, unreasonable time constraints, and a flood of unnecessary material items. Although this kind of excess is characteristic of our time, it remains true that the simpler our lives, the richer our experience and the deeper our sense of well-being. However, simplicity _____. Simplicity does not mean doing away with modern comforts and conveniences. While a simple life is rewarding, creative, and nourishing to the spirit, a life of austerity is choked by deprivation and want. The simple life is free of demands on your time and finances that devour your resources without enriching your life. Gandhi said, "As long as you derive inner help and comfort from anything, you should keep it. If you were to give it up out of a stern sense of duty, you would continue to want it back, and that unsatisfied want would make trouble for you."

① cannot be achieved by everyone

② is not to be mistaken for self-denial

③ should not be a means of self-satisfaction

④ is meaningful when giving a hand to others

⑤ is completed by always thinking positively

다음 글의 빈칸 (A), (B)에 들어갈 말로 가장 적절한 것을 고르시오.

**6** Photography implies that we know about the world if we accept the world as the camera records it. But this is the opposite of understanding, which starts from not accepting the world as it looks. _____(A)_____, any possibility of understanding is rooted in the ability to say no. Of course, photographs fill in blanks in our mental pictures of the present and the past: for example, Jacob Riis's images of New York squalor in the 1880s are sharply instructive to those unaware that urban poverty in late-nineteenth-century America was really that miserable. _____(B)_____, as Brecht, a German dramatist and poet, points out, a photograph of a military complex reveals virtually nothing about that organization. In contrast to a relationship based on how something looks, understanding is based on how it functions. And functioning takes place in time and must be explained in time. Only that which narrates can make us understand.

● **squalor** 불결한 상태

|   | (A) | | (B) |
|---|-----|---|-----|
| ① | On the other hand | ---- | As a result |
| ② | On the other hand | ---- | Nevertheless |
| ③ | Furthermore | ---- | For instance |
| ④ | In other words | ---- | As a result |
| ⑤ | In other words | ---- | Nevertheless |

## Words & Phrases 3단계 활용법

**1단계** : 아는 단어는 □ 안에 체크를 한다. 모르는 단어는 뜻을 확인한다.
**2단계** : 지문의 문맥을 통해 모르는 단어의 뜻을 재확인한다.
**3단계** : 학습 후 알게 된 단어의 □ 안에 체크를 하고 모르는
단어는 뜻을 확인하는 과정을 반복한다.

**1**
- evolutionary — 진화(론)적인
- standpoint — 견지, 관점, 견해
- make sense — 말이 되다, 이치에 닿다
- adopt — ~을 채택[채용]하다, 받아들이다; 입양하다
- upright — 똑바로 선, 직립의; 똑바로 서서
- posture — 자세, 태도; 자세[태도]를 취하다
- expressive — 표현이 풍부한, (감정 등을) 나타내는
- assess — ~을 평가하다, 가늠하다
- instantly — 즉시로, 즉석에서
- implement — ~을 시행[이행]하다; 도구, 기구
- bias — 편견, 선입견
- capitalize — ~을 대문자로 시작하다; ~을 자본화하다; (on) 이용하다
- presence — 존재; 출석; 태도; (특히 관객 앞에서의) 침착함
- distract — (마음·주의를) 흐트러뜨리다, 딴 데로 돌리다
- surrender — 항복하다; ~을 내주다, 넘겨주다
- disproportionately — 불균형하게; 과잉하게; 너무 작게

**2**
- turbulence — 소란, 혼란; 난기류
- precaution — 예방조치, 사전대책
- evacuation — 피난, 대피
- devise — ~을 고안[창안]하다
- attentional — 《심리》 주의의, 주의와 관련된
- stance — 입장, 태도
- distress — 괴로움, 고통; 재난 (상황)
- tune in — (라디오 등 주파수에) 맞춰 듣다, 귀 기울이다 (↔ tune out); (to) (상황 등을) 이해하다
- unwittingly — 자신도 모르게, 부지불식간에
- amplify — ~을 증폭시키다, 확대[증대]하다
- magnitude — 크기, 강도; 지진 규모
- intense — 강렬한, 극심한
- minimize — ~을 최소[최저]로 하다

**3**
- when it comes to — ~에 관한 한
- pay — 지불하다; 이득이 되다; ~에게 이득을 주다
- lengthy — 너무 긴; 장황한, 지루한
- adapt — (to) 적응[순응]하다, 익숙해지다
- fungus — (pl. fungi) 균류, 곰팡이류; 버섯
- tofu — 두부
- novelty — 진기함, 신비로움; 새로운 것
- protein — 단백질
- hydrogenated — (수소로) 경화 처리된
  cf. hydrogenate — ~을 수소화하다, 수소로 경화 처리하다
- stick to A — A에 달라붙다; A를 집착[고수]하다

**4**

| | | | |
|---|---|---|---|
| subsist | 생존하다, 존속하다 | minimal | 최소한의, 극소의 |
| thrive | 번영하다, 번성하다 | husbandry | (낙농·양계 등 포함하는) 농업, 경작; 절약 |
| modify | ~을 변경[수정]하다 | forerunner | 선구자, 선각자; 선조 |
| selectively | 선택적으로, 선별적으로 | agriculture | 농업, 농사 |
| vegetation | 초목, 식물 | hunter-gatherer | 수렵·채집인 |
| game | 경기, 시합; 사냥감 | density | 밀도; 농도 |
| undertake | (책임을) 맡다, 떠맡다; ~을 약속하다 | deviate | 빗나가다, 일탈하다 |

**5**

| | | | |
|---|---|---|---|
| fair-mindedness | 공정한 마음 | welfare | 복지, 복리; 행복 |
| cf. fair-minded | 공정한, 편견을 갖지 않는 | conscience | 양심 |
| unbiased | 편견이 없는, 선입견이 없는 (↔ prejudiced) | solely | 혼자서, 단독으로; 다만, 단지 |
| entail | ~을 수반하다, 일으키다 | call on A to-v | A에게 ~하도록 청하다, 요구하다 |
| by nature | 선천적으로, 본래 | tie | ~을 묶다, 연결하다; 동점을 이루다, 비기다 |
| advocate | ~을 옹호[지지]하다 | self-interest | 이기심, 이기주의 |
| reap | ~을 수확하다, 거두다 | cf. selfish | 이기적인 |
| potentially | 잠재적으로, 가능성 있게 | | |

**6**

| | | | |
|---|---|---|---|
| sufficiently | 충분히 | compel | ~을 강요[강제]하다 |
| appreciative | 감식력이 있는; 감상하는; 감사의 | cf. compel A to-v | A가 ~하도록 강요[강제]하다 |
| cf. appreciate | (제대로) ~을 인식하다; (~의) 진가를 알아보다; ~을 감상하다; ~을 감사하다 | succession | 연속; 계승, 상속 |
| | | for no other reason than A | 단지 A라는 이유만으로 |
| in this regard | 이 점에 있어서 | nearness | 근접 |
| grasp | ~을 꽉 잡다; ~을 완전히 이해하다 | attraction | 끌어당김; 매력; 명소 |
| bead | 구슬, 비즈; (액체의) 방울 | do well to-v | ~하는 것이 현명하다 |
| compound | ~을 합성하다; ~을 악화시키다; 합성의; 혼합물 | objective | 목표, 목적; 객관적인 (↔ subjective 주관적인) |
| worlds apart | 아주 동떨어진[다른] | priority | 우선 사항, 우선권 |
| in terms of | ~면에서는, ~에 관해서 | | |

**[1–5] 다음 글의 빈칸에 들어갈 말로 가장 적절한 것을 고르시오.**

**1** The human brain _____ the hands and fingers when compared to the rest of the body. From an evolutionary standpoint, this makes sense. As our species adopted an upright posture and our human brain grew ever larger, our hands became more skilled, more expressive, and also more dangerous. We accomplish the most difficult tasks using only our brain and hands, and we also have a survival need to assess each other's hands quickly. It is vital that we can instantly recognize the difference between a hand holding a weapon of war and a hunting implement that will help to provide food. Because our brains have a natural bias to focus on the hands, successful entertainers, magicians, and great speakers have capitalized on this phenomenon to make their presentations more exciting, to increase their stage presence, or even to distract us.

① surrenders more of its control to
② sends more intricate messages to
③ receives more information about danger from
④ conveys more of what comes from the eyes to
⑤ gives disproportionately more attention to

**2** Imagine that you are on an airplane that just hit turbulence. Would you be likely to try and ignore the shaking, perhaps by reading or distracting yourself with a movie? Or would you be more likely to check your seatbelt, review safety precautions, and consider emergency evacuation scenarios? This question is in fact part of a psychological test devised by Suzanne Miller of Temple University. She designed the test to assess whether people during stressful events attend carefully, or, in contrast, try to distract themselves. These two attentional stances toward distress have very different consequences for _____. Those who tune in, by the very act of attending so carefully under pressure, can unwittingly amplify the magnitude of their own reactions. The result is that their emotions seem all the more intense. Those who tune out, who distract themselves, notice less about their own reaction, and so, minimize the strength of the emotions that they perceive.

① how individuals describe accidents

② when people exaggerate their actions

③ how individuals find a way to survive under distress

④ why we do not follow precautions during emergency

⑤ how people experience their own emotional response

**3**  When it comes to food, it pays _____. Diets have been formed through a lengthy process of evolution. Over enormous time spans people have adapted to the plants, animals, and fungi that their unique ecosystem offered. Modern changes to these diets can only guess at the body's long term reaction to new forms of food that have not been tested by time. Soy products offer a good case in point. People have been eating soy in the form of tofu, soy sauce, and natto for many generations, but today we're eating novelties like "soy protein isolate," and "textured vegetable protein" from soy and partially hydrogenated soy oils, and there are questions about the healthfulness of these new food products. As a senior FDA scientist has written, "Confidence that soy products are safe is clearly based more on belief than hard data." Until we have that data, it may be best to stick to tradition. [3점]

• **natto** 낫토 (일본식 청국장)  • **textured vegetable protein** 식물성 단백질

① to eat uncooked food

② to label nutrients correctly

③ to invest more money in packaging

④ to approach new ones with caution

⑤ to continuously explore its new possibilities

**4** While most early peoples dependent on food collecting and hunting eventually made the switch to farming, some have continued to subsist or even thrive without changing their lifestyle. These communities may modify their environment, for example, by selectively burning vegetation to encourage the growth of favorable plants, employing methods to attract game, or even undertaking the minimal husbandry of plant resources, such as protecting fruit-bearing trees. But despite these obvious forerunners to agriculture, they _____. The reason for this is that subsisting as a hunter-gatherer usually requires less work than subsisting as a farmer. As long as population densities remain low, a food-collecting lifestyle can be more attractive and efficient, and provide a more balanced and diverse diet.

① have produced only enough food to feed themselves
② have not worked more efficiently than modern farmers
③ need more knowledge to switch to modern agriculture
④ lack the labor required to develop agriculture
⑤ have chosen not to deviate to a crop-raising lifestyle

**5** Fair-mindedness refers to the attitude of being unbiased. To be fair-minded, one has to acknowledge every relevant viewpoint without being prejudiced. It entails being aware of the fact that we, by nature, tend to give less weight to views that are different from our own. This is especially true when _____. For example, the manufacturers of asbestos advocate its use in homes and schools, and reap large profits, even though they know that the product can lead to cancer. They ignore the potentially harmful effects of a product they manufacture, as well as the viewpoint and welfare of the innocent people who use their product but avoid a crisis of conscience, because they are focused solely on the large profits they are able to enjoy. Fair-mindedness is especially important when the situation calls on us to consider the point of view of those whose welfare is in conflict with our own interests.

[3점]

● **asbestos** 〈광물〉 석면

① public opinions are not closely tied to our profits

② our self-interest could benefit a larger group

③ we have selfish reasons for our viewpoint

④ our viewpoint is not accepted due to stereotypes

⑤ our behavior is based on the information we get

다음 글의 빈칸 (A), (B)에 들어갈 말로 가장 적절한 것을 고르시오.

**6** One of the risks of travel is that we'll see things before we're sufficiently appreciative. New information in this regard is as useless and hard-to-grasp as necklace beads without a connecting chain. The problem is compounded by such simple matters as geography. _____(A)_____, buildings may be close together physically, yet worlds apart in terms of the knowledge required to understand and enjoy them. One building may require a certain curiosity in Etruscan archaeology, while the one just next door demands an interest in Gothic architecture. Having come so far to a place we may never visit again, we feel compelled to admire a succession of things for no other reason than their nearness to each other and to us. _____(B)_____, hardly anyone has every quality required to appreciate every attraction on a map, and we'd all do well to select a theme or objective for any trip and limit the places we'll visit to ones that fit those priorities.

● **Etruscan archaeology** 에트루리아(이탈리아 고대문명) 고고학

|   | (A) |   | (B) |
|---|---|---|---|
| ① | For instance | ---- | Unfortunately |
| ② | For instance | ---- | In addition |
| ③ | Conversely | ---- | Unfortunately |
| ④ | Conversely | ---- | Consequently |
| ⑤ | That is | ---- | In addition |

## Words & Phrases 3단계 활용법

**1**

| | |
|---|---|
| □ **Anglo-American** 영미의, 영국계 미국인의 | □ **keep A's nose out** (of) 쓸데없는 참견[간섭]을 하지 않다 |
| □ **interaction** 상호작용 | □ **go about A's own business** 자신의 일에 신경 쓰다, 집중하다 |
| cf. **interactive** 상호적인, 상호작용을 하는 | |
| □ **proceed** 나아가다, 계속 진행하다 | □ **motorist** 자동차 운전자 |
| □ **isolation** 분리, 고립, 격리 | □ **stall** 꼼짝 못하게 하다, 멎게 하다; 가판대 |
| □ **convention** 관습, 인습; 집회 | □ **momentarily** 잠깐 동안; 곧, 금방 |
| □ **etiquette** 에티켓, 예의(범절) | □ **insulate** ~을 단열[방음]하다; ~을 분리[격리]시키다 |
| □ **regarding** ~에 관하여, 대하여 | □ **casual** 격식 없는, (관계가) 가벼운; 우연의, 뜻밖의 |
| □ **neighboring** 이웃의, 근처의, 인접한 | □ **mutual** 서로의, 상호의; 공동의, 공통의 |
| □ **avail oneself of** ~을 이용하다 | □ **inattention** 부주의; 무관심 |
| □ **overhear** 우연히 듣다, 엿듣다 | |

**2**

| | |
|---|---|
| □ **preclude** ~을 막다, 방해하다 | □ **incompetent** 무능한, 능력 없는 (↔ competent) |
| □ **fair** 공정한; 꽤 많은, 상당한; 살결이 흰; 금발의; (날씨가) 맑은 | □ **lottery** 복권, 제비뽑기 |
| | □ **rewarding** 보답하는; ~할 만한 가치가 있는, 보람 있는 |
| □ **meaningless** 의미 없는, 무의미한 | □ **uncontrollable** 제어[통제]할 수 없는 (↔ controllable) |
| □ **opponent** 적수, 반대자 | |

**3**

| | |
|---|---|
| □ **formula** 〈수학〉 공식 | □ **carbohydrate** 탄수화물 |
| □ **ingest** ~을 섭취하다 (= take in) | □ **optimal** 최선의, 최적의 |
| □ **notion** 생각, 개념 | □ **remainder** 나머지, 잔여 |
| □ **intake** 빨아들임, 흡입; 섭취(량) | □ **lean** (사람·동물이) 마른; (고기가) 기름기 없는 |
| □ **adapt** (to) 적응[순응]하다, 익숙해지다 | □ **protein** 단백질 |
| □ **to A's advantage** A에게 유리하게 | □ **aerobic** 유산소 운동의; 에어로빅의 |
| □ **consumption** 소비, 소모 | |

**4**
- maximize ~을 최대화[극대화]하다
- pack (짐 등을) 싸다; ~을 가득 채우다; 꾸러미
- house 가정; (특정의 목적을 위한) 건물; 관객석
- derive (from) ~을 끌어내다, 얻다; ~에서 비롯되다, 유래하다
- queue (차례를 기다리는 사람의) 줄; 줄을 서서 기다리다
- willingness 기꺼이 하는 마음
- imperfect 불완전한, 결함이 있는
- indicator 지표; 계기, 장치

**5**
- cognition 인지, 인식
- refer to A A를 나타내다, 가리키다; A를 기술[설명]하다; A를 참조하다
- faculty (대학의) 학부; (대학 등의) 교직원; (종종 *pl.*) 능력, 기능
- collected 수집한, 모은; 침착한
- by means of ~을 수단으로, ~의 도움으로
- explicit 명백한, 뚜렷한; 솔직한
- intuitive 직관적인, 직감하는
- flee (from) 달아나다, 도망치다
- court 구애하다; ~에게 호소하다, ~의 비위를 맞추다; 법정; 경기장
- regulate ~을 규제[단속]하다; (기계 등을) 조절[조정]하다

**6**
- constructive 건설적인
- criticism 비판; 비평
  - cf. critic 비평가; 비판하는 사람
- accurate 정확한
- accuser 고소[고발]인; 비난자
- reminder 상기시키는 것; 독촉장
- valid 타당한, 근거 있는; 유효한
- automatic 자동의; 무의식적인
- be left over ~이 남다, 잔재하다
- accidentally 우연히; 실수로
- soil 토양; ~을 더럽히다
- submit ~을 제출하다; 항복[굴복]하다
- peer 또래, 동년배
- in charge of ~을 맡아서, 담당해서
- merely 단지
- hasten ~을 서둘러 하다
- sway 흔들리다; (마음을) 흔들다
- flexible 구부리기 쉬운; 융통성 있는

**[1–5] 다음 글의 빈칸에 들어갈 말로 가장 적절한 것을 고르시오.**

**1**

In Anglo-American society, when interaction must proceed in the presence of outsiders, if physical isolation is not obtained by walls or distance, effective isolation can at least be obtained by convention — an etiquette regarding _____. For example, when two groups of persons find themselves in neighboring booths in a restaurant, it is expected that neither group will avail itself of the opportunities that actually exist for overhearing the other. In a public place, one is supposed to keep one's nose out of other people's activity and go about one's own business. It is only when a woman drops a package, or when a motorist gets stalled in the middle of the road, or when a baby left alone in a carriage begins to scream, that people feel it is all right to momentarily break down the walls which effectively insulate them.

① casual mutual aid
② adequate inattention
③ physical isolation
④ interactive communication
⑤ ordinary business

**2**

Why isn't it fun to watch a videotape of last night's football game even when we don't know who won? Maybe this is because the fact that the game has already been played precludes the possibility that our cheering will somehow influence the outcome. Although this may sound odd, there is a fair amount of evidence to support this theory. For instance, people bet more money on games of chance, in which skill is meaningless, when their opponents seem incompetent rather than competent because they believe this gives them power over the outcome. Similarly, when it comes to lotteries and dice games, people generally feel more confident if they are allowed to choose the winning numbers. Their confidence rises even further if they are allowed to perform the physical act of throwing the dice or marking the ticket. It seems our desire to control is so powerful, and the feeling of being in control so rewarding, that people often act as though they _____.

① can satisfy everybody

② don't need to be advised by others

③ are good at dealing with numbers

④ are the leaders even if they're not

⑤ can control the uncontrollable

<br>

**3**  Weight loss as a concept can be quite confusing for some people, but the basic formula of ingesting fewer calories than you burn is certainly a simple notion, easy enough for anyone to understand. But because of the formula, as simple as it is, some individuals attempt to reduce their calories intake by completely removing fat from their diet. This is not only dangerously unhealthy, but it completely ignores the fact that your body easily adapts to the foods you prefer. This means that your body will _____. But you can use this to your advantage. Most likely, your goal is weight loss and therefore you want to burn off the fat inside your body. By eating healthy fats, and reducing your consumption of carbohydrates and sugars, you can train your body to be better at fat burning. For optimal weight loss, only half of your daily calories should come from carbohydrates. The remainder of your calories should come from lean proteins and healthy fats.

① focus on increasing its storage of fat

② have an ability to remove bodily wastes by itself

③ be changed by consuming fewer calories

④ burn fat when doing regular aerobic exercises

⑤ not know how to burn what you're not taking in

**4** If a theater really wants to fill its seats with people eager to see the play and to maximize the pleasure its performances give, then it should want tickets to go to those who value them most highly. And those are the people who will pay most for the ticket. So the best way to pack the house with an audience that will derive the greatest pleasure from the play is to let the free market operate by selling tickets for whatever price the market will bear. But free markets may not do so more reliably than queues. The people sitting in the expensive seats at the ballpark often show up late and leave early. Since market prices reflect the ability as well as the willingness to pay, they are imperfect indicators of who most values a particular good. The willingness _____ — for theater tickets or for the ball game — may be a better indicator of who really wants to attend. [3점]

① to determine the market price      ② to stay in one's seat
③ to pay the full price      ④ to stand in a long line
⑤ to work hard at all times

**5** When people speak of cognition and emotion, or of reason and passion, they are usually referring to two distinct mental faculties. One of them is cool and calm and collected, and works towards its conclusions slowly by means of explicit logical rules. The other is hot and colorful, and jumps to conclusions by consulting intuitive feelings. However, just because the heart works independently of *reason*, this does not mean _____. In other words, the things that emotions do, from making us flee from danger and prompting us to court attractive people, to concentrating our minds on what we have a passion for, all have their reasons. Not only are there passions within heart, but there are reasons within passion. [3점]

① it lacks reasons      ② we don't have passion
③ our judgments are changed often      ④ logical rules are always correct
⑤ we cannot regulate our emotions

다음 글을 읽고, 물음에 답하시오.

**6** Constructive criticism can aid you in bettering yourself. But sometimes the criticism you receive is not constructive, yet it is accurate. The accuser, motivated by whatever factors, is letting you know that you did something wrong, which assists you in learning how not to repeat the error. When you receive criticism with which you agree, whether it is constructive criticism or just an unnecessary reminder, acknowledge that the critic is making a valid point. For example, "Yes, I was half an hour late for work today."

However, don't fall into the trap of always _____ for your actions. This is an automatic response left over from childhood, when you accidentally spilled milk, soiled your clothes, or came home fifteen minutes late, and your parents asked, "Why did you do that?" They expected a reasonable answer, and you learned to supply it. As an adult, you choose sometimes to make an excuse for your actions, but you don't have to. Stop and ask yourself if you really want to, or if you are just reacting out of an old habit. For example, you might say, "Yes, Jack, I haven't submitted that essay that was due last week," and decide not to give him any explanation, since he's your peer and not in charge of when you get your work done. On the other hand, when responding to your boss, you wouldn't merely acknowledge that you were "half an hour late this morning." Since you value your job, you hasten to explain: "My alarm clock didn't work today."

**1.** 윗글의 제목으로 가장 적절한 것은?
① Stop Criticizing and Mind Your Own Business
② Don't Be Easily Swayed by Others' Opinions
③ Welcome Criticism, Be Flexible When Making Excuses
④ When to Accept an Excuse, When to Stop Excusing
⑤ Silence Can Be a Powerful Weapon

**2.** 윗글의 빈칸에 들어갈 말로 가장 적절한 것은?
① submitting out of fear
② criticizing others
③ neglecting your responsibilities
④ blaming yourself
⑤ giving an explanation

## Words & Phrases 3단계 활용법

**1단계** : 아는 단어는 □ 안에 체크를 한다. 모르는 단어는 뜻을 확인한다.
**2단계** : 지문의 문맥을 통해 모르는 단어의 뜻을 재확인한다.
**3단계** : 학습 후 알게 된 단어의 □ 안에 체크를 하고 모르는
단어는 뜻을 확인하는 과정을 반복한다.

---

**1**

| □ **era** | 연대, 시대 | □ **via** | ~을 통해, 거쳐 |
|---|---|---|---|
| □ **personalized** | 개인의 필요에 맞춘, 개별화된 | □ **decode** | (암호문을) 풀다, 해독하다 |
| □ **gene** | 《생물》 유전자 | □ **beneficially** | 유익하게, 이익을 받을 수 있게 |
| cf. **genomic** | 《생물》 게놈의, 유전체의 | □ **incidence** | 범위; 발생, 발병률 |
| cf. **genome** | 《생물》 게놈, 유전체 (한 생물이 가지는 모든 유전 정보) | □ **pandemic** | 전국[전 세계]적 유행병 |
| cf. **genomics** | 《생물》 유전체학 | □ **chronic** | 장기간에 걸친, 만성적인 |
| □ **promote** | ~을 촉진[증진]하다; ~을 승진시키다; (상품을) 홍보[판촉]하다 | □ **comprehensive** | 포괄적인, 종합적인 |
| □ **joint** | 《인체》 관절; 공동의, 연합의 | □ **diagnose** | (질병·문제의 원인을) 진단하다 |

---

**2**

| □ **misconception** | 오해, 잘못된 생각 | □ **expertise** | 전문 지식[기술] |
|---|---|---|---|
| □ **intimately** | 친밀히; 직접적으로 | □ **rate** | 비율; 요금; 속도; (as) 평가하다[되다] |
| □ **self-esteem** | 자존감; 자부심 | □ **surgeon** | 외과 전문의(사) |
| □ **arise** | 생기다, 발생하다 | | |

---

**3**

| □ **whole food** | 무첨가 식품, 자연식품 | □ **constituent** | 성분, 구성(요소); 구성하는; 유권자, 선거인 |
|---|---|---|---|
| □ **secure** | 안전한; ~을 안전하게 하다; ~을 확보하다 | □ **contribute** | (to) 기부[기증]하다; (to) 기여[공헌]하다; (to) (원고를) 기고하다 |
| □ **boast** | (about[of]) 떠벌리다, 자랑하다 | □ **have nothing [something] in common** | (with) 공통점이 없다[있다] |
| □ **goodness** | 선량, 친절; 장점, 진수 | | |

**4**
- excusable    변명이 되는, 용서할 수 있는
- withhold    (from) ~을 (의도적으로) 보류하다, 주지 않다
- censorship    검열(제도)
- democratic    민주주의의, 민주적인
- neglect    ~을 게을리[소홀히]하다; (to-v) (해야 할 일을) 하지 않다

- overdraw    (예금을) 초과 인출하다
- endanger    ~을 위험에 빠뜨리다, 위태롭게 하다
- well-being    행복, 안녕; 복지
- exaggerate    과장하다, 지나치게 강조하다
- detect    ~을 탐지[인지]하다
- confront    ~에 직면하다, 맞서다
- leave out    ~을 빼다, 생략하다

**5**
- dopamine    《인체》 도파민 (신경전달물질의 일종)
- neuron    《생물》 뉴런, 신경 세포
- reflection    반사; 반영
- hard-wired    하드웨어에 내장된; (행동이) 선천적인
- be rooted    (in) ~에 뿌리박고 있다, ~에 근거가 있다
- flexible    구부리기 쉬운; 융통성 있는, 유연한
- adjust    ~을 조정하다; (to) (~에) 적응하다
- encounter    ~을 우연히 만나다; 마주침
- motion sickness    멀미
  - cf. seasickness    뱃멀미
- conflict    (with) (~와) 충돌하다; 갈등; 불일치

- pitch    (~을) 던지다; 정점; 음의 높이; (배·항공기의) 상하 요동
- nausea    메스꺼움
- vomiting    구토
  - cf. vomit    (~을) 토하다
- temporary    일시적인
- adapt    (to) (~에) 적응[순응]하다; (~에) 익숙해지다
- the high seas    공해(公海) (어느 나라에도 속하지 않은 바다)
- circumstance    《주로 pl.》 상황, 환경
- indication    암시; 징후
- oversensitive    지나치게 민감한

**6**
- companion    동료, 친구
- on account of    ~ 때문에, ~의 이유로
- proximity    근접(성)
- populous    인구가 조밀한, 붐비는
- congenial    같은 성질의, 마음이 맞는
  - cf. congeniality    (성격·취미 등의) 일치
- association    협회; 합동, 제휴; 연상
- genuine    진짜인, 진품의; 참된

- afflict    ~을 괴롭히다, ~에게 피해를 입히다
- diminish    줄다, 감소하다
- vanishing point    소실점, 사물이 사라지는 지점 (회화나 설계도 등에서 투시하여 물체의 연장선을 그었을 때, 선과 선이 만나는 점)
  - cf. vanish    (갑자기) 사라지다, 없어지다
- geographically    지리(학)적으로
- convention    집회; 협정; 관습, 인습

**[1–5] 다음 글의 빈칸에 들어갈 말로 가장 적절한 것을 고르시오.**

**1**

We are entering a new era of personalized medicine through changing our genes. There are many ways to accomplish this including changing what you eat, how you respond to emotional stress, whether or not you smoke cigarettes, how much you exercise, and your experiences of love. New studies show that these changes may alter gene expression in hundreds of genes in only a few months — "turning on" disease-preventing genes and "turning off" genes that promote heart disease, breast and prostate cancer, and muscle and joint failure. As genomic information for individuals becomes more widely available — via the decoding of each person's complete genome, or partially and less expensively via new personal genomics companies — this information will be a powerful motivation _____ that may beneficially affect gene expression and significantly reduce the incidence of the pandemic of chronic diseases.

• **prostate** 〈인체〉 전립선

① to protect our genomic information
② to make an effort to reduce stress
③ to develop a remedy for all diseases
④ to make comprehensive lifestyle changes
⑤ to diagnose cancer in its early stages

**2**

It is a common misconception that jealousy is intimately connected with low self-esteem. While it is certainly true that many with low self-esteem are also jealous, it turns out that the primary factor determining when a person gets jealous is completely unrelated to low self-esteem. Generally, a person becomes threatened only in areas that he or she considers _____. Typically, this involves career, education, hobbies, or personal matters such as parenting. For a doctor, jealousy is likely to arise if he is compared to another doctor of superior skill in his particular area of expertise. However, this same doctor will likely react with indifference if compared to a famous tennis player. Who he is, how he identifies himself, and how he rates his worth as a human being are all determined by his skill as a surgeon, not as a tennis player.

① to be related to his or her privacy

② to require a genius or a talent

③ to be the most important in relationships

④ to be most necessary for his or her career

⑤ to be the basis for his or her identity

**3** Avoid food products that make health claims. For a product to carry a health claim, it must first have a package, so immediately it's more likely to be a processed rather than a whole food. Generally, it is the products of modern food science that claim to be the best for your body, and these are often founded on incomplete or false science. For example, margarine, one of the first kinds of industrial foods to replace a traditional one, butter, claimed to be better, but turned out to contain trans fats that cause heart attacks. Furthermore, only such industrial food manufacturers have the resources to secure government-approval to officially state the benefits of their products and advertise them to the world. The fresh produce, however, doesn't boast about its goodness, because the growers don't have the budget or the packaging. So, don't take the silence of the carrots as a sign they _____. [3점]

● **claim** (상품 등의) 선전 문구, 품질 설명

① don't have any constituents that cause heart attacks

② have nothing valuable to contribute to your body

③ will one day replace processed foods

④ have many things to explain to customers

⑤ have nothing in common with processed foods

**4** Lying can be divided into two types: white lies and black lies. A black lie is a statement we make that we know is false. A white lie is a statement we make that is not in itself false but that _____.
The fact that a lie is white does not make it any less destructive or any more excusable. A government that withholds essential information from its people by censorship is no more democratic than one that speaks falsely. A father who neglects to mention that he has overdrawn the family bank account is no less endangering his family's well-being than if he directly exaggerates his wealth. Indeed, because it may *seem* less shameful, the withholding of essential information is the most common form of lying, and because it may be the more difficult to detect and confront, it is often even more harmful than black lying.

① does make listeners uncomfortable
② plays a role in destroying relationships
③ leaves out a significant part of the truth
④ conveys information without checking on facts
⑤ uses direct speech to gain a listener's trust

**5** There is surprising wisdom in the human mind. The activity of our dopamine neurons demonstrates that our experience isn't simply a reflection of hard-wired animal instincts. Instead, it's rooted in the predictions of highly flexible brain cells like the dopamine neurons, which are constantly adjusting their connections to reflect reality. Every time you make a mistake or encounter something new, your brain cells are busy changing themselves. Motion sickness is one example. It is largely _____: there is a conflict between the type of motion being experienced — for instance, the unfamiliar pitch of a boat — and the type of motion *expected* (solid, unmoving ground). The body reacts with nausea and vomiting. But it doesn't take long before the dopamine neurons start to revise their models of motion; this is why seasickness is usually temporary. After a few horrible hours, the dopamine neurons adapt and learn to expect the gentle rocking of the high seas. [3점]

① our conscious resistance to changing circumstances

② the indication of an unhealthy nervous system

③ a reflection of an undeveloped area of intelligence

④ the result of a dopamine prediction error

⑤ a case of oversensitive brain cells

**다음 글의 빈칸 (A), (B)에 들어갈 말로 가장 적절한 것을 고르시오.**

**6**

In the modern world, people are less dependent than they used to be upon their ___(A)___ neighbors. Those who have cars can regard as a neighbor anyone living within twenty miles. This gives them a previously unavailable level of power in choosing their companions. Therefore, except in very small towns, few people feel the need to know their immediate neighbors. Thanks to this new means, more and more it becomes possible to choose our companions on account of ___(B)___ rather than on account of mere proximity. In any populous neighborhood a man must be very fortunate if he can find congenial souls within twenty miles. In other words, happiness is promoted by making associations with persons who have similar tastes and opinions. Since modern people have a growing number of opportunities to make genuine friendships, the loneliness that now afflicts so many people will gradually diminish almost to the vanishing point.

|  (A) | (B) |
| --- | --- |
| ① powerfully connected ---- | closeness |
| ② acceptance from ---- | closeness |
| ③ geographically nearest ---- | conventions |
| ④ geographically nearest ---- | congeniality |
| ⑤ acceptance from ---- | congeniality |

## Words & Phrases 3단계 활용법

**1단계** : 아는 단어는 □ 안에 체크를 한다. 모르는 단어는 뜻을 확인한다.
**2단계** : 지문의 문맥을 통해 모르는 단어의 뜻을 재확인한다.
**3단계** : 학습 후 알게 된 단어의 □ 안에 체크를 하고 모르는
단어는 뜻을 확인하는 과정을 반복한다.

**1**

□ **acupuncture** 침술
　cf. **acupuncturist** 침술사

□ **remarkably** 두드러지게, 현저하게, 매우

□ **fiber** 섬유(질), 섬유 조직

□ **uncoil** (감은 것을) 풀다, 펴다; 풀리다

□ **insert** ～을 끼우다, 삽입하다

□ **have an advantage over** ～보다 유리하다, 우위를 확보하다

□ **therapist** 치료 전문가, 치료사

□ **placebo effect** 위약 효과, 플라시보 효과 (위약 투여에 의한 심리 효과로 실제로 호전되는 일)

□ **preventive** 예방적인, 방지하는; 예방(법)

□ **stimulus** 자극; 격려

**2**

□ **subtle** 미묘한, 감지[포착]하기 힘든

□ **implicitly** 함축적으로, 암묵적으로 (= tacitly); 절대적으로, 무조건적으로

□ **constrain** (to-v) ～에게 억지로 시키다; ～을 억제[압박]하다

□ **taboo** 금기(사항), 터부

□ **extend** 확장하다; 주다, 베풀다

□ **frown** (on) 눈살을 찌푸리다; 찌푸린 얼굴

□ **shed** (눈물을) 흘리다; (잎이) 떨어지다

□ **evaporate** 증발하다; 사라지다

□ **unfeminine** 여성적이지 않은 (↔ feminine)

□ **provoke** ～을 화나게 하다; (감정을) 불러일으키다

□ **opposition** 반대, 반발

□ **out of place** 제자리에 있지 않은, 부적절한

□ **address** 주소(를 쓰다); 연설; ～에게 연설하다; (문제 등을) 다루다, 처리하다

**3**

□ **distractibility** 주의산만성, 정신이 흐트러짐
　cf. **distracted** (주의가) 산만한

□ **impulsiveness** 충동성

□ **hallmark** 특징, 특질

□ **deficit** 적자; 부족, 결손

□ **hyperactivity** 행동[활동] 과잉

□ **disorder** 무질서, 혼란; 장애, 병

□ **silver lining** 구름의 흰 가장자리; 밝은 희망[전망]

□ **domain** 영토; 범위, 영역

□ **refine** ～을 정제하다, 깨끗하게 하다; (작은 변화를 주어) 개선하다

□ **stubbornness** 고집 셈, 완고(함)

□ **at a disadvantage** (다른 사람에 비해) 불리한

□ **brainstorming** 브레인스토밍, 창조적 집단 사고

□ **clarify** ～을 명확히 하다; ～을 맑게 하다, 정화시키다

□ **across the board** 전반적으로, 전역에 걸쳐

□ **uniformity** 한결같음, 균일성, 획일성

| | | | |
|---|---|---|---|
| **4** □ **stimulant** | 자극(물); 각성제 | □ **alertness** | 민첩; 각성도 |
| □ **trigger** | (총의) 방아쇠; (방아쇠를 당겨) 쏘다; ~을 일으키다, 유발하다 | □ **dopamine** | 《인체》 도파민 (신경전달물질의 일종) |
| □ **neurotransmitter** | 《인체》 신경전달물질 | □ **disguise oneself as** | ~로 변장[위장]하다 |
| □ **adenosine** | 《인체》 아데노신 (신경전달물질의 일종) | □ **fool A into v-ing** | A가 ~하도록 속이다 |
| □ **molecule** | 《화학》 분자 | □ **persistent** | 지속적인, 끊임없는 |
| □ **receptor** | 《인체》 수용기, 감각기관 | □ **excitability** | 흥분, 격하기 쉬운 성질 |
| □ **displace** | ~을 대신하다, 대체하다 | □ **go a long way** | 쓸모가 있다, 효과가 있다 |
| □ **suppress** | ~을 억압[억제]하다 | □ **roundabout** | 간접적인, 빙 도는 |

| | | | |
|---|---|---|---|
| **5** □ **cognitive** | 인지의, 인식의 | □ **quantity** | 양 (↔ quality 질) |
| □ **household** | 가구(의), 가족(의) | □ **retiring** | 내향적인, 수줍은; 은퇴하는 |
| □ **rosy** | 장밋빛의; 유망한, 낙관적인 | □ **suspicious** | 의심하는, 수상쩍은 |
| □ **harsh** | 가혹한; 거친 | □ **consistent** | 일관된, 언행이 일치된 |
| □ **sensitivity** | 예민함, 민감성 | □ **objective** | 목표, 목적; 객관적인 |
| □ **auditory** | 청각의, 귀의 | | |

| | | | |
|---|---|---|---|
| **6** □ **improbable** | 일어날 것 같지 않은, 있을 법하지 않은 | □ **telepathically** | 텔레파시로 |
| □ **seemingly** | 겉으로 보기에, 표면상으로 | □ **mundane** | 평범한, 흔히 있는 |
| □ **concurrence** | 동시 발생, (우연의) 일치 (= coincidence) | □ **probability** | 있을 법한 일; 확률 |
| □ **prompt A to-v**<br>cf. **prompt** | A가 ~하도록 촉구하다, 부추기다<br>~을 촉구하다, 부추기다; 즉석의; 신속한 | □ **tie-in** | 끼워 파는 물건; 관계, 관련 |

**[1~6] 다음 글의 빈칸에 들어갈 말로 가장 적절한 것을 고르시오.**

**1**
Acupuncture, which is similar to touch therapy, is not only remarkably effective in getting muscle fibers to uncoil, especially in hard-to-reach spots, but it also functions as _____. For example, a very effective touch therapy technique, massage, involves applying pressure to a sore spot and maintaining that pressure for several minutes. This often works better than continually rubbing the spot. In the practice of acupuncture, once a needle is inserted and positioned so that its tip lightly touches a grain-of-sand sized spot, it can be left in place for several minutes. This can be done to several spots at a time. During this time, the patient can be left alone, freeing the acupuncturist to do something else, for example, treat another patient. Thus, an acupuncturist has a great advantage over a touch therapist, who is required to continuously place pressure at a point and can only treat one patient and a limited number of points at a time.

① a placebo effect
② a preventive medicine
③ a stimulus for the body
④ a personal therapist
⑤ a labor-saving tool

**2**
Our society has subtle norms for who "should" express what emotions, implicitly constraining both men and women. Although women have more freedom with their emotional expressions in certain situations, in the professional world, taboos against crying extend to women. In private life, women are generally perceived as more appropriate when expressing fear and sadness, and men anger — a norm that tacitly approves of a woman crying openly but frowns on men shedding tears when upset. But when a woman holds a position of power, the prohibition on showing anger evaporates. On the contrary, any powerful leader including alpha women, is expected to display anger when a group's goal has been frustrated. Regardless of whether anger is the most effective response in a given moment, it _____ when it comes from the boss.

● **alpha woman** 알파 여성 (사회에서 두각을 나타내는 엘리트 여성을 일컫는 신조어)

① is seen as unfeminine

② is completely inappropriate

③ provokes employees' opposition

④ does not seem socially out of place

⑤ fails to address the root of the issue

---

**3** The distractibility and impulsiveness that is the hallmark of attention-deficit hyperactivity disorder (ADHD) may have a silver lining. In a new study researchers gave 60 college students, half with ADHD, a series of tests measuring creativity across 10 domains — drama, music, humor, creative writing, etc. The students also answered questions about their problem-solving styles like refining and structuring ideas. Results showed that the ADHD group _____. "Personality traits like stubbornness can be seen as either a weakness or a strength. And I think it's similar with distractibility," said study author Holly A. White. "There are many situations where easily distracted individuals are at a disadvantage, but they're also open to a lot of new ideas coming in. This allows for exciting combinations of ideas we otherwise might not see." They also exhibited a greater preference for brainstorming and generating ideas than the non-ADHD group, which preferred refining and clarifying ideas. [3점]

● **ADHD** 주의력 결핍 과잉 행동 장애

① had greater ability in problem solving

② exhibited fewer false personality traits

③ was more verbally and physically stable

④ scored higher on creativity across the board

⑤ displayed greater uniformity in their responses

**4**

Surprisingly, caffeine is not a typical stimulant; it does not push brain cells to become alert, and perform better. Caffeine, rather, _____. Instead of triggering the release of "up" chemicals, it blocks the action of the neurotransmitter, adenosine, that ordinarily tells the brain to quiet down and go to sleep. Since the caffeine molecule chemically resembles adenosine, it can occupy brain cell receptor sites, displacing adenosine. This prevents adenosine from suppressing the alertness caused by "upper" neurotransmitters, such as dopamine. Thus, caffeine, by disguising itself as adenosine, fools brain cells into remaining in a persistent state of excitability. A little caffeine goes a long way. Experts say that the caffeine in a couple of cups of coffee can knock out half the brain's adenosine receptors for a couple of hours, keeping your brain on high alert.

① works in a roundabout way
② performs with other stimulants
③ takes part in many brain functions
④ functions differently according to its type
⑤ fosters various effects of chemicals

**5**

Psychologists find that each person develops a unique "cognitive map" of his or her world. In the same household, one child might learn to see the world through rosy glasses, while another will learn to see it as harsh and dangerous. Some children, born with a great sensitivity to sound, will grow up paying attention to the auditory environment and not see many of the colors, lights, and shapes that surround the more visually sensitive child. One person is more interested in quantities, another in feelings; one is open and trusting, the other, retiring and suspicious. These individual differences develop with time into habits, and then into ways of thinking about and interpreting experience. Such "maps" are useful because they provide consistent directions to those who use them, but they are hardly accurate in the sense of _____.
In fact, in the same situation, two persons using different cognitive maps will see and experience entirely different realities. [3점]

① giving direction to living one's ideal life

② describing what children notice or learn

③ balancing one's feelings and experience

④ explaining the differences between individual viewpoints

⑤ presenting an objective, universally valid picture of reality

**6** When a connection is made in a manner that seems improbable, we have a tendency to think something mysterious is at work. Consider two people in a room of thirty people who discover they have the same birthday. The natural reaction for many would be to conclude that there is some deep and meaningful explanation for this seemingly unlikely concurrence. Or imagine you go to the phone to call your friend Bob. The phone rings and it is Bob, which prompts you to think, "Wow, what are the chances? This could not have been a mere coincidence. Maybe Bob and I are communicating telepathically." In fact, such instances as these have rather mundane explanations. The probability that two people in a room of thirty people have the same birthday is approximately 70 percent. And you have forgotten how many times Bob did not call under such circumstances, or someone else called. The human mind seeks and finds tie-ins of events even when _____.

① situations remain entirely unchanged

② such relationships are not present

③ the events have already ended

④ we have not witnessed those events

⑤ the events have not actually occurred

## Words & Phrases 3단계 활용법

**1단계** : 아는 단어는 □ 안에 체크를 한다. 모르는 단어는 뜻을 확인한다.
**2단계** : 지문의 문맥을 통해 모르는 단어의 뜻을 재확인한다.
**3단계** : 학습 후 알게 된 단어의 □ 안에 체크를 하고 모르는
단어는 뜻을 확인하는 과정을 반복한다.

**1**
| □ **reasonable** | 합리적인, 타당한; 비싸지 않은 | □ **inflexible** | 잘 구부러지지 않는; 융통성 없는 |
| □ **proportion** | 비율, 균형 | □ **formality** | 형식상의 절차, 격식 |
| □ **configuration** | 배열, 구성 | □ **self-consciousness** | 자의식이 강함, 남의 시선을 의식함 |
| □ **facilitate** | ~을 용이하게 하다, 쉽게 하다 | □ **dominate** | 지배하다, 다스리다 |
| □ **slope** | 경사지게 하다; 경사, 비탈 | □ **capacity** | 용량, 수용력; 능력 |
| □ **elevated** | 높여진, 높은; 고상한, 고결한 | □ **dictate** | 받아쓰게 하다; 지시[명령]하다; ~을 좌우하다 |
| □ **platform** | 대(臺); 강단; 승강장 | □ **avail** | 도움이 되다, 쓸모가 있다; 이익, 효용 |
| □ **render** | ~을 (어떤 상태가 되게) 만들다[하다]; (도움을) 주다 | □ **modify** | ~을 변경[수정]하다 |

**2**
| □ **resolve** | (문제를) 해결하다; 결심(하다); 용해되다, 녹다 | □ **theme** | 테마, 주제 |
| □ **foreground** | (그림 등의) 전경(前景), 최전면 | □ **ethics** | 윤리학 |
| □ **administrator** | 관리자, 행정가 | cf. **ethical** | 윤리적인, 도덕상의 |
| □ **extend** | (손 등을) 뻗다, 확장하다; 주다, 베풀다 | □ **trace** | 자취, 발자국; ~을 추적하다 |
| □ **inherently** | 본래, 선천적으로 | □ **reinforce** | ~을 강화[보강]하다 |
| □ **touch on** | ~을 간단히 다루다[언급하다] | □ **integrate** | 통합하다, 전체로 합치다 |

**3**
| □ **charity** | 자선[구호] 단체; 자선(행위) | □ **numerous** | 수많은, 다수의 |
| □ **devote A to B** | A를 B에 바치다, 쏟다 | □ **account** | 계좌; (이용) 계정; 보고; 설명 |
| □ **incessant** | 끊임없는, 쉴 새 없는 | □ **apt** | 적절한, 적당한 |
| □ **pledge** | 맹세, 서약; ~을 맹세[서약]하다 | □ **imitator** | 모방하는 사람 |
| □ **contribution** | 기부(금); 기여, 공헌 | □ **initiator** | 창시자, 선창자 |
| cf. **contribute** | 기부[기여]하다 | cf. **initiate** | ~을 시작하다, 창시하다 |
| □ **artificially** | 인위적으로, 부자연스럽게 | □ **potent** | 강력한, 유력한 |
| □ **spice** | 양념(을 치다); 흥취(를 더하다) | □ **manipulate** | ~을 교묘하게 다루다, 조작하다 |
| □ **pitch** | (~을) 던지다; 던지기; 음조; (판매원의) 설득, 선전 | □ **proportionate** | 비례하는, 균형이 잡힌 |

**4**

| | | | |
|---|---|---|---|
| ☐ **status** | 신분, 지위 | ☐ **humiliation**<br>cf. **humility** | 굴욕, 수치스러움<br>겸손 |
| ☐ **invariably** | 항상, 언제나 | ☐ **willingly**<br>cf. **willingness** | 자진해서, 기꺼이<br>기꺼이 하는 마음 |
| ☐ **material** | 물질의; 재료, 원료; 자료 | ☐ **sustain** | ~을 떠받치다, 지탱하다; ~을 지속[유지]하다 |
| ☐ **penalty** | 형벌; 벌금, 벌책; 불이익 | ☐ **esteem** | 존중, 존경; ~을 존중[존경]하다 |
| ☐ **deficiency** | 부족, 결핍 | | |
| ☐ **consist** | (in) (~에) 있다 (= lie in); (of) 구성되다,<br>이루어져 있다 | | |

**5**

| | | | |
|---|---|---|---|
| ☐ **stimulating** | 자극이 되는, 고무적인 | ☐ **animate** | ~을 생기 있게 하다; ~을 만화 영화로<br>만들다 |
| ☐ **inherent** | 고유의, 본래부터의 | ☐ **generate** | ~을 발생시키다, 만들어내다 |
| ☐ **malevolent** | 악의적인 | ☐ **anticipate** | ~을 예상[예측]하다; ~을 고대하다 |
| ☐ **aspiring** | 장차 ~가 되려는; 야심 있는 | ☐ **inherently** | 본래, 선천적으로 |
| ☐ **conceptual** | 개념의 | ☐ **objective** | 목표, 목적; 객관적인 |
| ☐ **impact** | 충돌; 영향(력), 효과 | ☐ **sensibility** | 감성; 민감 |
| ☐ **complexity** | 복잡성 | ☐ **interpretation** | 해석, 설명 |
| ☐ **incomprehensibility**<br>cf. **comprehensible** | 이해할 수 없음, 불가해성 (不可解性)<br>이해할 수 있는 | ☐ **appealing** | (to) 매력적인, 흥미로운; 호소하는 |
| ☐ **empower** | ~에게 권한[자율권]을 주다 | | |

**6**

| | | | |
|---|---|---|---|
| ☐ **enlightened** | 계발[계몽]된; 현명한 | ☐ **remorse** | 후회; 자책 |
| ☐ **peripherally** | 주변적으로; 지엽적으로 | ☐ **guilt** | 유죄(임); 죄책감 |
| ☐ **alert** | 경계하는; 기민한; (위험 등을) 알리다 | ☐ **identity** | 정체, 신원; 동일함, 일치 |
| ☐ **unwittingly** | 자신도 모르게, 부지불식간에 | ☐ **necessarily** | 필연적으로 |
| ☐ **transform** | ~을 변형시키다, 바꾸다 | ☐ **denial** | 부인, 부정; 거부 |
| ☐ **dwell**<br>cf. **dwell on** | 살다, 거주하다<br>~을 곰곰이 생각하다, 곱씹다 | ☐ **deprived** | 궁핍한, 불우한 |

**[1-5] 다음 글의 빈칸에 들어갈 말로 가장 적절한 것을 고르시오.**

**1** Generally, the shape of a meeting space is not as important as its size. Obviously, most meeting rooms are rectangles of reasonable proportions. The real test is whether you can arrange the necessary number of seats in an appropriate configuration. But recently, many rooms have been designed for specific purposes, despite the fact that the result is usually inferior to an ordinary room. Often the seating is fixed — usually in a pattern that doesn't facilitate interaction. This means the shape of the room _____. Sloped floors may be great for viewing lectures, films, or debates, but they are terrible if you want people to be able to see each other. Elevated platforms can render a perfectly good room inflexible by limiting where the meeting has to take place, as well as by creating unnecessary formality, distance, and self-consciousness.

① dominates the fruits of the meeting in it
② increases the level of formality of events
③ is usually limited by its location and seating capacity
④ dictates what kind of meeting can take place in it
⑤ avails the room to be modified for new purposes

**2** Such classroom issues as discipline and motivation can generally be dealt with and resolved through practical, moment-by-moment strategies. However, schools can achieve even greater success in these areas by bringing character education to the foreground of classroom activity. Character education works best when _____. Principals and administrators can extend to teachers training opportunities in how to teach character education while supporting their teaching of subjects which inherently touch on character-related themes. A science teacher might ask the class to analyze the ethics of a given science project or assign a character analysis of certain scientists. In a history class, religious history can be taught as a way of tracing how, and to what extent, religion has influenced the development of character. Similar methods and topics can be adapted to work in any classroom, for any topic, and will generally reinforce a theme of developing character.

① it is led by well-trained consultants

② each subject is evenly taught

③ schools and families work together

④ it takes place in a caring environment

⑤ it is integrated into many other departments

---

**3**　　Advertisers say that _____. The producers of charity telethons devote unreasonable amounts of time to the incessant listing of viewers who have already pledged contributions. The message being communicated to those who haven't contributed is clear: "Look at all the people who have decided to give. It must be the correct thing to do." Restaurant owners employ a similar strategy to manufacture a kind of visible social proof for their shops' quality by artificially creating long waiting lines even when there is no shortage of tables. Salespeople quickly learn to spice their pitches with numerous detailed accounts of those who have purchased the product. Sales and motivation consultant Cavett Robert captures the essence of this principle with his apt advice to sales trainees: "Since 95 percent of the people are imitators and only 5 percent initiators, the idea of a popular product is more potent than the evidence of a quality product."

● **telethon** (모금운동 등을 위한) 장시간 텔레비전 방송

① we want more attractive ads among the flood of advertising

② try as we may, quality itself cannot be manipulated

③ many others think so, which seems proof enough

④ variety is considered to be the social standard

⑤ an ad's effects are proportionate to the content quality

**4** Although low status invariably has negative financial consequences, its impact shouldn't be measured in material terms alone. The most serious penalty from a deficiency of status, at least above the level of total poverty, hardly ever consists in mere physical discomfort caused by financial problems. More often, even primarily, it lies in the challenge that low status poses to _____.
As long as low status isn't accompanied by humiliation, we can usually endure it without complaint for a relatively long period of time. For evidence of this, we need only think of the countless soldiers throughout history. They were not considered to be members of the high class but willingly endured hardships on the battle field far worse than those suffered by even the poorest members of their society. What sustained them through their hardships was their awareness of how highly they were esteemed by others.

① our sense of self-respect
② the idea of financial security
③ traditions of humility and respect
④ our capacity to learn from suffering
⑤ one's willingness to hold others in high esteem

**5** Great art is _____, which is one reason it remains stimulating and fascinating for generations. The problem inherent in this is that art can even inspire malevolent behavior as it is described in certain novels and movies. When I was young and aspiring to be a conceptual artist, it disturbed me greatly that I couldn't control the impact my work had. When I began painting, it was worse; even I wasn't completely sure of what my art meant. That seemed dangerous for me, personally, at that time. Over time, I gradually came not only to respect the complexity and incomprehensibility of painting and art but to see how it empowers the object. I believe that works of art are animated by their creators and remain able to generate various thoughts, feelings, and responses. However, the fact is that the exact effect of art can't be fully anticipated. [3점]

① truly ahead of its time
② inherently objective
③ challenging to our sensibilities
④ open to interpretation
⑤ appealing to the viewer's curiosity

**다음 글의 빈칸 (A), (B)에 들어갈 말로 가장 적절한 것을 고르시오.**

**6** The enlightened person's main focus of attention is always the present, but they are still peripherally aware of time. In other words, they continue to use clock time but are _____(A)_____ of psychological time. Be alert as you do this so that you do not unwittingly transform clock time into psychological time. For example, if you made a mistake in the past and learn from it now, you are using clock time. On the other hand, if you dwell on it mentally, and self-criticism, remorse, or guilt come up, then you are making the mistake into "me" and "mine": You make it part of your sense of self, and it becomes psychological time, which is always linked to a false sense of identity. _____(B)_____ regarding your own past mistakes necessarily implies a heavy burden of psychological time. [3점]

| (A) | (B) |
|---|---|
| ① ignorant | ---- Denial |
| ② deprived | ---- Denial |
| ③ considerate | ---- Nonforgiveness |
| ④ free | ---- Nonforgiveness |
| ⑤ aware | ---- Patience |

## Words & Phrases  3단계 활용법

**1단계** : 아는 단어는 □ 안에 체크를 한다. 모르는 단어는 뜻을 확인한다.
**2단계** : 지문의 문맥을 통해 모르는 단어의 뜻을 재확인한다.
**3단계** : 학습 후 알게 된 단어의 □ 안에 체크를 하고 모르는
단어는 뜻을 확인하는 과정을 반복한다.

**1**

□ **thrilled** (몹시 좋아서) 황홀해 하는, 신이 난
□ **inevitability** 피할 수 없음, 불가피함
□ **separation** 분리, 분할; 별거

□ **gratification** 만족(감), 희열
□ **multiple** 복합적인; 다수의, 다양한

**2**

□ **exert** (능력 등을) 행사하다, 발휘하다
□ **equivalent** 동등한, 상응하는
□ **distress** 고통, 괴로움
□ **exceed** ~을 넘다, 초과하다
□ **bias** 편견, 선입견; 성향
□ **have a[no] bearing on** ~와 관련이 있다[없다]
□ **industrious** 근면한, 부지런한

□ **impulsive** 충동적인, 감정에 끌린
□ **obstinate** 완고한, 고집 센
□ **precede** ~보다 앞서다, 먼저 일어나다; ~보다 우월
[우선]하다
□ **reorder** ~을 다시 정리하다; ~을 추가 주문하다
□ **sequence** 연속적인 사건; 순서, 차례; (영화의) 장면

**3**

□ **resource** 〈보통 *pl.*〉 자원, 재원; 자료; 〈*pl.*〉 문제 해결
력, 지략
□ **generate** ~을 발생시키다, 만들어내다
□ **refinery** 정제소, 정련소
□ **extract** ~을 뽑다, 추출하다; 추출물
  cf. **extraction** 뽑아냄, 추출
□ **barrel** 한 통, 1배럴(의 양)
□ **incentive** 동기, 자극, 유인책
□ **seek out** ~을 찾아내다, 색출하다

□ **possession** 소유(물), 재산
□ **conventional** 전통[인습]적인; 틀에 박힌, 진부한
□ **existing** 현존하는, 기존의
□ **time-consuming** 시간이 걸리는, 시간을 낭비하는
□ **insulate** ~을 단열[방음]하다; ~을 분리[격리]하다
□ **retain** ~을 계속 유지하다, 간직하다
□ **exploit** ~을 (부당하게) 이용[착취]하다; ~을 개척
[개발]하다; 공훈, 공적

□ **monopolization** 독점화

**4** ☐ **ensure** 확실히 ~하게 하다, ~을 보장하다

☐ **coexist** 함께 존재하다, 공존하다

☐ **mix up** ~을 뒤죽박죽으로 만들다

☐ **miscellaneous** 잡다한, 갖가지의

☐ **innocently** 결백하게; 순수하게

☐ **transform** 변하다, ~을 탈바꿈시키다

☐ **nail clippers** 손톱깎이

☐ **classify** ~을 분류하다, 구분하다

☐ **messy** 어질러진, 지저분한

---

**5** ☐ **seduce** ~을 유혹하다, 꾀다

☐ **texture** 질감, 감촉; 조직, 구성

☐ **multiply** 증가하다; 곱하다

☐ **readily** 손쉽게; 즉시

☐ **responsive** 즉각 반응하는, 바로 대답하는; 관심을 보이는

☐ **clay** 점토, 찰흙; 흙

☐ **listen in** 《on》 몰래 엿듣다; 《to》 (라디오를) 듣다

☐ **idle** 한가한, 게으른; 쓸데없는, 무의미한

☐ **precisely** 정확히, 바로

---

**6** ☐ **uncertainty** 불확실(성)

☐ **habitual** 습관적인; 상습적인

☐ **labeling** 표시; 꼬리표를 붙이기
　cf. **label** 꼬리표; 라벨, 상표

☐ **refer to A** A를 나타내다; A를 참조하다
　cf. **refer to A as B** A를 B라고 부르다[일컫다]

☐ **impede** ~을 방해하다, 지연시키다

☐ **surroundings** (주변) 환경

☐ **incessantly** 끊임없이

☐ **box up** ~을 상자에 넣다

☐ **individual** 개인; 각각의; 독특한
　cf. **individuality** 개성; 특성

☐ **so-called** 소위, 이른바

☐ **trap** 덫[함정]; ~을 덫으로 잡다

☐ **category** 범주

cf. **categorization** 범주화, 분류

☐ **look in** 《on》 (집에) 잠깐 들르다

☐ **construct** ~을 건설하다; 건축물; (마음속으로 구성한) 생각

☐ **miss out** 《on》 (~을) 놓치다

☐ **fringe** 앞머리; (실을 꼬아 만든) 술; 주변부

☐ **trait** (성격상의) 특성, 속성

☐ **flair** 재능; 경향; 세련됨; 멋

☐ **rigid** 뻣뻣한; 엄격한; 완고한

☐ **material** 물질의; 유형의; 재료, 원료

☐ **complicate** ~을 복잡하게 만들다

☐ **deaden** (소리·감정 등을) 약하게 하다, 둔화시키다

☐ **interpersonal** 대인관계에 관련된

☐ **productivity** 생산성

**[1–5] 다음 글의 빈칸에 들어갈 말로 가장 적절한 것을 고르시오.**

**1**
It is essential _____. We tend to assume that our significant others should not only meet all our needs completely, but do so without even letting them know what our needs are. This is a pretty big burden for them, so it is no wonder so many relationships end in disappointment. When you are in love, it is easy to make the special effort to meet your partner's needs. At first you are thrilled to write love letters, bring flowers, and cook romantic dinners. But over time, this special effort may become a burden, not a joy. Don't expect one person to meet all your needs. The best relationships are those in which needs are met from people outside, not just from your partner.

① to understand your own needs
② to give others more than you get
③ to admit the inevitability of separation
④ to get gratification from everyday life
⑤ to find multiple sources to meet your needs

**2**
For most of us, the threat of a loss exerts a greater effect on our decisions than the possibility of an equivalent gain. For example, the distress we experience after losing $100 on the street far exceeds the pleasure that accompanies finding that same amount. Mirroring this example, negative information, either in the form of pictures or words, exerts a more powerful effect on the brain than positive information does. This bias, however, can be overcome simply by _____. In other words, how information is conveyed has a huge bearing on our attitude towards and on the image we form of something. If you are told that someone is intelligent, industrious, impulsive, and obstinate, in that order, assuming that you have not met this person, you're likely to form a more favorable opinion of him than you would if negative characteristics preceded positive ones.

① making objective statements

② making a quick decision

③ not expressing negative emotions

④ ignoring influences on our judgment

⑤ reordering the sequence of information

---

**3**

Natural resources often give a return far above what it costs to produce them. Many oil companies generate large profits from their refineries, extracting oil at a cost of $1 a barrel and selling it at $100 a barrel. This is a major incentive for new companies to seek out undeveloped fields. However, one of the problems with a natural resource is that once possession has been gained, _____. Because unlike conventional economic activity, supply is limited by nature, and hence it is meaningless to compete for an existing oil field as there is no guarantee of large profits. Even if there are new oil fields to find, the process of discovery is time-consuming and expensive. So, companies dealing in natural resources are often insulated from competition and the majority of profits are retained by the few who were lucky enough to make original discovery.

① anyone can exploit it

② the return is less than the cost

③ the extraction process can be complicated

④ monopolization easily follows

⑤ sources quickly dry up

**4** If you want to be organized with your space, each drawer, section of a shelf, or other storage space should hold one specific category of items. If you find it necessary to combine items inside the same space, ensure that the combination is logical and clearly defined. For example, to make sure socks and underwear coexist in a single drawer, use a divider to keep them from getting mixed up. In this way you have effectively created two drawers from one. The hardest part comes with all those extra items that don't fit neatly into categories. A drawer labeled "miscellaneous" always starts innocently enough — some extra baseball cards and homeless photographs — but eventually it transforms into a drawer full of things like nail clippers, bubble gum wrappers, half-written postcards, and party invitations that cannot be classified into one category. As a result, miscellaneous is the easiest category to put things into and, at the same time, _____. [3점]

① the most efficient in which to use dividers
② the simplest place to put things to throw away
③ the most impossible to find anything in
④ the best way to organize your messy spaces
⑤ the most helpful in finding similar items


**5** The materials of art seduce us with their potential. The texture of the paper, the smell of the paint, the weight of the stone — all cast hints inviting our fantasies. In the presence of good materials, hopes grow and possibilities multiply. Some materials are so readily responsive that artists have turned to them for thousands of years. Where materials have potential, they also have limits. Their potential is only revealed by the actions of an artist. Ink wants to flow, but not across just any surface; clay wants to hold a shape, but not just any shape. They do not listen in on your fantasies, do not get up and move in response to your idle wishes. The paint lies where you put it; the figures you draw with your pencil — not the ones you needed to draw or thought about drawing — are the only ones that appear on the paper. The plain truth is, materials _____. [3점]

① not only inspire your fantasies but also your reality
② do precisely what your hands make them do
③ appear to be more responsive than they actually are
④ reveal their potential if used together properly
⑤ can be limited by where and when they are used

**다음 글을 읽고, 물음에 답하시오.**

**6**  Author and "Scientist of Uncertainty" Nassim Taleb believes our habitual labeling makes us think that we understand more than we actually do. He suggests that many of us have simply been referring to the wrong "user's manual" for our brains, which impedes our ability to accurately view our surroundings. In our habit of incessantly labeling, we wrongly assume that the labels actually exist in some way, as part of the world. Additionally, this practice _____. Boxing up various individuals and objects makes it harder to think outside of that so-called box. Harvard psychologist Ellen Langer refers to this as being "trapped by categories." For example, an auto mechanic sees just another spring, while his wife looking in on him, free of his constructs of labels, sees a toy — thus, the Slinky, the famous toy spring, is born. And lastly, in treating everything as an example of one universal class or label, we miss out on the beauty in the fringes of unique character traits of individual people. The antique shop's set of bowls have their own individual flair while the department store's sets are all the same, and are just like those of your neighbors, and their neighbors down the street. Where's the beauty in that?

**1.** 윗글의 제목으로 가장 적절한 것은?
① The Importance of Accurate Labels
② True Beauty: Learning to Love Individuality
③ The Costs of Rigid Categorization
④ The Harmful Effects of Focusing on Material Goods
⑤ How to Live in a World of Uncertainty

**2.** 윗글의 빈칸에 들어갈 말로 가장 적절한 것은?
① complicates simple matters  ② deadens our creativity
③ reveals hidden possibilities  ④ limits interpersonal relationships
⑤ improves our productivity

## Words & Phrases  3단계 활용법

**1단계** : 아는 단어는 □ 안에 체크를 한다. 모르는 단어는 뜻을 확인한다.
**2단계** : 지문의 문맥을 통해 모르는 단어의 뜻을 재확인한다.
**3단계** : 학습 후 알게 된 단어의 □ 안에 체크를 하고 모르는
단어는 뜻을 확인하는 과정을 반복한다.

---

**1**

☐ **distinction**    구별, 특징
   cf. **make a distinction**    구별하다

☐ **aesthetic**    미(美)의, 미적 감각이 있는; 미학의

☐ **independent of**    ~에서 독립하여, ~와 관계없이

☐ **feast**    잔치, 향연

☐ **genuine**    진짜인, 진품의; 진심의, 참된

☐ **as to A**    A에 관하여, A에 대하여

☐ **intangible**    만질 수 없는; 무형의

☐ **unselfish**    이기적이 아닌, 사리사욕이 없는

---

**2**

☐ **emotive**    감정의, 감정을 나타내는

☐ **processing**    처리 과정, 공정

☐ **stimulant**    자극(물); 각성제

☐ **intrinsically**    본래, 본질적으로

☐ **fragile**    부서지기 쉬운; 연약한, 취약한

☐ **crisis**    〈pl. crises〉 위기, 결정적 단계

☐ **verbalize**    (생각 등을) 언어로 나타내다

☐ **empathize**    감정 이입하다, 공감하다

---

**3**

☐ **acquisition**    획득, 습득

☐ **enlighten**    ~을 이해시키다, 깨우치다
   cf. **enlightenment**    깨우침, 이해

☐ **nothing but**    단지 ~일 뿐 (= only)

☐ **utilize**    ~을 이용[활용]하다

☐ **persistent**    지속적인, 끊임없는

☐ **prerequisite**    전제가 되는, 필수의; 전제, 필요조건

**4**

- impair ~을 손상시키다, 약하게 하다
- odor 냄새; 악취
  - cf. odorously 냄새나게
- ground ((in)) ~에 근거를 두다, ~을 기초로 가르치다; 기초의
- aside from ~을 제외하고, ~은 별도로
- primitive 원시의, 초기의

- vague 애매한, 모호한
- entity 실체, 독립체
- reliance ((on)) 신뢰, 의지
- on A's own terms 자기 생각대로, 자기 방식대로
- subtlety 미묘함, 절묘함
- uniqueness 유례없는 일[것]; 독특함

**5**

- static 정지된, 고정된
- apathy 냉담, 무관심 (= indifference)
- in the short run 단기적으로
- infinite 무한한, 한계가 없는
- refine ~을 정제하다, ~에서 불순물을 제거하다; (작은 변화를 주어) 개선[개량]하다

- superficial 표면상의, 피상적인
- sociality 사교성, 사회성; 교제, 사교
- association 협회, 단체; 공동, 제휴; 연상, 함축
- soothing 달래는, 진정하는
- demanding 요구가 지나친, 힘든
- cocoon (누에)고치

**6**

- technological (과학) 기술(상)의
- case 경우; 실정, 사실
- welfare 복지, 복리; 행복
- obsolete 더 이상 쓸모가 없는, 한물간
- dramatically 극적으로; 급격히
- redistribute ~을 재분배하다
- manufacturer 제조업자, 생산자
- compensate ((for)) (~을) 보상하다

- by A's (very) nature 본질적으로
- hinder ~을 저해[방해]하다
- altogether 완전히, 전적으로
- adaptation 각색; 적응
- integrate ~을 통합하다, 전체로 합치다
- opposition ((to)) (~에 대한) 반대, 반발
- openness 개방성

**[1–5] 다음 글의 빈칸에 들어갈 말로 가장 적절한 것을 고르시오.**

**1** Many philosophers have considered the pleasure that art gives us as vital to its value. But most of them insist on making some distinction between "true," aesthetic pleasure and other pleasures that the object of aesthetic appreciation may give us. This distinction is made very clear by Kant. He argued that true aesthetic pleasure is _____. What Kant means by this is that true pleasure must be independent of the actual existence of the object. Consider, for example, the pleasure we take in looking at a perfectly prepared meal. Much of this pleasure is selfish, in Kant's sense, because it is linked with a desire to enjoy the food. The possibility of consuming this feast is part of the pleasure we take in looking at it. For there to be genuine aesthetic appreciation of food, that pleasure must be purely in its appearance, regardless of any thought as to its real existence.
[3점]

① universal          ② intangible
③ relative           ④ unselfish
⑤ realistic

**2** Perhaps the least understood area of brain difference between boys and girls is emotive processing. However, recent brain-based research focusing on boys has shown that emotive processing _____.
Generally, the female brain processes more emotive stimulants, through more senses, and more completely than the male brain. Boys can sometimes take hours to process emotively and manage the same information as girls. This lesser emotive ability makes a male more intrinsically fragile. For instance, a boy who has had a crisis at home in the morning may come to school with a high level of stress that makes him unable to learn for much of the morning, while a girl with a similar crisis is likely to verbalize the crisis quickly, and then move on. This helps her to disconnect from bad feelings quickly. So, emotive processing is an area where boys are generally more at risk for missed learning and processing opportunities than girls.

① is a basis for public speaking

② affects communication skills

③ aids character formation

④ is crucial to learning ability

⑤ helps us to empathize with others

---

**3**

There is more than one kind of learning. The acquisition of information is learning, but so too is gaining understanding — to be enlightened. After reading a book, if you are able to accurately recall what the author said, you have learned something. If what the author said is true, you have even learned something about the world. But whether the new information is a fact about the world or merely an opinion, you have gained nothing but information if you have only utilized your memory. You have not been enlightened. To be enlightened is to know what something is all about: what its connections are with other facts, in what respects it is the same, or different, etc. The higher goal of learning, enlightenment, is achieved only when, in addition to knowing what an author says, you make the persistent effort to know his meaning and intention. Being informed is a prerequisite to being enlightened. The point, however, is _____.

① not to avoid reading itself

② to enhance your memory

③ not to stop at being informed

④ to enjoy the process of learning

⑤ to become a provider of knowledge

**4** _____ impairs our ability to think meaningfully about smells or even to be fully aware of them, says Hans Rindisbacher, an author of *The Smell of Books*. "Odor isn't well grounded in language," he notes. "You can't describe a smell the way that you can say something you see is square, blue, or angled. You have to rely on borrowed terms, and that's where you run into trouble." What he means is that aside from a few primitive, vague terms such as smelly, awful, or sweet, we tend to categorize smells with a relatively small number of odorously familiar entities: fish, flowers, wet fur, new cars, kitchen waste, vanilla, and so forth. Our reliance on doing so prevents us from being able to describe a novel smell on its own terms and leads us to overlook an odor's subtleties and complexities. [3점]

① The mixed state of various odors
② The invisible nature of smells
③ A habit of categorizing smells
④ The uniqueness of expressions related to odors
⑤ The lack of an odor-related vocabulary

**5** Ideally, friendships are never static: they provide ever new emotional and intellectual stimulation, so that the relationship does not fade into boredom or apathy. We try new things, activities, and adventures; we develop new attitudes, ideas, and values; we get to know friends more deeply and intimately. While many activities are enjoyable only in the short run because their challenges are soon exhausted, friends offer potentially infinite stimulation throughout life, refining our emotional and intellectual skills. However, this ideal is not achieved very often. Instead of promoting growth, certain types of friendships often _____. The superficial sociality of coffee klatches, gym mates, drinking buddies, and professional associations gives a soothing sense of being part of a like-minded set of people without demanding effort or growth, and our self-image can be preserved without ever having to change.

● **klatch** 한담 모임, 간담회

① force personal sacrifice

② become too demanding

③ provide a self-cocoon

④ fade away with age

⑤ encourage unhealthy behavior

다음 글의 빈칸 (A), (B)에 들어갈 말로 가장 적절한 것을 고르시오.

**6**  With technological progress, it is almost always the case that there are some groups whose welfare is _____(A)_____. Technological change shocks the labor market, alters the physical environment, makes existing human and physical capital obsolete, and dramatically redistributes wealth among individuals, manufacturers, and even nations. In a repeated game, the gainers might have tried to compensate the losers. By its very nature, however, technological change is a nonrepeated game, since an invention is only invented once. Thus, the losers organize, and are quite likely to try to hinder technological progress altogether. _____(B)_____ to technological change occurred in many periods and places, and is thought of as the single greatest matter of importance and interest in this whole process of invention.

|  | (A) |  | (B) |
|---|---|---|---|
| ① | guaranteed | ---- | Adaptation |
| ② | integrated | ---- | Adaptation |
| ③ | reduced | ---- | Opposition |
| ④ | recognized | ---- | Opposition |
| ⑤ | ignored | ---- | Openness |

**Words & Phrases** 3단계 활용법

**1단계** : 아는 단어는 □ 안에 체크를 한다. 모르는 단어는 뜻을 확인한다.
**2단계** : 지문의 문맥을 통해 모르는 단어의 뜻을 재확인한다.
**3단계** : 학습 후 알게 된 단어의 □ 안에 체크를 하고 모르는
단어는 뜻을 확인하는 과정을 반복한다.

**실전 모의 고사 11회**

**1**

| | | | |
|---|---|---|---|
| □ imbalance | 불균형 | □ restrict A to B | A를 B로 제한[한정]하다 |
| □ disturbance | (심리적) 장애; 방해 | □ physiological | 생리학(상)의; 생리적인 |
| □ neglect | ~을 도외시하다; ~을 방치하다 | □ in isolation | 별개로; 홀로 |
| □ inheritance | 유산, 유전(되는 것) | □ level | 관점, 입장; 수준 |
| □ inborn | 타고난, 선천적인 | □ behavioral | 행동의, 행동에 관한 |
| □ predisposition | (병에 대한) 소인; 성향 | □ interpersonal | 대인관계에 관련된 |
| □ by the same token | 같은 이유로, 마찬가지로 | □ heredity | 유전(적 특징) |
| □ phobia | 공포증 | | |

**2**

| | | | |
|---|---|---|---|
| □ maximize | ~을 극대화하다 | □ seeming | 외견상의, 겉보기의 |
| □ distinction | (뚜렷한) 차이; 특징; 뛰어남 | □ injustice | 불평등, 부당함 |
| □ input | 조언(의 제공); 투입; 입력(하다) | □ sob | 흐느껴 울다 |
| □ conventional | 관습적인; 전통적인 | □ cubicle | (칸막이한) 좁은 방 |
| □ unavoidably | 불가피하게 | □ underachievement | 성과 미달; 성적 부진 |
| □ prohibitively | 엄두를 못 낼 만큼, 엄청나게 | □ redundancy | 감원 조치; 불필요한 중복 |

**3**

| | | | |
|---|---|---|---|
| □ but | 단지, 다만 | □ abstract | 개요; 추상적인 |
| □ a means to an end | 목적을 위한 수단 | □ unequivocal | 명백한, 분명한 |
| □ target market | 표적 시장 (기업이 판매의 대상으로 하는 시장 및 잠재고객층) | □ creative team | 크리에이티브 팀 (광고를 창작하는 부서 혹은 팀) |
| □ broad | 개괄적인; 폭넓은 | □ rigorously | 엄밀히, 엄격히 |
| □ pick up | (어떤 정보를) 알게 되다 | □ overcrowd | ~을 너무 많이 수용하게 하다 |
| □ outline | 윤곽; 개요 | | |

| 4 | ☐ **impediment** | 장애(물) | ☐ **minute** | 미세한; 세심한 |
|---|---|---|---|---|
| | ☐ **suffice** | 충분하다 | ☐ **subtle** | 미묘한, 감지하기 힘든 |
| | ☐ **dominant** | 우세한; 주요한 (↔ nondominant) | ☐ **embrace** | (생각 등을) 받아들이다; 껴안다 |

| 5 | ☐ **delicate** | 연약한; 섬세한; 미묘한 | ☐ **dynamic** | 역동적인 |
|---|---|---|---|---|
| | ☐ **component** | 구성 요소, 성분 | ☐ **decibel** | 데시벨 (음의 세기를 나타내는 단위) |
| | ☐ **perception** | 지각 (작용), 인식 | ☐ **detect** | ~을 탐지[인지]하다 |
| | ☐ **proportionately** | 비례해서 | ☐ **contract** | 계약(서); 계약하다; 줄어들다, 수축하다 |
| | cf. **proportional** | 비례하는 | ☐ **stimulus** | 〈pl. stimuli〉 자극; 격려 |
| | ☐ **transmit** | ~을 전송하다, 전하다; (병을) 전염시키다 | ☐ **pitch** | (~을) 던지다; 던지기; 음의 높이 |
| | ☐ **eardrum** | 고막 | ☐ **compress** | ~을 압축[요약]하다 |
| | ☐ **irreversible** | 되돌릴 수 없는 | ☐ **external** | 외부의; 외부에서 작용하는 (↔ internal) |

| 6 | ☐ **rigid** | 뻣뻣한; (규칙 등이) 엄격한 | ☐ **analogy** | 유사점; 비유; 유추(법) |
|---|---|---|---|---|
| | ☐ **logical** | 논리적인; 타당한, 사리에 맞는 | ☐ **inference** | 추론, 추리 |
| | ☐ **somewhat** | 어느 정도, 다소 | ☐ **engineering** | 공학 (기술) |
| | ☐ **steadfastly** | 확고부동하게 | ☐ **transformation** | 변화, 변형 |
| | ☐ **peculiarity** | 특성; 기이한 특징 | ☐ **millennia** | 천 년(간) |
| | ☐ **objection** | 《to》 (~에 대한) 이의, 반대 | ☐ **to sum up** | 요컨대, 요약해서 말하면 |
| | ☐ **inquiry** | 연구, 탐구; 조사; 문의 | ☐ **vein** | 정맥; 방식, 태도; 기질 |
| | ☐ **leading** | 가장 중요한, 선두적인 | | |
| | ☐ **historical** | 역사(상)의, 역사와 관련된 | | |
| | cf. **historic** | 역사적으로 중요한 | | |

**[1–5] 다음 글의 빈칸에 들어갈 말로 가장 적절한 것을 고르시오.**

**1**

The idea that your particular inner conflicts are just a brain imbalance or just a psychological disturbance neglects the fact that _____. While brain imbalances may certainly be set up by genetic inheritance, they may also result from stress or psychological factors. Psychological problems, in turn, may be influenced by inborn biological predispositions. There is simply no way to say which came first or which is the "ultimate" cause. By the same token, a comprehensive approach to overcoming anxiety, panic, worry, or phobias cannot restrict itself to treating physiological or psychological causes in isolation. A variety of strategies dealing with several different levels — including biological, behavioral, emotional, mental, interpersonal, and even spiritual factors — are necessary. [3점]

① mental states are subjective
② there are various environmental factors
③ genes have a powerful effect on us
④ heredity and environment are interactive
⑤ behavioral treatments have been proven effective

**2**

To maximize profit, organizations seek to combine cheap materials, labor, and machinery to produce products that can be sold at the highest possible price. From an economic perspective, there is no distinction between the elements on the input side. And yet, troublingly, there is one difference between _____, a difference that conventional economics does not have a means of representing or giving weight to but that is nevertheless unavoidably present in the world. If production lines grow prohibitively expensive, they may be switched off and will not cry at the seeming injustice of their fate. A business can move from using coal to using natural gas without the neglected energy source falling into depression. Labor, by contrast, experiences pain. It has a habit of reacting emotionally to any attempt to reduce its price or its presence. It sobs in toilet cubicles, it becomes sick due to its fears of underachievement, and it may not be able to recover from redundancy.

① labor quality and production cost
② capital investment and technology
③ labor and other means of production
④ natural resources and other materials
⑤ production management and productivity

---

**3**  One of the most difficult lessons advertisers have to learn is that the messages you put into advertisements are but the means to an end. It is not the messages you put into an advertisement that matter; it is the messages the target market takes away from the advertisement that matter. Most advertisers believe that if you say something in an advertisement, this is what people will take from it. Maybe, maybe not. People generally pay little attention to advertisements, picking up only the broadest outline; they frequently focus on unimportant aspects of advertisements; they often forget most of the content, remembering only the bits that grabbed them. So it is essential not to _____, a failing of many advertisers. The abstract of the "message that must be communicated," must be short, simple, unequivocal, and clear. And any ideas the creative team come up with must be checked rigorously against this abstract.

① overlook who the advertisements are directed at
② copy advertisements that have proven successful
③ place advertisements where they can be ignored
④ overcrowd advertisements with too much information
⑤ design advertisements without understanding the product

**4** To discover something new, you must be willing to _____ _____. One of the strongest impediments to discovery is the representative "looks-like code" we've developed for what things are. "I know this like the back of my hand" is code for "I no longer look at this, because I have created an image in my mind that will suffice." But if you take a moment right now and actually look at the back of your dominant hand, your doing hand, you may notice something new — the tiny lines across the skin forming small asymmetrical webbing patterns. Or a minute scar or mole, or the vein patterns under the skin, and how they move around the bones as your fingers move. Perhaps you'll see subtle gradations of color that you hadn't appreciated before. Now look at your nondominant hand. Can you see any differences between your two hands? These are the elements we miss when we hit the "replay" button in our minds rather than see the actual objects and events.

• **asymmetrical** 비대칭의

① focus on what is important          ② learn from earlier mistakes
③ develop a wealth of experience      ④ embrace critical perspectives
⑤ investigate familiar things again

**5** Our ears _____ in order to protect the delicate components of the middle and inner ear. Normally, as sounds get louder in the world, our perception of the loudness increases proportionately to them. But when sounds are really loud, a proportional increase in the signal transmitted by the eardrum would cause irreversible damage. To protect against this, the body reduces the total volume in a specific way so that large increases in sound level in the world create much smaller changes of level in our ears. The inner hair cells of the ear have a dynamic range, the range of loudness we can perceive, of 50 decibels (dB) and yet we can hear over 120 dB of dynamic range. For every 4 dB increase in sound level, a 1 dB increase is transmitted to the inner hair cells. Most of us can detect when this is taking place; that kind of sound has a different quality. [3점]

① respond to signals from our brain

② contract when shocked by stimuli

③ alter the pitch of certain sounds

④ compress sounds that are very loud

⑤ take advantage of external filtering

**다음 글의 빈칸 (A), (B)에 들어갈 말로 가장 적절한 것을 고르시오.**

**6** The Chinese do not appear to have been interested in rigid logical structures such as "something is either A or not A." _____(A)_____, they were attracted to ways of thinking that allowed concepts such as "perhaps" and "somewhat." Joseph Needham maintains steadfastly that this peculiarity in Chinese thinking had no harmful effect on scientific developments and believes with Francis Bacon that "rigid logic is useless in scientific progress." Clearly, however, that statement is one by which Bacon would not have liked to be remembered. His objection to logic as a tool of scientific inquiry was ignored by almost every leading scientist of his time. _____(B)_____, Robert Hartwell has argued that Chinese thinking was based on historical analogy rather than on the formal logic of the West. He admits that inference by analogy can lead to successful engineering discoveries, but insists that the transformation of the modern world using such methods would have taken "several millennia" rather than "three or four centuries."

|  | (A) |  | (B) |
|---|---|---|---|
| ① | For example | ---- | Nevertheless |
| ② | Likewise | ---- | At the same time |
| ③ | Likewise | ---- | To sum up |
| ④ | Instead | ---- | Consequently |
| ⑤ | Instead | ---- | In a similar vein |

## Words & Phrases  3단계 활용법

**1단계** : 아는 단어는 □ 안에 체크를 한다. 모르는 단어는 뜻을 확인한다.
**2단계** : 지문의 문맥을 통해 모르는 단어의 뜻을 재확인한다.
**3단계** : 학습 후 알게 된 단어의 □ 안에 체크를 하고 모르는
단어는 뜻을 확인하는 과정을 반복한다.

**1**

| | | | |
|---|---|---|---|
| □ **mere** | 단지 ~만의; ~에 불과한 | □ **embolden** | ~을 대담하게 하다 |
| □ **harbor** | (계획이나 생각 등을) 품다 | □ **publicly** | 공공연하게; 여론에 의해 |
| □ **ethnic** | 민족[종족]의 | □ **discriminate** | 차별하다; (~을) 구별하다 |
| □ **keep to oneself** | (정보 등을) 남에게 알리지 않다 | □ **defy** | ~에 거역[저항]하다 |
| □ **air** | (의견을) 발표하다; 방송하다 | □ **costly** | 대가[희생]가 큰; 많은 돈이 드는 |
| □ **in public** | 공개적으로 | □ **obsolete** | 더 이상 쓸모가 없는, 한물간 |

**2**

| | | | |
|---|---|---|---|
| □ **store** | ~을 저장[보관]하다 | □ **anticipate** | ~을 예상하다; ~을 고대하다 |
| □ **reassemble** | ~을 재조립하다; 다시 모이다 | □ **specifically** | 특별히; 명확하게 |
| □ **recall** | (~을) 기억해 내다, 상기하다 | □ **tailor A to B** | A를 B에 맞추다 |
| □ **unreliable** | 신뢰할 수 없는 | □ **complement** | ~을 보완하다 |
| □ **crucial** | 중대한, 결정적인 | □ **deficit** | 부족, 결핍; 《경제》 적자 |
| □ **occasionally** | 가끔 | □ **recollection** | 기억(력) |

**3**

| | | | |
|---|---|---|---|
| □ **entitled** | ~라는 제목의 | □ **landscape** | 풍경, 자연경관 |
| □ **frustration** | 좌절감, 불만 | □ **proliferation** | 급증, 확산 |
| □ **subscribe to A** | A에 동의[지지]하다; A(잡지 등)를 구독하다 | □ **canal** | 운하, 수로 |
| □ **peer** | 또래[동년배] | □ **alternative** | 대체 가능한; 대안 |
| □ **contemporary** | (*pl.*) 동년배[동시대인]; 현대의 | □ **contrast A with B** | A와 B를 대조시키다 |
| □ **unspoiled** | 손상되지 않은; 버릇없이 자라지 않은 | □ **geometrical** | 기하학적인 |

**4**

- [ ] **centerpiece** 중심 항목, 핵심; (식탁 중앙의) 장식물
- [ ] **stem from** ~에서 생겨나다, 기인하다
- [ ] **diffuse** ~을 분산[확산]시키다; 퍼지다, 번지다; (냄새를) 풍기다
- [ ] **fragrance** 향기, 향 (= scent)
- [ ] **favorably** 호의적으로, 호의를 가지고

- [ ] **plunge** 급락하다; (갑자기) 거꾸러지다, 거꾸러뜨리다
- [ ] **congruent** 조화로운, 적절한; 《기하》 크기와 형태가 동일한
- [ ] **evoke** (감정 등을) 떠올리게 하다, 환기시키다
- [ ] **tailor A to B** A를 B에 맞추다

**5**

- [ ] **fairness** 공정성
- [ ] **questionary** 설문지(법) (= questionnaire)
- [ ] **regardless of** ~에 상관없이
- [ ] **monetary** 통화[화폐]의
- [ ] **distribute** ~을 분배[배부]하다; (상품을) 유통시키다
  - cf. **distribution** 분배, 분포; 유통

- [ ] **dimension** 관점, 차원; 규모
- [ ] **favor** ~에게 유리하다; 호의를 보이다
- [ ] **it should seem ~** 아무래도 ~인 것 같다
- [ ] **contribute** 《to》 기여하다; 《to》 기부하다
- [ ] **egocentrically** 자기중심적으로, 이기적으로
- [ ] **biased** 편향된, 선입견이 있는

**6**

- [ ] **on behalf of** ~을 대신[대표]하여; ~을 도우려고
- [ ] **inconsistency** 모순, 불일치; 《주로 pl.》 모순된 행위[말]
- [ ] **apparent** 확실히 보이는; 분명한; 외관상 ~같은
- [ ] **discipline** 규율, 훈육; 단련법; 절제력
- [ ] **circumspection** 세심한 주의, 신중; 용의주도(함)
- [ ] **overhear** (~을) 우연히 듣다, 엿듣다
- [ ] **interaction** 상호작용
- [ ] **illustrate** ~을 설명하다, 예증하다
- [ ] **interoffice** 부국(部局) 간의, 회사 내의

- [ ] **be ignorant** 《of》 (~에) 무지한; (~을) 눈치채지 못한
- [ ] **line** 선; (글의) 행; 대사
- [ ] **hindrance** 방해 (요인), 장애(물)
- [ ] **tactic** 《주로 pl.》 전술, 전략
- [ ] **onstage** 무대 위에서(의)
- [ ] **inattention** 부주의; 무관심
- [ ] **cut in** (대화에) 끼어들다, (남의 말을) 자르다
- [ ] **participation** 참가, 참여

**[1–5] 다음 글의 빈칸에 들어갈 말로 가장 적절한 것을 고르시오.**

**1** The mere act of making an idea into _____ can change its effects. Individuals, for instance, may harbor a private opinion on differences between genders or among ethnic groups but keep it to themselves because they believe it is unpopular. But once the opinion is aired in public, they may be emboldened to act on their prejudice — not just because it has been publicly approved but because they anticipate that *everyone else* will act on the information. Some people, for example, might discriminate against the members of an ethnic group despite having no negative opinion about them, in the expectation that their colleagues will have such opinions and that defying them would be costly.

① personal belief
② creative output
③ common knowledge
④ a forceful argument
⑤ obsolete information

**2** Our memories seem to work by storing individual pieces of past experience separately and then attempting to reassemble the related pieces when an event needs to be recalled. This makes memory unreliable in crucial ways because unrelated memories are occasionally combined. Sometimes we wish our brains had a memory system that is more like a videotape, which can simply be replayed. However, according to psychologists at Harvard University, the videotape would be useful for recalling past events, but less useful for imagining the future. When we think about the future, we are trying to anticipate events which will not exactly repeat the past, but will be something like it. A memory system which allows us to review sketches of past events and recombine them to imagine new ones seems to be specifically tailored _____. [3점]

① to representing a more accurate reality

② to resolving confusion about past events

③ to fully complementing memory's deficits

④ to efficiently anticipating situations yet to come

⑤ to creating a less complex system of recollection

**3**

In an essay entitled "The Poet," published in 1844, the American writer Ralph Waldo Emerson expressed his frustration over _____ _____ subscribed to by his peers. Many of Emerson's contemporaries celebrated the well-known artists and poets of the past, and believed that beauty could only be found in unspoiled natural landscapes. Emerson himself, however, writing at the dawn of the industrial age, observing with interest the proliferation of railways, warehouses, canals and factories, wished to make room for the possibility of alternative forms of beauty. He contrasted old-fashioned poetry with what he judged to be true contemporary poetry. "The former," he believed, "sees the factory-village and the railway as scars upon the natural landscape. But true poetry sees them as a continuation of a great natural order, deserving of the same respect as a beehive or a spider's geometrical web." [3점]

① the understanding of originality in poetry

② the scientific explanation of natural order

③ the narrow definition of beauty

④ the artistic sense of an earlier time

⑤ the limited interpretation of literary works

**4** There is an entire industry being built around sensory branding, with smell as the centerpiece. Much of the excitement stems from relatively recent research. For example, a study was performed in which researchers introduced the smell of vanilla, a scent known to produce a positive response among women, into the women's department of a store. In the men's department, the researchers diffused the smell of rose maroc, a spicy, honeylike fragrance that men had responded favorably to in pretests. The effect of these fragrances on sales was incredible — sales were twice the average in each department. Furthermore, when the scents were reversed, sales plunged below their averages. From this, we can conclude that smell works, but only when _____. "You can't just use a pleasant scent and expect it to work," says Eric Spangenberg, the lead researcher in the experiment. "It has to be congruent."

① relying upon other stimuli
② associated with brand image
③ evoking emotional associations
④ tailored to the target customers
⑤ recognized by sensitive customers

**5** Most people do not realize that their own ideas of fairness are _____. For example, consider a study in which team members were asked to complete several questionaries. These took either 45 or 90 minutes. The questionaries were constructed so that, regardless of the time period, some participants completed twice as many questionnaires as other participants. When asked about how monetary rewards should be distributed, participants emphasized the dimension that favored them in the distribution process. Those who worked longer emphasized time; questionnaire completion was emphasized by those who worked on more questionnaires. It should seem natural, then, that members who contribute less prefer to divide resources equally, whereas those who contribute more prefer to divide based on efforts.

① the basis of their actions
② learned through experience
③ related to their own values
④ affected by social norms
⑤ egocentrically biased

다음 글을 읽고, 물음에 답하시오.

**6**
It is commonly understood that the audience attending a play contributes in a significant way to the success of the show by exercising tact on behalf of the performers by not paying attention to logical inconsistencies on stage. It is apparent that for the audience to succeed at this, the performers must act in a way that makes the audience's job as easy as possible. This will require discipline and circumspection, but of a special nature. For instance, it has been suggested that actors in a physical position to overhear an interaction between other characters may offer _____. Those characters who are engaged in the conversation and feel it is physically possible for them to be overheard may help with this while following the script. To illustrate this, imagine a scene in a play with a boss, a secretary, and a visitor. If the secretary is to tell the visitor that her boss is out, it will be wise for the visitor to step back from the interoffice telephone and look around the office pretending to be ignorant of their conversation. This will allow the secretary to exchange lines with her boss while helping the audience feel that the visitor cannot hear what the boss and secretary are talking about.

‣ **tact** 요령, 눈치

**1.** 윗글의 제목으로 가장 적절한 것은?
① Avoiding Hindrances to Theater Performances
② The Necessity of the Audience's Positive Response
③ Tactics Used by Performers to Deceive the Audience
④ Preventing Possible Mistakes During a Performance
⑤ How to Create Believable Onstage Interaction

**2.** 윗글의 빈칸에 들어갈 말로 가장 적절한 것은?
① a sincere apology　　　　　② a show of inattention
③ clear signs of understanding　④ an opportunity to cut in
⑤ equal participation in the conversation

## Words & Phrases 3단계 활용법

**1**

| | | |
|---|---|---|
| □ **godfather** | 대부, 창시자 | |
| □ **pioneer** | 선구자, 개척자; ~을 개척하다 | |
| □ **torment** | 고통, 고문; ~을 괴롭히다, 고문하다 | |
| □ **visionary** | 환영의, 예지력 있는; 선지자 | |
| □ **extraordinary** | 보통이 아닌, 비상한, 놀랄만한 | |
| □ **intuitive** | 직관적인, 직관력 있는 | |
| □ **leap** | 껑충 뛰다, 도약하다; 뜀, 도약 | |
| □ **stunning** | 멋진, 매력적인; 깜짝 놀랄만한 | |

| | |
|---|---|
| □ **associate** | 《with》 연관[관련] 짓다; 《with》 (사람과) 어울리다 |
| □ **set out** | 출발[시작]하다; ~을 제시[설명]하다; ~을 정리[진열]하다 |
| □ **fundamental** | 기본적인, 기초의; 중요한 |
| □ **initially** | 처음에, 시초에 |
| □ **unify** | 하나로 하다, 통일[통합]하다 |
| □ **insight** | 통찰(력) |
| □ **implication** | 함축, 암시; 《pl.》 영향, 결과 |

**2**

| | |
|---|---|
| □ **peculiar** | 기이한, 독특한 (= odd, strange) |
| □ **rank** | 계급, 등급; (순위를) 매기다, 평가하다 |
| □ **in terms of** | ~면에서는, ~에 관해서 |
| □ **similarity** | 닮음, 유사(성) (↔ dissimilarity 차이점) |

| | |
|---|---|
| □ **presence** | 존재, 있음; 참석 (↔ absence 부재, 없음; 결석) |
| □ **inclination** | 경향, 성향 |

**3**

| | |
|---|---|
| □ **prototype** | 원형(原型); 견본, 전형 |
| □ **regardless of** | ~에 상관없이 |
| □ **external** | 외부의, 외면적인 (↔ internal) |

| | |
|---|---|
| □ **mood** | 기분, 감정; 분위기; 《pl.》 변덕 |
| □ **responsive** | 《to》 바로 대답하는, 반응하는; 민감한 |
| □ **in the long run** | 장기적으로, 궁극적으로 |

**4**

| | |
|---|---|
| □ **anecdote** | 일화, 비화 |
| □ **extravagant** | 낭비하는, 사치스러운 |
| □ **banquet** | 연회, 축하연 |
| □ **renowned** | ~로 유명한, 명성 있는 |

| | |
|---|---|
| □ **flawless** | 흠 없는, 완전한, 완벽한 |
| □ **tofu** | 두부 |
| □ **indiscretion** | 무분별, 경솔함 |
| □ **spare** | 남는, 여분의; (시간 · 돈 등을) 할애하다; (불쾌한 일에서) ~을 모면하게 하다 |

☐ **idol** 우상, 우상시 되는 사람[물건]

☐ **cling** 《to》 달라붙다, 매달리다; 《to》 집착하다

☐ **alternative** 《to》 대안, 양자택일; 대신의, 양자택일의

☐ **unquestioningly** 의문을 품지 않고; 무조건적으로

☐ **reputation** 평판, 명성

**5** ☐ **conceptually** 개념상으로
cf. **conceptual** 개념의

☐ **abstract** 개요; 추상적인

☐ **ignite** 불이 붙다, 점화되다; ~에 불을 붙이다

☐ **bang** (~을) 쾅하고 치다; 쾅(하는 소리)

☐ **intuitive** 직관적인, 직관력 있는

☐ **guesswork** 짐작, 추측

☐ **subtle** 미묘한, 지각하기 어려운; 예리한

☐ **shaving** 면도(하기); 《주로 *pl.*》 깎아낸 부스러기, 대팻밥

☐ **fuse** 퓨즈; 도화선; (~을) 녹다[녹이다]; ~을 융합하다

☐ **domain** 영토; 범위, 영역

☐ **diametric** 직경의, 지름의; 정반대의

☐ **blending** 혼합(물)

☐ **transcend** ~을 초월하다

☐ **constraint** 제한, 제약; 강제

☐ **recurring** 되풀이하여 발생하는

☐ **dissimilar** 같지 않은, 다른

☐ **application** 응용, 적용

☐ **derive** 《from》 ~을 끌어내다, 얻다; 《from》 비롯되다, 유래하다

☐ **impromptu** 준비 없는, 즉흥적인

☐ **association** 협회; 합동; 연상, 함축

**6** ☐ **insofar as** ~하는 한에 있어서는 (= as[so] far as)

☐ **to some[a certain] extent** 얼마간, 어느 정도까지

☐ **proposition** (사업상) 제의; (처리할) 일; 명제

☐ **concede** (마지못해) ~을 인정하다; ~을 부여하다

☐ **given** 정해진; 특정한; ~을 고려해 볼 때

☐ **falsify** (문서를) 위조하다; (사실을) 속이다; ~이 거짓임을 입증하다

☐ **patient** 인내심 있는; (연구 등이) 지속적인

☐ **observation** 관찰
cf. **observance** (규칙 등의) 준수

☐ **atomic** 원자의; 원자력의

☐ **complicated** 복잡한 (= intricate)

☐ **hypothetical** 가설[가정]의

☐ **tribesman** (원시적인) 부족민

☐ **nuclear** 《물리》 원자력의; 《생물》 (세포) 핵의

☐ **particle** (아주 작은) 입자[조각]; 《물리》 미립자

☐ **ritual** 의식상의; 의례적인; (특히 종교상의) 의례

☐ **regular** 규칙적인, 정기적인; 지속적인, 일정한

☐ **variable** 가변적인; 변덕스러운

**[1–5] 다음 글의 빈칸에 들어갈 말로 가장 적절한 것을 고르시오.**

**1** Albert Einstein — founder of the theory of relativity, godfather of quantum physics, pioneer of time and space — faced a problem that tormented him throughout his career: lack of _____. It may be difficult to imagine the greatest scientific visionary of modern times facing an obstacle of this nature, but even Einstein had his limitations. Despite the extraordinary intuitive leaps he made, he often found himself struggling to think beyond his knowledge. As a result, many of the most stunning ideas associated with the theory of relativity were developed not by Einstein but by other scientists interpreting his work. In quantum physics, too, Einstein set out the fundamental concepts but initially failed to recognize where they would lead. In his final and grandest search for a theory that unified all of physics, he simply never went beyond the math and science he had learned during his student years.

● **quantum physics** 양자물리학

① confidence to face obstacles
② supporters expanding his theory
③ financial planning for his own work
④ insight into the implications of his work
⑤ social skills to work with other scientists

**2** _____ can lead us to make some fairly peculiar judgments. For example, in a study done about three decades ago, Americans were shown two pairs of countries: Sri Lanka and Nepal, West Germany and East Germany. They were then asked to rank the two pairs in terms of similarity and dissimilarity. Surprisingly, most Americans chose the latter pair both times. Now, how can one pair of countries be both more similar and more dissimilar than another pair? They can't, of course. The explanation lies in the way people focus their attention when asked a question. If asked to judge similarity, they will look for the presence of similar parts — for example, their names — and ignore the absence of similar parts. And likewise, when asked to judge dissimilarity, they tend to look for the presence of dissimilar parts — for example, their governments — and ignore the absence of dissimilar parts.

① The presence of misleading information
② Our inability to think about absences
③ A lack of knowledge about other countries
④ Our inclination to distinguish sameness
⑤ Seeing things in terms of black and white

**3**

Happiness is the prototype of the positive feeling. As many a thinker since Aristotle has said, everything we do is ultimately aimed at experiencing happiness. But, happiness _____. In fact, if one wants to improve the quality of one's life, happiness may be the wrong place to start. Happiness is more a personal characteristic than a situational one. Over time, regardless of external conditions, some people come to think of themselves as happy, while others will become used to feeling relatively less happy no matter what happens to them. Other feelings are much more influenced by what one does, who one is with, or the place one happens to be. These moods are more responsive to direct change, and because they are also connected to how happy we feel, in the long run they have the ability to raise our average quality of life.

① is something that cannot be exactly measured
② does not mean having what you want
③ is not something you postpone for your success
④ is not the only emotion worth considering
⑤ should not be influenced by other feelings

**4**  There is an old Japanese anecdote that describes an extravagant banquet being thrown to honor a man renowned for his flawless manners. During the banquet the man drops some "tofu" on his neighbor's lap, but despite his obvious indiscretion his reputation remains unharmed, and incredibly the other guests begin tossing tofu in order to maintain their image of the man. The interesting aspect of this story is that it is sometimes hard for supporters _____.
It may not be solely to spare their idol from embarrassment, but instead because his or her supporters would suffer from it as well. If their leader is wrong, supporters sometimes feel that they must have been wrong for supporting him. For this reason, supporters may prefer to cling to a myth of infallibility rather than accept the alternative.

● **infallibility** 무과실성, 완전무결함

① to stand against the good of the group
② to admit the mistakes of their idol
③ to deny the potential ability of their leader
④ to believe unquestioningly in their idol's reputation
⑤ to settle emotional conflicts within the group

**5**  How did early humans figure out how to make fire? The ancients conceptually blended abstract connections among lightning that struck trees and created sparks and fires; sparks blown by the wind that ignited other fires; the heat of fire; and sparks made by banging rocks. Then, with intuitive guesswork and subtle judgments, they realized that they could create fire themselves with sparks made by banging rocks over wood shavings. Their minds fused images from different domains into ideas of how to manufacture fire. This is the diametric opposite of logical thinking. It is conceptual blending, in which the thinking processes transcend the artificial constraints of logical thinking. Logic is not concerned with that kind of perception of _____
_____, which, to the surprise of many, plays the central role in creative thinking. [3점]

① specific recurring events in the natural world

② similar patterns in multiple dissimilar subjects

③ blended concepts lacking practical application

④ artificial constraints on methods of deriving conclusions

⑤ actions resulting from impromptu association

다음 글의 빈칸 (A), (B)에 들어갈 말로 가장 적절한 것을 고르시오.

**6** Insofar as facts are "true" and represent reality, they cannot change, of course, because truth, strictly speaking, does not change, nor does reality. However, facts are to some extent _____(A)_____ . In other words, not all propositions that we take to be true are really true; and we must concede that almost any given proposition that we take to be true can be falsified by more patient or more accurate observation and investigation. Moreover, facts are _____(B)_____ determined. An atomic scientist, for example, maintains a complicated, hypothetical structure of reality in his mind that determines - for him - certain facts that are different from the facts that are determined for and accepted by a tribesman. The tribesman may not agree with the scientist's facts about nuclear particles, just as the scientist may not agree with the tribesman's facts about ritual magic. [3점]

|     | (A)      |      | (B)          |
| --- | -------- | ---- | ------------ |
| ①   | regular  | ---- | practically  |
| ②   | variable | ---- | culturally   |
| ③   | rigid    | ---- | scientifically |
| ④   | variable | ---- | logically    |
| ⑤   | regular  | ---- | randomly     |

## Words & Phrases 3단계 활용법

**1**

| | | |
|---|---|---|
| □ **alibi** | 알리바이; 변명 (= excuse) | |
| □ **obsolete** | 쓸모없게 된, 진부한 | |
| □ **brilliantly** | 찬란하게; 훌륭히, 뛰어나게 | |
| □ **masterpiece** | 걸작, 명작 | |
| □ **sonic** | 음의, 소리의 | |

| | |
|---|---|
| □ **customize** | ~을 주문에 응하여 만들다, 주문 제작하다 |
| □ **certify** | ~을 증명하다, 보증하다; ~에게 증명서를 발행하다 |
| □ **authorize** | ~에게 권한[권위]을 부여하다 |

**2**

| | |
|---|---|
| □ **keep track** | 《of》 (정보 등을) 놓치지 않고 따라가다 |
| □ **intricate** | 얽힌, 복잡한, 난해한 (= complicated) |

| | |
|---|---|
| □ **sequentially** | 순차적으로, 연속적으로 |
| □ **simultaneously** | 동시에, 일제히 (= concurrently) |

**3**

| | |
|---|---|
| □ **initial** | 처음의, 시초의; 머리글자 |
| □ **diminish** | 줄다, 감소하다 |

| | |
|---|---|
| □ **revert** | 《to》 (원래 상태·습관 등으로) 되돌아가다 |
| □ **habituate** | 《to》 길들여지다; 습관이 되다 |

**4**

| | |
|---|---|
| □ **as opposed to A** | A가 아니라; A와는 대조적으로 |
| □ **fall short** | 《of》 (~에) 미치지 못하다; 모자라다 |
| □ **wholeness** | 총체, 전체; 완전 |
| □ **chemist** | 화학자 |
| □ **scrap** | 한 조각, 파편; ~을 버리다 |

| | |
|---|---|
| □ **composition** | 구성 요소; 작곡 |
| □ **complementary** | 상호 보완적인 |
| □ **perspective** | 관점, 시각; 원근법; 전망 |
| □ **exploit** | ~을 활용하다; ~을 착취하다 |
| □ **pull A apart** | A를 (여러 부분으로) 분리하다 |

**5**

| | | |
|---|---|---|
| ☐ **gist** | 요지, 골자 | |
| ☐ **perilous** | 아주 위험한 | |
| ☐ **self-serving** | 이기적인 | |
| cf. **self-serving bias** | 자기중심적 편견 | |
| ☐ **readily** | 손쉽게; 즉시; 기꺼이 | |
| ☐ **credit** | 신용 (거래); 칭찬; 공로 | |
| ☐ **illusory** | 환상에 불과한; 착각의, 현혹시키는 | |
| ☐ **optimism** | 낙관론 (↔ pessimism 비관론) | |
| ☐ **self-justification** | 자기 정당화 | |
| ☐ **in-group** | 내집단 (조직 · 사회 내부의 소규모 집단) | |
| ☐ **buffer** | 완충제; (충격을) 완화하다 | |
| ☐ **sustain** | ~을 떠받치다; ~을 지속[유지]하다 | |

| | |
|---|---|
| ☐ **at the cost of** | ~의 비용을 지불하고, ~을 희생하고 |
| ☐ **marital** | 결혼(생활)의; 부부의 |
| ☐ **discord** | 불화, 다툼 |
| ☐ **condescending** | 거들먹거리는, 잘난 체하는 |
| ☐ **arrogance** | 거만, 오만 |
| ☐ **beckon (to) A** | A를 손짓으로 부르다, 신호하다 |
| ☐ **humility** | 겸손 |
| ☐ **affirm** | ~을 단언하다; ~을 긍정하다 |
| ☐ **virtue** | 미덕; 선(행); 장점 |
| ☐ **mindful** | ~을 의식하는; ~에 유념[주의]하는 |
| ☐ **contemplate** | ~을 고려하다; (~을) 심사숙고하다 |

**6**

| | |
|---|---|
| ☐ **overabundance** | 과잉, 과다 |
| ☐ **sense of self** | 자아감, 자아의식 |
| ☐ **incapacity** | 무능력; 기술 부족; ((to-v)) ~하지 못함 |
| ☐ **shallow** | 얕은; 얄팍한, 피상적인 |
| ☐ **add to** | ~을 늘리다, 증가시키다 |
| ☐ **anticipate** | ~을 예상하다; ~을 고대하다 |
| ☐ **announcement** | 발표, 소식; 공고 |
| ☐ **trivial** | 사소한, 하찮은 |
| ☐ **entry** | 입장; 참가; 기재(사항) |

| | |
|---|---|
| ☐ **akin to A** | A와 유사한 |
| ☐ **vacationer** | 행락객, 피서객 |
| ☐ **unwind** | (감긴 것을) 풀다; 긴장을 풀다 |
| ☐ **capitalize on** | ~을 활용하다 |
| ☐ **focal** | 중심의; 초점의 |
| cf. **focal point** | 초점; 중심(부); 주안점 |
| ☐ **abuse** | 남용, 오용; 학대 |
| ☐ **ready-made** | 이미 만들어져 나오는; 이미 주어진 |

**[1–5] 다음 글의 빈칸에 들어갈 말로 가장 적절한 것을 고르시오.**

**1**

The "perfect" cars in ads would be useless to us, because we wouldn't have the alibi that our old car doesn't work well enough anymore and we need to change it. We want things to become obsolete, because when they do it gives us an excuse to buy something new. At the same time, though, we have a simple and clear demand for quality in our products. When we turn the keys in the ignitions of our cars, we expect our cars to start and to take us where we need to go. When we make a call on our cell phone, we expect to be connected and are frustrated when the cell network suddenly drops our call. None of our products needs to perform brilliantly — our cars don't need to be masterpieces of engineering and our cell phones don't need to provide sonic perfection. In the modern age, we do not demand perfection, but we do insist on something simpler: make sure the thing _____.

• **ignition** 점화 장치

① can be customized to fit our needs
② has an entertaining element
③ operates the way it is supposed to
④ satisfies our desire for something new
⑤ is certified by an authorized agency

**2**

You can walk, see, and talk at the very same time — but find it much harder to use both hands at once to draw two different things. Why can you do certain tasks at the same time, but need to do others at different times? You may be forced to do things "one at a time" whenever different jobs have to compete for the use of the same resources, the same functions, of the brain. The processes involved with walking, seeing, and talking take place in different parts of your brain — whereas, for drawing a table while drawing a chair, you are likely to need to use the same resources to form and keep track of some intricate plans. Indeed, we all run into such conflicts whenever we try to deal with several hard problems at once. That is, in certain cases, we are forced _____.

① to work sequentially not simultaneously
② to get advice from other people
③ to acquire specialized techniques
④ to accomplish many things concurrently
⑤ to choose less complicated tasks

**3** Our feelings adapt to our experience, so that when things change, our initial reactions eventually diminish and we revert to our former state of feeling. Whether things get better or worse, we after a while take them for granted; we habituate to things. This is one reason economic growth has not increased welfare as much as expected. Suppose my income and spending rise this year: next year I will need more income still in order to achieve the same given level of happiness. We become habituated to the change in income, and the income quickly loses its influence on our happiness. However, income is very different from, say, friendship, because if I make more friends this year, the friendships themselves have permanent effects on my happiness. Unlike income, my perception of more friends does not diminish over time, and I do not need still more friends in the year that follows. In other words, it seems that we habituate more rapidly to

_____.

① the feelings that we experienced in the first place
② changes in relationships than to increases in welfare
③ situations when we have the better financial means
④ things that money can buy than to things it cannot buy
⑤ everyday life without friends than without spending

**4**

Science treats the world as an object, something you could _____ _____. And, of course, that's a very interesting thing to do, and you learn some important things that way. But there are important things that do not respond to this kind of testing. Human relationships, for example, rely upon trust as opposed to analysis. If I'm constantly testing your intentions, I'll destroy the possibility of friendship between us. Another place where the scientific approach falls short is where we have to treat things in their wholeness. For instance, a chemist could take a beautiful painting, analyze every scrap of paint on the canvas, and then tell you what its chemical composition is, but he or she would miss the point of the painting because a painting must be encountered in its complete state. Therefore, we need complementary ways of looking at the world in order to interpret and understand the rich variety of objects and phenomenon that exist. [3점]

① experience and learn from
③ observe to prove your theories
⑤ pull apart to find out what it's made of
② broaden your perspectives with
④ exploit to generate new knowledge

**5**

Most of us have a good reputation with ourselves, which is the gist of a sometimes amusing and frequently perilous phenomenon that social psychologists call self-serving bias. In experiments, people readily accept credit when told they have succeeded, attributing it to their ability and effort. Yet they attribute failure to such external factors as bad luck or the problem's "impossibility." Studies of self-serving bias and its cousins — illusory optimism, self-justification, and in-group bias — remind us of what literature and religion have taught: pride often goes before a fall. Perceiving ourselves and our group favorably protects us against depression, buffers stress, and sustains our hopes. But it does so at the cost of marital discord, condescending prejudice, national arrogance, and war. _____ beckons us not to false modesty but to humility that affirms our genuine talents and virtues and, likewise, those of others. [3점]

① Being mindful of self-serving bias  ② Respecting the wisdom of our ancestors
③ Guarding against every potential problem  ④ Understanding our personal limitations
⑤ Contemplating failures as well as successes

**다음 글을 읽고, 물음에 답하시오.**

**6** Christopher Lasch, a well-known American historian, believed that an overabundance of information in an information age actually resulted in a weaker sense of self and thus an incapacity to form meaningful relationships and enjoy the present. You have to truly love yourself before you can love another. Worse yet, our conversations today are shallow like those of third-graders talking via two paper cups connected by a string. Facebook, one of the most popular social networking services, has only added to this. No one could have anticipated that the "What is X doing now?" announcement section of Facebook would be filled with trivial details such as "Is stuck in traffic," or "Is arguing with my sister." You can also find such entries as "... is being robbed," and "... is late for work and can't find her keys." It's like people are creating maps of their lives instead of _____, akin to the vacationers who film the entire vacation to watch it later, while texting their friends about it all. But you're there now. You're with them right now. You can actually do it now.

**1.** 윗글의 제목으로 가장 적절한 것은?
 ① More Information, Less Meaning in Our Lives
 ② Unplug to Unwind: Taking a Vacation from Your Online Self
 ③ Capitalizing on the Trivial: Facebook's Focal Point
 ④ The Loss of Privacy: Abuses of Social Networking
 ⑤ Use Social Media to Help You Capture the Moment

**2.** 윗글의 빈칸에 들어갈 말로 가장 적절한 것은?
 ① recording past events  ② learning from others
 ③ maintaining close relationships  ④ actually living them
 ⑤ following ready-made maps

## Words & Phrases 3단계 활용법

**1단계**: 아는 단어는 □ 안에 체크를 한다. 모르는 단어는 뜻을 확인한다.
**2단계**: 지문의 문맥을 통해 모르는 단어의 뜻을 재확인한다.
**3단계**: 학습 후 알게 된 단어의 □ 안에 체크를 하고 모르는
단어는 뜻을 확인하는 과정을 반복한다.

---

**1**

□ **dictator**    독재자, 지배자

□ **pro-**    ∼에 찬성하는 (↔ anti-)

□ **assign**    ∼을 할당[배당]하다; ∼을 임명하다

□ **inevitable**    피할 수 없는, 불가피한

---

**2**

□ **taboo**    금기(사항), 터부

□ **doctrine**    교리, 원칙, 학설

□ **hygiene**    위생

□ **by A's nature**    천성적으로, 본래

□ **detract**    《from》 (가치를) 떨어뜨리다

□ **Jew**    유대인(의), 유대교 신자(의)

□ **Hindu**    힌두인(의), 힌두교 신자(의)

□ **cohesion**    화합, 결합; 《물리》 응집력
    cf. **coherence**    결합력; 통일성, 일관성

□ **enforce**    (법률 등을) (강제로) 시행[집행]하다, 지키게
하다

□ **collaboration**    협력; 합작, 공동작업(물)

□ **erode**    침식[부식]하다, 서서히 손상되다

□ **exclude**    ∼을 제외[배제]하다; ∼을 추방하다, 몰아내다

---

**3**

□ **minuscule**    아주 작은, 하찮은

□ **electron**    《화학》 전자(電子)

□ **shatter**    ∼을 산산이 부수다; 산산조각이 나다

□ **realm**    범위, 영역

□ **pronounce**    ∼을 발음하다; 선언하다, 표명하다

□ **anthropologist**    인류학자

□ **bump up against**    (문제 등에) 부딪히다, 직면하다

□ **hypothesis**    《pl. hypotheses》 가정, 가설

□ **pseudoscience**    사이비 과학
    cf. **pseudo**    허위의, 가짜의, 모조의

□ **minimize**    ∼을 최소[최저]로 하다

**4** ☐ **come up with** (해답을) 찾아내다; ~을 생산하다; 제시[제안]하다

☐ **breed** (동물이) 새끼를 낳다; ~을 야기하다

☐ **liking** 선호, 좋아함

☐ **on the whole** 대체로

☐ **equivalent** 동등한

☐ **go with** ~을 선택하다, 받아들이다

☐ **seduce** ~을 유혹하다, 꾀다

**5** ☐ **encompass** ~을 둘러싸다; ~을 포함하다

☐ **static** 정지된, 고정된 (↔ dynamic 역학; 역동적인)

☐ **unalike** 비슷하지 않은, 다른

☐ **association** 협회; 연관(성)

☐ **threshold** 문지방; 한계점

☐ **consciousness** 의식; 자각 (↔ 《the》 unconscious 무의식)

☐ **contradict** ~을 반박하다; (진술 등이) 모순되다

☐ **resistance** 저항(력); 반대

☐ **repel** ~을 쫓아버리다; (자석 · 전극 등이) 밀어내다

☐ **propel** 나아가게 하다; ~을 몰고 가다

☐ **counterpart** 상대편, 대응물

☐ **abstract** 개요; 추상적인

☐ **have power over** ~을 지배하다, 마음대로 하다

**6** ☐ **anchor** 닻; 닻을 내리다; ~을 고정시키다

☐ **tendency** 성향, 경향

☐ **precariousness** 불확실함; 위험

☐ **fancy** 공상(하다); 화려한; 값비싼, 고급의

☐ **weight** 무게, 체중; (추 등을 매달아) ~을 무겁게 하다; ~에 가중치를 주다

☐ **engineer** 기술자; 공사를 설계하다; (일을) 꾀하다, 수작을 부리다

☐ **maximize** ~을 극대화[최대화]하다

☐ **play a trick[tricks] on** ~을 속이다

☐ **negotiate** 협상[교섭]하다

[1–5] 다음 글의 빈칸에 들어갈 말로 가장 적절한 것을 고르시오.

**1** People have a natural tendency to think that a statement reflects the true attitude of the person who made it. What is surprising is that they continue to think so even when they know that _____.
Some scientific evidence that this is the case comes from a study by psychologists Edward Jones and James Harris, who showed people an essay that was favorable to Fidel Castro, a Cuban dictator, and asked them to guess the true feelings of its author. Jones and Harris told some of these people that the author had chosen to write a pro-Castro essay; they told other people that the author had been required to write in favor of Castro. The strange thing was that even those people who knew that the author had been assigned to do a pro-Castro essay guessed that the writer liked Castro. It seems that a statement of belief produces a certain automatic response in those who view it.

① such a tendency can change with time
② it is inevitable in a certain political situation
③ the person did not make it by his own free will
④ one cannot have the same view on something
⑤ we cannot prove someone's true feelings otherwise

**2** We all have at least one food that we hate, but interestingly, entire cultures will sometimes avoid a certain food and even come to regard it as taboo. The reasons may be varied, from religious doctrine to hygiene, but efforts to rationalize taboos throughout history have all failed. Food taboos, by their nature, have an effect that _____. So, rational explanations of food taboos would detract from their power. If they're rational, outsiders would naturally follow them and social bonds would be lost along with the loss of uniqueness. The Jews and the Hindus are two famous and historic examples; while they have sacrificed the modern delights of eating shellfish or beef, they have succeeded in separating themselves from strangers and made clear and obvious gains in social cohesion. However irrational these preferences may be, in every case they serve to feed identity and define culture. [3점]

① enforces religious doctrine and promotes hygiene

② forces their cultural values on other social groups

③ promotes successful collaboration between cultures

④ erodes personal identity and limits cultural understanding

⑤ excludes outsiders and gives coherence to the group

**3** Physicist John Wheeler noted, "Even to observe so minuscule an object as an electron, a physicist must shatter the glass, reach in, and install his chosen measuring equipment. Moreover, the measurement changes the state of the electron and the universe will never afterward be the same." In other words, the act of studying an event can bring about a change in the event itself. This phenomenon is not limited to the realm of physics, and is often especially pronounced in the social sciences. Anthropologists know that when they study a tribe, the tribe members may be conscious of the fact that they are being monitored by an outsider and, as a result, they may behave differently. Similarly, psychological studies frequently bump up against these problems, as subjects attempt to alter their behavior when being tested, especially if they know what the experimental hypotheses are. This is why psychologists use blind and double-blind controls. Science tries to _____; pseudoscience does not.

① depend on the consequences of experiments

② reveal the cause-and-effect relationship

③ minimize the effects of the act of studying

④ explain the principles of the universe

⑤ maintain uncontrolled circumstances

**4** We often think that we are _____ by advertisements, but we aren't. If you ask test participants in a study to explain their preferences in music or art, they'll come up with some account based on the qualities of the pieces themselves. Yet several studies have demonstrated that "familiarity breeds liking." If you play short pieces of music for people or show them slides of paintings and vary the number of times they hear or see the music and the art, on the whole people will rate the familiar things more positively than the unfamiliar ones. The people doing the ratings don't know that they like one bit of music more than another because it's more familiar. Nonetheless, when products are essentially equivalent, people go with what's familiar, even if it's only familiar because they know its name from advertising.

① occasionally offended
③ willing to be persuaded
⑤ vulnerable to being distracted

② constantly surrounded
④ too smart to be seduced

**5** Johann Herbart was a German philosopher who wanted to investigate how the mind works — in particular, how it manages ideas or concepts. The term he used for ideas — *Vorstellung* — encompasses thoughts, mental images, and even emotional states. These make up the entire content of the mind, and Herbart saw them not as static but dynamic elements, able to move and interact with one another. Similar ideas, he said, attract each other and combine to form a more complex idea. If two ideas are unalike, they may continue to exist without association. This causes them to weaken over time, so that they eventually sink below the "threshold of consciousness." Should two ideas directly contradict one another, "resistance occurs" and they repel one another with an energy that propels one of them beyond consciousness, into a place that we now know as "the unconscious." Herbart saw the unconscious as some sort of

_____. [3점]

• **threshold of consciousness** 〈심리〉 식별역 (물리적 자극을 감지할 수 있는 최소한의 의식)

① counterpart to our more familiar consciousness

② dynamic collection of frequently changing ideas

③ storage place for weak or opposed ideas

④ abstract concept used to explain mental processes

⑤ mental image that has strong power over values

다음 글의 빈칸 (A), (B)에 들어갈 말로 가장 적절한 것을 고르시오.

**6**

"Anchoring" describes the human tendency to focus heavily on one point when _____(A)_____. Once you've established an anchor, there's little chance that you'll be able to see the precariousness of the position it might put you in. For example, a man who doesn't know all of the various factors that determine a wine's value will rely on just one factor — price — when ordering wine at a fancy restaurant. The price will be the anchor that weights his decision on which wine will be the best choice — and makes him waste his money on a high-priced choice. Being aware of this tendency, marketing departments spend a lot of time engineering product prices to maximize the amount of money they can get consumers to pay. When you're aware of the tricks your brain can play on you, you'll be better prepared to deal with that fancy wine list. Here's a tip: don't be afraid to get the _____(B)_____.

|  | (A) |  | (B) |
|---|---|---|---|
| ① | selling | ---- | cheapest |
| ② | deciding | ---- | cheapest |
| ③ | ordering | ---- | best quality |
| ④ | planning | ---- | best quality |
| ⑤ | negotiating | ---- | most expensive |

**m e m o m e m o**

**[2행~5행]** <u>**The first appearance of a shining star**</u> [in ~] **can take** you out into the universe
                                       S                                              V

// **if** you *combine* <u>what you see</u> *with* <u>the twin facts</u> ┌─── **that** the star is ~
                        A                    B        =   └── **and**
                                                          └── **that** its light began ~.

● 크게 보면 〈주절+if절〉의 구조. if절에 the twin facts와 동격인 두 개의 that절이 and로 대등하게 연결되어 있다.
● combine A with B: A와 B를 결합하다[연결하다]

**[5행~9행]** <u>**The smell of gasoline**</u> [going into a car's tank / during a refueling stop],
              S

/ **when** ∧ combined with **the fact** **that** each day / nearly a billion gallons of crude oil /
         (it is)                      =

are refined and used ~, / **can allow** our imagination to spread outward into ~ politics.
                              V           O                    OC

● 주어부(The smell ~ stop)와 동사(can allow) 사이에 부사절 when ~ the United States가 삽입된 문장.

# Point 02 빈칸 문장부터 읽어라 Ⅰ

## 1. 주제 부분이 빈칸인 경우

**기출돋보기** ② ★ 소재 **무의식의 문제 해결력**                                      p.13

**해석** "네가 갑자기 어떤 문제를 보는데, 말로 표현할 수 있기 전에 네가 그 해답을 이미 알고 있는 일이 나타나. 그건 모두 무의식적으로 일어나지. 나한테 그런 일은 많이 일어나 왔어."라고 머리 좋은 내 친구가 이전에 내게 말했다. 본인이 어떻게 아는지를 말할 수 없는데도 알고 있다는 이러한 느낌은 흔한 것이다. 프랑스 철학자이자 수학자인 블레즈 파스칼은 이런 말을 한 것으로 유명하다. "감성은 이성으로는 알지 못하는 이유들을 갖고 있다." 19세기의 위대한 수학자인 카를 프리드리히 가우스 또한, 직관이 그가 즉각적으로 증명할 수 없는 생각들로 종종 그를 이끌었다는 사실을 인정했다. 그는 "나는 오랫동안 내가 내린 결론들을 갖고 있었지만 어떻게 그것들에 도달하게 되는지는 아직 알지 못한다."고 말했다. 이와 같이, 진정한 천재성은 단순히 말로는 표현할 수 없는 것이다.

**추론흐름** 빈칸 문장을 통해, 주제에 해당하는 knowing에 대한 것을 파악해야 한다는 것과 지시어 This가 있으므로 단서는 빈칸 문장 앞임을 알 수 있다. 말로 표현할 수 있기 전에 이미 해답을 알고 있는 일이 무의식적으로, 많이 일어난다고 했다. 즉 본인이 어떻게 아는지 말할 수 없는데 알고 있다는 느낌이 드는 것이다.

**오답근거**
① 마음속에 있는 감정의 의미를 ➡ 빈칸 문장과 뒷부분에 등장하는 feeling, heart를 사용한 오답.
③ 다른 사람들이 자신들이 부딪치는 문제를 해결하는 방식을 ➡ 그럴듯해 보이지만 지문 내용과는 무관함.
④ 다른 사람들을 설득하기 위해 적절한 어휘를 사용하는 방법을
⑤ 당신이 살면서 이전에 결코 본 적이 없는 사람을

**어휘** **subconsciously** 무의식적으로 / **reason** 이유; 이성; 추론하다 / **admit** 시인[인정]하다; 입학[입장]을 허가하다 / **intuition** 직관(력) / **fittingly** 적당하게, 어울리게 / **genius** 천재(성); 특별한 재능

## 2. 글쓴이의 주장·설명 부분이 빈칸인 경우

**기출돋보기** ③ ★ 소재 **감정 존중의 필요성**                                      p.14

**해석** 우리 대부분은 용인될 수 없는 감정이 있다는 것을 믿도록 양육되었기 때문에 감정을 억누른다. 일부는 모든 감정이 용인될 수 없다고 배운 반면, 다른 사람들은 분노나 울음 같은 특정한 감정이 용인될 수 없다고 배웠다. 사실, 감정은 어떤 종류이든 잘못된 것이 전혀 없다. 누군가가 슬퍼하거나 화내지 말라고 얘기한다면 그 사람은 불가능한 것을 요청하고 있는 것이다. 느끼고 있는 감정을 부정할 수는 있지만 감정이 드는 것을 막을 수는 없다. 감정이 필요

**추론흐름** 주제에 해당하는 '감정'에 대해 글쓴이의 주장을 서술한 부분들은 모든 감정을 '인정하고 받아들이고 다른 사람에게 솔직하게 말하라'는 것이므로, 이를 종합하여 표현하면 감정을 '존중하라'는 것이다.

**오답근거**
① 부인하게     ② 숨기게
①, ② ➡ 감정을 존중해야 한다는 지문 내용과 반대됨.

로 하는 것이란, 지나가기 위해서, 인정받고 받아들여지는 것이다. 자기 자신이나 다른 사람에게 '나는 분노를 (또는 슬픔을, 혹은 두려움을) 느껴요.'라고 말하는 것은 아주 좋은 출발이다. 좋건 나쁘건 당신 자신의 감정을 <u>존중하게 하라</u>.

④ 선택하게
⑤ 구별하게
④, ⑤ ➡ 지문 내용과 상관없음.

**어휘**  **unacceptable** 용인될 수 없는, 받아들여질 수 없는 / **acknowledge** ~을 인정[승인]하다

**구문**  [**7행~8행**] <u>All</u> [that feelings need], / in order to pass, / <u>is</u> <u>to be acknowledged and accepted</u>.
S · V · C

## 예제 **1** ① ★ 소재 어려운 어휘 습득의 장점 p.15

**해석**  의사소통에서 좀처럼 이해하기 어려운 역설 중 하나는 단어가 어려울수록 설명은 더 짧아진다는 것이다. 하나의 단어 안에 담을 수 있는 의미가 많을수록 생각을 전달하는 데 더 적은 수의 단어가 필요하다. 어려운 단어는 그 말을 이해하지 못하는 사람들의 원망을 사며, (의미를) 명확히 하기보다는 혼란스럽게 하고 깊은 인상을 주기 위해 사용되는 경우가 매우 잦은 것은 물론이다. 그러나 이것은 언어의 탓이 아니라 의사소통 수단을 오용하는 개인의 거만함 때문이다. 많은 어휘를 습득하는 가장 주된 이유는 그것이 장황하게 말하는 것을 막아주기 때문이다. 제대로 교육받은 사람은 간결하고 깔끔하게 자신의 의사를 표현할 수 있다. 예를 들어, 당신이 'imbricate'라는 단어를 모르거나 사용하지 않는다면, 누군가에게 '지붕의 기와나 물고기의 비늘, 또는 식물의 꽃받침 조각처럼 규칙적인 배열로 언저리를 겹친 것'이라고 말해야 한다. 한 단어로 말할 수 있는 것을 말하기 위해 20단어 이상을 말해야 하는 것이다.

**추론흐름**  '많은 어휘를 습득하는 가장 주된 이유'라는 주제에 대해 글쓴이가 주장하는 내용을 찾아야 한다. 뒤에 나오는 '제대로 교육받은 사람'이 주제와 의미적으로 연결되므로 이에 대한 서술(can express himself tersely and trimly)이 빈칸에 들어갈 내용과 연관됨을 알 수 있다. 뒤에 이어지는 예시가 시사하는 바를 통해서도 정답을 도출할 수 있다.

**오답근거**
② 결정적인 오해를 피할 수 있기 ➡ 상식적이지만 지문에 근거 없음.
③ 당신의 진짜 의도를 감춰줄 수 있기 ➡ 빈칸 문장 이후로 인과 관계 성립하지 않음.
④ 당신이 더 인상적으로 의사표현을 할 수 있게 해주기 ➡ 깊은 인상을 주기 위해 (impress) 어려운 단어를 사용하는 것은 부정적으로 언급되고 있음.
⑤ 당신이 어려운 단어보다는 쉬운 단어를 사용할 수 있기 ➡ 지문의 핵심어인 easy word, difficult를 이용한 오답.

**어휘**  **get across** ~을 건너다: (의미 등을) 이해시키다 / **big word** 어려운 말 / **resent** ~에 대해 분개하다, 원망하다 / **clarify** 뚜렷해지다: ~을 명백히 하다 / **arrogance** 거만, 오만 / **genuinely** 진정으로, 순수하게 / **express oneself** 의사 표현하다, 자신의 생각을 말하다 / **tersely** 간결하게 / **trimly** 깔끔하게, 정돈되어 / **imbricate** 〈생물〉(잎 · 비늘 등이) 겹쳐진 / **scale** 규모: 눈금: 저울: (물고기 등의) 비늘 / **sepal** 〈식물〉꽃받침 / **long-winded** 말이 긴, 장황한

**구문**  [**11행**]  (You have to say) <u>More than 20 words</u> / <u>to say what</u> can be said in one.
O'

- 이때의 to say는 '목적'을 나타내는 부사적 용법. what이 이끄는 절을 목적어로 취하고 있다.
- 의미상, 문장 앞에는 You have to say가 생략되어 있다고 볼 수 있다.

## 예제 **2** ① ★ 소재 인생을 풍요롭게 해주는 시간적 여유 p.15

**해석**  시간의 압박은 좌절감을 가져오며, 좌절감을 느끼거나 다른 부정적 감정을 경험할 때 우리의 사고는 점점 더 좁아지고 창의력이 떨어지게 된다. 그러나 사람들은 이러한 현상을 지각하지 못하여, 시간적 압박을 느끼고 있을 때 창의력 또한 높아진다는 허상을 갖고 살아간다. 이는 시간의 압박이 만연하게 된 이유를 설명하고, 우울증의 비율이 증가한 것을 어느 정도 설명해 준다. 우리는 일반적으로 점점 더 짧은 시간에 점점 더 많은 활동을 짜내려고 애쓰느라 너무나도 바쁘다. 그 결과 우리는 우리 주변 어디에나 있을 수 있는, 행복을 자아낼 가능성이 있는 것들을 즐기지 못한다. 인생이 제공해야 하는 풍요로움을 누리기 위해서는 <u>시간적 여유를 가질 필요가 있다</u>.

**추론흐름**  인생의 풍요로움을 누리기 위한 방법으로 글쓴이가 주장하는 것을 찾아야 한다. 우리 주변에서 행복을 자아내는 것들을 즐겨야 하는데 너무 바빠서 그러지 못한다고 했으니 빈칸에는 '시간적 여유를 가져야 한다'는 의미가 적절하다.

**오답근거**
② 우리의 기회를 극대화해야 한다
③ 우울증을 현명하게 처리해야 한다
④ 창의적인 생각을 탐구하는 것이 필수적이다
⑤ 부정적인 감정조차도 포용하는 것이 중요하다
③, ④, ⑤ ➡ 시간의 압박이 가져오는 부정적 결과들로 언급된 것을 활용한 오답.

**어휘**  **phenomenon** 현상 / **illusion** 환상, 허상 / **pervasive** 만연하는, 구석구석 퍼지는 / **account for** ~을 설명하다: ~의 이유가 되다: ~을 차지하다 / **squeeze** ~을 짜내다 / **potential** 가능성이 있는, 잠재적인: 가능성: 잠재력 / **embrace** 껴안다: (생각 등을) 받아들이다

**구문**  [**3행~4행**]

However, people ⎰ are unaware of this phenomenon
　　　　　　　 ⎱ and
　　　　　　　 ⎰ live under <u>the illusion</u> <u>that</u> when they are experiencing ~.
　　　　　　　　　　　　　　 └─ = ─┘

# Point 03 빈칸 문장부터 읽어라 Ⅱ

## 1. 정답 추론이 가능한 경우

**기출돋보기 1** ③                                                                    p.16

**해석** 인내는 중요한 미덕임이 분명하다. 그러나 너무나 많은 사람들이 "빨리!"를 생각하며 전자레인지 앞에 서 있다.

**어휘** **virtue** 미덕: 선(행): 장점 / **microwave** 전자레인지

① 야망    ② 겸손    ④ 근면    ⑤ 정직

**기출돋보기 2** ④                                                                    p.16

**해석** 전하고자 하는 바를 산만하게 하는 것들을 카메라 렌즈를 통해 보게 되면, 그것들을 제거하라.

**어휘** **distract** 주의를 흐트러뜨리다. 산만하게 하다

① 있는 그대로 두어라
② 좀 더 크게 하라
③ 그것들에 초점을 맞추라
⑤ 그것들을 약간 변경하라

**기출돋보기 3** ⑤                                                                    p.16

**해석** 왜냐고? 한 가지 설명은 이렇다. 녹지는 이웃들을 위한 자연스러운 모임 공간, 그리고 궁극적으로는 그 지역사회의 유대감을 더 강하게 만든다.

**어휘** **greenery** 녹색 나뭇잎 / **ultimately** 궁극적으로: 근본적으로

① 두려움    ② 덫    ③ 말다툼    ④ 편견

**기출돋보기 4** ①                                                                    p.16

**해석** 우리가 같은 실수를 반복해서 계속하는 이유는 생각의 연결고리에 있는 아이디어들 사이에 연관성이 생겨서 사용될 때마다 더 굳건해져 마침내 그 결합이 매우 잘 형성되어 그 고리가 깨지기 아주 힘들게 되기 때문이다.

② 끊임없이 지속되는 문제들이 자동적으로 해결된다
③ 생각들이 서로 연관성을 잃는다
④ 시간이 지남에 따라 그런 연결이 더 약해진다
⑤ 그 현상이 생각의 방향을 유익하게 이끌 것이다

**어휘** **persistent** 끊임없이 계속되는 / **profitable** 수익성이 있는: 유익한

**구문** **[1행~4행]** The reason [that we keep ~ repeatedly] / is that associations form between the ideas in the chain of
S                                          V   C
thoughts *and* become firmer *each time* [they are used], // *until* finally the connections are so well
established / that the chain is very difficult to break.
● 여기서 〈A until B〉는 '정도 · 결과'를 나타내어 'A하여 마침내 B하다'로 해석하는 것이 자연스럽다.
● 〈so ~ that ...〉: 매우 ~해서 …하다

**해석** 저녁 식사를 한 후 15~30분 동안 무엇을 하는가는 신진대사에 강력한 신호를 보낸다. 만약 식사 후에 <u>활동적인</u> 채로 있으면 체중감소라는 혜택과 더불어 저녁 시간 내내 좀 더 활력 있는 장을 마련해줄 것이다. 가능한 많은 활동들 중에서, 걷기는 식사 후 어느 정도 시간의 운동을 하기 위한 가장 쉬운 방법 중의 하나이다. 사실, 연구에 의하면 식사 후에 걸으면 빈속으로 똑같은 시간, 거리, 강도로 걷는 것보다 15% 이상의 칼로리를 소모할 것이다.

**추론흐름** 빈칸 문장은 '식사 후에 ~한 상태로 머무르면 체중감소와 활력 있는 시간을 마련해준다'는 내용이므로 '~'에는 '움직임, 활동' 등과 관련되는 내용의 어구가 들어갈 것임을 알 수 있다.

**오답근거**
② 혼자의
③ 가득 찬 ➡ 논리에 맞지 않는 비상식적인 오답.
④ 만족한
⑤ 조용한

**어휘** **metabolism** 신진대사 / **set the stage for** ~을 위한 장(場)을 마련하다, ~을 준비하다 / **vigor** 힘, 활력 / **intensity** 강렬함, 세기

**해석** 새들이 이동할 때 겪는 위험요소들은 그 범위가 폭풍우에서 굶주림에까지 걸쳐 있지만, 여름 거주지에서 발견하게 될 잠시나마 풍부한 먹이의 이점이 그 위험들을 상회한다. 진화의 과정을 살펴보면 하나의 종(種)이 이동을 하는 것이 자신에게 이익이 될 경우에만 이동하는 것을 분명히 보여준다. 같은 종의 새들이 한 지역에서 이동할지는 모르지만 그 밖의 다른 곳에서는 이동하지 않을 수도 있다. 대부분의 노래개똥지빠귀는 북부 스코틀랜드에서는 이동하지만, 잉글랜드 남부에서는, 이익과 손해의 균형이 너무 미묘해서 일부는 스페인과 포르투갈로 이동하는 반면, 대부분은 보통 겨울 내내 <u>잉글랜드에 머문다</u>. 더욱이 잉글랜드의 겨울은 1980년대 후반부터 더 따뜻해져 왔으며 만약 그 경향이 지속되면 노래개똥지빠귀는 점점 더 이동하지 않을 가능성이 크다.

**추론흐름** 노래개똥지빠귀가 '이동한다(migrate)'는 내용에 반하는 내용이 나와야 하므로, 빈칸은 '이동하지 않는다, 즉 잉글랜드에 머문다'가 되어야 함을 알 수 있다.

**오답근거**
① 먹이 부족으로 고통받는다 ➡ 도입부의 먹이(food)에 대한 언급을 활용한 오답.
② 알을 낳지 않는다 ➡ 지문에 근거 없음.
④ 스코틀랜드로 다시 날아간다
⑤ 잉글랜드 북부 어딘가로 이동한다
④, ⑤ ➡ 이동한다는 내용이므로 적절하지 않음.

**어휘** **hazard** 위험(요소) / **migration** 이주, 이동 cf. **migrate** 이주[이동]하다 **migratory** 이주[이동]하는 / **starvation** 굶주림, 기아 / **A outweigh B** B보다 A가 더 크다[상회하다] / **temporary** 일시적인 / **superabundance** 과다, 남아돎 / **ensure** ~을 확실하게 하다, 보장하다 / **pay** 지불하다; 이익이 되다; ~에게 이득을 주다 / **delicate** 연약한; 섬세한; 미묘한

**구문** [3행~4행] The process of evolution ensures // that a species migrates / only if ⎡it⎤ pays *it* ⎡to do so⎤.
　　　　　　　　　　　　　　　　　　　　　　　　　　　　　　가주어　　　　진주어
● 첫 번째 it은 뒤에 나오는 to do so를 대신하는 가주어. 두 번째 it은 the species를 대신한다.
● 여기서 pays는 타동사로 '~에게 이익을 주다'로 쓰였다.
e.g. It will **pay** *you* to read this book. (이 책을 읽는 것이 네게 **이로울** 것이다.)

## 2. 단서의 위치를 알려주는 경우

**해석** 만약 당신이 나비라면 색깔이 더 다채로운 꽃에 끌릴 것인가 아니면 덜 다채로운 꽃에 끌릴 것인가? 대부분은 아마도 색깔이 더 다채로운 꽃을 선호할 것이다. 이는 벌과 나비와 같은 꽃가루 매개자에도 마찬가지이다. 오랫동안 생물학자들은 꽃이 꽃가루 매개자를 끌어들이기 위해 눈에 띄는 색깔, 향기, 정교한 모양의 꽃잎, 그리고 꿀을 이용한다고 알고 있었다. 그러나 최근 연구들에 의해 밝혀진, 꽃들이 사용하는 또 다른 강력한 유혹 수단은 바람에 흔들리는 것이다. 과학자들은 흔들리는 꽃들이 흔들림이 덜한 다른 꽃들보다 꽃가루를 옮기는 곤충들의 방문을 더 자주 받는다는 것을 발견했다. 그것은 마치 꽃들이 곤충들에게 "어서 와요, 이리 오셔서 마실 것 좀 드세요."라고 말하며 손을 흔들고 있는 것과 거의 비슷하다. 이러한 흥미로운 발견과 더불어 과학자들은 길고 가는 줄기를 지닌 꽃들이 흔들림의 범위가 더 넓기 때문에 더 많은 곤충을 끌어들인다는 결론 또한 내리게 되었다.

**추론흐름** 빈칸 문장을 통해 앞에서는 꽃들이 사용하는 기존에 알려진 유혹 수단들이 언급되었을 것을, 뒤에서는 최근에 밝혀진 또 다른 유혹 수단에 대한 보충 설명이 이어질 것임을 알 수 있으므로 빈칸 단서는 빈칸 문장 뒤에 나올 것으로 추론할 수 있다.

**오답근거**
② 화려한 색깔 책략 ➡ 빈칸 문장 앞에 반복 사용된 어휘(colorful, colors)를 활용한 오답.
③ 독특한 맛이 나는 꿀 ➡ 빈칸 문장 앞 내용에 나온 어휘(nectar)를 활용한 오답.
④ 뿌리를 깊이 내리는 것 ➡ 지문에 언급된 바가 없음.
⑤ 음성 메시지를 받는 것 ➡ 바람에 흔들리는 꽃의 모습을 비유적으로 표현한 부분을 활용한 오답.

---

**예제** ③ ★ 소재 **정보 창조 수단으로서의 글쓰기** **p.**19

---

**해석** 오늘날 세계에서 우리는 글 쓰는 습관을 소홀히 하게 되었다. 왜냐하면 정말 많은 다른 의사소통 형태들이 그 자리를 대신하고 있기 때문이다. 전화, 테이프 녹음기, 컴퓨터, 팩스 기계는 소식을 전하는 데 더 효율적이다. 그 유일한 목적이 정보를 전달하는 것이라면 글쓰기는 구식이 되어도 마땅하다. 그러나 글쓰기는 새로운 정보를 창조하기 위한 것이다. 과거에는 교육받은 사람들이 자신의 경험을 말로 표현하기 위해 일기와 개인적인 서신왕래를 이용했고, 그것은 그들이 그날 있었던 일에 대해 곰곰이 생각하게 했다. 많은 빅토리아 시대 사람들이 쓴 믿기 어려울 만큼 상세한 편지들은, 사람들이 어떻게 글쓰기를 통해 닥치는 대로 경험한 일들에서 질서를 세우는지에 대한 예이다. 우리가 일기장과 편지에 쓰는 소재 종류는 그것이 글로 적히기 전에는 존재하지 않는다. 글쓰기에 수반되는, 느리고도 유기적으로 커가는 생각의 과정이야말로 생각(정보)을 최초로 나타나게 한다.

**추론흐름** 빈칸 문장이 역접 연결사로 시작되었으므로 빈칸에는 앞에서 언급된 글쓰기의 목적과 대조되는 어구가 들어가야 한다는 것과 그 대조되는 어구에 대한 자세한 설명은 빈칸 문장 뒤에 나올 것임을 알 수 있다. 즉, '자신의 경험을 표현하기 위해 일기, 서신왕래를 이용한다'거나 '글로 적기 전에는 존재하지 않는다, 생각(정보)을 최초로 나타나게 한다' 등을 개괄적으로 표현하면 '정보를 창출'하는 것이다.

**오답근거**
① 역사적으로 중요한 사건을 기록하기 ➡ 지문의 과거 예시와 관련된 그럴듯한 내용.
② 개인의 여가시간을 즐기기
④ 세상으로부터 영감을 이끌어내기 ➡ 지문에 언급된 바 없음.
⑤ 다른 사람과 효과적으로 의사소통하기 ➡ 빈칸 문장 앞의 어휘(communication, efficient)를 활용한 오답.

**구문** [5행~7행] In the past, // educated persons(S) used(V) journals and personal correspondence(O) / **to put** their experiences(목적) ~하기 위하여 into words, / **which** allowed(V′) them(O′) to reflect on ~(OC′).
● 관계대명사 which는 앞에 나온 어구인 used journals ~ into words를 받는다.

[7행~9행] *The incredibly detailed letters*(S) [(that) many Victorians wrote ●] / are(V) an example(C) [of how people used writing / **to establish** order(목적) ~하기 위하여 from *the random events* [(that) they experienced ●]].
● many Victorians wrote와 they experienced는 목적격 관계대명사 that 또는 which가 생략된 형태로서 원래 목적어가 위치했던 자리는 ●이다.

[10행~11행] **It is** *the slow, organically growing process of thought* [involved in writing] **that** lets(V′) the ideas(O′) emerge(OC′) / in the first place.
● the slow ~ in writing을 강조하는 〈It is ~ that〉 강조구문.

## 3. 정답 가능성이 없는 선택지를 알 수 있는 경우

**기출돋보기** ① **p.**20

p.4 예제 1 참조

---

**예제** ③ ★ 소재 **지위에 영향을 미치는 요소의 시대적 차이** **p.**21

---

**해석** 전통 사회에서 높은 지위를 얻는 것은 지극히 어려웠을지 모르지만, 위안이 되기로는 그것을 잃는 것도 어려웠다. 귀족 신분을 벗어나는 것은, 더 암울하게는 하인 신분을 벗어나는 것만큼 어려웠다. 중요한 것은 출생 당시의 신분이었지, 자신의 능력을 발휘하여 평생 성취할지도 모르는 어떤 것도 아니었다. 하지만 현대

**추론흐름** 빈칸은 여러 세대를 거쳐 물려 내려오는 것이어야 하는데, ①, ⑤ 등은 그렇다고 보기 힘든 내용들이다. 현대 사회는 출생 신분이 중요했던 전통 사회의 상황을 역전시키는 것을 열망한다고 했으므로, 이는 곧 세습 신분이 현대 사회에서의 지위에 영향을 미치지 않는다는 것이다.

사회의 위대한 열망은 이런 상황을 역전시키는 것이었다. 즉, 지위가 개인적 성취에 좌우되도록 하기 위해 특권과 비특권 모두가 상속되는 것은 없애려는 것이다. 현대 사회에서 지위는 여러 세대를 거쳐 물려 내려온 <u>변하지 않는 신분</u>에 좌우되지 않는다.

**어휘**  **status** 신분, 지위 / **comfortingly** 위안이 되게, 다행히도 / **lord** 귀족; 영주 / **exercise** (권리 등의) 행사, 발휘 / **aspiration** 열망, 포부 / **equation** 방정식, 등식; 상황 / **strip away** ~을 벗겨 내다, 제거하다 / **inherited** 물려받은, 상속받은 / **privilege** 특권, 특전, 특혜 / **hand down** ~을 전하다, (후세에) 남기다 / **insight** 통찰력

**구문**  [1행~2행]  In traditional societies, high status **may have been** extremely hard to acquire, ~.
  ● 〈may have p.p.〉는 '~였을지 모른다'란 뜻으로 과거에 대한 추측을 나타낸다.

# Point 04 빈칸 문장의 위치에 주목하라

**예제 1** ② ★ 소재 제본 기술 발전의 결과                                                    p.23

**해석**  사람들이 파피루스처럼 펼쳐지는 것보다 넘겨질 수 있는 페이지를 가진 책을 제본하기 시작했을 때, <u>정보를 찾는</u> 과정이 변했다. 이제 독자는 이전에 읽은 단락을 찾거나 동일 작품에서 멀리 떨어져 있는 섹션들을 오가며 이것저것 찾아보기 위해 본문 뒤로 쉽게 이동할 수 있게 되었다. 하나의 기술적 변화로 인해, 앞뒤 참조가 가능해졌고 동시에 책을 보관하기에 필요한 물리적 공간이 뚜렷이 줄었다. 색인이 가능해진 것처럼 페이지 수를 매기는 것이 가능해졌고 목차는 참조에 이용할 수 있게 되었다.

**추론흐름**  빈칸이 첫 문장에 있으므로 추론 근거가 포착될 때까지 읽어 내려간다. 빈칸 문장 바로 뒤에서, 이전에 읽은 단락이나 여러 섹션(즉, '정보')을 찾아 쉽게 이동할 수 있게 되었다고 했으므로 '정보를 찾는' 과정이 변했음을 알 수 있다.

**어휘**  **bind** 묶다: (책을) 제본하다 / **unroll** 펼치다 / **browse** 이것저것 찾아보다; 훑어보다 / **separate** 분리하다; 분리된; 별개의 / **cross-reference** (한 책 안의) 앞뒤 참조 / **house** 살 곳을 주다; ~을 보관하다 / **index** 색인, 찾아보기 / **workable** 운용[실행] 가능한 / **abuse** 남용, 오용; ~을 남용하다

**구문**  [6행~7행]  Page numbers became a possibility, **as** did indexes; ~.
                                                    (= as indexes became a possibility; ~)
  ● 접속사 as가 '~처럼, ~대로'의 의미일 때 뒤이어 나오는 절의 주어, 동사는 도치되고 생략이 일어나는 경우가 많다.

**예제 2** ① ★ 소재 여행이 사고에 미치는 영향                                                    p.23

**해석**  여행은 생각의 산파다. 움직이는 비행기나 배, 또는 기차보다 내면의 대화에 더 도움이 되는 장소는 거의 없다. 우리 눈앞에 펼쳐지는 것과 머릿속에 지닐 수 있는 생각 사이에는 거의 기묘하다고 할 만한 상관관계가 있다. 큰 생각은 때때로 큰 광경을 요구하고, 새로운 생각은 새로운 장소를 요구한다. 멈칫거리기 쉬운 내적 사유는 흘러가는 풍경의 도움을 받는다. 두뇌는 그것이 해야 할 일이 생각뿐일 때 제대로 생각하려 하지 않을지 모른다. 그 일(생각만 하는 일)은 (사람들의) 요구가 있으면 언제든 농담을 해야 하거나 말투를 흉내 내야 하는 것만큼이나 <u>두뇌를 마비시키는 것일 수 있다.</u> 두뇌의 일부가 다른 일을 부여받을 때, 즉 음악을 듣거나 일렬로 늘어선 나무들을 (눈으로) 좇는 일을 맡고 있을 때 사고가 향상된다.

**추론흐름**  빈칸 문장을 보고, 두뇌가 '생각밖에 할 일이 없을 때' 어떤 결과를 가져오는지를 찾아야 함을 알 수 있다. 빈칸 문장이 단락의 중후반부에 있으므로 그 뒤를 우선적으로 본다. 그 일(생각만 하는 일)로 인해 '두뇌가 마비될 수 있다'고 했으므로 빈칸에는 ①이 가장 적절하다.

**어휘**  **midwife** 산파, 조산사 / **conducive (to)** 도움이 되는 / **correlation** 상관관계, 연관성 / **introspective** 내성적인; 내적인 / **reflection** 반사; 반영; ⟨pl.⟩ (반영된) 생각, 의견 / **be liable to-v** ~하기 쉽다 / **stall** (갑자기) 멎다, 꺼지다; 가판대 / **be supposed to-v** (예정·의무) ~하기로 되어 있다 / **paralyze** ~을 마비시키다, 무력하게 하다 / **mimic** ~을 따라 하다, 흉내 내다 / **on demand** (사람들의) 요구가 있으면 언제든 / **be charged with** ~을 책임지고 있다; ~로 인해 기소되다 / **multitasking** 멀티태스킹, 다중작업[처리] / **distract A from B** B로부터 A의 주의를 흐트러뜨리다, 딴 데로 돌리다

**[1행~2행]** **Few places** are **more conducive** to internal conversations **than** a moving plane, ship, or train.
(= A moving plane, ship, or train is **the most conducive place** to internal conversations.)
- 〈부정어＋비교급＋than ~〉은 '~보다 더 …한 것은 없다'는 최상급의 의미.

**[8행~9행]** Thinking improves // when parts of the mind **are given** other tasks, **are charged with** listening to music
　　　　　　S　　V
or following a line of trees.
- 두 개의 동사구(are given ~, are charged with ~)는 동격으로 are charged with 이하가 앞 내용을 부연설명한다.

---

**예제 3** ① ★ 소재 **외식할 때 과식을 부르는 요인**　　　　　　　　　　　　　　**p.24**

**해석** 외식 습관에 대한 연구에 의하면, 우리는 외식할 때 섭취하는 칼로리 수를 절반까지 낮춰 잡는 경향이 있다. 편안하고 촛불이 켜진 레스토랑에서 식사할 때는 배가 부를지라도 음식을 더 오래 즐기는 경향이 있다. 친구들과 식사를 하는 것도 좀 더 많은 칼로리를 섭취하는 데 기여를 한다. 연구자들에 의하면 친구 두세 명과 식사를 하는 여성들은 평균 700칼로리를 섭취하는데 혼자 식사하는 사람들의 두 배이다. 심리 상태도 칼로리를 섭취하는 데 또 다른 요소가 된다. 웨이터가 손님을 맞으며 "오늘 밤에는 무엇을 축하하실 건가요?"라고 물으면 그렇게 묻지 않은 웨이터들에 비해 주문을 더 많이 받았다. 그러므로 식사를 특별한 행사로 취급하면 더 먹을 가능성이 더 커진다.

**추론흐름** 빈칸 문장을 통해 웨이터가 축하할 일이 있는지를 묻는 경우와 그렇지 않은 경우 어떤 차이를 가져오는지를 찾아야 함을 알 수 있다. 마지막 문장에서 외식을 특별 행사로 취급하면 더 (많이) 먹을 가능성이 커진다고 했으므로, 축하할 일이 있는지를 묻는 웨이터는 그런 질문을 하지 않는 웨이터에 비해 '주문을 더 받았을' 것이다.

**오답근거**
② 더 빈번히 외식했다
③ 더 기분이 좋지 않았다
④ 음식을 더 천천히 전달했다
⑤ 칼로리를 더 많이 섭취했다 ➡ 많이 먹게 되는 것은 웨이터가 아니라 손님이다.

**어휘** **underestimate** (규모 등을) 너무 적게 잡다: (사람을) 과소평가하다 / **consume** ~을 소비하다: ~을 먹다, 마시다 / **candle-lit** 촛불을 밝힌

**구문** **[1행~2행]** Studies [regarding ~ ] / found that, ~, we tend to underestimate / the number of calories [(that) we
　　　　　　　　　　S　　　　　　　　V　　　O
consume ●] / by up to half.

---

**예제 4** ① ★ 소재 **첫인상의 영향력**　　　　　　　　　　　　　　**p.24**

**해석** 사람들은 자신들이 느낀 첫인상이 잘못된 것일지라도 그것을 고집하는 경향이 있다. 당신이 새로 온 이웃 사람의 이름을 친구에게 말한다고 해보자. "아, 난 그 사람을 알아."라고 당신 친구가 대답한다. "그는 처음에는 좋은 사람처럼 보이지만, 그건 모두 가식이야." 아마 이 평가는 근거가 없을 것이다. 그 이웃은 당신의 친구가 그를 알고 난 이후로 바뀌었을 수도 있고, 혹은 당신 친구의 판단이 단지 부당한 것일 수도 있다. 그 판단이 정확하건 그렇지 않건, 일단 당신이 그것을 받아들이면, 그것은 당신이 그 이웃에 대해 반응하는 방식에 영향을 줄 것이다. 비록 이 이웃이 성자일지라도, 당신은 당신의 예상에 맞는 방식으로 그의 행동을 해석할 가능성이 크다.

**추론흐름** 빈칸 문장으로 보아, 사람들이 어떤 방식으로 이웃의 행동을 해석할 가능성이 큰지를 찾아야 한다. 단락 첫 문장에서 사람들은 첫인상이 잘못된 것일지라도 그것을 고집한다고 했으므로, 우리는 첫인상에 의거하여 예상한 것에 따라 사람의 행동을 해석할 가능성이 크다고 할 수 있다.

**오답근거**
② 당신의 지위를 높이는
③ 당신을 똑똑하게 만드는
④ 당신을 부유하게 유지하는
⑤ 당신의 편견을 제거하는 ➡ 지문 내용과 정반대인 오답.

**어휘** **stick to A** A에 달라붙다: A에 집착하다, A를 고수하다 / **act** 행동: 법률; 가식: (연극 등의) 막 / **evaluation** 평가 / **groundless** 근거 없는 / **saint** 성인. 현자

---

**예제 5** ① ★ 소재 **수학을 적용한 르네상스 예술의 특징**　　　　　　　　　　　　　　**p.25**

**해석** 수학은 분명히 르네상스 예술에 영향을 주었다. 르네상스 예술은 여러 가지 면에서 중세의 예술과 달랐다. 르네상스 이전에는 그림에 있는 물체들이 외관상 사실적이라기보다는 편평하고 상징적이었다. 르네상스 시대의 예술가들은 그림을 다시 만들었다. 그들은 그림 속의 물체들이 정확하게 표현되기를 원했다. 물체들의 본질적인 형태를 원근법으로, 다시 말해 인간의 눈에 보이는 대로 그리기 위해 수학이 사용되었다. 르네상스 시대의 예술가들은 기하학을 사용하여 원근법을 성취했는데 그것은 실제 세계를 사실적이고 정확하며 3차원적으

**추론흐름** 빈칸 문장으로 보아 르네상스 시대 예술가들은 그림 속의 물체들이 어떻게 표현되기를 원했는지를 찾아야 한다. 빈칸 문장이 중반에 위치해 있으므로 그 뒤를 우선적으로 보면 '눈에 보이는 대로' 그리기 위해 수학이 사용되었고 그다음 문장에서도 당시 예술가들이 실제 사실을 사실적이고 '정확하며' 3차원적으로 묘사했다고 되어 있다. 그러므로 물체들이 '정확하게(with accuracy)' 표현되길 원했음이 가장 적절하다.

**오답근거**
② 하나의 전통으로

로 묘사하게 했다. 수학을 예술, 특히 그림에 응용한 것은 르네상스 예술의 주된 특징 중 하나였다.

③ 현실감 없이　　④ 추상적으로
③, ④ ➡ 르네상스 예술 특성에 어긋남.
⑤ 상징으로 ➡ 르네상스 이전 그림의 특징(symbolic)에 해당.

**어휘** **flat** 단조로운; 쉬운; 평평한 / **symbolic** 상징적인 / **portray** 초상화를 그리다; ~을 묘사하다 / **perspective** 원근법; 견해; 전망 / **geometry** 〈수학〉 기하학 / **three-dimensional** 3차원의 / **representation** 표현; 묘사; 대표, 대리 / **application** 응용, 적용, 이용 / **primary** 제1차의; 중요한 / **abstraction** 추상; 비현실적 관념

---

**예제 6** ③ ★ 소재 **이해하기 쉬운 과학 문헌의 필요성** p.25

**해석** 과학은 미래를 만들고 있고 국가는 미래 과학자들을 만들어내는 데 열심이다. 이러한 투자로 과학이 모습을 더 많이 드러낼수록 우리에겐 과학의 요지를 충분히 이해하면서 따라잡아야 할 필요성이 더 커진다. 다시 말해, 평범한 사람들인 우리가 과학과 보조를 맞추려면 더 많은 과학 작가들, 그리고 이해하기 쉬우면서 지식이 많고 설득력 있어 읽어볼 것이 요구되는 더 많은 과학 저술들이 필요하다. 사람들은 과학에서 배제되는 듯한 느낌을 받는 경우가 흔하고, 과학자들이 하는 일을 이해하려면 석박사 학위가 필요하다고 확신한다. 그 결과 사람들은 과학을 자신들의 삶과는 상관이 없는 배타적인 영역으로 방어적으로 떨쳐버린다. 과학적 문맹에 대한 확실한 치료법 중 하나는 훌륭한 과학 문헌이며, 전문 용어들을 쉬운 영어로 단지 옮겨놓거나 복잡한 아이디어들을 쉽게 설명한 것이 아닌 저술이다.

**추론흐름** 빈칸 문장에서 빈칸 내용을 치료해주는 것이 훌륭한 과학 문헌이라고 했으므로 빈칸에는 무언가 치료가 필요한 부정적인 것이 와야 함을 알 수 있다. 빈칸이 단락의 마지막 문장에 있으므로 단락 앞부분을 읽어본다. 두 번째 문장과 이를 환언한 세 번째 문장에서, 과학을 이해할 필요성이 커짐에 따라 이해하기 쉬운 과학 저술이 많이 필요하다고 했으므로, 빈칸에는 illiteracy가 들어가야 함을 알 수 있다.

**오답근거**
① 편협함　② 부도덕　④ 변칙　⑤ 조작
➡ 모두, 글에 언급된 바가 없다.

**어휘** **emerge** 나오다, 드러나다 / **gist** 요지, 골자 / **keep pace with** ~와 보조를 맞추다, ~를 따라가다 / **eloquent** 유창한; 설득력 있는 / **exclude** ~을 배제하다; ~을 거부하다 / **convince** ~을 납득시키다, 확신시키다 / **advanced degree** (석사·박사 등의) 고급 학위 / **defensively** 방어로; 수동적으로 / **shrug off** 어깨를 움츠리는 시늉으로 무시[경시]하다; ~을 떨쳐 버리다 / **literature** 문학, 문헌, 저술 / **technical terms** 전문 용어 / **plain** 쉬운; 무늬 없는; 못생긴

**구문** [3행~5행] In other words, **if we** the ordinary people **are to keep** pace with science, ~.
＝
● if we are to-v: (의지·의도) 우리가 ~하려면

[6행~7행] People often feel excluded from science, **(being) convinced** that it takes an advanced degree to understand what scientists do.
● convinced는 '부대상황'을 뜻하는 수동분사구문으로서 앞에 being이 생략되었다.

---

**Point 05** 빈칸 문장 뒤의 환언 어구에 주목하라

**기출돋보기** ③ ★ 소재 **시장에서 성공하기 위한 필수 요소** p.27

**해석** 독특한 상품을 소개하는 것만으로는 시장에서의 성공이 보장되지 않는다. 또 다른 필수적인 요소는 시장을 구성하는 지역사회에 적합한 상품을 제공함으로써 시장에 대한 반응성을 증가시키는 것이다. 이는 각 국가, 지역사회와 개인이 독특한 특성과 욕구를 가지고 있음을 이해하는 것을 의미한다. 즉, 그것은 지역적 그리고 개인적 차이점에 대한 세심함을 필요로 한다. 다시 말하자면, 난제들 중의 하나는 '세계적인' 측면만 너무 강조하는, 두루 적용되는 전략을 피하는 것이다. '선진화된'이나 '신흥'과 같이 국가들을 범주화하는 것도 위험하다. 좀 더 면밀히 분석을 해 보면 '신흥' 국가들은 서로 아주 다를 뿐 아니라, 그들은 또한 수많은 독특한 개인들과 지역 공동체들로 구성되어 있다.

**추론흐름** 빈칸 문장이 세미콜론(;)으로 시작되고 있으므로 그 앞의 내용에 주목한다. 각 국가, 지역사회와 개인의 독특한 특성과 욕구에 대해 이해하는 것은 '지역적이고 개인적인 차이점에 대한 세심함'이 요구된다.

**오답근거**
① 빠르게 팽창하는 세계 시장 ➡ 빈칸 문장 다음에 나오는 어휘(global)를 활용한 오답.
② 두루 적용되는 전략의 사용 ➡ 빈칸 문장 앞의 내용과 상충.
④ 어려운 문제들을 의미 있게 만드는 자원들 ➡ 빈칸 문장 뒤에 나오는 어휘(the challenges)를 활용한 오답.
⑤ 생산성을 올리기 위한 개인적인 경쟁 ➡ 지문에 등장하는 어휘(individual(s))를 이용한 오답.

**어휘** **guarantee** ~을 보증[보장]하다 / **responsiveness** 반응성 / **make up** ~을 구성[형성]하다; (부족한 것을) 보충[만회]하다; 화장[분장]하다 / **one-size-fits-all** 하나의 사이즈로 모든 것을 맞추는, 두루 적용되는; 프리사이즈의 / **place emphasis on** ~을 강조하다 / **categorize** ~을 범주화하다, 분류하다 / **emerging** 신흥의, 최근에 생겨난 / **employment** 고용; 사용, 이용 / **sensitivity** 세심함; 예민함, 민감성

**구문** **[1행~3행]** Another vital factor is increasing one's responsiveness [to the markets] / by providing *products* [**suited**

                          S           V                  C

for *the local communities* [**that** make up the market]].

---

**예제** ① ★ 소재 **글쓰기를 쉽게 시작하는 방법**            **p.27**

**해석** 백지 한 장이 당신 앞에 놓여 있고, 당신은 그것을 채워야만 한다. 갑자기, 당신의 마음도 그 종이처럼 텅 빈 상태가 된 것처럼 생각될 수 있다. 펜을 움직이게 하기 위해 당신은 무엇을 할 수 있는가? 답은 간단하다. 완벽이라는 덫에 걸리지 마라. 다시 말해, 초고는 당신이 가장 잘 쓴 글이 아니며 생각을 첨가하고 약간의 수정을 하면 더 효과적으로 만들 수 있다고 자신에게 납득시킬 수 있다면, 시작하기가 더 쉬워질 것이다. 시작할 때, 당신이 쓴 것에 대해 독자가 어떻게 생각할까에 대해 걱정하지 마라. 초고가 얼마나 훌륭하냐에 대해 관심을 두지 않음으로써 할 수 있는 한 글쓰기를 쉬운 것으로 만들어라. 당신이 추구하기를 원하는 생각들을 교정하고 다듬을 시간이 나중에 있을 것이다.

**추론흐름** 빈칸 문장 뒤를 보면 That is ~로 시작하고 있으므로 이를 통해 답을 알 수 있다. 초고는 가장 잘 쓴 글이 아니며, 생각의 첨가와 수정을 통해 나아질 것으로 생각해야 글쓰기를 시작하기 쉬워진다는 의미이므로 빈칸에는 '완벽(perfection)'이라는 덫에 걸리지 말라는 내용이 가장 적절하다.

**오답근거**
② 저작권
③ 상대주의
④ 파괴
⑤ 모방
②, ⑤ ➡ 글쓰기와 관련되어 보이나 빈칸 근거에 적절하지 않음.

**어휘** **convince A that** A에게 ~을 납득시키다 cf. **convince A to-v** A를 설득하여 ~하게 하다 / **first draft** (원고의) 초고 / **revision** 수정, 교정 / **be concerned with** ~에 관심이 있다 / **polish** ~을 다듬다, 윤을 내다

**구문** **[3행~5행]** That is, if you can convince yourself that the first draft isn't your best writing / *and* can be made more

                               S'         V'         IO'       DO'

effective / with ~, // then **it** will be easier **to get started**.

                         가주어                  진주어

**[6행~7행]** *When* starting, / don't worry about **what** the reader will think about **what** you have written.

- 분사구문의 뜻을 분명히 하기 위해 접속사 When을 덧붙인 것이다.
- 첫 번째 what은 의문사(무엇)로, 두 번째 what은 관계대명사(~하는 것)로 해석하는 것이 자연스럽다.

---

# Point 06 문장과 문장 간의 논리 관계를 따져라

## 1. 앞뒤의 논리적 관계를 따져라

**기출돋보기** ② ★ 소재 **미국인과 유럽인의 여가에 대한 인식 차이**         **p.29**

**해석** 일반적으로 미국 문화는 여가를 못 미더워하는 것처럼 보인다. 어떤 사람들은 이것이 개신교도들의 노동 윤리 때문일지도 모른다고 생각한다. 많은 미국인들이 지적으로나 신체적으로 큰 노력을 요하는 취미나 자원봉사활동으로 자신들의 여가 시간을 채운다. 심지어 휴가 중에도 미국인들은 휴대 전화와 노트북 컴퓨터를 통해 직장과 연락을 유지한다. (A) 반면에, 유럽인들은 여가를 존중한다. 새로운 프랑스 법에 따라 프랑스는 유럽에서 가장 짧은 주당 노동 시간을 가지게 되었다. 20명 이상의 직원을 가진 회사는 근무시간을 주당 39시간에서 35시간으로 줄여야 한다. 근로자들을 위한 여가 시간을 더 많이 만들어 내는 것 이외에도, 이러한 움직임은 실업 상황을 완화하는 데 도움이 될 것으로 예상된다. (B) 그러나, 독일에서는 더 길어진 주당 노동 시간이 곧 표준이 될지도 모른다. 독일의 낮은 출생률로 인해, 관대한 국가복지체계 내에서 점점 더 많아지는 독일 은퇴자들을 부양할 근로자의 수가 더 감소하는 결과를 낳았기 때문이다.

**추론흐름** (A)의 앞은 미국인들이 여가를 못 미더워해서 일을 놓지 않는다는 내용인데 반해, (A)의 뒤는 유럽인들이 여가를 존중한다는 내용이 서술되고 있으므로 대조적 의미를 연결하는 On the other hand가 적절하다. (B) 앞에는 프랑스의 짧은 주당 노동 시간을 언급하는 데 반해, (B) 뒤에서는 프랑스와는 달리 노동 시간이 더 길어지는 독일의 경우를 설명하고 있으므로 역접의 연결어 however가 알맞다.

**오답근거**
① ➡ (B)의 therefore는 빈칸 위치가 후반부이기 때문에 '결론'이 와야 한다고 착각해 고를법한 오답.
④ ➡ (B)를 역접으로 맞게 판단했더라도 (A)에서 서로 다른 것을 대조하는 것이 아니라 유사한 것을 비교하는 연결어를 잘못 선택한 경우. 비교의 연결어 likewise는 올 수 없다.

**어휘** **in general** 보통, 대개; 전반적으로 / **suspicious** 의심하는, 못 미더워하는 / **leisure** 여가 / **Protestant** (개)신교도(의), 프로테스탄트(의) / **ethic** 윤리, 도덕 / **intellectually** 지적으로 / **demanding** 요구가 지나친; (일이) 부담이 큰, 힘든 / **via** ~을 통해, 거쳐 / **hold A in high regard** A를 존경[존중]하다 / **work week** 주당 노동 시간 / **ease** 편안함; 쉬움; ~을 덜어주다, 편하게 하다 (= relieve) / **unemployment** 실업 (상태); 실업률 / **birth rate** 출생률 / **result in** (결과적으로) ~을 낳다[야기하다] / **retired** 은퇴[퇴직]한 / **welfare** 복지, 복리; 행복

**구문** **[11행~12행]** <u>Its low birth rate</u> <u>has resulted in</u> *fewer workers* [**supporting** more and more retired Germans / in the generous state welfare system].
<small>S</small> <small>V</small>

---

**예제 1** ② ★ 소재 생각의 자기 조직화 현상 **p.30**

**해석** 물리학자들은 자연이 어떻게 자기 조직화하여 임계(臨界)성을 만들어 내는지 항상 흥미로워해 왔다. 흔히 볼 수 있는 예는 불어나는 모래 더미이다. (모래) 알갱이들이 쌓임에 따라, 그 더미는 예측 가능한 식으로 불어나다가, 갑작스레 예고도 없이 임계점에 달해 무너지고 만다. 이러한 모래사태는 자연발생적으로 일어나며 그 규모와 타이밍을 예측하기가 불가능하므로 임계성을 띠는 자기 조직적 체계라 한다. (A) 유사하게, 당신의 머리에 임의의 대상을 하나 떠올리고 그 대상을 상상력과 혼합하면, 뇌세포 하나를 점화시킬 생각을 활성화할지도 모른다. 이는 결국 그 뇌세포의 주위 뇌세포들도 점화시킬지 모른다. 그 결과 모래사태와 매우 흡사하게, 뇌세포들의 작은 연결망에 걸쳐 퍼져나갈 수 있는 두뇌 활동이 넘쳐나게 된다. (B) 다시 말해서, 생각들이 쌓여 임계점에 달하면, 그 생각들은 자기 조직화하여 새로운 아이디어가 될 것이다.

**추론흐름** (A)의 앞에 점점 커지다 임계점에 달해 무너지는 모래 더미의 예시가 등장하며, (A) 뒤에는 이와 유사한 현상이 두뇌에서도 일어남을 설명하고 있으므로 Similarly가 알맞다. (B)의 뒤는 (B) 앞의 내용과 같은 내용을 어구만 바꿔 서술하고 있으므로 '환언'을 나타내는 연결어 In other words가 적절하다.

**오답근거**
① ➔ (B)의 앞뒤는 상반된 내용이 아니라 환언에 해당하므로 역접의 연결어 However는 부적합함.
⑤ ➔ (B)의 다음 내용은 단락 전체를 함축해서 요약한 것이 아니라 바로 이전에 언급된 뇌세포의 활동에 대한 설명이므로 오답.

**어휘** **physicist** 물리학자 / **intrigue** (정치) 음모; 음모를 꾸미다; 강한 흥미를 불러일으키다 / **predictable** 예측할 수 있는 / **critical** 비판적인; 중요한, 결정적인; 위태로운; 《물리》 임계의 / **collapse** (건물 등이) 붕괴하다; (사람이) 쓰러지다 / **spontaneously** 자발적으로, 자연스럽게 / **random** 닥치는 대로, 임의의 / **stimulate** ~을 자극하다, 활발하게 하다 / **single** 단 하나의; 1인용의; 혼자인 / **propagate** (동식물 등을) 번식시키다; (사상 등을) 전파하다

**구문** **[2행~4행]** As grains build up, / the pile grows in a predictable way, / 〔until〕 suddenly and without warning, it hits a critical point and collapses.
● 〈A until B〉에서 A에 부정어가 없고 B가 A의 결과라면 'A하다가 (결국) B하다'로 해석하는 것이 자연스럽다.

**[8행~10행]** In turn, this may cause its neighbors to fire too, **causing** *a flood of brain activity* [**that** can propagate across small networks of brain cells], much like an avalanche of sand.
● causing 이하는 '결과'를 나타내는 분사구문.

---

**예제 2** ⑤ ★ 소재 효과적인 기억 환기를 돕는 유일무이한 단서 **p.30**

**해석** 어떤 특정 단서와 결부된 항목이나 맥락이 많으면 많을수록, 특정 기억을 불러일으키기에는 덜 효과적일 것이다. (A) 따라서, 어떤 노래가 당신의 삶에서의 특정 시기와 관련되어 있을지라도, 그 노래가 계속해서 내내 흘러나와 당신이 그 곡을 듣는 데 익숙해졌다면, 그 노래는 그 당시의 기억들을 되돌리는 데 그다지 효과적인 단서는 되지 못한다. 이러한 현상은 '대중적인' 고전음악으로 구성된 다소 제한된 레퍼토리(연주곡목)에 의존하는 고전음악 라디오 방송의 경우에 종종 발생한다. (B) 반면, 삶의 특정 시기 이후로는 듣지 못했던 곡을 들으면, 기억의 수문(水門)이 열리고 우리는 추억에 잠기게 된다. 그 곡은 유일무이한 단서, 즉 그 곡은 물론 (그 곡을 듣던) 때와 장소에 대한 기억과 연관된 모든 경험을 드러내는 열쇠 역할을 한다.

**추론흐름** (A) 앞의 내용은 단서에 연관된 내용이 많을 때 그 단서가 기억을 효과적으로 불러오지 못한다는 것이고, 이것은 (A) 뒤의 현상이 일어나는 근거가 된다. 그러므로 인과 관계를 나타내고 앞 내용의 결과가 이어질 때 쓰이는 Thus가 적합. (B) 앞은 기억을 잘 불러오지 못하는 경우, (B) 뒤는 그와 반대로 기억이 쉽게 떠오르는 경우를 언급했다. 따라서 대조를 나타내는 On the other hand가 적합.

**오답근거**
①, ② ➔ (A) 다음 문장은 (A) 앞에서 언급한 사실로 인해 결과적으로 나타나는 현상으로, 서로 같은 내용을 어구만 바꿔 표현한 것이 아니다. 따라서 환언을 나타내는 연결어 That is to say는 적합하지 않음.

**어휘** **context** 맥락, 전후 사정; (글의) 문맥 / **cue** 단서; (무엇을 하라는) 신호(를 주다) / **be associated with** ~와 관련되다 / **bring up** (화제를) 꺼내다; (먹은 것을) 토하다 / **retrieve** ~을 되찾아오다, 회수하다 / **be[become] accustomed to A** A에 익숙해지다, 길들여지다 / **repertoire** 레퍼토리, 연주곡목 / **floodgate** 《주로 pl.》 (수위 조절용) 수문 / **immerse (in)** ~을 (~에) 담그다, 적시다 cf. **immersed in** ~에 빠진, 몰두한 / **unlock** (열쇠로) ~을 열다; (비밀 등을) 드러내다

**구문** **[1행~2행]** **The more** items *or* contexts a particular cue is associated with, / **the less effective** it will be at bringing up a particular memory.
● 〈the+비교급 ~, the+비교급 ...〉: ~할수록 더욱더 ...하다

**[8행~10행]** The song has acted / as **a unique cue**, **a key** [unlocking *all the experiences* [associated with the memory for the song, its time and place]].

S / V / =

## 2. 혼동할 수 있는 연결사를 주의하라

**기출돋보기 1** ① p.31

**해석** 기술적으로는 종이 제품이 자연 분해될 수 있지만, 대부분의 쓰레기 매립지에서 그것들은 자연 분해되지 못한다. 게다가, 종이 생산은 비닐 봉투 생산이 배출하는 것보다 70퍼센트까지 더 많은 오염 물질을 공중에 배출한다.

**추론흐름** 빈칸 앞에서 종이 제품이 환경에 유해한 예가 나왔고 뒤에는 역시 환경에 유해한 또 다른 예를 서술하고 있으므로 '첨가'를 나타내는 연결어가 적절하다.

**어휘** **technically** (과학) 기술적으로; 엄밀히 따지면 / **biodegradable** 자연 분해될 수 있는 (미생물에 의해 분해될 수 있는) **cf. biodegrade** 자연 분해되다 / **landfill** 쓰레기 매립(지) / **pollutant** 오염 물질, 오염원

**구문** **[2행~4행]** Furthermore, / the production of paper releases / up to 70 percent more pollutants into the air / **than**

S / V / O

*does* **the production of plastic bags**.

V'(= releases) / S'

● than 뒤의 동사에 비해 주어가 길면 도치되는 경우가 많다.

**기출돋보기 2** ① p.31

**해석** 개인이 스스로를 진정으로 가치 있게 여길 때, 그들은 자신을 타인과 비교하거나, 다른 사람들을 비방하거나, 우월하게 보일 필요가 없다. 그 대신에, 일체감과 상호 협력만이 있다.

**추론흐름** 빈칸 앞에 열거된 '타인과의 비교, 타인에 대한 비방, 우월하게 보이는 것'과 빈칸 뒤에 이어진 '일체감, 상호 협력'은 서로 대조되는 내용이므로 정답은 ①.

**오답근거**
② ➡ 빈칸 뒤가 '부정적' 내용이 아니므로 Unfortunately는 적절치 않다.

**어휘** **tear down** (건물 등을) 허물다; ~을 비방하다 / **togetherness** 일체[연대]감; 단란함 / **mutual** 서로의, 상호의; 공동의 / **aid** 원조, 도움; (~을) 돕다

**기출돋보기 3** ① p.31

**해석** 금발인 사람 모두가 갈색 머리인 사람에게보다 서로에게 더 밀접하게 관련되어 있다고 추정하는 것은 잘못된 것이다. 마찬가지로, 털이 긴 개들이 털이 짧은 개들보다 서로 더 밀접하게 관련되어 있는 것이 아니다. 단지 외적인 것에 의거한 그러한 분류는 자연에서의 자연스런 관계를 반영하지 않는다. 그러므로 현대의 식물학자는 식물의 실재하는 본질적 특성을 기반으로 식물을 분류하려고 한다.

**추론흐름** 빈칸 바로 앞 문장이 뒤의 결과를 가져온 원인, 이유를 밝힌 것이므로 정답은 ①.

**어휘** **grouping** 그룹[집단]; 분류 / **solely** 단지; 단독으로 / **botanist** 식물학자 / **categorize** ~을 범주화하다, 분류하다 / **fundamental** 기본적인; 중요한

**구문** **[1행~4행]** **It** is a mistake to assume // that all people with blond hair / are more closely related to each other /

가주어 / 진주어

than they are (related) to people with brown hair; ~.

**기출돋보기 4** ② p.31

**해석** 당신이 선택하는 단어를 조심해서 고르는 것은 중요하다. 즉, (단어들의) 온갖 미묘한 차이를 알아야 한다. 예를 들어, 노동조합에 연설을 할 때 청중을 노동자로, 동료로, 또는 단순히 사람으로 부르는 것은 엄청난 차이가 있다.

**추론흐름** 빈칸 뒤는 빈칸 앞에서 서술한 내용의 보다 구체적인 상황, 즉 단어 선택을 신중히 해야 하는 구체적인 예가 제시되고 있다.

**어휘** **selective** 선택적인; 조심해서 고르는, 선별적인 / **nuance** (의미·소리 등의) 미묘한 차이, 뉘앙스 / **labor union** 노동조합 / **a[the] world of difference** 엄청난 차이 / **refer to A as B** A를 B라고 부르다 / **comrade** 전우; 동지

**해석** 고용주와 인생은, 단순히 사실 목록을 외우는 것보다는 수학을 적용하는 능력을 학생들에게 장차 요구할 것이다. 그래서, <u>결과적으로</u> 수학 교육은 이러한 실생활의 적용에 맞춰져야 한다.

**추론흐름** 빈칸 앞은 뒤에 이어지는 주장의 근거를 서술한 것이므로 정답은 ②.

**어휘** **tailor** 재단사: 양복을 짓다: 재단하다, 맞추다 **cf. A be tailored to B** A가 B에 맞춰지다 / **application** 응용, 적용

**구문** **[1행~4행]** *The ability* [to apply mathematics], **rather than** simply memorize lists of facts, is **what** employers and
S V C
life will demand of students / in the future, ~.
- 〈A rather than B〉: B보다는 오히려[차라리] A.
- 관계대명사 what이 이끄는 절이 문장의 보어 역할을 한다.

**예제 1** ⑤ ★ 소재 **학습과 본능의 차이에 관한 연구 결과** **p.32**

**해석** 학습은 본능에 대한 대안으로 종종 여겨지는데, 본능은 한 세대에서 다음 세대로 유전적으로 전해지는 정보이다. 우리 대부분은 학습 능력이 지성의 특징이라고 생각한다. 학습과 본능의 차이는 곤충과 같은 '열등한' 동물과 인간을 구별 짓는 것이라 여겨진다. 자기 성찰은 현혹될 정도로 그럴듯한 권한으로, <u>학습이 본능과는 달리, 언제 무엇을 배울지에 관한 의도적 결정을 대개 수반한다고 결론짓게 한다.</u> (A) 그러나, 지난 수십 년간 행해진 연구에 의하면, 본능과 학습 간의, 그리고 인간과 동물 행동의 기저가 되는 인도력 간의 뚜렷한 구별은 없다. 많은 곤충들이 학습을 굉장히 많이 한다는 것이 밝혀졌다. 게다가, 우리는 이제 고등 동물의 학습 과정이, 곤충(의 학습 과정)과 마찬가지로, 종종 선천적으로 좌우된다는 것을 알고 있다. (B) 다시 말해서, 학습 과정 자체는 본능에 의해 자주 조정되며, 이것은 동물의 유전적 구조에 내재한 정보에 의해 이끌려진다.

**추론흐름** (A)의 앞은 학습이 본능과는 다르다는 내용이 언급되고, (A)의 뒤는 본능과 학습 간의 구별이 뚜렷하지 않다는 상반된 내용이므로 '역접'을 나타내는 However, Instead가 적절. (B) 앞에는 고등 동물의 학습 과정이 선천적으로 좌우된다는 내용, (B) 뒤는 이와 같은 내용을 다른 말로 바꿔 표현하고 있다. 따라서 '환언'을 나타내는 연결어 In other words가 와야 한다.

**오답근거**
③ ➡ (B) 이후에 나오는 내용이 지금까지 언급된 것과 다른 새로운 내용이 첨언되는 문맥이 아니므로 Besides는 부적절.

**어휘** **think of A as B** A를 B로 생각하다[여기다] / **alternative** ((to)) 대안, 양자택일: 대안의, 양자택일의 / **instinct** 본능: 직관, 직감 / **genetically** 유전적으로 **cf. genetic** 유전의: 유전학의 / **hallmark** 특징, 특질 / **introspection** 자기 성찰 / **deceptively** 남을 속여서, 현혹시키게 / **convincing** 설득력 있는: 그럴듯한 / **authority** 권한: 권위(자): (주로 *pl.*) 당국 / **conscious** 의식하는, 자각하는 / **concerning** ~에 관하여 (= regarding, in[with] regard to) / **sharp** 날카로운: (변화의 정도가) 급격한: 뚜렷한 / **distinction** (뚜렷한) 차이: 특징: 뛰어남 **cf. make a distinction** 구별하다 / **underlie** ~의 기저[기초]가 되다 / **prodigious** 엄청난, 굉장한 / **innately** 선천적으로 / **inherent** 고유의, 타고난

**구문** **[1행~2행]** Learning is often thought of as the alternative to instinct, **which** is *the information* [passed genetically from one generation to the next].
- 관계대명사 which 이하는 instinct에 대한 부연설명.

**[5행~7행]** Introspection , that deceptively convincing authority , leads one to conclude that learning, unlike
S = V O OC
instinct, usually involves *conscious decisions* [concerning when and what to learn].

**[7행~9행]** However, *work* [done in the past few decades] has shown that **such a sharp distinction** [between
S V O
instinct **and** learning — and **between** the guiding forces [underlying human (*behavior*) **and** animal
behavior]] — cannot be made.
- that절 안의 주어 such a sharp distinction이 전명구(between A and B)의 수식을 받아 길어진 형태.
- such가 다른 형용사와 함께 쓰여 명사를 수식할 때는 〈such+a/an+형용사+명사〉의 어순.

**예제 2** ④ ★ 소재 **인류 문명에 큰 영향을 끼친 불과 스포츠의 발견** **p.32**

**해석** 어떤 사람들은 인간의 가장 위대한 발명품이 음성 언어와 문자 언어였다고 말한다. 다른 이들에게는 그것(가장 위대한 발명품)이 바퀴, 인쇄기, 화약, 내연 기관, 컴퓨터 칩, 혹은 승강기였다. 이 발명품들의 중대성을 부인하기란 불가능하다. (A) 그러나, 인류 문명이 발전하는 데 있어서 가장 영향력 있는 요소는 발명품이 아닌, 불과 스포츠라는 발견이었다. 불은 우리로 하여금 인간다움을 발견하고 규정하게 했고, 따뜻

**추론흐름** (A)의 앞은 사람들이 주로 언급하는 위대한 발명품의 중요성을 부인할 수 없다는 내용인데 반해, (A)의 뒤는 그러한 발명품이 아니라 불과 스포츠의 발견이 인류 문명에 가장 큰 영향을 끼쳤다는 대립된 내용이므로 '역접'의 Nevertheless가 알맞다. (B)의 앞은 스포츠를 통해 인간이 깊은 욕구를 충족한다는 내용이고, (B)의 뒤에

하고 안전한 '집'을 제공했으며, 외부 환경에서의 발전을 가속화했고, 우리 내부에 있는 불을 발견하는 것도 가능케 했다. 지구상의 여느 다른 동물과는 달리, 인간은 세계를 탐험할 필요와 놀이, 오락, 궁극적으로는 스포츠를 통해 인간의 다양하고도 깊은 욕구를 충족하고자 하는 필요에 의해 움직인다. (B) 그러므로, 인간의 삶에서 조직화되고 때로는 미리 계획된 놀이로서의 스포츠의 중요성은 스포츠가 한낱 사회적 발명이라는 가정으로는 충분히 표현되지 않는다.

이어지는 내용은 스포츠가 단순한 사회적 발명이라고는 할 수 없는 매우 중요한 것이라는 의미이다. 앞 내용을 근거로 주장을 펼치는 문맥이므로 '결과'의 연결어 Therefore가 적절하다.

**어휘** **combustion** 불이 탐; (물질의 화학적) 연소 / **influential** 영향력 있는 / **evolution** 진화(론); 발전 / **civilization** 문명 (사회) / **accelerate** 가속화되다; ~을 가속화하다 / **progression** 전진, 진보 / **a range of** 다양한; 일련의 / **script** 대본; 문자; 대본을 쓰다; 입안(立案)하다 / **adequately** 충분히, 적절히 / **capture** ~을 포로로 잡다; ~을 (사진·문장 등에) 담다, 표현하다; (관심을) 사로잡다 / **assumption** 가정, 가설 / **merely** 단지, 그저 (= only)

**구문** **[4행~6행]** ~, the most influential elements [in the evolution of human civilization] were
　　　　　　　　　　　　　　　　S　　　　　　　　　　　　　　　　　　　　　　　　　　　　　V

　　**not** inventions, **but** discoveries: fire and sport.
　　〈not A but B〉: A가 아니라 B인　　C

● 콜론(:) 이하는 discoveries에 대한 부연설명.

**[8행~10행]** ~, humans are driven by *the need* ┌ [**to explore** the world]
　　　　　　　　　　　　　　　　　　　　　　　　│　　*and*
　　　　　　　　　　　　　　　　　　　　　　　　└ [***(to) satisfy*** a range of deep human needs / through play, recreation and, ultimately, sport].

● and로 대등하게 연결된 두 개의 to부정사구가 the need를 뒤에서 수식하는 구조.

**[10행~12행]** ~, sport's importance, **as** structured and sometimes scripted play, in human life /
　　　　　　　　　　　　　S　　　　　　　〈자격·기능〉: ~로서

is not adequately captured / by **the assumption** **that** sport is merely a social invention.
　　　　　　　　V

● 주어(sport's importance)와 주어의 수식어구(in human life) 사이에 as가 이끄는 전명구가 삽입된 문장.

# Point 07 장문 빈칸추론 문제의 특징에 유의하라

**기출돋보기 1**

**해석** 제목: 관계를 맺었지만 실제로는 분리된
빈칸 문장: 한 미국 작가가 언젠가 말했듯이, 우리는 덜 '빡빡하게' 살기를 원하며, 더 드물지만 보다 의미 있는 면대면 만남을 기다리는지도 모른다.

**어휘** **detached** 분리된, 고립된 / **virtuality** 실제; 본질; 가상(현실) (= virtual reality) / **thickly** 두껍게; 빡빡하게 / **infrequent** 잦지 않은, 드문 / **face-to-face** 마주보는, 대면하는 / **encounter** ~을 우연히 만나다, 마주치다; 마주침

**기출돋보기 2**

**해석** 제목: 실패가 당신을 실망시키게 하지 마라
빈칸 문장: 삶의 역경이 당신을 항로에서 이탈시키지 못하도록 도와주는 한 가지 방법은, 당신의 삶이 확실히 다면적이게 하는 것이라고 캘리포니아의 심리학자이자 개인 (상담) 코치인 스티븐 버글라스는 말한다.

**어휘** **sling** 《무기》 투석기 cf. **slings and arrows** 《비유》 가혹한 상황, 역경 / **knock** (문을) 노크하다; ~을 때리다; (타격을 가해) ~을 …한 상태로 만들다 / **ensure** ~을 확실하게 하다, 보장하다 / **multidimensional** 다차원의; 다양한

**구문** **[1행~3행]** *One way* [**to help keep** life's slings and arrows **from knocking** you off course] / is **to ensure** your life is multidimensional, ~.

● 〈keep A from v-ing〉: A가 ~하지 않게 하다
● 동사 is 뒤의 to부정사구가 문장의 보어 역할을 하고 있다.

**해석** 많은 사람들은 자신이 관계를 맺고 있는 사람과 똑같지는 않더라도 비슷한 신념과 가치관을 공유하는 것이 중요하다고 생각한다. 이것이 더 바람직해 보일지는 모르지만, 결코 강제적인 것은 아니다. 매우 다양한 배경을 가진 개인들이 서로의 차이를 너그럽게 보고, 조화롭고도 다정한 삶을 함께 누리는 법을 배워 왔다. 나는 행복하고 지속적인 결혼 생활을 하게 되는, 경제적으로 그리고 정치적으로 스펙트럼의 정반대편 양 끝에 있는 사람들을 보아 왔다. 나는 서로 다른 민족의 부부들이 조화로운 관계로 어우러지는 것을 보아 왔으며, 다른 종교를 가진 사람들이 견고하고 지속적인 유대관계를 위해 모이는 것을 보아 왔다. 더욱이, 친하지만 존중과 친밀한 관계라는 따뜻하고도 애정 어린 기분을 빼고는 공통점이 거의 없는 친구들도 많다. 그것이 유일하게 필수적인 것이다.

다른 사람들과의 최선의 관계를 즐기며, 그들의 차이점에 대한 좌절감이 거의 없이 사는 사람들은, 차이란 예상되기 마련이라는 것, 즉 인생의 현실임을 알고 있다. 이러한 이해는 단순히 '우리가 모두 다르다는 것을 안다.'라는 지적 수준을 넘어서야 한다. 당신은 이 견해를 진정으로 인정하고, 당신의 일상생활에 이것을 반영해야 한다.

내가 보는 바로는, 우리는 두 가지 현실적인 선택권만을 가지고 있다. 우리는 독립된 존재라는 원칙에 반대하고 어느 누구도 우리의 사고방식에 따르지 않는 것 같다는 사실에 계속 좌절감을 느끼고 분노할 수 있다. 아니면 동양 철학에서 소위 '사물의 이치'라고 하는 것을 이해하고자 노력할 수 있다. 독립된 존재는 사물이 실제로 존재하는 방식'이다.' 모든 사람은 독특하며, 제공할 수 있는 각기 다른 재능이 있다. 우리가 이러한 재능들을 찾을 때, 틀림없이 그것들을 발견할 것이고, 그렇게 함으로써 우리는 개인적 성장의 세계로 가는 문을 열 것이다.

**추론흐름** 1. 서로 다른 사람들이 친밀한 관계를 유지하는 경우를 언급하며, 각자의 차이를 인정하고 받아들이는 것이 바람직하다는 요지의 글. 따라서 '다른 사람들이 가지고 있는 차이점을 받아들이기'가 이 글의 제목으로 가장 적절하다.

2. 빈칸 바로 뒤의 the principle of separate realities는 사람들이 각자 독립된 존재임을 의미한다. 빈칸 문장은 앞서 언급된 두 가지 선택권(two realistic choices)을 부연설명하고 있는데, or 이후에 등장하는 두 번째 태도는 사물의 고유함에서 비롯된 차이를 이해하고자 노력하려는 것이므로 or 이전은 차이를 인정하려 하지 않는 태도가 들어가야 한다. 이는 빈칸 바로 다음에 이어지는 '누구도 우리의 사고방식에 따르지 않는다는 사실에 좌절한다'라는 서술과도 일맥상통한다.

**오답근거**
1. ① 삶에서 일어나는 어려움을 직면하기
② 지적인 삶을 영위하기
③ 우정에서 의미를 발견하기 ➡ 일부 문장(many good friends ~ respect and rapport)과 관련 있는 오답으로 지문의 중심 내용과 거리가 멀다.
⑤ 명상을 통해 삶을 풍요롭게 하기
2. ② 확립하고
③ 터득하고
④ 이해하고 ➡ 빈칸 문맥에 상반됨.
②, ③, ④ ➡ 빈칸 문맥에 상반됨.
⑤ 과대평가하고

**어휘** **identical** 동일한, 똑같은 / **mandatory** 명령의; 강제의, 의무의 / **overlook** ~을 (위에서) 내려다보다; ~을 간과하다; ~을 너그럽게 봐주다 / **spectrum** (빛의) 스펙트럼; 범위, 영역 / **economically** 경제적으로; 알뜰하게 / **lasting** 영속적인, 지속적인 / **ethnic** 인종의, 민족의 / **merge** (into) (~로) 합병하다; 융합되다 / **bond** 유대, 결속; 채권; 유대감을 형성하다 / **have A in common** A를 공유하다, A를 공통으로 하다 / **go beyond** ~을 넘어서다, ~을 초과하다 / **own** ~을 소유하다; ~이 사실임을 인정하다 / **incorporate** ~을 포함하다; (법인체를) 설립하다 cf. **incorporate A into B** A를 B에 포함[통합]시키다 / **separate** 분리된, 독립된 / **reality** 현실; 존재, 실재 / **conform to A** A에 따르다, 순응하다 / **strive** (to-v) (~하려고) 노력하다, 힘쓰다 / **what is called** 소위, 이른바 / **enrich** ~을 부유하게 하다; ~을 풍요롭게 하다 / **grasp** ~을 꽉 잡다; ~을 이해하다 / **overestimate** ~을 과대평가하다

**구문** **[1행~2행]** Many people believe that it is critical to share similar, **if not identical**, beliefs and values / with
　　　　　　　　　　　　　　　　가주어　　　　　　　　　　　　　진주어
someone [**with whom** they have a relationship].

● if not이 양보의 의미로 사용되어 '비록 ~이 아닐지라도'의 의미.
● 관계대명사 whom은 전치사 with의 목적어이며 선행사는 someone.

**[12행~14행]** *People* [**who** enjoy the best relationships with others], [**who** live life with the least frustration
　　　　　　　S
[regarding their differences]], / have learned **that differences are to be expected**, **a fact of life**.
　　　　　　　　　　　　　　　　　　　V　　　　　O ⌐＝⌐

● to부정사의 의미상 주어인 differences가 '기대되는' 것이므로 to부정사의 수동태가 쓰였다.
● that절과 a fact of life는 동격.

**[17행~20행]** We can resist the principle of separate realities / *and* remain frustrated and angry / over **the fact** **that**
　　　　　　　　　　　　　　　　　　　　　　　　　　　　　　　　　　　　　　　　　　　　　└─＝─┘
no one seems to conform to our way of thinking, // **or** we can strive / **to understand what** in Eastern
　　　　　　　　　　　　　　　　　　　　　　　　　　　　　　　　　　　　　（목적）~하기 위하여
philosophy **is called** 'the way of things.'

● 관계대명사 what이 만드는 what is called(소위, 이른바) 관용구 사이에 전명구 in Eastern philosophy가 삽입되었다.

**해석** 1978년에 경제학자인 리처드 이스털린이 성인들에게 조사를 실시했다. 그는 그들에게 '소유하고 싶은' 물품들을 목록에서 선택한 다음, 그 동일한 목록에서 그들이 '현재 소유하고 있는' 물품들을 고르라고 요청했다. 그는 16년 후에 동일한 집단을 모아 동일한 목록으로 동일한 질문을 던졌다. 거의 모두가 각자의 '희망 사항 목록'에 있는 물품들을 전부 얻었지만, (그것에) 만족하는 대신, 그들은 첫 조사 동안에는 원하지 않았던 새로운 물품들을 목록에서 선택했다. '쾌락의 쳇바퀴'라고 불리며, '더 많은 것'이 '더 나은 것'을 수반하지 않는다는 것이 경제학자와 '행복 전문가' 모두에게 분명해졌다.

결과적으로, 이 사실은 한 국가의 안녕에 관한 주요 지표로서의 GDP(국내 총생산)에 대한 주목이, 생산하려는 끊임없는 노력을 기울이며 환경에 계속 무거운 부담을 지우는 동시에, 우리로 하여금 우리가 진정으로 원하는 것에서 벗어나게 했다는 우려로 이어졌다. 로버트 케네디 상원의원은 GDP가 폭탄, 독성 화학물질, 담배 같은 '생산물'을 계산에 포함하면서도 아동 건강과 교육의 질, 결혼의 장점이나 시민들이 느끼는 연민과 기쁨은 포함하지 않는다는 점을 한때 강조했다. 그는 GDP가 '요컨대, 삶을 가치 있게 만드는 것을 제외한 모든 것을 측정한다'고 우리에게 일깨운다.

**추론흐름** 1. GDP가 물질적 생산만을 강조할 뿐, 삶을 가치 있게 만드는 것을 측정하는 지표로서는 제대로 기능하지 못한다는 내용이므로, 이를 함축한 선지를 고른다. 따라서 정답은 ③ 'GDP에 대한 우리의 믿음은 잘못되었나?'

2. 빈칸이 조사의 결론 부분에 주어졌으므로, 빈칸 문장 앞의 조사 결과가 단서가 된다. 거의 모든 피실험자가 16년 전에 '희망 사항 목록'에 있는 물품을 얻었는데도, 이전에는 원치 않던 새로운 물품을 소유하고 싶어했다는 조사 내용을 통해 물질적인 욕구(더 많은 것)의 충족이 만족감(더 나은 것)으로 이어지지 않는다는 사실을 알 수 있다.

**오답근거**

1. ① 부를 추구할 때 우리가 희생하는 것
② 필요한 것을 판단하는 법을 배우기
④ GDP가 왜 자유 경제에서 덜 중요한가 ➡ GDP와 자유 경제의 관계는 언급된 바 없음.
⑤ 무소유, 행복을 얻는 비결

2. ② 나이가 들면서 (우리의) 욕망이 달라진다는 ➡ 조사의 시사점은 나이에 따른 욕망의 변화가 아니라, 물질적 욕망은 충족되지 않는다는 것임.
③ 행복은 우리가 예상하는 만큼 '무형의' 것이 아니라는
④ 실험의 전제가 잘못되었다는
⑤ 안녕에 대한 경제적 접근이 바람직하다는 ➡ 조사 결과는 안녕에 대한 물질적 추구가 바람직하지 않음을 시사하고 있으므로 지문 내용과 정반대.

**어휘** **economist** 경제학자 / **conduct** ~을 지휘하다; ~을 수행하다; (열·전기를) 전도하다; 수행 / **corral** 가축우리; ~을 우리에 넣다; ~을 모으다 / **respective** 각각의 cf. **respectful** 존경심을 보이는, 공손한 / **term** 용어; 기간; 〈pl.〉조건; 관점; ~을 칭하다, 일컫다 / **treadmill** 트레드밀 (회전식 벨트 위를 달리는 운동 기구) / **in turn** 차례로; 결과적으로 / **gross** 총, 전체의; 중대한 / **domestic** 가정의; 국내의; (동물이) 길들여진 / **primary** 제1차의; 중요한 / **indicator** 지표; 계기, 장치 / **sidetrack** (철도의) 측선; ~을 곁길로 새게 하다 / **tax** 세금(을 부과하다); 무거운 부담을 지우다 / **incessant** 끊임없는, 쉴 새 없는 / **senator** 상원 의원 / **compassion** 동정심, 연민 / **necessitate** ~을 필요로 하다; (필연적인 결과로서) ~을 수반하다 / **intangible** 만질 수 없는; 무형의 / **premise** (주장의) 전제

**구문** **[1행~3행]** He asked them to pick *items* from a list [**that** they "Would like to own" ●] and then, from that same list,
*(He asked them to pick) items* [(*that*) they "Currently own ●."]

**[7행~8행]** (*Having been*) **Termed** the "hedonic treadmill," / **it** has become clear to economists and "happiness
[가주어]
experts" alike / that "more" does not necessitate "better".
[진주어]

● (Having been) Termed ~는 '부대상황'을 나타내는 분사구문.

**[9행~12행]** In turn, / this has led to **the concern** **that** a focus on GDP — gross domestic product / — as the primary
indicator of a country's well-being / has sidetracked us from what we really want, / **while taxing** the
environment along the way / in *our incessant push* [to produce].

● the concern과 that 이하는 동격.
● while taxing ~ to produce는 의미를 분명히 하기 위해 접속사를 남긴 분사구문.

**해석** '평균의 법칙'을 지지하는 사람들은, 무언가가 아직 일어나지 않았다는 이유로 그것이 미래에 일어날 가능성이 더 높다고 잘못 믿고 있기 때문에 계속해서 복권을 구매한다. 이 믿음은 거의 확실히 (자신이 바라는) 일이 결국 일어날 거라는 것이다.

이 법칙이 가진 매력적 요소는 부분적으로 이것이 실제 통계 법칙, 즉 대수(大數)의 법칙과 유사성을 갖고 있다는 데 기인한다. 이 법칙에 따르면, (앞면이나 뒷면으로) 치우치지 않은 모양의 동전을 적은 횟수, 예컨대 10번을 던지면, 동전의 앞면이 나올 일은 평균인 5번에

**추론흐름** 1. 실행하는 횟수가 많아질수록 결과는 균등해진다는 평균의 법칙이 단일 사건의 결과에는 영향을 미치지 못하므로 복권을 계속적으로 구입하는 것은 소용이 없다는 내용. 즉 ② '습관적인 복권 구매자가 믿는 잘못된 생각'이 정답.

2. 빈칸 문장의 this statistical law는 앞서 설명한 평균의 법칙으로, 빈칸 문장에서 이 법칙이 단일 사건의 확률과 무관하며 (단일 사건의 일종인) 현재의 사건은 과거 사건 결과의 편차를 기억하지 못한다고 했다. 또한, 이러한 내용이 습관적인 복권 구매자들에게 위안이 될 수 없다고 빈칸 문장 다음에서 말했다. 이를 종합하면 빈칸에는 첫 문단에 언급된 복권 구매자들의 믿음, 즉 현재 사건(당첨되지 않음)이 미래에 영향을

서 상당히 벗어날 수도 있다. 그러나 아주 많이, 예컨대 1000번을 던진다면, 동전 앞면이 나올 일은 평균(500번)에 훨씬 더 근접해질 가능성이 높다. 동전을 던지는 횟수가 많아질수록 평균에 근접할 가능성은 더욱더 커진다. 그러므로 동일한 확률을 지닌 일련의 임의적 사건들에서, 연속적 사건이 매우 충분히 연장된다면, 사건의 결과가 균등하게 나눠질 거라는 것은 진실이다. 그러나 이 통계 법칙은 어떤 단일 사건이 일어날 확률과는 아무런 관련이 없다. 특히, 현재 일어나는 사건은 이전 평균에서의 어떤 편차도 기억하지 못하고, 이전의 불균형을 바로잡기 위해 결과를 바꿀 수 없다. 그러므로 습관적 복권 구매자를 위한 위안은 존재하지 않는다.

미친다는 것(복권에 당첨됨)과 반대되는 내용이 올 것을 알 수 있다. 따라서 빈칸에는 '이전의 불균형을 바로잡고자 결과를 바꿀 수 없다'는 것이 알맞다.

**오답근거**

1. ① 대부분의 복권 뒤에 숨겨진 단순한 수학
③ 포기하지 마라! 성공할 때까지 노력하라
④ 과거의 결과를 토대로 예측하는 법 ➡ 과거 사건과 현재 사건은 관련이 없다고 했으므로 지문 내용과 다름.
⑤ 복권의 거부할 수 없는 유혹
2. ① 당신이 운이 좋다면 부(富)를 증대할
② 시도의 이상적인 횟수에 대해 우리에게 아무것도 말해줄 ➡ 지문 중반부의 동전 던지기 예시와 실행 횟수에 집중하면 떠올릴 수 있으나 빈칸 근거 부분과 관련 없음.
④ 어떤 내기를 할지 고르는 동기로서 기능할
⑤ 우리가 표준편차를 계산하는 데 도움이 될 ➡ 빈칸 직전의 어휘(deviation)를 활용한 오답으로 지문 내용과 무관.

**어휘** **lottery** 복권, 제비뽑기 / **more or less** 거의; 대략 / **in part** 부분적으로는; 어느 정도는 / **similarity** 유사(성) (↔ dissimilarity 차이점) / **genuine** 진짜인, 진품의; 진심의 / **statistical** 통계적인, 통계학상의 / **toss** ~을 던지다; 던져 올림; 동전 던지기(를 하다) / **unbiased** 편견이 없는, 선입견이 없는 (↔ prejudiced) / **occurrence** 발생; 사건 / **deviate** 빗나가다, 일탈하다 **cf. deviation** 일탈; 편차 / **mean** 비열한; 〈pl.〉 수단, 방법; 평균 / **a series of** 일련의 / **probability** 있을 법한 일; 확률 / **even** (면이) 평평한; 짝수의; 균등한, 동일한 **cf. even out** ~을 균등하게 나누다 / **have a[no] bearing on** ~와 관련이 있다[없다] / **single** 단 하나[단일]의; 1인용의 / **recollection** 기억(력) / **habitual** 습관적인; 상습적인 / **fallacy** 틀린 생각; 오류 / **irresistible** 저항할 수 없는; 거부할 수 없는 / **draw** ~을 끌어당기다; 인기를 끄는 사람[것] / **imbalance** 불균형 / **place** ~을 두다; (주문 등을) 하다 **cf. place a bet** 내기를 걸다 / **calculate** ~을 계산하다

**구문** **[1행~3행]** *People* [who support the "law of averages"] buy lottery tickets over and over // **because** they mistakenly believe / that something is more likely to occur in the future / **because** it hasn't occurred yet.
S / V / O / S′ / V′ / O′
● because절의 목적어인 that절에 또 다른 because절이 삽입된 구조.

**[6행~9행]** According to this, / if you toss an unbiased coin a small number of times, / say 10 times, /
S′₁ V′₁ O′₁
the occurrence of heads may deviate considerably / from the mean (average), / **which** is 5; //
S₁ V₁
**but** if you toss it a large number of times — say 1000 times — the occurrence of heads is likely to be
S′₂ V′₂ O′₂ S₂ V₂
much closer to the mean (500).
C₂
● 2개의 〈if절+주절〉이 but으로 대등하게 연결된 구조.
● which는 the mean (average)을 가리킨다.

**[10행]** And **the bigger** the number of tosses, **the closer** it is likely to be.
● 〈the+비교급 ~, the+비교급 ...〉: ~할수록 더욱더 …하다.

## 실전 적용문제 **1**회    **1**① **2**⑤ **3**④ **4**③ **5**② **6**③

---

**1**   ①   ★ 소재 **선물을 포장하는 관습의 유래**       **p.**40

**해석** 크리스마스 선물을 포장하는 것은 미국인의 생활에서 상당히 최근의 현상이라고 윌리엄 웨이츠는 적고 있다. 그것은 20세기 전환기에 일어났는데, 그 시기에 손으로 만든 선물들이 기계로 만들어져 상점에서 구매되는 선물들로 대체되고 있었다. 선물을 주는 사람과 선물 제조업자 모두에게 이 변화는 한 가지 문제점을 제시했는데, 기계로 만든 제품들이 편리하다는 바로 그 이유 때문에, 손으로 만든 물건들이 그랬던 것보다 주는 사람의 개인적인 세심함이 덜 드러나 있기 때문이다. 따라서 그것들은 상징적인 면에서 친밀함이 덜했다. 이런 상징적인 가치의 손실을 위장하고, 대량 생산된 물건들에 개인적인 손길을 부여하기 위해, 소매상들은 손님들에게 구매한 물건들을 포장하도록 권했다. 웨이츠의 예리한 용어에 의하면, 선물포장은 '사고 파는 제품들의 평범한 공급'으로부터 선물을 떼어내는 '정화장치'가 되었고, 선물을 상거래라기보다 축하하는 한순간을 위한 친밀함의 상징으로 만들었다.

**추론흐름** 손으로 만든 선물이 상점에서 산 선물로 대체되면서 친밀함이 덜하다는 문제가 발생했고 이를 위장하기 위해 포장이 권해졌다는 내용으로 보아, 선물포장이 만들어 낸 선물의 상징적 가치는 '친밀함(intimacy)'이다.

**오답근거**
② 위장
③ 아량
④ 편리함 ➔ 지문에 등장하는 어휘(convenient)를 활용한 오답으로 정답과 반대 개념.
⑤ 격려

**어휘** **give way** 무너지다, 부서지다: (to) 지다, 양보하다; (to) 바뀌다, 대체하다 / **manufacturer** 제조업자, 생산자 / **precisely** 바로, 정확히 / **intimate** 친밀한 cf. **intimacy** 친밀함 / **disguise** ~을 위장[변장]시키다; 위장 / **retailer** 소매상 / **decontaminate** 오염물질을 제거하다, 정화하다

**구문** [4행~7행] For both givers and manufacturers, / this shift presented a problem, // for the machine-made items, /
S      V      S´

precisely because they were convenient, / represented less of the giver's personal attention than the
         V´

hand-made items had done; ~.
● for는 여기서 '이유'를 나타내는 접속사로 쓰였다.

[10행~13행]
        ┌ became a 'decontaminating mechanism' [that removed ~]
        │ V₁               C₁
Gift-wrapping, ~, │ and
        └ made them, ~, emblems of intimacy rather than commerce.
          V₂   O₂                OC₂

---

**2**   ⑤   ★ 소재 **소셜 네트워크에서의 집단지성 발현**       **p.**41

**해석** 소셜 네트워크는 우정, 친족 관계, 공통 관심사 혹은 금전 거래와 같은 한 가지 또는 그 이상의 특정 상호의존 유형에 의해 연결된 사회 구조이다. 생각은 우리가 만든 소셜 네트워크(관계망) 안에서 흐르고 움직이며, 이러한 네트워크는 개인의 능력을 보완하고 증대시킨다. 각각의 개미들이 똑똑하지 않더라도 개미 집단은 '똑똑한' 것, 혹은 새떼가 각각의 새들이 원하는 바를 결합하여 어디로 날아갈지 결정하는 것과 유사한 방식으로, 소셜 네트워크는 구술 역사나 온라인 위키처럼 사람과 시간을 통해 전달되는 정보를 포착하여 그 안에 담을 수 있으며 시장 가격을 정하거나 선거에서 후보자를 선출하기 위해 수백만 개의 결정들을 모을 수 있다. 인간의 소셜 네트워크는 그 누구도 혼자서는 할 수 없는 일을 한다. 집단적인 목표를 창조, 유지, 강화하는 네트워크의 능력은, 상호작용의 규모가 커지면서 고층

**추론흐름** 빈칸이 '소셜 네트워크'에 대한 서술 부분에 주어졌다. 이후의 문장에서 '소셜 네트워크'를 설명한 부분을 보면, 인간 혼자서는 할 수 없는 일을 하고 집단 목표를 창조, 유지, 강화하는 능력이 있다는 내용이 나온다. 이는 곧 '개인의 능력을 보완하고 증대하는 능력'이다.

**오답근거**
① 우리가 세상을 바라보는 방식을 혁신하고 있다 ➔ 그럴듯해 보이나 근거가 제시되지 않음.
② 인간 사회집단의 크기를 증가시킬 것이다
③ 개인의 사생활을 침해하는 경향이 있다
④ 개인 간의 면대면 의사소통을 막는다
③, ④ ➔ 소셜 네트워크의 긍정적인 측면을 다루므로 부정적 언급은 답으로 부적합.

빌딩을 짓거나 벽을 허무는 것보다 우리가 훨씬 더 많은 것을 성취하는 데 도움을 준다.

**어휘** **interdependency** 상호 의존 / **kinship** 친족 관계 / **colony** 식민지; 공동체; (새 · 개미 등) 집단, 군생 / **flock (of)** (동물 · 사람의) 떼, 무리 / **capture** ~을 붙잡다, 포획하다; ~을 포착하다; 포획(물) / **transmit** ~을 전송하다, 전하다; (병을) 전염시키다 / **oral** 구두의, 말의 / **aggregate** 총계의; 총계; ~을 모으다, 결집하다 / **candidate** 후보자, 지원자 / **sustain** ~을 유지[지속]하다; (가족 등을) 부양하다; ~을 뒷받침하다, 입증하다 / **collective** 집합적인, 집단적인; 공동체 / **interaction** 상호작용 / **revolutionize** ~에 혁명을 일으키다, 급격한 변화를 가져오다 / **intrude** 침입하다, 방해하다, 참견하다 / **complement** ~을 보충[보완]하다; 보충[보완]하는 것 / **augment** ~을 증대시키다, 증가시키다 / **competence** 능력; 적성

**구문** **[5행~7행]** Similar to ┌ **the way (that)** an ant colony is "intelligent" // even if ~,
                                            │ *or*
                                            └ **the way (that)** flocks of birds determine where to fly / by combining the desires [of ~],
● the way (that)은 '~하는 방식'의 의미로 that은 관계부사의 역할을 한다.

**[7행~10행]** ~, <u>social networks</u> ┌ **can capture and contain** *information* [that is transmitted across people and
                              S          │         V₁              O₁
                                         │ time], like ~,
                                         │ *and*
                                         └ **can aggregate** millions of decisions **to set** market prices or **(to) select** candidates
                                                  V₂                O₂          └─(목적) ~하기 위하여─┘
                                         in an election.

**[11행~14행]** And **the ability** [of *networks* [**to** create, **(to)** sustain, and **(to)** strengthen our collective goals]] **helps**
                              S                                                                                                    V
us to achieve much more / than the building [of towers] or the destruction [of walls] // **as**
O                          OC                                                              (비례) ~함에 따라
the scale [of interactions] increases.
S'                          V'

---

**3** ④ ★ 소재 인종차별적 태도의 후천성                                                                                   p.42

**해석** 케이트와 그녀의 급우인 제이미는 1998년에 인종차별을 막기 위한 전국 비디오 경연대회에서 우승한 팀의 가장 막내였다. 그들의 출품작은 "모두가 똑같습니다. 이 아이들 모두가 예뻐요."와 같은 메시지와 함께 유아원에서 놀고 있는 아이들을 담았다. 케이트는 자신들이 만든 비디오의 취지가 인간은 인종차별적 태도를 보이도록 유전적 정보가 주어지지 않는다는 것을 보여주기 위한 것이었다고 말한다. "아이들은 자라면서 주위 환경으로부터 인종차별적인 생각을 배우게 됩니다."라고 그녀는 설명한다. 그리고 그녀는 덧붙여 말한다. "유아원에 있는 아이들은 '난 네가 흑인이니까 같이 놀지 않을 거야'라고 말하지 않는데, 왜냐하면 아이들은 인종차별에 대해서 정말 모르기 때문이죠." 케이트에 의하면, 교육은 그보다 더 어린 세대에서 시작된다. 그리고 만약 어린이들이 온갖 종류의 문화를 경험하면서 자라면, 편견을 덜 갖게 된다.

**추론흐름** 빈칸 문장 다음에 이어지는 대사만으로 답을 찾을 수 있다. 유아들은 인종차별을 모른다고 하였으므로, 빈칸에는 인종차별적 태도가 선천적인 것이 아니라 후천적인 것이라는 내용과 유사한 어구가 와야 한다.

**오답근거**
① 문화는 경연대회에서 이기는 데 매우 중요합니다 ➡ 첫 문장의 어휘(winning, Competition)를 활용한 오답.
② 다른 피부색은 아이들에게 나쁜 인상을 줍니다 ➡ 지문 전반의 흐름에 어긋남.
③ 아이들은 가정적 환경에서 돌보아져야 합니다
⑤ 교육 기관들은 정부의 노력 덕분에 인종차별의 염려가 없습니다 ➡ 정부의 노력에 대해서는 언급된 바 없음.

**어휘** **submission** 제출물; 복종; 항복 / **depict** ~을 (그림 등을 이용하여) 설명하다, 묘사하다 / **nursery** 유아원, 유치원 / **accompany** ~을 동행하다, ~와 함께 가다; ~을 동반하다 / **genetically** 유전적으로 / **code** 암호, 코드; 암호화하다; 유전정보를 부여하다 / **racist** 인종차별적인; 인종차별주의자 cf. **racism** 인종차별주의 / **bias** 편견, 선입견 / **domestic** 가정의; 국내의; 길들여진 / **pick up** ~을 집어 들다; ~을 (차에) 태우다; (지식 · 외국어 등을) 익히게 되다

---

**4** ③ ★ 소재 현대 사회의 다양성 추구 경향                                                                              p.43

**해석** 우리 시대에 가장 널리 퍼져 있으며 아마도 가장 중요한 접두사는 무엇인가? 답은 multi일 것이며, 이것은 '하나 이상'을 의미한다. 현대의 직업은 다중 작업을 점점 더 요구하고 있다. 우리의 사회는 다문화화 되어가고 있다. 우리의 오락도 다중 매체를 이용한다. 한 분야의 세세한 지식이 한때 성공을 보장해 준 반면, 오늘날 최고의 포상은 다양한 영역에서 동일한 자신감을 가지고 일할 수 있는

**추론흐름** 빈칸 문장에서 '그들'은 앞에 나온 '다양한 영역에서 자신감을 가지고 일할 수 있는 사람들'을 의미한다. 마지막 문장에서 다양한 삶이 더 흥미롭고 효과적이라고 했으므로, 빈칸에 들어갈 내용은 ③이다.

**오답근거**
① 이중 언어를 사용하는 사회는 비효율적이라고 생각한다

사람들에게 돌아간다. 이런 사람들을 경계를 넘나드는 사람들이라 하자. 그들은 여러 분야에서 전문 지식을 개발하고, 여러 언어를 구사하며, 풍부하게 다양한 인간 경험에서 즐거움을 발견한다. 그들은 다중의 삶을 사는데 이는 그것이 더욱 흥미롭고, 오늘날에는 더욱 효과적이기 때문이다.

② 한 분야에서의 자신들의 전문성에 만족한다
④ 다양한 전문지식을 요구하는 분야를 피한다
⑤ 같은 일을 하는 데에서 위안을 구한다
➡ 모두 빈칸 문장의 주어인 they(boundary crossers)의 다양함을 추구하는 삶의 모습과 상반됨.

**어휘** **prevalent** 널리 퍼진, 만연한 / **multi-tasking** 다중 작업 / **multi-cultural** 다문화의 / **guarantee** ~을 보증[보장]하다 / **reward** ~을 보상(하다); 보상금 / **realm** 영역; 범위; 왕국 / **boundary** 경계(선); 《주로 pl.》 한도, 한계 / **expertise** 전문 기술

**구문** **[4행~6행]** While detailed knowledge [of a single area] once guaranteed success, // today the top rewards go to
S'　　　　　　　　　　　　　　　V'　　　O'　　　　　　　　　　　　　S　　　　　V
***those*** [**who** can operate with ~ in ~].

---

**5** ② ★ 소재 **결과보다 과정에 집중해야 하는 이유** **p.44**

**해석** 오직 결과에만 집중하는 우리의 성향은 우리의 자아상을 협소하게 만든다. 우리가 다른 사람들의 자산, 성취, 혹은 특징을 부러워할 때 그것은 종종 우리가 잘못된 비교를 하고 있기 때문이다. 우리는 노력 그 자체가 아닌 그들 노력의 결과를 본다. 예를 들어 한 교수님의 연구실에서 그녀와 이야기를 나누고 있는 동안, 그녀가 당신이 이해하지 못하는 단어를 쓰는 것을 듣는다고 하자. 당신은 의기소침해지거나 바보 같다고 느낄지 모른다. 이제 그 교수가 사전을 펼쳐 놓고 자신의 책상에 앉아 있다고 상상해보라. 당신은 아마도 그녀가 단어들을 찾아보는 데, 그녀가 읽는 책에서 그 단어들을 찾는 데, 혹은 다른 몇 가지 간단한 방식으로 그것들을 배우는 데 시간을 보냈기 때문에 그 생소한 단어를 알게 되었다고 결론지을 것이다. 당신 역시 이렇게 할 수 있다. 과정에, 즉 지식과 기술을 키우기 위해 밟아야 하는 단계에 집중하는 것은 우리 자신을 과소평가하는 견해의 형성을 막아줄 것이다.

**추론흐름** 빈칸 문장은 과정에 집중하는 것이 '어떤' 결과를 가져온다는 내용이다. 첫 문장에서 결과에 집중하면 자아상을 협소하게 만든다고 하였다. 그러므로 과정에 집중한다면 그와 반대되는 결과, 즉 자신을 과소평가하지 않는 결과를 가져올 것이다.

**오답근거**
① 우리의 계획을 현실적으로 시행하는 데 도움을 줄
③ 최선의 선택을 내릴 수 있는 자신감을 우리에게 줄
①, ③ ➡ 상식적으로 그럴듯하나 지문 내용과 무관.
④ 빠른 결과를 원한다면 가장 좋은 출발점이 될 ➡ 논리에 맞지 않음.
⑤ 우리의 현재 상황을 다른 사람들과 비교하게 해줄 ➡ 우리를 남과 비교하는 예시를 이용한 오답.

**어휘** **tendency** 성향, 경향 / **outcome** 결과, 성과 / **asset** 자산, 재산 / **faulty** 결점이 있는, 잘못된 / **intimidated** 겁을 내는, 두려워하는 / **implement** ~을 시행하다; 도구, 기구 / **realistically** 현실적으로, 사실적으로 / **belittle** ~을 과소평가하다, 얕보다

**구문** **[4행~6행]** ~, you hear her use *a word* [**that** you do not understand].
　　　　　　　　　S　V　O　　　　　　　　　OC

**[7행~10행]** You would probably conclude that she knows that unfamiliar word
　　　　　　　　S　└─────V─────┘　　　S'　　V'　　　　　O'
// because she **spends** time ┌ **looking up** words,
　　　　　　　　　　　　　　├ **looking for** them / in *the book*s [she reads],
　　　　　　　　　　　　　　│ *or*
　　　　　　　　　　　　　　└ **learning** them / in some other simple manner.

**[10행~12행]** **Focusing on the process**, ∧ **on *the steps*** [one must take ● / **to develop** knowledge
　　　　　　　　　　S　　　　　　(focusing)　　　　　　　　　　　　　《목적》~하기 위하여
and skills], **will keep** us from forming a belittling view of ourselves.
　　　　　　　　　V　　　O
● (focusing) on the steps ~ skills는 Focusing on the process를 보충설명하고 있다.

---

**6** ③ ★ 소재 **놀이와 정반대되는 것** **p.45**

**해석** 우리는 보통 게임을 힘든 일이라고 생각하지 않는다. 어쨌든 우리는 게임을 하며 '노는' 것이고, 놀이를 일과 정반대되는 것으로 생각하도록 가르침을 받아왔다. (A) 그럼에도 불구하고, 이보다 사실과 거리가 더 먼 생각은 없다(이것은 전혀 사실이 아니다). 게임은 우리 스스로 선택하는 힘든 일이다. 그리고 참되면서 힘든 일보다 우리를 더 행복하게 하는 것도 거의 없다는 사실이 드러났다. 놀이에 관한 선두적 심리학자인 브라이언 서튼 스미스가 이전에 언급했듯 '놀이의 반대는 일이 아니라 우울함이다.' 임상적 정의에 따르면 우리는 우울할 때 두 가지 문제로 괴로움을 겪는다. 그것은 '비관적 무능력감'과 '낙담으로 인한 활동 부족'이다. 이 두 가지 특성을 반대로 뒤바꾼다면 '자신의 능력에 대한 낙관적 생각'과 '활기를 북돋는 활동 증대'와 같은 것을 얻을 것이고, 이것은

**추론흐름** (A)의 앞은 게임이 힘들지 않은 놀이라는 통념과, 우리가 놀이를 일과 정반대라고 배워왔다는 내용. (A)의 뒤에서 이러한 생각은 전혀 사실이 아니라고 하며 게임의 힘듦과 일의 행복을 언급하므로 (A)에는 '역접'의 연결어 However나 Nevertheless가 알맞다. (B)의 앞에서는 우울할 때의 감정은 게임을 할 때의 감정과 정반대되는 것이라고 설명하고, (B) 뒤에는 (B) 앞의 내용을 정리하여 다시 언급하고 있으므로 '환언'을 나타내는 연결어가 와야 한다.

게임을 할 때의 감정 상태에 대한 완벽한 설명이다. (B) 다시 말해서, 게임을 하는 것은 우울함과 정서적으로 정반대되는 것이다.

①, ④ ➡ (B) 뒤는 (B) 앞의 내용을 정리한 것이지, 새로운 사실이나 의견을 덧붙이고 있는 것이 아니므로 Besides는 적절치 않다.

**어휘** **normally** 보통(은); 정상적으로 / **leading** (시합에서) 선두의; 가장 중요한 / **depression** 우울(증); 불경기 / **clinical** 임상의; 병상의 / **definition** 한정; 정의(定義) / **pessimistic** 비관적인 (↔ optimistic 낙관적인) / **inadequacy** 불충분함, 부적당함; 무능함 / **despondent** 낙담한, 실의에 빠진 / **reverse** 반대[거꾸로]의; ~을 반대로[거꾸로] 하다 / **trait** (성격상의) 특성, 특징 / **capability** 능력, 역량 / **invigorating** 기운 나게 하는, 활기를 북돋는 / **description** 묘사, 서술 / **hence** 그러므로, 따라서

**구문** **[3행~5행]** Games are *hard work* [**that** we choose ● for ourselves], // and |it| turns out that almost **nothing** makes
〈가주어〉 〈진주어〉
us **happier than** good, hard work.
● that절의 ●는 원래 목적어가 위치했던 자리.
● 〈부정어+비교급+than ~〉은 '~보다 더 …한 것은 없다'는 최상급의 의미.

**[8행~11행]** **If we were to reverse** these two traits, we'**d get** something like this: *an optimistic sense of our own capabilities and an invigorating rush of activity*, / **which** is a perfect description of the emotional state / of playing a game.
● 〈If+S′+were to-v ~, S+조동사 과거형+동사원형 …〉은 '~라면 …할 텐데'의 의미로 가정법 과거 구문.
● 관계대명사 which는 앞에 나온 어구인 an optimistic ~ activity를 받는다.

---

## 실전 적용문제 **2**회  ① ③  ② ①  ③ ④  ④ ②  ⑤ ⑤  ⑥ 1.⑤ 2.④

### **1** ③ ★ 소재 **실패에 영향을 받지 않는 생태계**
p.48

**해석** 일반적으로 실수와 실패는 인간의 모든 설계를 못 쓰게 만든다. 실제로, 자동차 엔진 부품 중 하나가 고장 나면 당신은 견인차를 불러야 할 것이다. 마찬가지로 컴퓨터 회로의 사소한 배선 문제 때문에 컴퓨터를 송두리째 내다 버리게 될 수 있다. 하지만, 자연계는 다르다. 지구 역사를 통틀어 약 300만에서 1억여 종(種)이 사라져왔다고 추정되며, 이는 올해에도 약 3에서 100여 종이 사라질 것임을 의미한다. 그러나 그러한 자연적 멸종은 거의 해를 입히지 않는 것 같다. 수백만 년에 걸쳐 생태계는 실수와 실패에 대해 놀라울 정도의 무감각함을 발달시켜 왔으며, 심지어 수만 종의 목숨을 앗아갔던, 유카탄 반도의 운석 충돌과 같은 극단적인 사건에서도 살아남았다.

**추론흐름** 빈칸 문장만으로도 해결할 수 있다. 생태계가 극단적인 사건 속에서도 살아남았다면 이는 실수와 실패에 영향을 거의 받지 않는다, 즉 둔감(insensitivity)하다고 할 수 있다.

**오답근거**
① 관련성  ② 편협함  ④ 접근 가능성  ⑤ 주관성
➡ 모두 빈칸에 넣었을 때 지문의 요지와 통하지 않고 운석 충돌 예시와도 어울리지 않음.

**어휘** **corrupt** ~을 타락시키다, 부패시키다; 부패한, 타락한 / **component** 구성 요소, 성분 / **tow** (차 등을) 끌다, 잡아당기다; 견인 / **wiring** 전기선, 배선 / **circuit** 빙 돌기, 순회; 〈전기〉 회로, 회선 / **estimated** 추측의, 견적의 / **vanish** (갑자기) 사라지다, 없어지다 / **extinction** 멸종, 절멸 / **ecosystem** 생태계 / **drastic** 과감한, 극단적인; 급격한 / **impact** 충돌; 영향(력), 효과 / **intolerance** 참을 수 없음; 편협함 / **insensitivity** 무감각, 둔감 / **accessibility** 접근(가능성), 접근하기 쉬움; 이해하기 쉬움 / **subjectivity** 주관성, 주관적임 (↔ objectivity 객관성, 객관적임)

**구문** **[8행~11행]** Over millions of years / the ecosystem has developed an amazing insensitivity [to errors and failures],
S  V  O
/ **surviving** even |**such**| drastic events |**as**| *the impact* [of the Yucatan meteorite], **which** killed tens of
〈such A as B〉: B와 같은 A
thousands of species.
● surviving 이하는 '부대상황'을 나타내는 분사구문.
● which 이하는 the impact of the Yucatan meteorite를 부연설명하고 있다.

### **2** ① ★ 소재 **시를 이해하는 올바른 접근법**
p.49

**해석** 시(詩)를 읽을 때, 일반적으로 독자들은 시인과 그들이 살았던 시대에 관해 실제로 알아야 하는 것보다 더 많이 알아야 한다고 느낀다. 우리는 주석, 평론, (시인의) 일대기를 대단히 신뢰하지만, 이는 다만 우리가 우리 자신의 독서 능력을 의심하기 때문인지 모른다. 거의 누구든지 기꺼이 시 읽기를 시작하려 한다면, 어떤 시든 읽을 수 있다. 시인

**추론흐름** 시를 이해하려면 어떻게 해야 하는지가 빈칸 문장의 내용이다. 빈칸 문장 뒤를 보면 시를 읽는 것은 평생의 일, 시는 여러 번 다시 읽을 가치가 있다고 했다. 또한, 시에서 잠시 벗어나야 더 배울 수 있다고 했다.

의 삶과 시대에 관해 당신이 발견하는 어떤 것이라도 타당하며 도움이 될지도 모른다. 그러나 시의 배경에 관한 방대한 지식이 시 자체를 이해하도록 보장하는 것은 아니다. (시를) 이해하기 위해서는 시는 잠시 쉬어가며 반복적으로 읽혀야 한다. 어떤 위대한 시라도 그것을 읽는 것은 평생의 일이다. 물론 그것(위대한 시를 읽는 일)이 평생에 걸쳐 계속되어야 한다는 의미에서가 아니라, 오히려 위대한 시로서 그것 (위대한 시)이 여러 번 다시 읽힐 가치가 있다는 의미에서다. 시에서 잠시 벗어나 있을 때, 우리는 우리가 깨닫는 것보다 그것에 대해 더 많이 배울 수 있을지 모른다.

**어휘** **commentary** 논평, 주석 / **critique** 비평, 평론; ~을 비평[논평]하다 / **biography** 전기, 일대기 / **valid** 유효한; 근거가 확실한, 타당한 / **guarantee** ~을 보증[장담]하다; 보증(하는 것) / **appreciate** ~을 감상하다; ~의 진가를 인정하다; ~에 감사하다

**구문** [6행~7행] But a vast knowledge of the context of a poem is no **guarantee** **that** the poem itself will be understood.
S  V  C

[8행~11행] Reading any great poem is a lifetime job —
**not**, ~, in the sense that **it** should go on and on / throughout a lifetime,
⟨not A but B⟩: A가 아니라 B인  (= reading any great poem)
**but** rather ∧ that as a great poem, **it** deserves many return visits.
(in the sense)  (= the great poem)

---

**3** ④ ★ 소재 **자본주의 발전의 전제 조건인 공정한 경쟁** p.50

**해석** 자본주의의 커다란 역설은, 파괴가 창조를 불러온다는 것이다. 더 나은 기술, 더 효과적인 운영방식, 자신들의 제품에 가격을 매기는 더 똑똑한 방법, 즉, 더 많은 고객을 확보하고 경쟁사에 대한 우위를 갖게 하는 어떤 것을 위해서든 애를 쓰면서 서로 파산하게 하려고 노력하는 기업들은 사실상 더 많은 사업체가 생겨나게 하고 있으며 (더 많은) 사람들을 일하게 하고 있다. 그러나 이것(파괴가 창조를 불러온다는 것)은 오직 그 게임의 특정한 규칙들이 지켜지는 경우에만 효과가 나온다. 기업들이 경쟁 우위를 확보하기 위해 자신들이 하고 싶은 무엇이든 자유롭게 할 때 소비자는 이익을 얻지 못한다. 경쟁은 어떤 대가를 치르고라도 이기는 것을 목적으로 하기보다는, 합의된 규칙에 기초해 정해진 한도 내에서 해야 한다. 풋볼팀이 골을 득점하는 데 필요한 어떠한 수단이라도 사용할 수 있다면 풋볼의 질은 향상되지 않을 것이다. 마찬가지로, 자본주의도 법 테두리 안에서 제품과 가격 책정에 대한 공정한 경쟁이 있을 때 이윤을 내고, 결과적으로 가장 효율적인 기업이 승리하게 된다.

**추론흐름** 빈칸 문장의 this(파괴가 창조를 불러오는 것, 즉 기업들이 서로를 파산시키려 하지만 결국 더 많은 사업체가 생겨나는 것)가 이루어지기 위한 '조건'을 찾아야 한다. 빈칸 문장 뒷부분에서, 기업의 자유는 소비자에게 이익을 가져다주지 못하며, 경쟁은 합의된 규범과 정해진 경계 내에서 근거를 두어야 한다고 했으므로 답은 ④이다.

**어휘** **paradox** 역설, 모순되는 일 / **capitalism** 자본주의 (체제) / **destruction** 파괴, 파멸 / **out of business** 파산[폐업]하여 / **strive** ⟨(for)⟩ 노력하다, 힘쓰다 / **edge** 가장자리, 날; 우세, 유리; ⟨(toward)⟩ 서서히 나아가다; ~의 가장자리를 두르다 **cf. give A an[the] edge over B** A에게 B에 대한 우위를 점하게 하다 / **norm** 표준, 규범 / **boundary** 경계(선); ⟨(주로 pl.)⟩ (활동 등의) 한계, 한도 / **at any cost** 어떤 대가를 치르더라도, 어떻게 해서든 / **competency** 능력; 적성

**구문** [2행~6행] **Companies** [trying to put ~] / in fact **put** many more businesses into existence and people into jobs, //
S  V  O₁  O₂
**as** they strive for better technology, / more efficient ways of operating, / smarter ways of pricing their
⟨때⟩ ~하면서 S′ V′
product — **for anything** [that will win them more customers and give them an edge over the competition].
V″₁ IO″₁ DO″₁  V″₂ IO″₂ DO″₂

● 대시(—) 이하는 for better technology, ~ product를 보충설명하고 있다.

---

**4** ② ★ 소재 **인생에 있어서 시간 활용의 중요성** p.51

**해석** 산다는 것은 행동하고, 느끼고, 생각함으로써 경험함을 의미한다. 경험이란 시간 속에 일어나고, 따라서 시간은 우리가 가진 가장 드문(귀한) 자원이다. 우리가 경험하는 내용이 삶의 질을 결정하며, 일상생활에서 불가피하게 요구되는 것 이상으로, 우리 손으로 어느 정도 시간을 통제하는 개인의 선택권에 대한 여지는 여전히 존재한다. 물론, 그것은 우리가 홀로 내리는 결정이 아니다. 즉, 인류의 구성원으로서뿐 아니라 특정 사회와 문화의 구성원으로서 우리가 무엇을 해야 하는지가 엄

**추론흐름** 빈칸이 마지막 문장에 있으므로 양괄식의 가능성을 염두에 두고 우선 글의 첫 한두 문장에서 근거를 찾아본다. 산다는 것은 경험하는 것이며 경험은 시간 속에서 일어나므로 시간이 우리의 가장 희귀한 자원이라는 말로 보아, 빈칸 문장은 인생에서 가장 중요한 결정 중 하나가 '시간(이라는 자원)을 어떻게 활용'할 것인가란 내용이 되어야 한다.

23

격한 제한에 의해 규정된다. 그러나 역사학자인 E. P. 톰슨이 언급했듯이, 노동자들이 일주일에 80시간 이상을 광산과 공장에서 노예처럼 일했던 산업혁명기의 가장 억압적인 수십 년 동안에도, 대다수를 따라 술집에 가기보다는 자신의 얼마 안 되는 소중한 자유 시간을 문학적 취미나 정치적 행동에 쓴 사람들이 있었다. 한마디로 말해, 인생에서 가장 중요한 결정들 가운데 하나는 우리가 어떻게 자신의 시간을 배분하거나 투자할 것인가에 관한 것이다.

**오답근거**
① 부와 명예를 얻기 위해 노력할
③ 자신의 진정한 직업을 찾을 ➡ 지문 후반부에서 노동자(workers)에 관해 언급하지만, 직업에 관한 내용이 아님.
④ 사회 구성원으로서 행동할 ➡ 지문에 등장하는 어구(members of a certain society)를 활용한 오답.
⑤ 인생의 어려움을 견딜 ➡ 빈칸 문장 앞부분에서 언급한 노동자들의 이야기를 고난 극복의 예시로 착각해서는 안 됨.

**어휘** **unavoidable** 피하기 어려운, 불가피한 / **to a certain extent** 어느 정도까지는, 다소 / **stringent** 엄격한, 엄중한 / **constraint** 제한, 제약; 강제, 속박 / **dictate** 지시[명령]하다; 받아쓰게 하다 / **oppressive** 억압적인; (날씨가) 불쾌한 / **slave** 노예; 《away》 노예처럼 일하다 / **pub** (선)술집 / **to make a long story short** 한마디로 말해서, 요약해서 말하자면 / **attain** ~을 이루다, 획득하다 / **allocate** ~을 할당하다, 배분하다

**구문** [2행~5행] **The content** [of our experience] **determines** our quality of life, *and* beyond ~, / there **is** still **room** for
S₁　　　　　　　　　　　　　　　V₁　　　　　O₁　　　　　　　　　　　　　　　　V₂　　　S₂
*personal choice* [that makes control over time, to ~, in ~].

[8행~12행] However,
**as** the historian E. P. Thompson noted,
《양태》 ~처럼
even **in** the most ~ Revolution, / **when** workers slaved away for ~ in ~,
＝
there **were** *some* [**who** spent their few precious free hours in ~ instead of ~].
V　　　 S　　　　V　　　　　　　　　　　　　　O
● 〈as 부사절+in이 이끄는 전명구+when 부사절+주절〉의 구조. in이 이끄는 전명구와 when 부사절은 동격.

---

**5** ⑤ ★ 소재 **아름다움의 기준으로서의 사진**　　　　　　　　　　　　　　　　**p.**52

---

**해석** 아름다운 무언가를 언뜻 봤던 사람들이 그것의 사진을 찍지 못했던 것에 대해 유감을 나타내는 일은 흔하다. 아름다움을 규정하는 데 있어 카메라의 역할이 매우 성공적이어서, 실제 세계가 아니라 사진이 아름다움의 기준이 되었다. 기념행사들을 기록하기 위해 카메라가 사용되는 그러한 상황들을 제외하고, 사람들로 하여금 사진을 찍게 하는 것은 아름다운 무언가를 발견하는 것이다. 단지 자신이 사는 집이 정말이지 얼마나 아름다운지 증명해 보이기 위해, 자신의 집을 뿌듯해하는 주인들은 누군가에게 집 주위를 구경시키는 대신 집 사진을 꺼내 보일 것이다. 우리 역시도 우리가 사진 속에서 먼저 보일 거라 믿는 바로 그때에 우리 자신을 매력적으로 여긴다. 결국, 누구도 "저것 참 못생기지 않았나! 사진을 찍어야겠군!"이라고 외치지 않는다. 그리고 설령 누군가가 이런 말을 하더라도 그건 다만 "나는 저 못생긴 것을 … 아름답다고 생각해."라는 의미일 것이다.

**추론흐름** 빈칸 문장만으로도 해결이 가능하다. 즉 아름다움을 규정하는 데 카메라의 역할이 성공적이라고 했으므로, 실제 세계보다는 사진이 아름다움의 기준일 것이다.

**오답근거**
① 우리가 삶에서 아름다움을 창조하도록 고무했다
② 아름다움에 대한 우리의 느낌을 바꾸었다
③ 자연에서 아름다움을 찾도록 우리를 이끌었다
①, ②, ③ ➡ 아름다움에 대해 말하고 있으나 지문에 근거 없음.
④ 우리로 하여금 바로 그 순간을 기억하게 해주었다 ➡ 빈칸 다음 문장에 카메라의 기록이 언급되지만 지문의 중심 내용과 무관.

**어휘** **glimpse** 언뜻 봄; ~을 언뜻 보다 / **document** 문서, 서류; ~을 상세히 기록하다; ~에게 증거[자료]를 제공하다 / **commemorative** 기념이 되는, 기념적인 / **demonstrate** ~을 증명하다, 입증하다; (반대하여) 시위하다 / **dwelling** 거처, 사는 집 / **may well** 아마 ~일 것이다; ~하는 것도 당연하다 / **precisely** 정확히, 바로 / **inspire A to-v** A가 ~하도록 고무[격려]하다, 영감을 주다 / **impression** 인상, 감명; 생각, 느낌

**구문** [1행~2행] **It** is common **for** *those* [who have glimpsed something beautiful] to express regret at not having been
가주어　　　　　　　의미상 주어　　　　　　　　　　　　　　　　　　　진주어
able to photograph it.

[2행~4행] **So** **successful** has been the camera's role [in defining beauty] **that** photographs, ~,
C　　　　　　　V　　　　　　　　S　　　　　　　　　　　　　　　　S'
have become the standard [of the beautiful].
V'　　　　　　　　C'
● 〈so ~ that …〉: 매우 ~해서 …하다. 보어인 So successful이 문두에 위치하면서 주어와 동사의 순서가 바뀐 도치구조.

[4행~6행] Except for *those situations* [**in which** the camera is used / to document commemorative events], /
(= where)
what moves people to take photographs is finding something beautiful.
S　　　　　　　　　　　　　　　　V　　　C

We, too, regard ourselves as attractive at precisely *those times* [**that** we believe we would look good in a photograph].

S V O / S˝ V˝ S̃ Ṽ C̃

● 여기서 that은 관계부사 when을 대신하여 those times를 수식한다.

---

**6** **1.** ⑤ **2.** ④ ★ 소재 **색채가 인간의 심리와 행동에 미치는 영향** p.53

**해석** 특히 밝거나 예상에서 크게 벗어날 때 외에는 주목받는 일이 드물긴 해도, 색채는 우리 주변 곳곳에 존재하는 특성이다. 그렇지만 색채는 다양한 결과를 만들어낼 수 있다. 예를 들어, 로체스터 대학교의 심리학자인 앤드루 엘리엇과 다니엘라 니에스타에 의해 수행된 최근의 연구는 남성이 다른 색상의 셔츠보다는 붉은 셔츠를 입고 있을 때 여성에게 조금 더 매력적이라는 것을 보여주었다. 여성에게도 같은 영향을 미치는데, 자신의 사진에 붉은색 테두리가 있을 때 여성은 남성에게 더 매력적으로 보인다. 붉은색은 하등 종(種) 사이에서는 구애의 의지와 우월함을 나타내고, 이것은 수컷과 암컷 모두에 적용된다. 붉은색과 우월함의 이러한 관계는 '다양한 운동 경기 전반에서' 붉은 옷을 입은 참가자들이 다른 색의 옷을 입은 참가자들보다 더 좋은 결과를 내는 경향이 있다는, 더럼 대학교의 진화인류학자 러셀 힐과 로버트 바턴의 연구 결과를 설명해준다. 그러나 붉은색이 항상 득이 되지는 않는다. 우리는 붉은색을 오류나 경고와 관련짓게 되는데, 그로 인해 붉은색은 좀 더 경계심을 갖게 하지만 창의력 또한 약화할 수 있다. 이 모든 영향이 생물학과 인간 심리학에 타당한 근거를 두고 있긴 하지만, 그렇다고 해서 이러한 영향을 조금이라도 덜 놀랍게 하지는 않는다.

**추론흐름** 1. 연구 결과를 통한 붉은색의 긍정적 영향과 부정적 영향을 예시로 다루는 글이므로, 이를 포괄할 수 있는 제목이 적절하다. 따라서 답은 ⑤ '우리가 매일 접하는 색채의 잠재력'.
2. 빈칸에는 붉은색과 우월함의 관계를 이해할 수 있는 연구 결과가 들어가야 한다. 문맥상 빈칸 다음 문장인 But red isn't always beneficial: ~ 이전까지는 붉은색이 득이 되는 경우를 설명하고 있으므로, 붉은색의 긍정적인 영향이면서 스포츠에서의 우월함과 관련된 것을 고르면 된다.

**오답근거**
1. ① 붉은색: 창의력 촉진제 ➜ 붉은색은 창의력을 약화한다고 했으므로 오답.
② 색에 대한 편견이 우리를 배반할 때 ➜ 연구 결과로 알 수 있는 붉은색의 영향을 나열할 뿐, 색에 대한 편견은 언급되지 않았으므로 부적절.
③ 인간의 색채 지각 발달
④ 붉은색은 여성적인가, 남성적인가?
2. ① 참가자의 절반 미만을 차지하는
② 부주의한 실수와 태만함을 겪는 ➜ 빈칸 뒤에서 붉은색은 경계심을 갖게 한다고 했으므로 오답.
③ 다른 사람들의 경쟁력을 끌어내는
⑤ 공격적으로 경기하고 규칙을 무시하는 ➜ 우월함과 공격적 경기 방식을 연관 지으면 현혹할법한 오답이나, 붉은색의 긍정적 영향이라고 볼 수 없음.

**어휘** **ubiquitous** 어디에나 있는, 아주 흔한 / **dramatically** 극적으로; 급히 / **a range of** 다양한, 일련의 / **border** 국경, 경계; (사진 등의) 가장자리(를 이루다) / **intent** 몰두[열중]하는; 의도 / **dominance** 우월; 지배 / **anthropologist** 인류학자 / **vigilant** 바짝 경계하는, 조금도 방심하지 않는 / **dampen** (물에) 적시다; (기세를) 꺾다 / **booster** 촉진제; 추진 로켓 / **prejudice** 편견, 선입견 (= bias) / **feminine** 여성스러운; 여성의 (↔ masculine 남자 같은; 남자의) / **account for** ~을 설명하다; ~의 이유가 되다; ~을 차지하다 / **competitor** 경쟁자; (시합) 참가자 cf. **competitiveness** 경쟁력 / **inattention** 부주의, 태만 / **outperform** ~을 능가하다 / **aggressively** 공격적으로 / **disregard** ~을 무시[묵살]하다

**구문** [10행~13행] This relationship [between red and dominance] explains **findings** [by the evolutionary

S V (=) O

anthropologists ~ of the University of Durham] **that** , / "across a range of sports," / *contestants* [**who**

wear red] tend to outperform *those* [**wearing** other colors].

● 접속사 that이 이끄는 절은 findings와 동격.

---

실전 적용문제 **3** 회 **1** ② **2** ③ **3** ① **4** ⑤ **5** ② **6** ④

---

**1** ② ★ 소재 **의료의 바람직한 발전 방향** p.56

**해석** 현재 시행되고 있는 의료의 목적은 성별, 나이, 또는 유전적 특질과 상관없이 모든 환자에게 동등한 효과를 발휘하는 (치료) 절차와 약을 개발하는 것이다. 그것은 우리 모두가 똑같은 조립라인에서 생산된 유사한 생체 역학적 집단이라는 널리 알려진 믿음으로부터 유래하는데, 그것은 전통 의료의 효력을 제한하는, 인간에 대한 매우 불완전한 개념이다. 그러나 미래의 의사는 근본적으로 다른 방식으로 의료를 시행할 필요가 있다. 가장 중요한 변화 중의 하나는, 현재 매우 무시당하고 있는

**추론흐름** 마지막 문장에서 비슷한 증상의 환자들을 같은 약으로 처방하는 대신, 병의 근본 원인을 밝혀 개별화된 치료를 제시해야 한다고 했으므로, '환자의 개인적 특성(patient individuality)'이 빈칸에 적절하다.

개념인 환자의 개인적 특성에 대한 인식의 증가일 것이다. 유사한 증상을 나타내는 다른 환자들을 똑같은 약으로 치료하는 것 대신 의사들은 병의 근본 원인을 밝혀내어 개별화된 치료를 제시해야 한다.

**어휘** **regardless of** ~에 관계없이 / **genetics** 유전학; 유전적 특질 / **prevalent** 널리 알려진 / **bio-mechanical** 생체[생물] 역학적인 / **roll off** (대량으로) 생산되다 / **assembly line** 조립라인 / **conventional** 전통적인; 관습적인 / **fundamentally** 근본적으로 / **come up with** ~을 생각해내다; ~을 제시하다

---

**2** ③ ★ 소재 **재즈와 고전음악의 차이점** p.57

**해석** 음반 가게에 들어가자마자, 사람들은 쉽게 들을 수 있는 음악에서 재즈와 고전음악까지 다양한 장르를 접하게 된다. 재즈와 고전음악은 공통점을 많이 가지고 있다. 그러나 차이점도 많이 가지고 있다. 녹음 이전에, 고전음악은 종이에 쓰인 악보를 통하여 전달이 된 반면, 초창기 재즈는 주로 라이브 공연에 의존했다. 고전음악에서는 작곡가들이 통제를 한다. 그들은 세부적인 지시 사항을 덧붙인 악보를 쓴다. 반면, 재즈에서는 공연을 하는 사람들이 종종 자신들의 멜로디를 즉흥적으로 만들어낸다. 요약하자면, 고전음악과 재즈 둘 다 깊이 있는 표현과 세부적인 것들을 주는 것을 목표하지만, 그것들은 서로 다른 접근법을 통해 목표를 달성한다.

**추론흐름** 빈칸이 고전음악과 재즈의 공통점에 대한 설명 후에 but으로 이어지고 있으므로 빈칸에는 두 음악의 차이점이 나와야 한다. 빈칸 문장 앞에서 고전음악은 작곡가가 악보로 통제를 하는 반면 재즈는 즉흥연주가 많다고 했으므로, 두 음악은 서로 다른 접근법을 통해 목표를 달성하는 것이다.

**어휘** **encounter** ~을 우연히 만나다. 마주치다; 마주침 / **have A in common** A를 공유하다. A를 공통으로 하다 / **composer** 작곡가 / **musical note** 악보 (= score) / **improvise** (시ㆍ곡 등을) 즉석에서 하다[짓다, 연주하다] / **owe A to B** A를 B의 덕택으로 알다 / **interpretation** 해석, 이해; 연주

---

**3** ① ★ 소재 **나폴레옹의 인재 등용 방식** p.58

**해석** 나폴레옹 보나파르트의 가장 중요한 통찰 가운데 하나는 재능은 태생을 따지지 않는다는 것이었다. 중류 계급의 자손으로서 그는 귀족들을 그들의 능력 이상으로 등용하려고 하지 않았다. "보나파르트는 사람을 그들의 혈통이 아니라 무엇을 할 수 있느냐로 판단했다. 그는 가슴을 꾸민 장식물이 아니라 전사의 참모습을 드러내는 공적을 보았다. 즉, 완벽한 전술가를 만든 배움이 아니라 위대한 성취를 이끌어낸 참되고 실질적인 힘을 보았다."라고 J. T. 헤들리는 기록했다. 나폴레옹의 가장 신뢰할 수 있는 동료들은 사병에서 진급했거나 미천한 신분에서 발탁되었다. 한 사람은 식료품 장수의 아들이고 또 다른 사람은 기계공의 아들 같은 식이었다. 이렇게 발탁한 것이 전투에서 나폴레옹에게 결정적인 이점을 주었는데, 그의 적들은 당연히 자신들의 선발 전략을 귀족에 두었고, 그들의 군대는 유능한 전문 병사들이 아니라 공작과 영주에 의해 이끌어졌기 때문이다.

**추론흐름** 나폴레옹의 통찰이 무엇이었는지를 찾는 문제이다. 바로 다음 문장에서, 귀족들을 능력 이상으로 등용하지 않았고, 사람을 혈통이 아닌 능력으로 판단했다고 했으므로, 재능은 태생을 가리지 않는다는 것이 그의 가장 중요한 통찰에 해당한다.

**어휘** **elevate** ~을 (들어) 올리다: ~을 승진시키다. 등용하다 / **noble** 귀족의, 고귀한; 귀족 **cf. nobility** 귀족(계급); 고결함 / **lord** 귀족; 영주 **cf. duke** 귀족; 공작 / **genealogy** 가계, 혈통 / **adorn** ~을 꾸미다. 장식하다 / **exploit** ~을 (부당하게) 이용하다; ~을 개척[개발]하다; 공훈, 공적 / **stamp** 짓밟다; ~에 날인하다. 도장을 찍다; ~의 본성을 나타내다 / **tactician** 전술가, 책략가 (= strategist) / **pluck** ~을 잡아 뜯다. 뽑다; (현악기를) 통기다. 뜯다 / **obscurity** 불분명, 흐릿함; 미천한 신분, 무명 / **opponent** 적수, 반대자, 상대 / **inevitably** 필연적으로, 불가피하게 / **respecter** 차별대우하는 것[사람] **cf. be no respecter of** ~을 차별하지 않다. 가리지 않다

**구문** [1행~2행] <u>One</u> [of Napoleon Bonaparte's most important insights] <u>was</u> <u>that</u> talent is no respecter of birth.
　　　　　　S　　　　　　　　　　　　　　　　　　　　　　　　　　　　　　　V　　C

[4행~7행] "~. He looked ┌ **not** at the decorations [that adorned the breast],
　　　　　　　　　　　　　　　　　　　　　　A
　　　　　　　　　　　　　└ **but** at the exploits [that stamped the warrior]
　　　　　　　　　　　　　　　　　　　　　B
　　　　　　　　; ┌ **not** at the learning [that made the perfect tactician],
　　　　　　　　　　　　　　　　　　A'
　　　　　　　　　└ **but** at the real practical force [that brought out great achievement]," wrote J. T. Headley.
　　　　　　　　　　　　　　　　　　　　　　　　　B'

**[10행~12행]** This gave Napoleon a crucial advantage in battle, //
S V IO DO

because ┌ his opponents inevitably based their selection strategies on nobility,
│ S′₁ V′₁ O′₁
│ and
└ their armies were led / by dukes and lords *rather than* by talented
S′₂ V′₂
professional soldiers.

● because가 이끄는 부사절은 두 개의 절이 and로 대등하게 연결된 병렬구조.

---

**4** ⑤ ★ 소재 **평판 관리에 관한 비유** p.59

**해석** 본질적으로, 당신에 대한 평판은 당신의 가장 귀중한 자산이므로, 잘 지키도록 하라. 그러나 당신이 일을 해 나가다가 몇 가지 실수를 한다 해도 심히 의기소침해지지는 마라. 시간이 지나면 손상된 평판을 회복할 수 있다. 다른 사람과 함께 하는 모든 경험은 연못에 떨어지는 물방울과 같은 것이다. 그 사람과 함께 하는 경험이 커져감에 따라, 물방울들이 모이게 되고 연못은 깊어진다. 긍정적인 상호작용들은 깨끗한 물방울이며 부정적인 상호작용들은 붉은 물방울이다. 그러나 그것들은 동등하지 않다. 즉, 많은 수의 깨끗한 물방울은 한 방울의 붉은 물을 희석할 수 있으며, 그 수는 사람마다 각각 다르다. 남을 잘 용서하는 사람들은 하나의 나쁜 경험을 희석하기 위해 몇 가지 긍정적인 경험들, 즉, 깨끗한 물 몇 방울이 필요할 뿐이지만, 용서를 덜 하는 사람들은 그 붉은색을 씻어내기 위해 (깨끗한 물방울이) 훨씬 더 많이 필요하다.

**추론흐름** 'That is'가 빈칸 문장을 환원하고 있으므로 앞의 내용(깨끗한 물방울과 붉은 물방울은 동등하지 않음)을 정확히 이해하는 것이 중요하다. 동시에 빈칸이 후반부 문장에 위치하고 있으므로 마지막 문장의 내용도 중요한 단서가 된다. 용서를 잘하는 사람들은 깨끗한 물방울 몇 개로 붉은 물방울을 희석할 수 있지만 그렇지 못한 사람들은 깨끗한 물방울이 훨씬 더 많이 필요하다는 말로 보아, 붉은 물방울을 희석하려면 많은 수의 깨끗한 물방울이 필요하다는 것을 알 수 있으며 그 수는 사람마다 각기 다른 것이다.

**오답근거**
① 많은 깨끗한 물방울은 시간이 흐름에 따라 완전히 말라버릴 수 있으며
② 붉은 물방울은 인생을 망칠 수 있으며
③ 많은 물방울은 당신의 경험에 영향을 미칠 수 있으며
④ 많은 붉은 물방울은 점차 축적될 수 있으며
➜ 모두 지문의 비유 표현들을 통해 연상할 수 있는 내용이지만 빈칸이 요구하고 있는 것에는 해당하지 않음.

**어휘** **reputation** 평판, 명성 / **asset** 자산, 재산 / **demoralize** ~을 의기소침하게 만들다; ~의 사기를 꺾다 / **stain** 더럽히다; 얼룩지다; 얼룩, 때 / **accumulate** 쌓이다, 축적하다 / **interaction** 상호작용 / **dilute** (액체를) 묽게 하다, 희석시키다; 묽게 한, 희석한; (가능성을) 희박하게 하다

---

**5** ② ★ 소재 **미적 정체성의 본질** p.60

**해석** 옛날에는 계급과 출생에 의해 사람들에게 지위가 부여되었다. 지금은, 엄청난 선택의 소비문화에 빠져서, 스타일과 미적인 것으로 우리가 속한 사회 계층을 결정한다. 버지니아 포스트렐이 《스타일이라는 실체》에서 설명한 것처럼 우리의 외양은 우리의 정체성 전체이다. 우리가 무언가를 말로 이야기하기 전에 우리는 외모와 느낌으로 자기의 입장을 밝힌다. '내가 여기 있어요. 나는 이런 사람이에요. 나는 저런 사람이 아니에요'라고. 미적 정체성은 누구와 함께 분류되기를 원하고 기대하는지 표현하는 것이다. 당신은 패션 액세서리를 어리석고 허영에 찬 것으로 보는 실용적이고 검소한 사람으로 여겨지고 싶은가? 아니면 개인적 외모를 포함한 모든 세세한 것들에 주의를 기울이는 사람처럼 보이기를 더 선호하는가? 어쨌든, 당신은 (당신과) 생각이 다른 사람들을 멀리하고, 비슷한 생각을 가진 사람들을 끌어당기는 성향을 갖게 될 것이다. 다른 사람들도 비슷한 이유로 비슷한 선택을 내리기 때문에 '나는 이것을 좋아해요'는 곧 '나는 이런 사람이에요'가 되는 것이다.

**추론흐름** 빈칸 문장은 미적 정체성이 무엇을 표현하는지에 대한 내용이다. 뒷부분에서, 외양을 통해 어떤 사람인지가 판단되고, 비슷한 사람들끼리 끌어당기는 성향을 갖게 될 것이라고 했으므로 미적 정체성은 누구와 함께 분류되기를 원하고 기대하는지를 표현한다는 내용과 같다는 것을 알 수 있다.

**오답근거**
① 왜 스타일이 예전보다 더 중요해졌는지 ➜ 옛날과 달리 스타일이 사회 계층을 결정한다는 첫 부분을 활용한 오답.
③ 당신이 어떻게 가장 좋아하는 방식대로 옷을 입고 행동하는지 ➜ 빈칸에 넣었을 때 그럴듯하고 지문의 핵심소재와 밀접해 보이나, 지문에 근거 없음.
④ 왜 당신이 자신보다 타인을 더 가혹하게 평가하는지
⑤ 당신이 대중매체로부터 어떻게 영향을 받아왔는지

**어휘** **status** 신분, 지위 / **bestow** (on[upon]) ~을 주다, 수여하다 / **immerse** (in) ~을 담그다, 적시다 **cf. immersed in** ~에 빠진, 몰두한 / **overwhelming** 압도적인, 굉장한, 극도의 / **aesthetics** 미학 **cf. aesthetic** 미(美)의, 미적 감각이 있는; 미학의 / **substance** 물질; 실질, 실체 / **identity** 정체, 신원; 동일함, 일치 / **declare** ~을 선언하다, 선포하다 **cf. declare oneself** 자기의 의견을 말하다, 자기의 입장을 밝히다 / **frugal** 절약하는, 검소한 / **accessory** 액세서리, 장신구 / **vain** 헛된, 무익한 / **like-minded** 같은 생각[취미]의, 생각이 비슷한 / **alienate** ~을 소원하게[멀어지게] 만들다; ~에게 소외감을 느끼게 하다 / **harshly** 가혹하게, 무자비하게

**구문** **[2행~3행]** Nowadays, / **immersed** in a consumer culture [of ~], / we define our social circle by style and aesthetics.
S V O

● immersed ~는 '이유'를 나타내는 분사구문.

**해석** 생물학적 오류는 특정한 유형의 불안장애가 오직 뇌 또는 신체의 어떤 생물적이거나 생리적인 불균형에 의해서만 발생한다고 가정한다. (A) 예를 들어, 강박장애와 마찬가지로, 공황장애의 원인도 뇌의 불균형과 같은 전적으로 생물학적인 관점으로 축소하려는 경향이 최근에 있었다. 불안 및 불안장애와 연관된 뇌 기능 장애를 밝혀내는 것은 치료에 도움되지만, 이것이 불안 및 불안장애가 전적으로 생리적인 장애임을 의미하는 것은 아니다. '무엇이 생리적 장애 그 자체를 일으키는가?'라는 의문이 남는다. 아마 심리적 갈등이나 억눌린 분노로 인한 만성 스트레스가 공황발작이나 일반적인 불안장애와 같은 장애로 이어지는 뇌의 특정한 불균형을 유발한다. (B) 따라서 어떤 특정한 뇌의 장애가 애초에 스트레스나 다른 심리적인 요인에서 발생했을 수도 있으므로, 불안 및 불안장애가 '오직'(혹은 심지어 주되게) 생리적인 불균형으로 발생한다고 가정하는 것은 오류이다.

**추론흐름** (A)의 앞은 생물학적 오류로 불안장애의 원인을 잘못 정의하는 것을 설명하고 (A) 뒤는 불안장애의 종류인 공황장애와 강박장애가 생물학적인 관점으로 축소되는 예시가 언급되었으므로 (A)는 For example이 적절. (B)의 앞에서는 공황발작이나 불안장애의 원인이 만성 스트레스, 즉 정신적인 요인일 수 있다고 했고, (B)의 뒤에서는 앞 문장의 내용을 근거로 불안 및 불안장애가 생리적인 불균형 때문에만 발생한다는 가정이 오류임을 결론 내리므로 (B)는 인과 관계를 나타내는 연결어 Therefore가 자연스럽다.

**오답근거**
①, ⑤ ➡ (B) 앞뒤는 인과 관계이므로, 앞의 내용과 대립하는 사실이나 의견을 제시할 때 쓰이는 연결어 Instead는 부적절.

**어휘** **biological** 생물학의; 생물체의 / **fallacy** 틀린 생각; 오류 / **disorder** 장애. 병; 무질서 cf. **anxiety disorder** 불안장애 (다양한 형태의 불안과 공포로 인한 정신 질환 통칭) / **solely** 혼자서, 단독으로; 단지 / **physiological** 생리학(상)의; 신체의 조직이나 기능에 관련되는 / **causation** (다른 사건의) 야기; 인과 관계; 원인 / **panic disorder** 공황장애 (갑자기 심한 불안과 공포를 느끼는 공황 발작이 되풀이되는 병) cf. **panic attack** 공황발작 / **obsessive-compulsive disorder** 강박장애 cf. **obsessive** 사로잡혀 있는, 강박적인 **compulsive** 강박적인; 통제하지 못하는 / **strictly** 엄격히; 오로지 / **dysfunction** 기능 장애; 역기능 / **disturbance** (심리적) 장애; 방해 / **chronic** 만성적인 / **repressed** (감정이) 억눌러진, 억제된

**구문** **[3행~5행]** For example, / there has recently been a tendency [to **reduce** the causation of panic disorder, *as well as* obsessive-compulsive disorder, **to** a strictly biological level — some kind of imbalance in the brain].
- ⟨reduce A to B⟩는 'A를 B로 축소한다'는 뜻.
- 대시(—) 이하는 a strictly biological level을 부연설명.

**[5행~8행]** **It** is helpful **for treatment** to identify *the brain dysfunctions* [involved in anxiety and anxiety disorders], // but **that** does not mean that anxiety and anxiety disorders are physiological disturbances only. (= It is helpful ~ anxiety disorders)

**[12행~15행]** ~, because any particular brain disturbance / **may have** originally **been set up** by stress or other psychological factors, // **it** is a fallacy to assume that anxiety and anxiety disorders are solely (or even primarily) caused by physiological imbalances.
- ⟨may have p.p.⟩는 '~였을지 모른다'란 뜻으로 과거에 대한 추측을 나타낸다.

## Point 08 비유 표현 가능성을 염두에 두라

**기출돋보기** ③ ★ 소재 흡혈박쥐의 상호 협력 습성　　　　　**p.65**

**해석** 10년에 걸친 전형적인 일련의 연구에서 생물학자인 제럴드 윌킨슨은 하룻밤에 성공적으로 먹이를 찾아다닌 흡혈박쥐들이 함께 사는 둥지로 돌아오면 그것들은 빈번히 피를 토해내서 심지어는 동족이 아닌 박쥐까지 포함해 둥지에서 함께 사는 박쥐들과 그것을 함께 나눈다는 것을 알아냈다. 그 이유는 피를 함께 나누는 것이 개개 박쥐의 생존 가능성을 대폭 향상시키기 때문이라고 밝혔다. 이틀 밤 동안 먹이를 먹지 못하는 박쥐는 죽을 가능성이 있다. 피를 제공하는 박쥐가 일반적으로 자기에게서 남는 것을 함께 나누고, 그렇게 해서 아사에 처한, 먹이를 찾는 데 성공하지 못한 박쥐들을 구한다고 윌킨슨은 밝혔다. 그래서 비용은 상대적으로 낮고 이익은 상대적으로 높다. 어떤 박쥐도 어떤 특정한 밤에 (먹이 찾기에) 성공할 수 있다고 확신할 수 없으므로 (피를 제공하는) 박쥐 자신도 언젠가는 둥지에서 함께 사는 어떤 박쥐로부터 도움이 필요할 것이다. 사실상 흡혈박쥐들은 일종의 상호 보험 체계를 만들어 낸 것이다.

**오답근거**
① 복잡한 사회 계층 ➡ 지문은 사회 계층구조에 관한 내용이 아님.
② 생태학적 다양성
④ 기생 관계 ➡ 다른 박쥐가 제공한 피를 먹는다는 내용에서 유추할 법한 오답.
⑤ 효과적인 번식과정
②, ⑤ ➡ 박쥐의 생태라는 소재로 생각할 법한 오답.

**어휘** **communal** 공동의, 공유의 / **vomit** 토하다, 구토하다 / **donor** 기증자 / **surplus** 나머지, 잉여; 과잉 / **starvation** 기아, 아사 / **in effect** 사실상, 실제로는

**구문** [5행~7행]

Wilkinson showed that the blood donors [S′]
　are typically sharing their surpluses [V′₁] [O′₁]
　and, ~,
　are saving unsuccessful foragers [that are ~]. [V′₂] [O′₂]

**예제** ⑤ ★ 소재 과학 기술 발전에 따른 사생활 노출　　　　　**p.66**

**해석** 부(富)의 확산, 핵가족, 텔레비전과 컴퓨터의 발명, 이 모든 것 덕분에 우리는 이전 세대들이 상상도 못했던 개인적 삶을 누리는 것이 가능해졌다. 우리는 더 이상 이웃들과 가까운 지역에 살지 않는다. 우리는 버스나 기차에 혼잡하게 타지 못고서도 여기저기 돌아다닐 수 있다. 그리고 우리는 극장에 가거나 이웃들과 함께 취미를 공유할 필요도 없다. 하지만 우리를 군중으로부터 떼어놓는 데 일조하는 바로 그 과학 기술이 우리의 행동을 감시하고 기록하는 것도 가능하게 한다. 비록 우리 삶을 잘 알고 있는 사람들이 점점 더 적어지지만, 대부분은 우리가 모르는 많은 사람이 우리에 대해 무언가를 알고 있다. 우리를 대중 사회로부터 자유롭게 해 줄 거라 예상됐던 바로 그 과학 기술이 정보의 고속도로만큼이나 유리 어항이라는 것이 드러나고 있다. 현대 사회에서 자유롭다는 것은 또한 흔히 벌거벗는 것을 의미한다는 것을 우리는 알게 되었다.

**추론흐름** 빈칸 문장으로 보아, 현대 사회에서 우리가 발견하게 된 것을 찾아야 한다. 지문 중간의 However를 기점으로 그 이전에는 개인적 삶을 누리는 것을 가능케 한 기술 발전에 대해, 그 이후에는 기술 발전으로 인해 우리가 모르는 이들에게 노출된 상황이 되어버린 것에 대해 서술하고 있다. 정답인 ⑤는 우리에 대한 정보가 다른 사람에게 공개되는 현재의 이러한 상황을 비유적으로 표현한 어구라고 할 수 있다.

**오답근거**
① 사람들은 혼잡함 때문에 대중교통을 이용할 수 없다는 것
② 기술은 우리가 자연환경으로부터 독립하도록 해 준다는 것
③ 더 많은 사람들이 부의 확산에 무관심해진다는 것 ➡ 첫 문장에 나온 어휘(The spread of prosperity)를 이용한 오답.
④ 사람들과 협력하는 것은 잘못된 결론을 이끌어낸다는 것 ➡ 개인적 삶을 누리는 것이 가능해졌다는 첫 문장의 내용으로 연상할 수 있는 오답.

**어휘** **prosperity** 부유함, 번영 / **generation** 세대, 비슷한 연령층 / **quarter** 4분의 1; 지방, 지역; *(pl.)* 숙소, 거처 / **monitor** ~을 감시[관리]하다 / **intimate** 친밀한; (지식이) 정통한 / **be supposed to-v** ~하기로 되어 있다, ~할 예정이다 / **fishbowl** (유리) 어항; 사방에서 빤히 보이는 곳, 프라이버시가 전혀 없는 장소[상태]

**구문** [1행~3행] The spread of prosperity, the single-family home, the invention [of ~] have all made **it** possible for us
　[S]　　　　　　　　　　　　　　　　　　　　　　　　　　　　　[V] 가목적어　　의미상 주어
to live private lives [unimaginable to previous generations].
　진목적어

● 세 개의 명사구가 주어인 문장.
● it은 to live 이하를 대신하는 가목적어.

## 1. 원인 vs. 결과의 논리 구조 파악

**기출돋보기 1** 앞: 결과, 뒤: 원인       p.68

**해석** 이러한 소위 비정부 기구들은 사회 복지 사업을 제공한다. 이들은 법률에서 의료에 이르기까지 다양한 분야에서 활동한다. 이들은 정부의 국내외 활동을 주시하고, 그것에 영향을 미친다. 게다가 이들은 종종 정부보다 일을 잘한다. <u>그 이유는</u> 이들이 각계각층의 사람들을 활용할 수 있기 때문이다.

**어휘** **so-called** 소위, 이른바 / **social service** 사회 복지 산업 / **what is more** 게다가, 더욱이 / **from all walks of life** 각계각층의

**기출돋보기 2** 앞: 원인, 뒤: 결과       p.68

**해석** 불행히도 캠프의 일부 스포츠 코치들은 이따금 아이들이 탁월한 실력을 갖추도록 돕고자 하는 의욕으로 과도하게 열중하게 된다. <u>그 결과</u>, 그들은 아이들이 부상을 당할 때조차 높은 수준의 실력을 발휘하도록, 어떤 대가를 치러서라도 이기도록, 그리고 멈추지 않고 경기에 임하도록 강요한다.

**어휘** **occasionally** 때때로, 이따금 / **enthusiastic** 열렬한, 열광적인, 열중한 / **excel** 뛰어나다, 잘하다 / **at all costs** 어떤 대가를 치르더라도, 기어코

## 2. 원인 또는 결과 내용의 추론

**기출돋보기 1** ② ★ 소재 **온도와 맛의 상관관계**       p.69

**해석** 중국 요리에서, … [중략] 분명히, 온도가 더 높을수록 맛이 더 강렬하다. 이것은 냉장고에서 바로 나온 아이스크림이 그렇게 달콤한 맛이 나지 않는 이유인데, 그런 이유로, 아이스크림이 녹을 때 너무도 분명하게 모든 것을 알 수 있듯이, 아이스크림 제조자들은 설탕을 듬뿍 넣는다. 이와 비슷하게, 차(茶)와 같이 약간 쓴맛은 뜨거울 때 맛이 더 좋은데 그 맛이 더 강렬하기 때문이다.

**오답근거**
① 차의 맛이 첨가되면 아이스크림 맛이 더 좋은
③ 중국 식당에서 아이스크림을 디저트로 제공하는 ➡ 지문에 등장하는 어휘(Chinese food, ice cream)를 활용한 오답.
④ 뜨거운 차를 마실 때는 아이스크림을 먹는 것이 좋지 않은 ➡ 지문에 등장하는 어휘(tea, ice cream)를 활용한 오답.
⑤ 특히 겨울철에 아이스크림이 더 달콤한 맛이 나는 ➡ 논리적으로 앞 내용과 인과관계 형성되지 않음.

**어휘** **microscopic** 미세한, 현미경으로 봐야만 보이는 / **channel** 수로(水路); 해협; 경로 / **taste bud** (혀의) 미각 돌기 / **intense** 강렬한, 극심한 / **stacks of** 많은, 다량의

**구문** **[2행~4행]** This is why *ice cream* does not taste **that** sweet [straight from the fridge], **which** is why ~.
● 이때 that은 부사로, '그만큼, 그 정도로'라는 뜻.
● 관계대명사 which는 ice cream does not ~ fridge를 가리킴.

**기출돋보기 2** ⑤ ★ 소재 **로마가 멸망한 근본적인 이유**       p.69

**해석** 로마 제국의 멸망에 대한 설명은 수도 없이 많이 있지만, 보다 근본적인 이유는 토양이 비옥함을 잃어간 것과 농업 생산량의 감소에 있다. … [중략] 가축의 과도한 방목은 토양을 더 악화시키는 결과를 가져왔다. 그 결과, 로마의 농업 생산량은 로마의 사회 기반 시설과 시민들의 복지를 유지하는 데 충분한 에너지를 공급할 수 없었다.

**오답근거**
① 빽빽한 숲
② 기후 변화
③ 관개 시스템
④ 인구 감소
➡ 모두 지문에 근거 없음.

**어휘** **fertility** 비옥함; 생식력 / **yield** (농작물 등의) 수확량; 생산하다; 항복하다; 양보하다 / **overgraze** (목초지에 동물을) 지나치게 많이 방목하다 / **livestock** 가축 / **deterioration** 악화, (가치의) 하락 / **infrastructure** (교통 · 통신 · 전력 등의) 사회[공공] 기반 시설

**해석** 장편 소설이나 단편 소설, 혹은 희곡과는 달리, 영화는 연구하기가 쉽지 않다. 영화는 인쇄된 페이지 위에 사실상 고정될 수가 없기 때문이다. 장편 소설과 단편 소설은 읽히기 위해 쓰이기 때문에 상대적으로 연구하기 쉽다. 무대 희곡은 공연되기 위해 쓰이기 때문에 연구하기가 약간 더 어렵다. 그러나 희곡은 인쇄되며, 구어에 크게 의존하기 때문에 상상력이 풍부한 독자들은 무대 위 공연을 보면서 느낄지도 모르는 경험을 엉성하게나마 흉내 낼 수 있다. 영화 대본에 대해서는 이렇게 말할 수가 없는데, 왜냐하면 영화는 글로써는 쉽게 표현되지 않는, 시각적이면서도 다른 비언어적인 요소들에 크게 의존하기 때문이다. 영화 대본은 상상력으로 매우 많은 부분을 채워야 하므로 영화 대본을 읽음으로써 영화 경험을 그다지 비슷하게 했다고 할 수 없으며, 영화 대본을 읽는 것은 그 영화를 이미 보았을 때만 가치가 있다. 따라서 대부분의 영화 대본들은 읽히기 위해서가 아니라 오히려 기억되기 위해서 출판된다.

**추론흐름** 빈칸 문장과 선택지로 보아, 앞서 언급된 사실들로 인해 결과적으로 screenplay가 어떠하다고 할 수 있겠는가를 추론해야 한다. 단락 중간 이후에 영화는 글이 아닌 시각적이고 비언어적인 요소들에 크게 의존하므로, screenplay를 읽는 것으로는 영화를 경험했다고 할 수 없다고 서술되어 있다. 결과적으로 screenplay는 읽히는 것을 목적으로 출판되지 않는다는 것을 추론할 수 있다.

**오답근거**
① 무대 희곡보다 구어에 더 많이 의존한다 ➡ 희곡이 구어에 크게 의존한다고 했고, 영화 대본에 대해서는 이렇게 말할 수 없다고 했다.
② 단편 소설보다 훨씬 더 폭넓은 독자층을 끌어모은다 ➡ 독자층에 대한 판단 근거 부족.
③ 다른 문학 장르와 많은 요소를 정말로 공유한다 ➡ 영화 대본과 다른 문학 장르와의 차이점에 관해 언급되어 있으므로 지문 내용과 정반대.
④ 연구하는 데 추가적인 노력이 필요하지만, 인기가 있다 ➡ 영화 대본의 인기에 대해서는 언급된 바 없음.

**어휘** **handy** 이용하기 편한 곳에 있는; 편리한, 유용한; 《with》 솜씨가 좋은 / **effectively** 효과적으로; 사실상, 실제로 / **heavily** 매우, 심하게 / **imaginative** 상상력이 풍부한; 상상의; 가공의 / **pale** 창백한; 희미한, 흐릿한 / **imitation** 모방; 모조품 / **screenplay** 영화 대본, 시나리오 / **nonverbal** 비언어적인, 말을 사용하지 않는 (↔ verbal) / **approximate** 대략의, 비슷한; 근사치를 내다; 《to》 가까워지다 / **readership** 독자층[수]

**구문** [4행~6행] But plays are printed, *and* because ~, imaginative readers can create at least a pale imitation of *the experience* [they might have ● / **watching** a performance on stage].
（S₁ V₁ S₂ V₂ O₂）

　● watching ~은 '부대상황'을 나타내는 분사구문.

[8행~11행] The screenplay requires │so│ much filling in by our imagination │that│ we cannot really approximate the experience of a film by reading a screenplay, // *and* reading a screenplay is worthwhile **only if** we have already seen the film.
（S₁ V₁ O₁ S' V' O' S₂ V₂ C₂）

　● 두 개의 절이 and로 연결된 병렬구조. 〈so ~ that ... (매우 ~해서 …하다)〉과 〈only if ~ (~의 경우에만)〉 구문이 각각 쓰였다.

**해석** 수많은 선택사항 중에서 하나의 물건을 선택할 때, 선택에서 배제된 물건들의 매력적인 특징들 때문에 선택한 물건이 주는 만족감이 줄어들게 될 것이다. 이것이 바로 많은 선택이 우리의 행복감에 해를 끼칠 수 있는 주된 이유이다. 우리는 선택하지 않은 물건들을 마음에서 떨쳐버리지 못하기 때문에, 우리가 고려해 보았지만 실제로 고르지 않았던 모든 선택사항들에 의해서, 결정에 대한 우리의 만족감이 오히려 줄어들게 되는 실망감을 경험한다. 한 가지 대신에 다른 한 가지를 선택함으로써 여러분이 잃게 되는 기회의 대가인, 기회비용의 이러한 부정적인 효과들을 고려할 때, 우리는 결정과정에서 기회비용을 완전히 무시하려는 유혹에 넘어간다.

**추론흐름** 빈칸 문장으로 보아, 앞서 언급된 원인 때문에 어떤 구체적인 결과를 낳게 되는지를 추론해야 한다. 빈칸 문장 앞의 내용은, 물건을 선택하면 선택되지 못한 물건의 매력 때문에 그 물건이 주는 만족감이 줄어들게 된다는 것이므로, 우리의 행복에 해를 끼치는 결과를 가져올 것으로 추론할 수 있다.

**오답근거**
② 소비자 연령층에 열려 있는
③ 세대를 걸쳐 전해 내려지는
④ 만족하는 소비자들에 의해 제안될 수 있는 ➡ 지문 내용은 많은 선택이 소비자들의 만족감을 줄인다는 것이므로 그에 맞지 않음.
⑤ 지역 경제에 기여할 수 있는

**어휘** **derive** 《from》 ~을 끌어내다, 얻다; 《from》 비롯되다, 유래하다 / **in (the) light of** ~을 감안[고려]하여 / **tempt** ~을 유혹하다, ~의 마음을 끌다
cf. **be tempted to-v** ~하려는 유혹에 넘어가다, ~하는 데 마음이 끌리다

**구문** [4행~6행] Because ~, // we experience the disappointment of **having** our satisfaction with decisions reduced / by all *the options* [we considered but did not choose].
（V' O' OC'）

　● 〈have+목적어+과거분사〉는 '사역, 경험, 완료, 상태' 등의 여러 의미를 나타낼 수 있는데 여기서는 '경험'을 의미한다.

**해석** 대체로 우리는 우리에게 친숙한 것을 좋아한다. 그 점을 스스로 입증하기 위해 간단한 실험을 해보라. 당신의 얼굴을 정면으로 보여주는 옛날 사진의 원판을 가지고 한 쌍의 사진, 즉 실제 모습을 그대로 보여주는 사진과 얼굴의 좌우가 서로 바뀌도록 반전된 이미지를 보여주는 사진을 현상하라. 이제 어떠한 형태의 얼굴이 더 마음에 드는지 결정하고, 친한 친구에게도 선택을 해보라고 요청하라. 당신이 대부분의 사람과 비슷하다면 이상한 점을 알아차리게 될 것이다. 그것은, 당신의 친구는 원래 모습을 담은 사진을 더 좋아할 것이지만 당신은 반전된 이미지를 더 좋아할 것이라는 점이다. 왜 그럴까? 당신과 친구 둘 다 더 친숙한 얼굴, 즉 당신의 친구는 세상 사람들에게 보이는 얼굴에, 그리고 당신은 매일 거울 속에서 발견하는 반전된 얼굴에 호의적으로 반응할 것이기 때문이다.

**어휘** **develop** 발달하다; ~을 개발하다; (필름을) 현상하다 / **reverse** 반대의, 거꾸로의; ~을 반대로[거꾸로] 하다 / **interchange** 서로 교환하다, 바꾸어 놓다 / **version** 형태, 판

**오답근거**
① (친구) 자신의 진짜 얼굴
② 다른 사람들의 얼굴
④ (친구) 자신의 원판 얼굴 사진
①, ④ ➡ 문맥상 친구의 사진이 아니라 당신(you)의 사진이어야 하므로 오답.
⑤ 가장 최근에 찍은 사진

**구문** [2행~5행] **Get** the negative of *an old photograph* [that shows ~] *and* **have** it **developed** into a pair of pictures —
$V_1$ 　　　　　　 $O_1$ 　　　　　　　　　　　 $V_2$ $O_2$ 　$OC_2$

*one* [that shows you as you actually look] and *one* [that shows a reverse image] // **so that** the right and
　　　　　　　　　　　　　　　　　　　　　　　　　　　　　　　 $S'$

left sides [of your face] are interchanged].
　　　　　　　　 $V'$

● 두 개의 명령문이 and로 연결된 구조. 두 번째 명령문은 〈have+목적어+과거분사〉의 형태로, 목적어(it)와 목적격보어(develop)의 관계가 수동이므로 과거분사 developed가 쓰였고 '사역'을 의미한다.
● 대시(—) 이하는 a pair of pictures를 부연설명하고 있으며 so that은 문맥상 '목적'을 나타냄.

[9행~11행] Because you both **will be responding favorably** to the more familiar face — your friend ∧ to *the one*
　　　　　　　　　　　　　　　　　　　　　　　　　　　　　　　　　　　　　　　　　 (will be responding favorably)

[the world sees ●] *and* you ∧ to *the reversed one* [you find ● in the mirror every day].
　　　　　　　　　　 (will be responding favorably)

● 어구 will be responding favorably가 반복되므로 생략된 형태.
● the one과 the reversed one은 목적격 관계대명사절의 수식을 받고 있다. ●는 원래 목적어가 위치했던 자리이다.

**해석** 생각을 지난주나 그 이전으로 돌이켜서 후회되는 것을 생각해볼 시간을 가져라. 후회하는 일이, 당신이 한 일인가 아니면 하지 못한 일인가? 사람들은 하지 못한 것보다 행한 일에 대해 더 후회하는 것 같다. 일례로, 메리와 로라를 생각해보자. 그녀들은 A와 B라는 회사에 돈을 투자한다. 메리는 A사에 투자하고 B사로 바꿀 것을 고려하지만 그러지 않기로 결심한다. 로라는 B사에 투자하고는 A사로 바꿀 것을 고려하다가 그렇게 하기로 결심한다. 그녀들은 모두, 자신들이 다른 행동을 취했으면 천 달러를 더 벌 수 있었을 거라는 것을 알게 된다. 누가 더 후회할 것으로 생각하는가? 대부분의 사람은 메리가 자신이 그런 행동을 하지 않았음을 후회하는 것보다 로라가 자신의 행동을 더 후회할 것으로 판단한다.

**추론흐름** 빈칸 문장으로 보아, 빈칸에는 앞에 나온 질문에 대한 답, 즉 행하지 못한 일을 후회하는지 행한 일을 후회하는지를 선택해야 한다. 제시된 사례에서, 메리는 행동을 하지 않았고 로라는 행동을 했다. 그런데, 마지막 문장에 로라가 더 후회할 것이라는 내용이 나오므로 빈칸에는 행한 일을 더 후회한다는 내용이 되어야 한다.

**오답근거**
① 계획하지 않은 행동들은 항상 후회를 불러일으키는
③ 사람들은 다른 사람들과의 관계로 인해 고통 받을 때 가장 후회하는 ➡ 다른 사람과의 관계에 대한 언급은 없음.
④ 사람들은 스스로 결정을 할 때 만족감을 느끼는 ➡ 상식적으로 그럴듯하나 지문 내용과 상관없음.
⑤ 후회는 사람들로 하여금 더 이득이 되는 행동을 하도록 만드는 ➡ 핵심어 regret과 action을 활용한 오답. 후회로 인한 변화는 언급되지 않음.

**어휘** **cast A's mind back** ((to)) 돌이켜보다 / **give rise to A** A가 생기게 하다, 일어나게 하다

**기출돋보기** ① ★ 소재 **집단 압력의 영향력** p.73

**해석** 심리학자인 솔로몬 애쉬는 사람들이 독립적인 사고와 이성적인 판단에 대한 성향보다 동료에게 동의하려는 성향이 더 강한지 그렇지 않은지를 알고 싶었다. 애쉬는 12명의 대학생으로 이루어진 집단들을 모아서, 그들이 시각적 지각에 관한 실험에 참여할 거라고 알렸다. 그는 그들에게 줄 세 조각을 보여주고 차례대로 어느 줄이 가장 긴지를 각자에게 물었다. 그것은 쉬웠고 정답은 명백했다. 하지만 애쉬는 그 실험의 실제 피실험자에 해당하는 각 집단의 마지막 사람을 제외한 모든 사람에게 중간 길이의 줄이 가장 길다고 말하도록 몰래 지시했다. 나중에 밝혀진 것처럼 실제 피실험자의 70퍼센트 이상이 집단의 압력에 굴복해서 중간 길이의 줄이 가장 길다고 말했다.

**오답근거**
② 올바른 답을 알아내어 ➡ 중간 길이의 줄이 가장 긴 것은 올바른 답이 아니므로 지문과 맞지 않음.
③ 시력에 문제가 있어
④ 다른 집단의 구성원들을 자기편으로 끌어들여
⑤ 의사 결정에서 합리적인 판단을 동원하여 ➡ 잘못된 답을 말한 것은 합리적인 판단을 했다고 하기 어려움.

**어휘** **peer** 동료 / **rational** 이성적인; 합리적인 / **assemble** 모으다, 집합시키다, 소집하다 / **segment** 조각; 구획 / **subject** 주제; 과목; 국민; 연구 대상자, 피실험자; 《(to)》 영향을 받기 쉬운, 피해를 입기 쉬운 / **as it turned out** 나중에 밝혀진 것처럼, 뒤에 알고 보니 / **cave in 《(to)》** 응하다, 굴복하다

**구문** **[7행~9행]** However, Asch had secretly instructed all / but **the last person** [in each group], **who** was the real subject
(= except)
of the experiment, to say that ~.
● who의 선행사는 the last person.

**예제** ③ ★ 소재 **청각 시스템의 지각 완성** p.74

**해석** 인간의 청각 시스템은 그 나름대로 지각의 완성 방식을 지니고 있다. 리처드 워런이라는 이름의 한 심리학자가 이를 특히 잘 증명해주었다. 그는 한 문장을 녹음한 후 녹음테이프에서 그 문장의 일부를 잘라냈다. 그는 잘라낸 부분을 같은 시간 길이의 갑작스러운 잡음으로 바꿔 넣었다. 변경된 녹음 내용을 들은 거의 모든 사람은 문장과 잡음을 모두 들었다고 말할 수 있었다. 하지만 대부분의 사람들은 어디에 잡음이 있었는지를 구별하지 못했다! 청각 시스템이 그 빠진 발화정보를 채워서 문장이 끊어지지 않은 것처럼 보였던 것이다. 대부분의 사람은 잡음이 있었고, 들린 문장과 잡음이 별도로 존재했다고 말했다. 잡음과 문장의 음질 차이 때문에 그것들이 따로따로 나뉘어 지각 흐름을 별도로 형성한 것이었다.

**추론흐름** 빈칸 문장을 통해 인간의 청각 시스템에 대한 서술이 빈칸에 들어가야 할 것임을 알 수 있다. 곧이어 한 심리학자가 실험한 내용이 이어지고 그 내용은 잡음이 중간에 들어간 문장을 들었을 때 청각 시스템이 빠진 정보를 채워주어 문장이 끊어지지 않은 것처럼 완성시켰다는 것이었다. 또한, 잡음과 문장이 별도로 지각 흐름을 형성했다고 서술하므로 이를 달리 표현한 ③번이 정답.

**오답근거**
① 부정확한 발음을 알아듣는다 ➡ 상식적으로는 그럴듯하나 발음 관련 내용이 아님.
② 말하기에서 중요한 역할을 수행한다 ➡ 상식에 근거한 오답.
④ 언어에 따라 다르게 반응한다
⑤ 청각적 단서와 시각적 단서를 동시에 분석한다 ➡ 핵심어로 보이는 auditory 사용. 시각적 단서에 대해 언급된 바 없음.

**어휘** **auditory** 청각의 / **demonstrate** ~을 증명하다, 입증하다; 시위운동을 하다 / **a burst of** 순식간의, 돌발적인 cf. **burst** 갑자기 터뜨림, 분출; 터지다, 파열하다 / **duration** (지속되는) 기간 / **uninterrupted** 방해받지 않은; 중단되지 않은 / **apart from** ~와 별도로, 분리되어, 따로 / **perceptual** 지각의, 인식의

Point **12** 빈칸이 두 개인 문제는 지문과 빈칸 문장 특성에 유의하라

**기출돋보기 1** ⑤ ★ 소재 **이기심과 이타심의 균형의 필요성** p.76

**해석** 식료품점에서 제품을 고르며 가능한 최상의 딸기 잼을 찾아내고 있을 때, 당신은 자신의 즐거움을 최대화하려고 노력하는 중이다. 당신이 유일하게 중요한 사람이며 당신이 만족시키고자 하는 것은 바로 당신이 느끼는 즐거움이다. 이런 경우에는 (A) 이기심이 이상적인 전략이다. 당신은 당신이 정말로 원하는 것이 무엇인지를 당신에게 알려주고 있는 뇌세포들의 말에 귀를 기울여야 한다. 그러나 당신이 도덕적 결정을 내리려 할 때는 이

**추론흐름** (A) 문장에 나오는 in this case는 자신의 즐거움을 위한 활동에서는 당신이 유일하게 중요한 사람이라는 내용이므로 '이기심(selfishness)'이 알맞다. (B)에 들어갈 내용은 빈칸 (A)와 (B) 사이에 However ~로 시작하는 문장으로 보아 (A)의 내용과 대조된다는 것을 알 수 있다.

러한 자기중심적 전략은 역효과를 낳을 수 있다. 도덕적 결정을 내리는 데는 다른 사람들에 대한 고려가 요구된다. 당신은 탐욕스런 야수처럼 행동하거나 분노를 걷잡을 수 없을 정도로 표출해서는 안 된다. 옳은 일을 한다는 것은 낯선 사람들의 감정을 비춰보기 위해 감정의 뇌를 사용하면서 (B) 다른 모든 사람에 대해 생각하는 것을 의미한다. 이기심은 어느 정도의 이타심에 의해 균형을 맞추어야 한다.

**어휘** **maximize** ~을 최대화하다 / **matter** 문제, 일; 물질; 중요하다 / **egocentric** 자기중심의 / **moral** 도덕(상)의; 도덕적인; 교훈 / **take A into account** A를 고려하다, 참작하다 / **greedy** 탐욕스러운 / **brute** 짐승, 야수 / **out of control** 제어할 수 없는, 통제 불가의 / **selfishness** 이기심 (↔ selflessness 이타심) / **utmost** 최고의; 극도의 / **self-esteem** 자존심; 자부심 / **eternal** 영원한; 불변의

---

**기출돋보기 2** ① ★ 소재 성공적인 기업의 운영 전략 **p.77**

**해석** 지속적인 탁월함과 놀라운 창조력을 모두 추구하는 예술가처럼, 위대한 회사는 연속성과 변화 간에 (A) 긴장을 조성한다. 한편으로는, 최초에 성공을 낳았던 원칙들을 고수하지만, 다른 한편으로는 창의적인 개선과 현명한 적응으로 자신들의 접근법을 수정하면서 계속적으로 발달한다. 그러나 여기서 요점은 "어떤 회사들은 변화하지 않아서 망했다."와 같이 단순하지 않다. 어떠한 일관된 근거가 없이 끊임없이 변화하는 회사들은 전혀 변화하지 않는 회사들과 마찬가지로 틀림없이 (B) 무너질 것이다. 특정한 관행과 전략을 고수하는 데는 근본적으로는 아무런 잘못이 없다. 그러나 그러한 관행 뒤의 드러나 있지 않은 근본적인 '이유'를 이해함으로써, 그것들을 유지할 때와 그것들을 변화시킬 때를 판단해야 한다.

**추론흐름** (A) 바로 뒤에서 위대한 회사들은 원칙을 고수하기도 하고(= continuity) 개선과 적응(= change)을 하기도 한다고 했으므로 그 둘 사이에 '긴장'을 조성하는 것이다. (B)는 전혀 변화하지 않는 회사들의 특성이 들어가야 하므로 collapse가 알맞다.

**어휘** **enduring** 오래가는, 지속되는 / **foster** 조성하다, 발전시키다 / **continuity** 지속성, 연속성 / **adhere to** ~을 고수하다, 지키다 / **evolve** (점진적으로) 발달하다; 진화하다 / **modify** 수정하다, 변경하다 / **adaptation** 각색; 적응 / **consistent** 일관된, 한결같은 / **rationale** 이유, 근거 / **inherently** 타고나서; 본질적으로 / **underlying** (겉으로 잘 드러나지는 않지만) 근본적인, 근원적인

---

**예제 1** ② ★ 소재 자신과 견해를 달리하는 사람을 곁에 둘 필요성 **p.78**

**해석** 우리 중 많은 이들이 자신과 똑같은 생각을 하는 사람들을 항상 주위에 두는 실수를 저지른다. 이렇게 하는 것은 우리의 관점을 왜곡하고 대개 우리가 가진 모든 생각이나 편견을 그저 (A) 강화한다. 사람은 가끔 얼굴에 찬물 한 양동이를 끼얹어 바로잡아주는 것이 필요하다. (당신과) 다르게 생각하는 똑똑한 사람들을 항상 곁에 두는 것의 유일한 문제점은 어떤 일에 대해 당신이 틀렸다고 들을지도 모른다는 것이다. 이는 자신의 의견이 얼마나 '옳은지'의 관점에서 자신의 자아 존중감을 판단하는 사람들에게는 힘든 일일 수 있다. 그러나 아인슈타인조차 그의 아이디어에 동의하지 않은 그 주변의 똑똑한 사람들이 없었다면 그렇게 많은 것을 성취할 수 없었을 것이다. 아이디어는 그것을 잘 이해하지 못하는 사람들에게 설명함으로써 개선되고 더 명료해진다. 보석용 원석이 깎고 모양을 만들고 연마하는 것의 혜택을 입듯이, 좋은 아이디어도 (B) 반대로부터 혜택을 받는다.

**추론흐름** (A)가 속한 문장의 This는 첫 문장의 '실수,' 즉 '자신과 똑같은 생각을 하는 사람을 주위에 두는 것(surrounding ~ we do)'으로, 빈칸 문장에서는 이러한 행위의 결과(현실 왜곡)를 부정적으로 서술하고 있으므로 우리가 기존에 지니고 있는 생각이나 편견을 '강화'한다는 reinforces가 적절. 빈칸 (B)는 '무엇'으로 좋은 아이디어가 혜택을 받는지 찾아야 하는데, (B) 앞에 상술되는 아인슈타인, 아이디어 설명과 빈칸 뒤의 보석용 원석의 예를 통해 '반대(resistance)'로부터 혜택을 받는다는 사실을 추론할 수 있다.

**어휘** **surround oneself with A** A를 항상 곁에 두다 / **prejudice** 편견, 선입견 (= bias) / **distort** (형체 등을) 비틀다; (사실을) 왜곡하다 / **outlook** 관점; 전망 / **corrective** 바로잡는, 교정하는 / **every so often** 가끔 / **self-worth** 자아 존중감, 자부심 / **in terms of** ~의 면에서, ~에 관하여 / **refine** ~을 정제하다, ~에서 불순물을 제거하다; ~을 개선[개량]하다 / **benefit from** ~에서 이익[혜택]을 얻다 / **precious stone** 보석용 원석 / **polish** ~을 (윤이 나도록) 닦다; 광택(제) cf. polishing 연마(研磨) / **reinforce** ~을 강화[보강]하다 / **resistance** 저항(력), 반대 / **discard** ~을 버리다, 폐기하다

**구문** [1행~2행] Many of us make **the mistake** **of** surrounding ourselves with *people* [**who** think exactly like we **do**].
(= think)

**[4행~5행]** The only problem [with surrounding yourself with *bright people* [**who** think differently]] / is that you might

S · · · · · V  C

**be told that** you are wrong about something.

- 〈be told+that절〉은 '~라고 듣다'로 해석한다.

**[7행~8행]** But even Einstein **could not have achieved** so much / **without** *bright people* [around him][**who** disagreed

with his ideas].

- 여기서 without은 if 가정법 과거완료의 대용표현((그때) ~이 없었더라면)으로서 if it had not been for, had it not been for 등으로 바꿔 쓸 수 있다.

---

**예제 2** ③ ★ 소재 긍정적 결과를 야기하는 긍정적 행동 · · · · · **p.**78

**해석** 낙관주의, 혹은 적어도 긍정적 사고의 힘에 관하여 놀라운 주장이 있어 왔다. 이 신조에 따르면 긍정적으로 생각하기만 해도 좋은 일이 일어나기 시작할 거라는 것이다. 바버라 에런라이크가 우리에게 상기시키듯, 이런 신조의 대부분이 마술적 사고로 서서히 빠져들어, 결국 현실과 거의 (A) 괴리되고 만다. (긍정적) 생각만으로는, 많은 정신적 지도자들이 우리에게 그렇다고 한 만큼의 효력이 없다. 하반신이 마비되었지만 그래도 높은 삶의 질을 누릴 수 있다고 믿는 사고 생존자는 상반신 체력을 강화하기 위해 체육관에 가고, 사회생활을 적극적으로 즐기고자 밖으로 나갈 가능성이 높다. (사고로) 자신의 인생이 끝났다고 믿는 사람은 아마 그런 일들을 하지 않을 것이다. 긍정적 사고의 힘과 긍정적 행동의 힘은 관련이 없지는 않으나, 낙관주의의 보상을 (B) 받는 것은 후자(긍정적 행동)이다.

**추론흐름** (A)가 속한 문장의 this는 이전 문장의 '신조(the creed)', 즉 긍정적으로 사고하면 모든 것이 잘될 것이라는 믿음을 가리키고, 이 신조 대부분이 마술적 사고로 빠져든다는 것은 비현실적인 생각을 하게 됨을 의미한다. (A) 뒤 문장에서도 생각만으로는 효력이 없다고 했으므로 이 신조가 현실과 '괴리된다'는 것을 유추할 수 있다. 이어서 긍정적 결과를 얻고자 긍정적 생각을 행동으로 옮기는 사고 생존자의 예시를 통해 빈칸 (B)를 추론 가능한데, 긍정적 사고와 긍정적 행동 중 후자(긍정적 행동)가 낙관주의의 보상을 '받는다'는 것이 적절.

**오답근거**

(A)

①, ② 의존하고 ➡ 긍정적 사고에 관한 신조의 대부분이 마술적 사고에 빠져든다고 했으므로 현실에 의존하는 것이 아니라 오히려 현실과 멀어지게 만듦.

(B)

① 앞서는, ④ 따르는 ➡ 긍정적 행동과 낙관주의 보상의 선후관계를 논하는 내용이 아님.

② 받아 마땅한 ➡ 긍정적 행동이 보상을 받아야 마땅하다는 당위성에 대해서는 언급된 바 없음.

**어휘** **startling** 깜짝 놀라게 하는, 놀라운 / **optimism** 낙관론, 낙천주의 (↔ pessimism 비관론) / **creed** (종교적) 교리; 신념, 신조 / **descend** 내려가다[오다] **cf. descend into** ~로 내려가다; (나쁜 상황 속으로) 서서히 빠져들다 / **more or less** 거의, 대략 / **survivor** 생존자 / **paralyze** ~을 마비시키다; ~을 무력하게 하다 / **be[get] out and about** (앓고 난 후에) 다시 나다니다 / **unrelated** 관련[관계] 없는; 친족이 아닌 / **latter** 후자(後者)의 (↔ former 전자(前者)의) / **precede** ~보다 앞서다, 먼저 일어나다; ~보다 우월[우선]하다 / **isolated** 고립된 **cf. isolate** ~을 격리[고립]시키다, 분리하다 / **reap** ~을 수확하다, 거두다; (보답 등을) 받다 / **distort** (형체 등을) 비틀다; (사실을) 왜곡하다

**구문** **[5행]** Thinking alone is **not as** *effective* **as** many gurus would have us believe (*thinking alone is*).

A · · · · · B

- 〈A not as[so]+원급+as B〉: 'A는 B만큼 ~하지 않다'는 뜻.

**[5행~8행]** *An accident survivor*, [**paralyzed** from the waist down], [**who** believes that she can still have a high

S ·

quality of life] / is likely to go to the gym / **to work on** her upper body strength, / and (*is likely to*) get out

V₁ · · · · · V₂

and about / **to enjoy** an active social life.

- 과거분사구(paralyzed ~ down)와 주격 관계대명사 who가 이끄는 절이 주어 An accident survivor를 수식.
- 여기서 to부정사구 to work on ~, to enjoy ~는 모두 '목적'을 나타낸다.

## 1. 빈칸에 들어갈 대강의 의미를 짚어보자

**기출돋보기** ③ ★ 소재 **양극성이 존재하는 긍정적인 이유** p.79

**해석** 어떤 가치 안에서 무가치한 것이 보이거나 어떤 진실 안에서 거짓이 보이면 그 가치나 진실은 존재하지 않게 된다고 생각하는 것은 매우 중대한 오류이다. 그것은 단지 상대적이게 된 것일 뿐이다. 인간과 관련된 모든 것은 상대적이다. 왜냐하면 모든 것은 내부의 극성(전극의 양극과 음극, 자석의 남극과 북극이 가지는 서로 다른 성질)에 달려 있기 때문이다. 즉, 모든 것은 에너지의 한 현상이기 때문이다. 에너지는 필수적으로, 이미 존재하고 있는 극성에 의존하는데, 그것이 없으면 에너지가 있을 수 없을 것이다. 언제나 높고 낮음, 뜨겁고 차가움 등이 반드시 존재하며, 그래야 평형을 이루는 과정, 즉 에너지가 발생할 수 있다. 그러므로 이전의 모든 가치에 반대되는 것들을 위해 그것들을(이전의 모든 가치를) 부인하는 경향은, 앞서 말한 편파적인 것만큼이나 과장하는(침소봉대하는) 것일 뿐이다. 그리고 그것이 보편적으로 받아들여지는 명백한 가치들을 거부하는 문제인 한, 결과는 치명적 손실이다.

**추론흐름** 빈칸 문장이 Therefore로 시작하는 결과 · 결론인데 바로 앞 내용과 인과관계를 이루지는 않고 단락의 결론을 이끈다. 모든 가치를 부인하는 경향은 결국 어떠하다는 것인지를 추론해야 한다. 바로 앞 문장에서 양 극단이 있어야 평형을 이룬다고 했으므로, 이전에 존재하는 모든 가치를 부인하는 극단적인 경향은 평형을 깬다는 '부정적'인 내용의 결론이 빈칸에 와야 함을 알 수 있다. 첫 문장에서도, 어떤 가치 안에 무가치한 것이나 거짓이 있다고 해서 가치나 진실을 부정하는 것은 오류라고 하였다.

**오답근거**
① 인간사에서 상대성을 추구하는 또 다른 방법 ➡ 핵심문장으로 보이는 Everything human is relative를 활용한 오답.
② 그런 모든 가치를 수용하는 경향만큼 바람직한 것
④ 궁극적인 진실에 다가가는 유일무이한 방법
②, ④ ➡ 빈칸 다음 문장에서 이런 경향의 결과가 치명적 손실이라고 했으므로 긍정적 언급은 답이 될 수 없음.
⑤ 내부의 극성으로부터 기인한 에너지의 존재를 인정하는 것 ➡ 이전의 모든 가치를 부인하는 경향은 내부 극성과 에너지를 인정하지 않는 것이므로 오답.

**어휘** **fundamental** 기본적인; 중요한 / **rest** 휴식, 안정; 휴식을 취하다; ((on)) 달려 있다, 존재하다 (= depend[rely] on) / **polarity** (전기의) 극성; 정반대; 양극단 / **equilibrate** 균형[평형]을 유지하다 / **in so far as** ~하는 한에 있어서는 (= as[so] far as) / **indubitable** 의심할 나위 없는, 확실[명백]한 / **fatal** 치명적인; 운명의 / **exaggeration** 과장, 과대 / **onesidedness** 한쪽으로 치우침, 편파적임; 일방적임

**구문** **[6행~7행]** There must always be high and low, ~, etc., **so that** the equilibrating process — which is energy —
S'
can take place.
V'
● so that 이하는 '결과'를 나타낸다.

## 2. 막연히 읽지 말고 가능성이 큰 전략에 집중하라

**기출돋보기** ① ★ 소재 **도덕적 행위자로서의 인간의 특징** p.80

**해석** 도덕적 행위자로서의 인간의 가장 명백한 두드러진 특징은 이성적인 사고를 할 수 있는 능력이다. 이것은 어떤 유형의 도덕적 행위자로서의 인간에게 있어서도 논쟁의 여지가 없이 필요한 조건인데, 이성적인 사고를 할 수 없는 사람들은 그들의 행동에 대해 도덕적인 책임을 질 수 없다고 우리 모두 받아들이기 때문이다. 하지만 이렇게 논란의 여지가 없는 두드러진 특징을 넘어서면, (터무니없이 이상적인 것과는 대조적으로) 실제로 현재 살아 있는 도덕적 행위자로서의 인간 각자의 가장 두드러진 특징은 분명히 모든 도덕적 행위자가 도덕적 문제가 있는 모든 상황에 **다양한 견해를 가지고 대처한다**는 사실이다. 즉, "도덕적 행위자로서의 인간이 다른 사람들에게 영향을 미치는 기본적인 방법은 무엇인가?"라는 질문에 대해 두루 적용되도록 만들어진 답은 없다. 오히려, 도덕적 행위자로서의 인간은 이러한 '다른 사람들'이 누구냐에 따라서 다른 방식으로 '다른 사람들'에게 영향을 미치기를 바란다.

**추론흐름** 빈칸 문장의 바로 다음 문장이 환언을 나타내는 연결어인 That is로 시작하므로 이에 집중한다. 인간이 다른 사람들에게 영향을 미치는 기본적 방법이 무엇인지에 대해 두루 적용되는 답은 없고, 오히려 인간은 다른 사람들이 누구냐에 따라 다른 방식으로 영향을 미치기를 바라므로 '다양한 견해를 가지고 대처한다'는 ①이 답임을 알 수 있다.

**오답근거**
② 논란의 여지가 없는 만능 해결책을 찾는다 ➡ 빈칸 이후에 오는 부연설명과 정반대인 논리.
③ 이상화될 수 있는 명백한 운명을 따른다
④ 특징을 평가할 때 편견을 가진다 ➡ 첫 문장의 feature를 활용한 오답.
⑤ 책임지는 것을 회피하기 위해 도덕적 가치를 희생한다 ➡ 지문 초반 내용과 연관되어 보이나 빈칸 부분을 추론하는 데 관련 근거는 없음.

**어휘** **salient** 현저한, 두드러진 / **moral agent** 도덕적 행위자, 도덕적 행위자로서의 인간 / **uncontested** 명백한, 논쟁의 여지가 없는 / **uncontroversial** 논란의 여지가 없는 / **flesh-and-blood** 현재 살아 있는, 현실의 / **as opposed to A** A와는 대조적으로 / **ridiculously** 우스꽝스럽게, 터무니없이 / **one-size-fits-all** 하나의 크기에 모든 것을 맞추는, 두루 적용되는; 프리사이즈의 / **perspective** 시각, 견해; 원근법 / **bear** (무게 등을) 견디다, (의무 · 책임을) 지다; 아이를 낳다 cf. **bring A to bear** (문제나 어려운 상황을 처리하기 위해) A를 사용하다 / **cure-all** 만병통치약; 모든 문제를 해결할 수 있는

## 실전 적용문제 **4**회  **1**⑤ **2**② **3**⑤ **4**③ **5**③ **6**②

---

**1**　⑤　★ 소재 **자국민과 자국 정부를 비난하게 되는 이유**　　　　　　　　　　**p.**84

**해석**　결속감은 우리가 자국민이나 자국 정부의 행동을 비난하는 특별한 이유를 부여하기도 한다. 사람들이 전쟁에 반대하고 그것에 맞서 항의하게 만드는 두 가지 서로 다른 근거를 예로 들어보자. 한 가지 근거는 전쟁은 부당하다는 신념이다. 또 다른 근거는 전쟁이 (전쟁에) 관련된 국민들의 품위를 떨어뜨린다는 신념이다. 첫 번째 이유는 전쟁 반대론자라면 그가 누구이건 또 어디에 살건 내세울 수 있는 이유이다. 그러나 두 번째 이유는 그 전쟁에 책임이 있는 국가의 국민들만이 느끼고 표현할 수 있다. (전쟁과) 무관한 국가의 국민들은 전쟁에 반대하고 그것을 부당하게 여길 수는 있지만 오직 전쟁 중인 국가의 국민들만이 그 전쟁에 대해 수치스럽게 느낄 것이다. 이것은 공통의 정체성을 전제로 하는 윤리적 감정이다. 해외여행을 하는 미국인이 (같은) 미국인 여행자가 무례한 행동을 하는 것을 목격하는 경우 개인적으로 모르는 사이라도 부끄러워할 수 있다. 미국인이 아니라면 동일한 행동에 대해 보기 좋지 않다고는 느껴도 그것 때문에 부끄러워하지는 않을 수 있다.

**추론흐름**　무엇 때문에 자국민이나 정부를 비난하게 되는지를 찾아야 한다. 빈칸 다음 문장에서부터 등장하는 전쟁 반대 예시에서 (자신들의) 품위를 떨어뜨린다는 근거로 전쟁을 반대하는 것은 전쟁에 책임이 있는 국가의 국민들뿐이라고 했다. 즉, '국가의 일원'이라는 '공통의 정체성'이 자국 정부의 행동을 비난하고 부끄러워하는 이유임을 알 수 있다. 뒤이은 미국인 여행자의 예시를 통해 자국민의 무례한 행동에 대해서도 부끄러움을 느낀다고 했으므로 정답은 '결속감'이라 할 수 있다.

**오답근거**
① 개인주의
② 신념
③ 윤리
②, ③ ➜ 예로 든 전쟁 반대의 첫 번째 근거(개인의 신념이나 윤리에 기반)에 집중하면 고를법한 오답.
④ 친근함 ➜ 같은 국적이라는 배경에서 친근함을 느끼는 것에 대한 주제가 아님.

**어휘**　**ground** 지면; 《주로 pl.》 기초, 근거; ~에 근거를 두다 / **protest** 항의, 시위; 《against》 ~에 맞서 항의하다 / **unjust** 부당한, 불공평한 / **beneath** ~의 밑[아래]에; (신분 등이) ~보다 못하여; 품위를 떨어뜨리다 / **involved** (사건 등에) 관련된; 열중[몰두]하여, 열심인 / **take up** ~을 시작하다; ~을 차지하다; (제의 등을) 받아들이다 / **opponent** 상대; 적; 반대자 / **voice** 목소리; (말로) 나타내다 / **warring** 전쟁 중인 / **sentiment** 감정, 정서 / **presuppose** ~을 예상하다; 추정하다; ~을 전제로 하다 / **personally** 직접; 개별[개인]적으로 / **disreputable** 평판이 안 좋은 / **individualism** 개인주의 / **conviction** 유죄 선고; (강한) 신념, 확신 / **ethics** 윤리(학) cf. **ethical** 윤리적인, 도덕상의 / **familiarity** 익숙함; 친근함 / **solidarity** 연대, 결속

**구문**　[3행~5행] One is **the belief** **that** a war is unjust; the other is **the belief** **that** it is beneath *the people* involved.
　　　　　　└─ = ─┘　　　　　　　　　　　└─ = ─┘
● the belief와 that절은 동격.

[10행~12행] *Americans* [traveling abroad] **can be** embarrassed / **when** they encounter rude behavior by
　　　　　　　　　S　　　　　　　　　　V　　　C
American tourists, / **even though** they don't know them personally.
　　　　　　　　　　　= Americans　　　= American
　　　　　　　　　　　traveling abroad　 tourists
● 주절 다음에 when 부사절과 even though 부사절이 차례대로 오는 구조.

---

**2**　②　★ 소재 **미디어의 보도 선택 기준**　　　　　　　　　　**p.**85

**해석**　미디어는 종종, 아마도 마땅하게, "사람이 개를 물다"식의 보도로 비난을 받는데, 이는 (사건의) 타당성과 관계없이 항상 새롭고 이상한 것을 찾는다는 의미이다. 센세이션(선정성)과 시청률이 확실히 역할을 하지만, 미디어가 특정 범죄 보도를 선택하는 이유를 분석할 때에는 감정의 정도가 더 중요한 요인이다. 나는 최근에 뉴스를 보다가 보안 카메라에서 101세 할머니가 구타를 당하고 핸드백을 도난당하는 모습을 촬영한 영상을 보았다. 나는 즉각 이 영상이 보는 사람으로 하여금 혐오와 분노를 느끼게 하려는 계산된 시도임을 깨달았다. 그러나 다음 순간, 그 뉴스를 제작한 사람

**추론흐름**　미디어가 특정 범죄를 보도하기로 선택할 때 선정성이나 시청률보다 중요한 요인이 무엇인가를 묻고 있다. 이어지는 일화 뒤의 결론을 보면 감정(혐오감과 분노) 때문에 기자들이 기사를 공유하였다는 내용이 나온다. 즉, 기자들이 느끼는 감정의 정도가 사건을 보도하는 데 있어 일차적으로 중요하다.

들도 이 이미지들을 처음 마주쳤을 때 (나와) 같은 혐오와 분노를 느꼈으리라는 것을 알았다. 결국, 그 기자들이 이 자료들을 애당초 공유하도록 몰아갔던 것은 이러한 느낌들이었다. 젊은 사람에 대한 절도행위는 뉴스거리가 잘 안 되지만, 노인에 대한 공격은 뉴스거리가 된다. 이것은 미디어에 의한 의도적인 속임이라기보다 우리 자신의 느낌의 반영이다.

① 인종 문제
③ 노인들의 이미지 ➡ 노인을 대상으로 한 범죄라는 주장을 뒷받침하는 예시일 뿐임.
④ 광고주의 영향력
⑤ 범죄에 대한 인식
④, ⑤ ➡ 그럴듯해 보이지만 지문에 근거 없음.

**어휘** **justifiably** 마땅하게, 정당하게 / **accuse A of B** A를 B로 비난하다, 고소하다 / **coverage** 적용 범위; 보도 (범위); (보험의) 보상 범위 **cf. cover** ~을 덮다; (범위에) 걸치다, 적용되다; (뉴스 등을) 취재[보도]하다; (손실을) 보상하다 / **novel** 새로운; (장편) 소설 / **regardless of** ~에 관계없이, 상관없이 / **relevance** (문제와의) 관련성, 타당성 / **sensation** 감각, 느낌; 세상을 떠들썩하게 하는 행동[사건] / **rating** 평가(액); 〈*pl.*〉 (텔레비전 등의) 시청률 / **critical** 비판적인; 중요한; 위태로운 / **disgust** 혐오감; ~을 역겹게 하다 / **encounter** 마주침; ~을 (우연히) 마주치다 / **robbery** 강도(질) / **deception** 속임, 사기

**구문** **[1행~3행]** The media, perhaps justifiably, is often accused of "man bites dog" coverage, **which** means that it is always seeking the novel and the strange, / regardless of relevance.
● which는 The media ~ coverage를 의미.

**[3행~5행]** ~, // but the level of emotion is a more critical factor / when (we are) analyzing why the media chooses to cover certain crimes.
(S˜ = the media, V˜ = chooses, O˜ = to cover certain crimes)

**[10행~11행]** In the end, / it was these feelings that drove the reporters to share this material in the first place.
(V′ = drove, O′ = the reporters, OC′ = to share this material)
● 〈it was ~ that〉 강조구문이 쓰여 these feelings를 강조하고 있다.

---

**3** ⑤ ★ 소재 관객의 이해를 돕기 위한 연극 기법 **p.86**

**해석** 모든 작가들이 의도된 방식으로 극장 관객들이 극을 자동적으로 이해할 거라고 믿은 것은 아니었다. 따라서 작가들은 극장에 가는 것이 단순히 즐거움의 목적을 위해서뿐 아니라 오히려 무대 위에서 상연되는 극을 통해 교훈을 얻어내기 위한 것임을 대중들에게 확실히 이해시키려고 반복적으로 노력했다. 그리하여 그 내용의 이해를 쉽게 하기 위해서는 관객이 무대 위 연기로부터 거리를 두는 것이 중요했다. 이러한 생각은 베르톨트 브레히트의 '서사 연극'에 의해 발전되었는데, 이 연극은 대중들이 극의 인물들과 동일시되는 것을 막기 위한 전략으로 소외감을 이용했다. 예를 들어, 극 중 내내 간간이 나오는 내레이션과 해설을 통해 관객들은 공연으로부터 한 걸음 물러서도록 유도된다. 이러한 방식으로 관객들은 극을 더 잘 이해할 수 있도록 힌트를 부여받으면서, 그들 나름의 결론을 이끌어 내도록 결론은 열린 상태로 남겨진다.

**추론흐름** 작품을 이해하기 위해 관객이 무엇을 하는 것이 중요했는지를 묻고 있다. 빈칸 문장 뒤에서, 관객이 극의 등장인물과 동일시하는 것을 막기 위해 소외감(alienation), 즉 관객들이 공연으로부터 한 걸음 물러서도록 유도되었다는 말로 보아, 관객들이 무대 위 연기와 거리를 두는 것이 중요했다는 것을 알 수 있다.

① 배우의 연기를 흉내 내는 것
② 극에 대해서 미리 학습하는 것 ➡ 그럴듯한 상식으로 만든 오답.
③ 자기 자신을 무대 위 배우들과 동일시하는 것 ➡ 빈칸 문장 뒤의 부연설명과 일치하지 않음.
④ 자기 자신과 배우들 사이의 간격을 메우는 것 ➡ 정답과 정반대인 오답.

**어휘** **automatically** 자동적으로 / **onstage** 무대 위에서(의) / **facilitate** ~을 쉽게[용이하게] 하다; ~을 촉진하다 / **epic** 서사의; 서사시 / **alienation** 소외(감), 멀리함 / **identification** (심리적) 동일시; 신원 확인 **cf. identify** 《with》 동일시하다 / **scattered** 드문드문 있는, 산발적인 / **commentary** 해설

**구문** **[1행~2행]** **Not all** authors trusted that ~.
● 〈Not all[every] ~〉은 '모두 ~인 것은 아닌'이란 뜻으로 부분부정을 나타냄.

**[2행~5행]** Thus, they repeatedly attempted to make it clear to their public that visiting the theater was **not merely** for the purpose of entertainment, **but rather to draw** lessons from *the play* [offered onstage].
(V′ = make, 가목적어 = it, OC′ = clear, 진목적어 = that visiting the theater was not merely ...)
● 〈not merely[only, just] A but rather[also] B〉는 'A일 뿐만 아니라 (오히려) B인'이란 뜻으로 B를 강조. for가 이끄는 전명구와 to부정사구는 모두 '목적'을 나타낸다.

**[5행~7행]** It was, therefore, important for the viewer to create a distance from the actions [on the stage] / **so as to facilitate** interpretation of the content.
(가주어 = It, 의미상 주어 = for the viewer, 진주어 = to create a distance ...)
● 〈so as to-v〉는 '~하기 위해서'란 뜻으로 '목적'을 나타낸다.

**해석** 아무런 시도가 없으면 어떠한 실패도 없으며, 아무런 실패가 없으면 어떠한 굴욕도 있을 수 없다. 그러므로 이 세상에서의 우리의 자존감은 전적으로 우리가 스스로를 무엇이 되도록 또 무슨 일을 하도록 밀어붙이느냐에 달려있다. 그것은 우리가 가상하는 잠재력에 대한 우리의 실제 성취 비율에 의해 결정된다. 그러므로 성공을 가식으로 나눈 것이 자존감과 같다. 이는 기대 수준의 상승이 어떻게 굴욕 위험성의 상승을 가져오는지를 설명한다. 우리가 평범하다고 생각하는 것이 우리의 행복 가능성을 결정함에 있어서 중요하다. 그것은 또한 우리의 자존감을 높이는 두 가지 방식을 암시한다. 한편으로 우리는 보다 많은 것을 성취하려고 노력할 수 있고, 다른 한편으로 우리는 성취하고 싶은 일들의 수를 줄일 수 있다. 후자의 접근 방식이 갖는 장점은 다음 말에 들어 있다. "가식을 포기하는 것이 만족감을 느끼게 하는 것만큼이나 행복한 위안이 된다"이다.

**추론흐름** 빈칸 문장 앞의 It은 자존감(our self-esteem)을 가리키고, 이것은 가상적인 잠재력에 대한 실제 성취의 비율에 따라 결정된다는 것을 알 수 있다. 이것을 공식화하면 '자존감 = 성취/잠재력'이다. 가상의 잠재력보다 실제 성취한 것이 많으면 자존심이 높아지고, 그 반대의 경우 자존감은 낮아진다. 따라서 성공(= 성취)을 가식(= 잠재력)으로 나눈 것이 자존감이다.

**오답근거**
① 기대가 높을수록 더 성취하게 된다
② 자존감은 현실을 낮춤으로써 증가된다
④ 인생 초기의 실패는 인생 말년의 행복을 가져올지 모른다
①, ②, ④ ➡ 지문에서 말하는 성공의 공식과 맞지 않는 내용.
⑤ 더 많은 가상의 잠재력은 행복의 가능성을 높인다 ➡ 지문에서 가상의 잠재력이 낮아야 행복의 가능성이 높아진다고 하였다.

**어휘** **humiliation** 굴욕감, 창피 / **self-esteem** 자존감 / **back** ～의 등을 떠밀다, 밀어붙이다; 《up》 ～을 지원하다 / **ratio** 비(比), 비율 / **actuality** 《주로 pl.》 현실, 사실 / **supposed** 상상의, 가정의 / **potentiality** 잠재력 / **illustrate** ～을 설명하다, 예증하다 / **entail** ～을 수반하다, 일으키다 / **hint at** ～을 넌지시 비치다, 암시하다 / **latter** 후자(候者)(의) (↔ former 전자(前者)(의)) / **pretension** 가식, 허세 / **blessed** 축복받은, 행복한 / **gratify** ～을 만족시키다, 기쁘게 하다

**구문** [9행~11행] ~: To give up pretensions is **as** blessed a relief **as** to **get them gratified**.
　　　　　　　　　　　　　　A　　　　　　　　　　　　　　　　　　　　　B
● 〈A as+원급+as B〉 구문. 〈get+O+OC(과거분사)〉는 'O가 OC되도록 하다'라는 의미. B의 them은 pretensions를 가리킨다.

**해석** "Just do it (그냥 한번 해봐)"이라는 나이키 슬로건의 성공은 우연이 아니다. 신경과학자들은 이 슬로건이, 뇌가 어떻게 해야 하는지 이미 알고 있는 것을 당신의 의식적 자각이 방해하게 내버려두지 말라는 것을 의미한다고 설명했다. 당신이 무언가를 반복적으로 철저하게 실행해왔다면 뇌는 자체 신경 회로에 (실행)패턴을 스며들게 하고 이것이 '선호하는 경로'가 된다. 생각을 너무 많이 하면 이러한 뇌의 경로를 우리 스스로 붕괴시키게 되고, 그 결과 숨 막힐 지경(아무것도 할 수 없는 상태)에 이른다. 다시 말해 당신은 뇌의 자연스런 과정을 막지 않도록 노력해야 한다. 우리의 뇌는 수백만 년 동안의 진화를 거쳐 만들어진, 놀랍도록 유능한 생물학적 기계이다. 어쩌면 우리는 뒤로 물러나 앉아 걱정을 멈추고 뇌가 자신의 일을 하는 것을 지켜보는 자유를 허락하는 것이 좋을 것이다.

**추론흐름** 빈칸 문장을 보면 In other words로 앞의 내용을 확언하고 있다. 앞 내용에서 뇌가 어떻게 해야 하는지 이미 알고 있는 일을 당신의 의식적 자각이 방해하게 하지 말라고 했고, 빈칸 직전 문장에서 과도한 생각은 뇌의 경로를 붕괴시켜 아무것도 할 수 없는 상태로 이어진다고 했다. 그러므로, 뇌의 자연스러운 과정을 막지 않도록 노력해야 한다는 말이 들어가야 알맞다.

**오답근거**
① 당신이 몰두하고 있는 것을 즐길 수 있도록 ➡ 연상할 수 있는 내용이지만 빈칸이 요구하고 있는 것이 아님.
② 바쁜 하루에서 뇌가 쉬도록 ➡ 그럴듯한 내용이나, 뇌의 휴식은 글의 요지가 아님.
④ 당신이 하기로 했던 일을 후회하지 않도록
⑤ 풍부한 경험을 통해 시야를 넓히도록

**어휘** **neuroscientist** 신경과학자 / **get in the way of** ～을 방해하다 / **thoroughly** 완전히, 철저히 / **ingrain** (생각 등을) 스며들게 하다 / **neural** 《인체》 신경(계)의 / **circuit** 순회, 빙 둘러서 감; 《전기》 회로, 회선 / **pathway** 경로, 길 / **disruption** 붕괴, 분열 / **choke** 숨 막히다, 질식하다 / **derail** (선로를) 벗어나다, 이탈하다; (계획 등을) 못하게 막다

**구문** [1행~3행] Neuroscientists have interpreted this slogan to mean, / don't **let** your conscious awareness get in the
　　　　　　　　S　　　　　V　　　　　　　　O　　　　　OC
way of *what* your brain already knows how to do.
● let은 〈목적어+목적격보어〉를 취할 수 있는 동사. 여기에서 목적어는 your conscious awareness, 목적격보어는 원형부정사구인 get ～ how to do이다.

[10행~11행] Maybe we can allow ourselves the freedom [**to sit** back, *(to)* **stop** worrying, *and (to)* **watch**
　　　　　　　　　　S　V　　　IO　　　　DO
it(= our own brain) do its thing].
　O'　　　　　　　　　OC'
● the freedom을 수식하는 3개의 to부정사구가 and로 병렬 연결되었다.

**해석** 후기 산업사회에서의 가치 변화를 보여주는 실험 데이터는 유권자들이 영원히 혹은 선천적으로 물질주의적이라는 추정을 (A) 약화시킨다. 시간이 흐르면서, 그들(유권자들)은 예를 들면, 물질적 번영을 신장시키기보다 환경을 보호하는 것에 더 관심을 갖는 듯 보인다. 그러나 반론이 있다. 바로, 사람들이 단지 풍요에 익숙해졌을 수 있고, 그 결과 더 이상 날마다 그것을 감사히 여기지 않는다는 것이다. 부유한 환경에서 사람들은 '더 값비싼' 후기 물질주의적 재화를 원하고 요구하는 기회를 갖고 있지만 그것은 단지 그들이 편안한 경제적 삶을 당연한 것으로 여기기 때문이다. 그래서 비록 유권자들이 의식하지 못하더라도 (B) 경제 변수는 여전히 유권자들의 정치적 평가의 핵심 결정요인이며 후기 물질주의적으로 선호되는 것들은 단지 얄팍한 장식물에 불과하다.

**추론흐름** (A) 바로 다음 문장에 예시(for example)가 이어져, 유권자들의 관심이 물질적 번영에서 환경 보호로 옮겨지는 듯 보인다고 했으므로 빈칸 (A)에는 undermines 또는 questions가 적절하다. However 이후는 이와 대조되는 내용이 이어진다. 즉, 유권자들이 풍요에 익숙해져서 의식하지 못하는 것일 뿐 여전히 물질주의적인 것, 즉 '경제' 변수는 그들의 핵심가치라는 내용이 되어야 하므로, (B)는 economic이 알맞다.

**오답근거**
(B)
① 환경적 ➡ 도입부의 유권자들이 환경 보호에 관심을 갖는 것으로 보이는 실험 데이터에 기인한 오답.

**어휘** **postindustrial** 산업화 이후의, 후기 산업 **cf. post-** 다음의, 후기의 / **assumption** 가정, 가설 / **eternally** 영원히, 영구히 / **materialistic** 물질주의적인 / **boost** ~을 밀어 올리다; (사기·기력을) 돋우다 / **prosperity** 부유함, (물질적) 번영 / **counterargument** 반대론, 반론 / **become[be] accustomed to A** A에 익숙해지다, 길들여지다 / **affluence** 풍족, 부유함 / **take A for granted** A를 당연하게 여기다 / **variable** 변하기 쉬운; 변하기 쉬운 것; (수학) 변수 / **determinant** 결정물, 결정요인 / **superficial** 표면(상)의, 피상적인 / **undermine** ~의 밑을 파다; ~을 약화시키다 / **societal** 사회의, 사회적인

**구문** [5행~7행] ~: People **may have** simply **become** accustomed to affluence, so that they do not appreciate it on an everyday basis.
● 〈may have p.p.〉는 '~였을지 모른다'란 뜻으로 과거에 대한 추측을 나타낸다.
● 여기서 so that은 '결과'를 나타냄.

실전 적용문제 **5**회 ❶③ ❷① ❸⑤ ❹③ ❺⑤ ❻⑤

**해석** 어떤 사람들은 바쁘든 바쁘지 않든 간에 일반적으로 늦는 경향이 있다. 늦는 것을 없애기 위해서 해야 할 것은 모든 상황에서 시간을 지키는 것이 어떤 다른 고려대상보다 최우선일 것이라고 결정함으로써 동기를 바꾸는 것이다. 짠! 당신은 이제 절대 비행기를 타기 위해 뛰어가거나 약속을 어기게 될 필요가 없을 것이다. 이것이 평생 지각생이었던 내가 나 자신을 고친 방법이다. 신속함이 대단히 중요하다고 결정을 내리고 나니, 나는 "내가 치과에 가기 전에 잡무를 한 가지 더 할 수 있을까?" 또는 "내가 지금 공항으로 출발해야 하나?"와 같은 질문에 대한 대답이 자동적으로 나오는 것을 알게 되었다. 대답은 항상 '아니' 그리고 '그래'이다. 시간을 잘 지키기로 선택하는 것은 당신의 생활뿐만 아니라 가족, 친구, 동료의 생활까지 훨씬 더 수월하게 만들 것이다.

**추론흐름** 빈칸 문장 뒤에 단서가 있다. 치과에 가기 전에 잡무를 끼워 넣지 않는 것과 지금 즉시 공항에 출발하는 것은 '신속함'의 예이다.

**오답근거**
① 조화
② 정확성 ➡ 시간을 '정확히' 지키는 것과 연관하여 답으로 오해할 수 있으나 빈칸 뒤의 예시와 무관.
④ 일관성
⑤ 절약함

**어휘** **motivation** 동기(부여), 자극 / **priority** 우선 사항; 우선권 / **presto** 짠, 야앗 (마술 따위의 기합소리) / **squeeze** 압착되다, 짜내다 **cf. squeeze in** 틈새를 비집고 끼워 넣다 / **enormously** 엄청나게, 대단히, 매우

**해석** 다양한 이유로 이탈리아는 긴밀하게 통합된 적이 없었는데, 이것이 르네상스에는 이점이었다. 이탈리아에는 프랑스와 영국처럼 강력하게 중앙집권화된 군주제나 국가가 발달하지 않았다. 신성 로마 황제들이 이 지역을 통치하려 했으나 14세기에 들어서는 단념했고, 이탈리아는 여러 개의 (도시) 국가로 분열되었다. 통합에 있어서의 또 다른 장애물은 도시 국가들과 로마 교황 사이의 치열한 경쟁이었는데, 교황은 교황령이라고 불리는 넓은 영토를 통치했다. 그러나 이러한 경쟁이 문명을 번영하고 진보하게

**추론흐름** 빈칸이 포함된 첫 문장과 마지막 문장에 주제가 담겨 있는 양괄식 지문. 이탈리아가 통합되지 않은 것이 르네상스에 미친 영향이 들어갈 빈칸을 추론하기 위해 내용을 종합하면 이탈리아는 여러 개의 도시 국가로 이루어져 있고, 이들과 교황 사이에서 발생한 경쟁이 이탈리아를 르네상스의 온상으로 만들었다고 했으므로 빈칸은 '이점, 혜택' 등을 뜻하는 benefit이 적절.

했기 때문에 경쟁 관계에 있던 이 모든 돈과 권력의 중심지들이 이탈리아 반도를 르네상스의 온상으로 만들었다.

**오답근거**

② 실수

③ 우선 사항 ➔ 이탈리아가 통합되지 않았던 상황이 르네상스의 부흥에 도움이 되었던 것이지, 르네상스가 특정한 가치나 목적을 우선순위로 두고 계획적으로 시작된 것은 아니었으므로 부적절함.

④ 희귀성

⑤ 결점

**어휘** **united** 단결한; (국가들이) 연합한, 통합된 / **centralize** ~을 중앙집권화하다 / **monarchy** 군주제; 군주국; 군주 일가, 왕가 / **city-state** 도시 국가 / **the Pope** (가톨릭교의) 교황 cf. **papal** 교황의 / **rival** 경쟁자; 경쟁하는; ~에 필적하다, 비할 만하다 / **peninsula** 반도 / **seedbed** 모종을 키우는 자리, 모판; 온상 / **civilization** 문명 (사회) / **prosper** 번영[번성]하다 / **rarity** 진귀한 사람[것]; 희귀성 / **drawback** 결점, 문제점

**구문** **[5행~7행]** Another obstacle to unity was the fierce competition [between the city-states and *the Pope in Rome*],
S　　　　　　　　　　V　　　　　C
**who** ruled over *a large territory* [**called** the Papal States].

● who 이하는 the Pope in Rome을 부연설명.

**[7행~9행]** But all these rival centers [of money and power] made the Italian Peninsula the seedbed [of the
S　　　　　　　　　　　　　　　　V　　　　　　O　　　　　　　OC
Renaissance] // because the competition allowed the civilization to prosper and advance.
S'　　　　　　V'　　　　O'　　　　　　OC'

---

**3**　　⑤　★ 소재 **스포츠에서의 일탈의 특성**　　　　　　　　　　　　　　　　**p.94**

**해석** 다른 환경에서의 일탈과는 달리 스포츠에서의 일탈은 종종 규범과 기대에 대한 아무런 의심 없는 수용과 극단적 순응을 수반한다. 예를 들어, 대부분의 북아메리카 인들은 미식축구 경기에 참여하는 것을 긍정적인 활동으로 간주한다. 젊은이들은 미식축구 선수로서 '최고가 되고', "팀에 '나' 라는 존재는 없다"와 같은 슬로건에 의해 살도록 격려 받는다. 그들은 체중과 힘을 증가시키도록 격려 받아, 좀 더 효과적으로 경기하고 팀의 성공에 이바지할 수 있다. 젊은이들이, 몸집이 더 커지고 힘이 더 세어지라는 기대를 지나치게 받아들일 때, 즉 미식축구 경기에 그리고 경기 기술을 향상시키는 데 지나치게 전념하여 근육강화제를 복용하게 될 때, 그들은 일탈하게 된다. 이러한 종류의 '과잉 행동 일탈'은 위험하지만, 그것은 일반적으로 용인되는 규칙과 기대를 거부하는, 소외된 젊은이들에 의해 행해지는 '반사회적 일탈'에서 발생하는 역학과는 완전히 다른 사회적 역학에 근거한다.

**추론흐름** 스포츠에서의 일탈은 규범과 기대에 대하여 다른 일탈들과 어떻게 다른가를 찾아야 하는 문제다. 중간 부분에서, 선수들이 커지고 강해지라는 기대를 지나치게 받아들여 약물을 사용하는 것이 스포츠에서의 일탈이라는 내용이 나온다. 이어서 이것은 일반적으로 용인되는 규칙과 기대를 거부하는 '반사회적 일탈'과 완전히 다르다고 했으므로 ⑤가 답이다.

**오답근거**

① (규범과 기대를) 피하고자 하는 바람에 대한 통제된 규제

② (규범과 기대를) 형성하는 데 낭비된 노력과 자원

③ (규범과 기대로)부터 독립되고 자유로워지려는 야심만만한 시도 ➔ 일반적 의미의 일탈을 이야기하므로 오답.

④ (규범과 기대에) 슬로건과 표어를 맞추는 전통적인 접근 방법 ➔ 규범을 슬로건화한 내용이 뒤에 이어지지만, 스포츠에서의 일탈에 대한 내용이 아님.

**어휘** **deviance** 이상행동, 일탈 cf. **deviant** (정상에서) 벗어난, 일탈적인; 사회의 상식에서 벗어난 사람 / **setting** (연극 등의) 배경, 무대; 환경, 장소 / **norm** ⟨the-⟩ 표준, 기준; ⟨pl.⟩ (사회적) 규범 / **acceptance** 수용, 받아들임 / **commit** 맡기다; 약속하다; 헌신하다, 전념하다 cf. **be committed to v-ing** ~하는 데 전념[헌신]하다 / **ground** 지면, 땅; 땅 위에 놓다[내리다]; 근거, 기초; ⟨in[on]⟩ 근거를 두다, 기초하다 / **dynamic** ⟨pl.⟩ (세력 · 영향력 사이의) 역학; 역동적인 / **enact** (법을) 제정하다; (연극 등을) 행하다 / **alienated** 소외된, 고립된 / **disciplined** 잘 훈련된, 통제된 / **conformity** (규칙 · 관습 등을) 따름, 순응

**구문** **[7행~10행]** [**When**] young men go too far / in their acceptance of expectations [to become ~],
‖
[**when**] they are **so** committed to ~ **that** they use muscle-building drugs, ~
⟨so ~ that ...⟩: 매우 ~해서 ···하다

● 두 개의 when절은 동격.

**[10행~14행]** This type of 'overdoing-it-deviance' is dangerous, *but* it is grounded in completely different social
dynamics / from *the dynamics* [that occur in *the 'antisocial deviance'* [enacted by *alienated young
people* [who reject ~]]].

해석 관리자들 사이에서 찾아볼 수 있는 공통적인 단점은 비판은 서슴지 않으나 칭찬에는 인색하다는 것인데, 이러한 관행은 직원들에게 마치 피드백이 실패에만 관련이 있는 것처럼 느끼게 한다. 비판에 대한 이러한 경향은 어떤 피드백도 주지 않고 미루는 관리자들에 의해 더욱 악화한다. 어배너에 있는 일리노이 주립대의 심리학자인 J. R. 라슨은 다음과 같이 말한다. "상사가 자신의 기분을 즉시 표출하지 않으면, 그의 불만은 서서히 커져 결국 더는 담고 있을 수 없는 지경에 이르게 되고, 폭발하게 된다. 만약 직원들이 사전에 비판을 받았다면 그들은 그 문제점을 고쳤을 수도 있다. 아주 흔히, 사람들은 상황이 너무 나빠져서 더는 자신의 감정을 자제할 수 없는 때가 되어서야 비로소 비판한다. 바로 그때, 그들은 신랄하게 비꼬거나, 과거의 불만을 상기시키거나, 혹은 위협하는 말투 같은 최악의 방식으로 비난을 가한다. 당연히, 그러한 공격은 역효과를 초래한다. 그것은 누군가를 자극하는 최악의 방식이다."

추론흐름 상사가 기분을 즉시 표출하지 않으면 상황이 악화하고, 직원들이 좀 더 일찍 비판을 받았다면 문제점을 고칠 수도 있었다고 했으므로 이 내용을 종합하면 관리자들이 적절한 시기에 피드백을 주지 않고 미루는 것이 문제임을 알 수 있다.

오답근거
① 칭찬하지 않는 ➡ 첫 문장에 집중할 때 고르기 쉬우나 지문 전반이 비판하는 시기의 문제에 관한 것이므로 오답.
② 사람들 앞에서 직원을 비판하는
④ 자신들의 불만을 격렬하게 표출하는 ➡ 미루어진 피드백으로 인해 발생한 결과 중 하나이므로 오답.
⑤ 모든 실수를 세세하게 지적하는
②, ⑤ ➡ 비판 방식의 문제점으로 연상할 수 있으나 빈칸에는 적절하지 않음.

어휘 **shortcoming** ⟨주로 pl.⟩ 결점, 단점 / **be quick with** ~이 빠르다, ~에 머뭇거리지 않다 / **criticism** 비판; 비평 / **frugal** 절약하는; 소박한 / **be tied to A** A와 관련 있다 / **promptly** 지체 없이; 정확히 제시간에 / **earlier on** 미리, 일찍부터 / **contain** (감정을) 억누르다; ~이 들어 있다 / **biting sarcasm** 신랄한 야유[빈정거림] / **recall** (~을) 기억해 내다 / **grievance** 불만 (사항) / **inevitably** 당연히 / **backfire** 역효과를 낳다

구문 [1행~3행] A common shortcoming [among managers] is **to be quick with criticism but frugal with praise**,
**a practice** [which leaves employees feeling / as though feedback is tied to failure].
　　　　　　　　　V′　　　　O′　　　　　　OC′
● to be ~ with praise는 a practice ~ failure와 동격.

[4행~7행] ~, // his frustrations slowly build / until they reach *the point* [**where** they can no longer be contained] *and*
　　　　　　　S₁　　　　　　V₁
there is a blow-up.
　V₂　　S₂
● 관계부사 where가 이끄는 절이 the point를 수식.

[9행~10행] Too often, people criticize / **only when** things have gotten **so** bad **that** they can no longer contain
　　　　　　　　　　　　　　　　　　　　　　　　　S′　　V′　　　　C′　　　　S″　　　　　　V″
themselves.
　O″
● ⟨only when⟩: ~하고 나서야, ~해야만
● ⟨so ~ that …⟩: 매우 ~해서 …하다

해석 어떤 결과를 이끌어 내는 데 완전히 집중하는 한, 확실히 그 결과를 더 빠르고 더 쉽게 이끌어 낼수록 더 좋다. 자신과 가족을 위해 충분한 양의 음식을 확보하려는 결심은 땅을 갈고 가축을 돌보며 지친 일상을 보내게 할 것이다. 그러나 만약 자연이 음식과 고기를 식탁에 올릴 만큼 풍족하게 제공해 준다면 많은 노동력을 아낀 데 대해 자연에 감사할 것이고 스스로 훨씬 더 부자라고 여길 것이다. 요컨대, 수행되는 목적은 그 수행에 들어가는 시간과 에너지를 그로 말미암아 발생하는 자산과 견주어 보는 하나의 거래이며, 이상적인 경우는 전자(시간과 에너지)가 0에, 후자(그로 말미암아 발생하는 자산)는 무한대에 가까운 것이다. 그러니까, 목적은 목적(수행)에 요구되는 노력을 오로지 조건부로만, 즉 노력의 결실에 의해서만 정당화한다.

추론흐름 첫 문장과 마지막 문장의 내용, 즉 '결과를 더 빠르고 쉽게 이끌어 내는 것이 더 좋다', '목적은 노력의 결실에 의해서만 정당화할 수 있다'는 내용으로 보아, 이상적인 경우는 최소의 시간과 노력으로 최고의 결실을 이끌어낼 때이다.

오답근거
① 수요가 공급을 초과하여 더 많은 수익을 남기는 ➡ 빈칸 문장의 어휘(transaction)와 연관 지을 수 있으나, 지문과 무관한 상식에 의존한 오답.
② 끊임없이 꿈을 추구함으로써 결실이 많은 삶이 되는
③ 시간과 에너지는 무한하고 자산은 풍족한 ➡ 빈칸 문맥에 그럴듯해 보이나 지문에 근거 없음.
④ 자연은 노력하지 않는 이들에게 보상해주지 않는다는 ➡ 사용한 예시와 관련 있는 상식에 의존한 오답.

어휘 so[as] far as ~하는 한 / bring about ~을 가져오다, 일으키다 / resolve 결심; 결심하다; ~을 해결하다 / secure 안전한; ~을 확보하다, 얻어내다 / sufficiency 충분, 넉넉함; 충분한 양 / induce A to-v A가 ~하게 하다 cf. induce ~을 유도[설득]하다 / weary 지친, 피곤한 / till ~할 때까지; (땅을) 갈다, 경작하다 / tend ((to-v)) ~하는 경향이 있다; 돌보다 / livestock 가축 / in abundance 풍부하게, 풍요롭게 cf. abundant 풍부한, 풍요로운 / better off 형편이 나아진 / execute ~을 실행[수행]하다; (법을) 집행하다; ~을 사형에 처하다 cf. execution 실행, 수행; 사형 집행 / transaction 거래, 매매 / balance A against B (상대적인 중요도를 살피기 위해) A를 B와 비교해 보다 / asset 자산, 재산 / justify ~을 정당화하다, ~의 정당한 이유가 되다 / exact 정확한, 엄격한; ~을 요구하다, 받아내다 / conditionally 조건부로 / exceed ~을 초과하다 / exert ~을 쓰다, 행사하다 (= exercise) / approximate 대략의, 근접한; ((to)) 가까워지다, 비슷해지다 / infinity 무한함

구문 [2행~7행] <u>Your resolve</u> [to secure a sufficiency of food / for ~] <u>will induce</u> <u>you</u> <u>to spend weary days in ~</u> ;
S — V — O — OC

but **if** Nature **provided** food and meat ~, you **would thank** Nature ~ *and* **consider** yourself ~.

● 〈if+S'+동사의 과거형~, S+조동사 과거형+동사원형...〉은 '~라면 ...할 텐데'란 뜻의 가정법 과거 구문.

[7행~9행] <u>An executed purpose</u>, ~, <u>is</u> <u>a transaction</u> [**in which** <u>the time and energy</u> [spent on the execution]
S₁ — V₁ — C₁ — S'

<u>are balanced</u> against the resulting assets],
V'

*and*

<u>the ideal case</u> <u>is</u> <u>one</u>(= a case) [**in which** the former approximates to zero *and* the latter ∧ to infinity].
S₂ — V₂ — C₂ — (approximates)

= efforts를 대신하는 소유격

[10행] <u>Purpose</u>, then, <u>justifies</u> <u>the efforts</u> [it exacts ●] | **only conditionally** |, | **by** *their* **fruits** |.
S — V — O (= purpose) — =

---

**6** ⑤ ★ 소재 심리적 면역 체계로 인한 잘못된 판단 p.97

해석 우리가 미래에 어떻게 느낄 것인가를 정확하게 예측하지 못하는 것은 좋지 않은 직장을 선택하는 것과 같은 잘못된 선택으로 이어질 수 있다. 돈과 관련하여 우리는 우리가 더 부유하고 지금으로서는 소비할 수 없는 것을 소비할 수 있다면, 우리의 삶이 향상될 것으로 생각한다. 그러나 연구들은 우리가 원하는 것을 살 수 있는 능력이 향상된다 하더라도 그것이 우리의 만족감에 거의 혹은 아무런 영향을 미치지 못한다는 것을 보여준다. 그렇다면 증가된 소득과 관련해 행복에 커다란 향상이 없음에도 왜 우리는 그렇게 열심히 일하고 있는가? 과학자들은 우리가 강력한 심리적 면역 체계, 즉 정보를 변형시키고 만들어 내거나 무시하는 강한 정신적 성향을 갖고 있어서, 잠재적인 새 직장에서의 오랜 통근 거리와 부담스러운 직무를 쉽게 간과해버림을 발견했다. 그래서 우리는 장밋빛 안경을 끼는 마음의 능력을 대부분 자각하지 못하기 때문에, 새 직장에서 받는 더 많은 돈이 실제로 그러한 것보다 우리를 더 행복하게 만들어줄 거라고 확신한다.

추론흐름 잠재적 새 직장에서의 안 좋은 점들은 무시해버리고 더 많은 돈을 버니 더 행복해질 것이라고 확신하는 것은, 상황을 너무 '낙관적'으로만 보는, 즉 장밋빛 안경을 끼는 마음의 능력을 자각하지 못해서라고 할 수 있다.

오답근거
① 우리의 결정을 합리화하는
② 정보를 학습하고 흡수하는
③ 문제에 대한 해결책을 찾는
④ 새로운 환경에 적응하는
➡ 모두 그럴듯해 보이나, 지문의 요지인 '심리적 면역 체계의 낙관성'과는 관련 없음.

어휘 when it comes to A A에 관해서라면 / leap 껑충 뛰다, 도약하다; 뜀, 도약 / potent 강력한, 유력한 / immune 면역(성)의 / capacity 용량, 수용력; 능력 / transform ~을 변형시키다, 바꾸다 / overlook ~을 (위에서) 내려다보다; ~을 간과하다; ~을 너그럽게 봐주다 / commute 통근[통학]하다; 통근 (거리) / convince A that A에게 ~을 납득시키다, 확신시키다 cf. convince A to-v A를 설득하여 ~하게 하다 / rationalize 합리화하다 / absorb ~을 흡수하다

구문 [2행~4행] ~, we think that **if** we **were** richer and able to consume *things* [that we currently cannot ∧], our lives
(consume)
**would** improve.

● 〈if+S'+동사의 과거형 ~, S+조동사 과거형+동사원형 ...〉은 '~라면 ...할 텐데'란 뜻의 가정법 과거 구문.

[7행~11행] Scientists have found that because <u>we</u> <u>have</u> | **a potent psychological immune system** |, | *a powerful*
S" — V" — O" — =

*mental capacity* | [**to** transform, *(to)* invent, *or* *(to)* ignore information], / <u>we</u> <u>will conveniently overlook</u>
S' — V'

<u>the long commute and stressful assignments</u> [in ~].
O'

## 1 ⑤ ★ 소재 대화에 대한 몽테뉴의 시각

p.100

**해석** 16세기 프랑스 수필가인 미셸 드 몽테뉴는 대화를 좋아했다. 그는 말했다. "내 취향으로 보아, 가장 보람 있고 자연스러운 우리 정신의 운동은 대화이다. 나는 대화를 하는 것이 우리 삶에서 가장 즐거운 활동이라고 여긴다." 몽테뉴에 따르면 "책을 공부하는 것은 약한 정신적 활동이지만, 대화는 가르침과 운동을 동시에 제공해 준다." 몽테뉴는 대화를 그의 정신을 향상시켜주는 지적인 스포츠 경기로 생각한다. "만약 내가 강하고 굳건한 상대와 싸우고 있다면, 그는 나를 공격할 것이다. 그의 생각은 내 생각을 비상하게 한다. 대항과 경쟁력과 영광은 나를 몰아붙여 내 자신의 수준 위로 고양시켜줄 것이다. 우리의 정신은 역동적이면서도 질서가 잡힌 정신과의 접촉으로 강화된다."

**추론흐름** 몽테뉴가 '대화'를 무엇으로 생각하는지에 대해 언급한 부분을 찾는다. 빈칸 문장 앞의 '가장 보람 있고 자연스러운 우리 정신의 운동, 가르침과 운동을 동시에 제공하는 것'과 빈칸 문장 뒤를 종합하면 그는 대화를 '지적인 스포츠 경기'로 생각하는 것이다.

**오답근거**
① 정기적인 명상
② 우연한 발견
③ 효율적인 전문연구
④ 심리적 장애
➡ 모두 빈칸 문장 앞뒤 내용과 일치하지 않음.

**어휘** **solid** 고체의; 견고한; 견실한 / **opponent** 상대; 적 / **soar** 비상하다; 높이 솟다 / **competitiveness** 경쟁력 / **meditation** 명상; 심사숙고

## 2 ③ ★ 소재 표본 집단 선정의 오류로 인한 오해 사례

p.101

**해석** 19세기 말 몇몇 사상가들은 결혼이 단지 건강상의 이익을 제공하는 것처럼 보이는 데 불과하다는 견해를 갖고 있었다. 실제로는 표본 집단을 고르는 데서 발생한 오류가 있기 때문에 결혼한 사람들이 더 건강해 보이는 거라고 그들은 말했다. 1872년 네덜란드의 의사인 듀이 루바크는 신체적 장애나 정신적 고통을 겪는 사람들은 결혼할 가능성이 낮고, 그래서, 결혼한 사람들이 결혼의 결과로 더 건강해 보이는 것뿐이라고 주장했다. 또한, 수학자인 버렌드 투룩스마도 최소한의 생명력을 가진, 즉 스스로 생활을 유지할 수 없는 거의 모든 사람들이 혼자서 삶을 영위할 수밖에 없다고 주장했다. 바꿔 말해, 가난, 정신적 질병 혹은 다른 사회적, 정신적, 신체적 제약들과 같은 짧은 수명의 원인이 되는 요인들 또한 결혼의 장애물이라는 것이다. 결과적으로 이 사상가들은 '건강, 혹은 결혼, 무엇이 먼저인가?'라는 골치 아픈 문제를 증명했다.

**추론흐름** 어떤 원인 때문에 결혼한 사람이 더 건강해 보이는 결과를 가져왔는지를 찾아야 한다. 빈칸 문장 뒤를 보면, 결함이 있는 사람은 애초에 결혼 가능성이 낮으므로, 결혼한 사람들은 원래부터 건강했던 것이라고 언급되어 있다. 따라서 표본 집단 선정의 오류로 인해 결혼한 사람이 더 건강해 보이는 것이다.

**오답근거**
① 그들이 자신들을 돌봐줄 누군가가 있기
② 그들이 다른 사람들보다 더 안정적이라고 느끼기
④ 우리가 결혼생활을 이상적인 삶이라 느끼기
①, ②, ④ ➡ 상식적으로 그럴듯해 보이나 지문 내용과 관련 없음.
⑤ 연구결과가 실제로 결혼한 사람들이 그렇다는(건강하다는) 걸 보여주기 ➡ 이어지는 연구결과와 일치하지 않음.

**어휘** **vitality** 생명력, 활기 / **be obliged to-v** ~할 의무가 있다. ~할 수밖에 없다 / **limitation** 제약, 한계 / **thorny** 가시가 있는; (문제 등이) 골치 아픈

**구문** **[1행~4행]** ~, / some thinkers were of **the opinion** **that** marriage merely *appears* to offer health benefits;
what is really going on, ~, is that married people seem healthier / because there is *an error* [in selecting
sample groups].
S'　　　　　　　　　　　V'　　　　　　　　　　　　　　　　　　　　C'
● 세미콜론(;) 이하는 the opinion that ~ benefits를 보충설명.

**[4행~7행]** ~, argued that *those* [with physical handicaps or mental sufferings] *are unlikely to marry*, // and **this**
S'₁　　　　　　　　　　　　　　　　　　V'₁　　　　　　　　　S'₂
causes *those* [who do marry] merely to appear healthier / as a result of marriage.
V'₂　　O'₂　　　　　　　　　　　　　OC'₂
● 여기서 this는 those with ~ to marry를 가리킨다.

**[7행~9행]** ~ argued that almost all [with the least vitality], / ∧ hardly able to provide for themselves, / are obliged
S'　　　　　　　　　　(who are)　　　　　　　　　　　　V'
to spend their lives alone.

## 3 ② ★ 소재 산까치 알의 얼룩무늬 형성 요인에 대한 연구

p.102

**해석** 연구자들은 어떻게 아프리카 마을의 산까치가 뻐꾸기에 의해 이용 당하는 것을 스스로 막는지를 이해하게 되었다. 그것은 모두 알에 있는 얼

**추론흐름** 어떤 이유로 알의 겉모습이 바뀌게 되었는지를 찾아야 한다. 산까치가 비슷한 얼룩의 알을 낳으면 뻐꾸기 알을 키우게 되는 일을 방지할 수 있지

룩 덕분이다. 데이비드 라티와 그의 동료들은 어떻게 마을의 산까치들이 모두 매우 비슷한 무늬의 얼룩을 보여주는 알을 낳는지를 설명하면서, 만약 뻐꾸기가 둥지에 알을 낳았다면, 산까치들이 거의 즉시 그 낯선 알을 알아챌 수 있을 것이라고 시사했다. 그러나 200년도 훨씬 전에 뻐꾸기가 한 마리도 없던 두 개의 섬으로 들어온 두 집단의 산까치들을 연구자들이 연구했을 때, 그들은 그 산까치들의 알이 똑같은 얼룩 무늬를 더 이상 보이지 않는다는 것을 발견했다. 진화의 힘을 잘 보여주는 이러한 결과들은 기생 뻐꾸기의 압력이 없는 곳에서는 비슷한 무늬를 가지는 것이 더 이상 그렇게 큰 이점이 아니기 때문에 어떻게 알의 겉모습이 바뀌게 되었는지를 보여준다.

만, 뻐꾸기가 없는 곳에서는 굳이 비슷한 얼룩의 알을 낳을 필요가 없으므로 알의 겉모습이 바뀐 것이다.

**오답근거**
① 둥지를 짓는 본능은 유전적 요소에 의해 결정되기
③ 뻐꾸기의 침입이 새들을 더 강해지도록 했기
④ 새로운 환경에 적응하는 것은 얼마간의 시간이 걸리기
⑤ 그들의 독특한 얼룩무늬가 너무 많은 적을 끌어들였기
➡ 모두 지문에 언급된 내용을 부분적으로 활용해 만든 오답.

**어휘** **weaverbird** 〈조류〉 산까치 / **cuckoo** 뻐꾸기 / **be down to A** A로 귀결되다, A 때문[덕분]이다 / **spot** 작은 점; (특정한) 곳, 장소; ~을 발견하다, 알아채다 / **foreign** 외국의; 낯선, 생소한 / **colony** 식민지; (동·식물의) 군집 / **demonstration** 입증, 설명 / **invasion** 침입 / **adapt** ((to)) 적응[순응]하다, 익숙해지다

**구문** [3행~6행] David Lahti and his colleagues have described **how** village weaverbirds lay eggs [**which** all show a very
similar pattern of speckles], / **suggesting** that if ~.
O
● how는 described의 목적어가 되는 명사절을 이끄는 의문사.
● which의 선행사는 바로 앞의 eggs.
● suggesting 이하는 '부대상황'을 나타내는 분사구문.

---

**4** ④ ★ 소재 **유아의 발달이 느린 이유** p.103

**해석** 인간을 제외한 포유동물의 대다수는 태어난 직후 몸을 움직이고 어미를 따를 수 있다. 인간의 유아들은 어째서 이렇게 느린 속도로 발달하도록 진화했을까? 이 질문에 어느 정도 답을 해주는, 인간의 뇌가 자라는 크기와 관련된 신체적인 이유가 있다는 것은 확실한 사실이다. 그러나 우리가 문화의 영향을 고려하지 않는다면 이 설명은 부족하다. 인간의 유아가 처리하고 학습해야 하는 어마어마하게 많은 양의 문화적 지식은 개인적인 체험을 통해 흡수하기에는 너무 거대하다. 이러한 지식을 전수하기 위해 언어가 필요해졌고, 이것은 다시 '들음으로써 학습하는 것'을 필요로 했을 뿐 아니라 뇌의 성장을 더 자극했다. 이것은 우리의 크고 새로운 뇌가, 문화의 발달 그리고 복잡한 사상의 전수를 가능하게 하는 언어와 더불어 진화했다는 것, 따라서 다른 포유동물보다 더 긴 출산 후 발달 기간을 필요로 하게 되었다는 것을 의미한다.

**추론흐름** 인간의 뇌가 문화의 발달 외에 또 어떤 것과 함께 진화했는지를 찾아야 한다. 빈칸 문장이 This means로 시작하였으므로 앞 문장을 우선 읽어보면, 이러한 지식, 즉 방대한 양의 문화적 지식을 전수하기 위해 언어가 필요해졌고 결과적으로 뇌의 성장을 더 자극했다는 내용이므로, 빈칸에는 '언어'가 언급되어야 한다.

**오답근거**
① 특정 사회에서 발달된 상식
② 사회 구성원들을 연결하는 감정적 유대
③ 유구하고 찬란한 역사에 의해 형성된 관습
①, ②, ③ ➡ 뇌의 진화를 자극하는 것으로 그럴듯해 보이지만 지문 내용과 관련 없음.
⑤ 개인적 경험을 통해 습득된 신체적 변화 ➡ 뇌의 성장과 관련된 신체적 (physical) 이유는 글 초반에 언급되었으며 빈칸과는 관련 없음.

**어휘** **exclude** ~을 제외[배제]하다; ~을 몰아내다, 추방하다 / **infant** 유아, 젖먹이 / **evolve** 진화하다, 발달하다 / **enormous** 엄청난, 막대한 / **in turn** 차례로, 번갈아; 이번에는 / **stimulate** ~을 자극하다, 활발하게 하다 / **necessitate** ~을 필요로 하다 / **illustrious** 저명한, 유명한; (업적이) 빛나는 / **feasible** 실행할 수 있는, 가능한 / **transmit** ~을 전송하다, 전하다; (병을) 전염시키다

**구문** [3행~5행] **It** is certainly true that there are *physical reasons* [**involving** ~] [**that** partly answer this question].
가주어          진주어
● 현재분사구(involving ~)와 that이 이끄는 관계대명사절이 physical reasons를 수식.

[6행~8행] The enormous body of *cultural knowledge* [that human infants must process and learn] is **too** great
S                                                                                                      V
**to be** absorbed / through ~.
● 〈too ~ to ...〉: 너무 ~해서 …할 수 없다

[10행~13행] This means that **our big new brains** evolved / along with a growth of culture *and language* [that
S'              V'
makes **it** feasible to transmit complex ideas], thus **requiring** a period of postnatal development /
가목적어              진목적어
beyond **that** of the other mammals.
(= the period of postnatal development)
● requiring 이하는 '결과'를 나타내는 분사구문이며 의미상 주어는 our big new brains.


45

해석 어떤 사람들은 자선 단체에 기부하는 것이 어떻게든 우리 인류에게 이롭기 때문에 생겨나게 된 일종의 본능이라고 믿고 있다. 언뜻, 이것은 이상한 생각처럼 여겨지는데, 다윈의 진화론은 개체들이 전체로서의 종족의 이익이 아닌, 자기 자신의 이익을 보호하기 위해 행동한다고 추정하기 때문이다. 그러나 영국의 진화생물학자 리처드 도킨스는 자연선택이 우리에게 고통 받고 있는 타인을 측은히 여기는 능력을 주었다고 믿는다. 인간이 소규모의 씨족 단위로 살았을 때, 어려움에 처한 사람이 친척이거나 혹은 나중에 은혜를 갚을 수도 있는 사람이었으므로 타인을 측은히 여기는 것이 결국에는 자신에게 이득이 될 수 있었다. 현대 사회는 서로의 관계가 훨씬 덜 긴밀하여 우리가 자선에 대한 진심어린 호소를 볼 때 아마도 고통을 받고 있는 그 사람을 결코 만나지 못할 수도 있지만, 측은히 여기는 감정은 여전히 우리 유전자 속에 남아 있다.

추론흐름 우리 인류에게 이롭기 때문에 생겨난 인간 본능이 무엇인지를 찾아야 한다. 동정심을 갖는 것이 결국에는 자신에게 이득이 될 수 있었다고 했으므로, 이와 연결되는 ②가 답이다.

오답근거
① 고통 받기를 원하지 않는 것 ➡ 마지막 문장의 어휘(suffering)를 활용한 오답.
③ 다른 사람들로부터 동정을 이끌어내는 것 ➡ 지문에 언급된 '고통 받고 있는 타인'을 이용한 오답으로, 지문은 동정을 받는 측이 아니라, 하는 측의 입장에서 설명하고 있다.
④ 대안을 모색하는 것
⑤ 개인적 이해를 추구하는 것 ➡ 지문의 소재인 동정심과 반대되는 오답.

어휘 **in some way** 어떤 점에서는, 어떻게 해서든 / **presume** 추정하다, 가정하다 / **evolutionary** 진화의, 발달의 / **natural selection** 자연선택, 자연도태 / **feel pity for** ~을 측은히[불쌍히] 여기다 (= take pity on) / **clan** 씨족 / **close-knit** 관계가 긴밀한 / **chances are (that)** 아마 ~일 것이다

해석 구술 문화는 (A) 진부한 표현에 의존한다. 생각을 일반적인 말로 거듭 반복해야만 그들은 예측 가능한 의사소통을 보증할 수 있다. 사람들은 일반화된 상투적인 문구로 의사소통하여 서로를 깊이 대하지 않고 서로에게 이야기한다. 이렇게 하는 것은 그들로 하여금 어떤 상황의 핵심을 꿰뚫는 것을 제한하는 경우가 많다. 왜냐하면 (정형화된 표현으로는) 충분한 설명을 할 수가 없기 때문이다. 한편, 문자 언어는 사람들 사이의 의사소통이 구술 문화의 한계를 깨고 나오도록 한다. 모든 문장은 그 상황의 특수성을 전달하기 위해 (B) 독창적으로 구성된다. 그래서 아이들이 쓰기 문화에서 자라면, 이런 독창성을 말에도 가져온다. 독특한 개개인이 어떻게 느끼고 생각하는지를 정말로 알 수 있도록 의사소통의 과정이 매우 개별화된다. 구술 문화와 달리, 개별화된 의사소통이 사회 속에 구체화될 정도까지 감정이입적인 면에 있어서의 확장이 깊어지고 '보편화된다'는 점에서 쓰기 문화는 자아의 성장을 촉진한다.

추론흐름 첫 번째 빈칸 (A)는 구술 문화에 관한 내용으로, 일반적인 말을 반복해야 소통이 가능하다는 말로 보아 진부한(overused) 표현에 의존함을 알 수 있다. 두 번째 빈칸 (B)는 문자 언어에 관한 것인데 구술 문화의 한계를 깨고 나온다고 하였으므로, 구술 문화와는 대조적인 내용임을 알 수 있다. 빈칸 (B) 문장 뒤에서 쓰기 문화에서 자란 아이들이 말에도 이런 독창성을 가져온다고 하였으므로 모든 문장은 독창적이라는 내용이 들어가야 한다.

오답근거
(A)
①, ③ 신선한 ➡ 정답과 반대되는 개념으로, 빈칸 근거와 불일치.
④ 유용한 ➡ 상식에 기반을 둔 오답.
(B)
④ 충분히 개별화된다 ➡ 글 후반부에 개별화의 개념이 언급되긴 했지만 이것은 독창적으로 구성되는 쓰기 문화에 의해 의사소통의 과정이 개별화되는 것이므로 빈칸에 부적절.

어휘 **cliché** 상투적인 문구[생각] / **restrict** ~을 제한[한정]하다 cf. restrict A from v-ing A가 ~하는 것을 제한[한정]하다 / **penetrate** 꿰뚫다, 관통하다 / **core** 핵심, 중심; 핵심의, 중심이 되는 / **constraint** 강제, 압박, 억제 / **particularity** 특수성; 구체적 사항 / **foster** ~을 촉진[육성]하다; (수양부모로서) 기르다; 수양의 / **selfhood** 자아, 개성 / **empathic** 감정 이입의 / **extension** 뻗음, 확장 / **deepen** (지식 등이) 깊어지다; (색 등이) 짙어지다 / **universalize** 일반화[보편화]하다 / **to the extent that** ~할 정도까지; ~한 결과로 / **embody** ~을 구체화하다, 구현하다; ~을 포함하다 / **underused** 충분히 쓰이지 않은, 신선한 (↔ overused 과도하게 쓰인, 진부한) / **compose** ~을 구성하다; 작곡[작문]하다 / **grammatically** 문법적으로, 문법에 맞게 / **formalize** ~의 형식을 갖추게 하다

구문 **[1행~3행]** **Only** by repeating standard lines of thought, / over and over, / <u>**are**</u> <u>**they**</u> able to guarantee predictable
　　　　　　　　　　　　　　　　　　　　　　　　　　　　　V　 S
communication.
● Only가 이끄는 준부정어구가 문두에 위치하면서 〈V+S〉의 어순으로 도치된 경우.

**[10행~12행]** <u>The process of communication</u> <u>becomes</u> increasingly <u>individualized</u> **so that** one can really know /
　　　　　　　　S　　　　　　　　　　　V　　　　　　　　　　C
**how** a unique other person feels and thinks.
● 여기서 so that ~은 '목적'을 나타냄.
● how는 know의 목적어가 되는 명사절을 이끈다.

**[12행~15행]** Unlike an oral culture, / <u>writing cultures</u> <u>foster</u> <u>the growth of selfhood</u>, // in that <u>empathic extension</u>
　　　　　　　　　　　　　　　　　　S　　　　　 V　　　　　 O　　　　　　　　　　　S´
<u>deepens</u> *and* <u>"universalizes"</u> / to the extent that <u>personalized communication</u> <u>is embodied</u> within society.
　 V´　　　　　 V´　　　　　　　　　　　　　　　　　　　　S˝　　　　　　　　　V˝

# 실전 모의고사 **1**회  **1** ② **2** ④ **3** ③ **4** ⑤ **5** ④ **6** ③

## **1** ② ★ 소재 **특허권이 부여하는 권리의 한계**

p.110

**해석** 사람들은 무언가에 대한 특허권을 갖는다는 것이 소유권과 동일한 것으로 생각하는 경향이 있다. 내가 "나는 나의 지갑을 소유하고 있다"고 말할 때 내가 원하는 어떠한 방법으로든 그것을 보유하고 사용할 독점적인 권리를 갖고 있다는 것을 의미한다. 나는 그것을 손상시키거나 파괴할 수 있다. 나는 그것을 거저 줘버리거나 판매할 수도 있다. 그러나 특허권은 **당신에게 그러한 모든 권리를 부여하지 않는다.** 당신이 당신 스스로 그것을 만들거나 판매할 수 있느냐는 정부 규정의 문제이다. 명확히 하자면, 만약 내가 새로운 에너지원에 대한 특허권을 취득한다면 그것은 나로 하여금 다른 사람이 그것을 발명하거나 판매하겠다고 주장하지 못하도록 해준다. 그러나 만약 나의 발명품이 현존하는 환경 규제와 충돌한다면 나는 그것을 판매하거나 사용할 수 없을지 모른다. 특허권은 단지 당신에게 다른 사람들이 당신의 발명품을 만들거나 판매하지 못하게 하는 권리를 부여할 뿐이다. 그리고 특허권은 당신이 아무리 원할지라도 혹은 당신이 원하는 어느 때든지 그 발명품을 사용하거나 판매할 권리를 주지 않는다.

**추론흐름** 빈칸 문장이 But으로 시작되고 있으므로 특허권은 앞에 설명된 것, 즉 소유권에 대한 서술 내용과 대조되고 있음을 알 수 있다. 빈칸 문장 앞에서 소유권이 부여하는 여러 권리에 대해 나열하고 있으므로 특허권은 그렇지 않다는 내용이 와야 함을 알 수 있고 글의 마지막 문장에서도 이를 확인할 수 있다.

**오답근거**
① 당신의 발명품을 개선하도록 도와주지
③ 항상 거대한 이익을 창출해주지는 ➡ 상식에 의존한 오답.
④ 당신의 발명품을 소송으로부터 보호해주지
⑤ 다른 사람이 당신의 발명품을 모방하는 걸 막지
①, ④, ⑤ ➡ 지문의 주요 어휘(invention)를 활용하여 혼동을 주는 오답.

**어휘** **patent** 특허(권); ~에 대한 특허(권)을 얻다; 명백한 / **equivalent** ((to)) 동등한, 상응하는; 상당[대응]하는 것 / **ownership** 소유권 / **pocketbook** 지갑, 핸드백 / **exclusive** 배타적인; 독점적인; 상류의, 고급의 cf. **exclude** (from) ~을 제외[배제]하다; ((from)) ~을 몰아내다, 추방하다 / **give away** (비밀을) 누설[폭로]하다; ~을 거저 주다 / **regulation** 규칙, 규정; 규제 / **clarify** 명확히 하다; 맑아지다, 정화하다 / **existing** 현존하는, 현행의, 현재의 / **lawsuit** 소송, 고소

**구문** **[4행~5행]** $\underset{S}{\text{Whether you can make it } \textbf{or} \text{ sell it yourself}}$ $\underset{V}{\text{is}}$ $\underset{C}{\text{a question of government regulation.}}$
● 문장의 주어는 〈Whether A or B〉 구문으로 이루어진 명사절.

## **2** ④ ★ 소재 **타인과의 긍정적 비교**

p.110

**해석** 우리 자신을 남과 비교하는 것은 만약 우리가 (그들보다) 더 낫다고 생각하면 우리를 오만하게 만들며, 더 못하다고 생각하면 기가 죽게 만든다. 그러나 우리의 개인적이고 직업적인 삶에서 우리 자신의 행동과 발전에 적용되는 성취 목표를 정하는 것에 관해서라면, 혹은 단지 우리가 더 인내심이 있고 관대하고 친절하며 혹은 분별 있어지길 원한다면 누군가를 기준으로 삼는 것이 성공을 이루는 방법일 수 있다. "나도 이 사람처럼 체계적이고 싶어" 혹은 "나는 저 사람처럼 침착해지고 싶어"라고 생각함으로써 당신은 긍정적인 방식으로 자신을 타인과 비교하고 있는 것이다. 이것은 당신의 목적이 성취 가능하다는 것을 확인할 수 있고, 당신이 얼마만큼의 노력을 기울여야 하는지 알 수 있다는 의미이다. 도움이 된다면 확실히 그들에게 조언을 구할 수는 있어도 당신이 그들을 길잡이로 삼고 있다고 그 사람에게 말할 필요는 없다. 이 사람을 통해 당신은, 단지 자신의 발전을 평가할 수 있고 자신의 목적이 성취 가능하다는 것을 알 수 있다.

**추론흐름** 빈칸 문장이 However로 시작하므로 그 앞 문장과 대조되는 내용임을 알 수 있다. 앞 문장에서 자신을 남과 비교하는 것은 좋지 않다고 했으므로, 빈칸 문장은 그것이 좋을 수 있다는 내용일 것이다. 타인의 모습을 성취 목표로 삼으면 긍정적으로 남과 비교하는 것이라고 했다. 이것은 곧 '누군가를 기준으로 삼는 것'이다.

**오답근거**
① 자신과 타인의 사기를 꺾지 않는 것 ➡ 도입부에 나온 어휘(demoralize)를 활용한 오답.
② 성취 가능한 목표를 찾는 것 ➡ 빈칸 뒤 부연설명에서 남과 비교함으로써 목표가 성취 가능한 것을 확인할 수 있다고 했으나, 성취 가능한 목표를 찾는 것이 성공이라는 언급은 없으며 문맥과도 맞지 않음.
③ 당신 자신을 타인과 비교하지 않는 것 ➡ 상식적으로 그럴듯한 내용이나 비교의 긍정성을 서술하는 지문의 요지와 상반됨.
⑤ 성과를 통해 자신을 평가하는 것

**어휘** **arrogant** 거만한, 오만한 / **demoralize** ~의 사기를 꺾다, ~을 의기소침하게 하다 / **professional** 직업의; 전문직의; 전문가, 숙련가 / **tolerant** 관대한, 아량 있는; 잘 견디는 / **sensible** 분별 있는, 사리에 맞는 / **organized** 조직화된, 정리된; (사람이) 체계적인 / **confirm** ~을 확인하다, 확증하다 / **achievable** 성취 가능한, 달성 가능한 / **refer to A as B** A를 B라고 부르다[일컫다] / **touchstone** 시금석, 표준, 기준

**구문** **[1행~2행]** <u>Comparing ourselves with others</u> **makes** us arrogant / if we think we're better, // *and* **demorializes** us
　　　　　　　　　S　　　　　　　　　　　　V₁　　O₁　OC₁　　　　　　　　　　　　　　　　　　　　　　　V₂　　O₂
/ if we think we're worse.

**[2행~6행]** However, in ~, / **when** it comes to setting *goals* [for our performance] [which apply to ~], *or* **when** we ~
or sensible, // <u>using someone as a touchstone</u> / <u>can be</u> a way [to accomplish success].
　　　　　　　　S　　　　　　　　　　　　　　V　　　　　C

---

**3**　③　★ 소재 **비범한 기억력에 대한 실상**　　　　　　　　　　　　　　　　　　　**p.111**

---

**해석** 오늘 70개의 단어 목록을 읽고 그것을 15년 후에 실수 없이 암송할 수 있다고 상상해보라. 러시아 심리학자 알렉산드르 루리아는 그러한 놀라운 기억력을 가진 셰레셰프스키라는 한 남자에 대해 기술했다. 셰레셰프스키는 바다처럼 많은 사소한 것들에 압도당했다. 다시 말해, 그는 너무 많은 것을 기억해서, 사소한 일들에서 중요한 것을 일반화하거나 구분해 내지 못했다. 모든 것이 특정한 경험으로 기억되었으며, 그는 자신이 필요로 하지도 않았고 원하지도 않았던 세부 정보들로 고통받았다. 가볍게 쇼핑 다녀온 일을 이야기하려고 하지만, 가게 통로의 개수나 모든 점원들의 이름 같이 중요하지 않은 사소한 부분들을 그냥 지나칠 수 없다고 상상해보라. 이 사례는 단지 셰레셰프스키가 직면했던 일상적 어려움의 아주 작은 부분을 보여줄 뿐이다. 우리가 비범한 기억력을 원할 때마다 셰레셰프스키의 경험을 염두에 두는 것이 유용하다. 즉, 우리 경험 중 엄선된 일부를 기억하는 것이 낫다.

**추론흐름** 셰레셰프스키의 사례를 종합하면 우리가 모든 것을 기억할 경우 매우 고통스러울 것이라 유추할 수 있다. 따라서 우리의 경험 중 엄선된 일부만 기억하는 것이 더 낫다는 것이 결론으로 적합하다.

**오답근거**
① 우리에게 기쁨을 주는 무언가를 ➡ 셰레셰프스키가 기억력으로 고통받았다는 부분을 통해 추론할 수 있는 내용이지만 요지와 관련 없음.
② 사진과 같이, 상황을 전체적으로
④ 당신에게 적합한 방법으로 사건을
⑤ 우리의 과거 경험들을 가능한 한 많이 ➡ 뛰어난 기억력으로 인한 괴로움을 다루는 지문의 요지와 상반됨.

**어휘** **recite** 암송[낭송]하다 / **extraordinary** 보통이 아닌, 놀랄 만한 / **overwhelm** ~을 압도하다, 당황하게 하다 / **minutiae** 〈*pl.* ((단수형)) minutia〉 자세한 점, 사소한 일 (= trivia) / **sort out** ~을 분류[구분]하다; (문제를) 해결하다 / **torment** 고통, 고문; ~을 괴롭히다, 고문하다 / **aisle** 통로, 복도 / **illustrate** ~을 설명하다, 예증하다; 삽화를 그려 넣다 / **keep A in mind** A를 마음에 새기다, 명심하다 / **portion** 일부, 부분; 분할[분배]하다; (음식의) 1인분

**구문** **[6행~8행]** Imagine **trying** to relate the events [of ~], *but* **being** unable to skip over minor points / as unimportant
　　　　　　　　　　　　V　　　　　　O₁　　　　　　　　　　　　　　　　　　　　　　　　　O₂
as the number [of ~], *or* the names [of ~].
● Imagine의 목적어로 두 개의 동명사구가 병렬 연결된 구조.

---

**4**　⑤　★ 소재 **예술작품 감상 시의 주의사항**　　　　　　　　　　　　　　　　　　**p.112**

---

**해석** 예술작품은 사실을 전달하기 위한 것이 아니라 생각과 감정을 전달하기 위한 것이다. 그래서 그림 한 점이 기쁘게 하기도 슬프게 하기도 한다. 그림 한 점이 영감을 주기도 혹은 짜증이 나게 하기도 한다. 예술작품은, 관찰자가 주로 감정적이고 비언어적인 미적 경험을 할 기회를 제공한다. 그러나 많은 사람들은 예술작품이 보기에 즐거운지에만 초점을 맞추며 이것이 그들이 그러한 경험을 하지 못하게 하는 것 같다. 모든 예술가가 재능이 있는 것은 아니며, 모든 예술작품이 가치가 있는 것도 아니지만, 예술작품이 얼마나 예쁘고, 익숙하고, 편한지에만 기초하여 그것을 평가하려 하지 마라. 예술들은 문화적으로 허용되는 것의 경계를 넓히길 원하는 경향이 있다는 것을 염두에 두라. 그들은 개인적인 비전을 다른 사람이 경험할 수 있는 창의적 작품으로 옮기려 노력한다. 따라서 예쁘지 않은 것을 무시하는 것은 당신이 어떤 흥미로운 통찰, 생각, 느낌을 놓칠 거란 걸 의미한다.

**추론흐름** 통찰, 생각, 느낌을 놓친다는 것과 같은 의미를 찾아야 한다. 단순히 어떤 예술이 보기 좋은지에만 초점을 두는 태도는 예술작품이 주는 감정적이고 비언어적인 미적 경험(흥미로운 통찰, 생각, 느낌)을 못하게 막는다는 내용을 통해, 보기 좋은 예술만 감상하는 태도, 즉 예쁘지 않은 것을 무시하는 것이 답임을 추론할 수 있다.

**오답근거**
① 대중의 의견을 무시하는 것
② 예술작품에만 집중하는 것 ➡ 감상할 때 초점을 맞추는 대상을 '보기 즐거운지'가 아니라 '예술작품'으로 재구성해 만든 오답.
③ 예술가를 무조건적으로 칭찬하는 것
④ 작품에 대한 배경지식이 없는 것
①, ④ ➡ 빈칸에 그럴듯해 보이지만 지문 내용과 무관.

**어휘** **be meant to-v** ~하기로 되어 있다 / **convey** ~을 나르다, 전달하다 / **sadden** 슬프게 하다, 슬퍼지다 / **irritate** ~을 짜증이 나게 하다, 화나게 하다 / **aesthetic** 미(美)의, 심미적인; 미학의; 〈*pl.*〉 미학 / **primarily** 주로, 우선 / **nonverbal** 비언어적인 (↔ verbal) / **solely** 단지; 혼자서 / **boundary** 경계(선); 〈주로 *pl.*〉 한계, 한도 / **acceptable** 허용할 수 있는; 무난한 / **insight** 통찰(력) / **unconditionally** 무조건적으로, 절대적으로

**해석** 때로 사람들이 언어가 문법을 갖지 않는다고 주장할 때, 그들이 진정으로 의미하는 것은 그 특정 언어에 대한 문법책이 없다는 것이다. 사실 언어의 규칙은 그 언어를 말하는 사람들의 머릿속에 존재한다. 당신이 독일어로 '나에게 물을 좀 주세요.'라는 문장을 들으면 당신은 동일한 규칙을 '나에게 음식을 좀 주세요.'에 사용할 수 있음을 상당히 확신할 수 있다. 어떠한 규칙도 없다면 사람들은 서로 의사소통을 할 수 없을 것이다. 왜냐하면 그들은 다른 사람이 말하는 것을 해독할 방법이 없을 것이기 때문이다. 영어 사용자로서 당신은 'This is a fast car'가 영어에서 가능한 문장이라는 것을 안다. 한편 당신은 'Fast is car this a'는 가능한 문장이 아니라는 것도 안다. 이처럼 언어 사용자들이 유사한 상황에서 유사한 (문장) 구조를 지속적으로 사용하기 때문에 우리는 그들의 행동을 통해 그 규칙의 존재를 유추할 수 있다. 당신이 이 사실을 알기 위해 문법책이 필요한 것은 아니다. 왜냐하면 당신은 이것을 대신하는 내재된 문법을 가지고 있기 때문이다.

**추론흐름** 언어의 규칙, 즉 문법에 대한 서술 내용을 통해 빈칸에 들어갈 말을 추론한다. 빈칸 문장 뒤에 이어지는 예시와 글 후반부에서 이를 설명한 부분을 보면, 문장을 듣고 동일한 규칙을 사용할 수 있으며 당신이 사용하는 언어에서 특정 문장이 가능한지 아닌지 알 수 있다고 하였다. 이는 문법책이 아닌 내재된 문법에 의거한 것이므로 문법은 언어 사용자의 머릿속에 존재함을 알 수 있다.

**오답근거**
① 유연하며 끊임없이 변화하고 있다
② 한 사회의 문화적 특징을 반영한다
③ 문장 내에서가 아니라 맥락 내에서 이해되어야 한다
⑤ 언어 학습자에게 항상 필요한 것은 아니다 ➡ 의사소통에서의 문법의 필요성을 서술한 지문의 내용과 상반됨.

**어휘** **assert** ~을 단언[주장]하다 / **decode** (암호문을) 풀다, 해독하다 / **infer** ~을 추론[추측]하다 / **consistently** 일관되게, 변함없이 / **circumstance** 《주로 pl.》 상황, 환경 / **flexible** 구부리기 쉬운; 융통성 있는, 유연한 / **constantly** 끊임없이, 항상

**구문** **[5행~6행]** If there **weren't** any patterns, people **wouldn't be** able to communicate // because they would have *no way* [to decode what others were saying].
- 〈if+S'+동사의 과거형 ~, S+조동사 과거형+동사원형 ...〉은 '~라면 ...할 텐데'란 뜻의 가정법 과거 구문.

**해석** 많은 조류 종(種)이 그들의 겨울을 지중해, 북아프리카, 중앙아메리카 같은 비교적 따뜻한 지역에서 보낸다. 그리고 그들의 북쪽으로의 비행은 여름이 다가오고 있다는 신호이다. 그런데 적도 근처에서는 기온이 연중 크게 변화하지 않는데도 그들은 대체 왜 북쪽으로 향하는 것일까? 결국 (A) 많은 손실이 발생하는데 말이다. 새는 공기의 흐름을 잘 이용하지만 오랜 여행은 아무래도 많은 에너지를 필요로 한다. 포식성의 조류에게 잡아먹힐 가능성도 높고, 이동하는 새들이 중간 기착지에 떼 지어 모이면 서로에게 질병과 기생충을 퍼뜨릴 수도 있다. 그러나 이 모든 문제는, 여름 동안 북쪽 지방의 증가된 낮 시간으로 (B) 상쇄된다. 증가된 낮 시간은 훨씬 더 많은 식량을 공급하고 먹이 먹는 시간이 더 늘어나게 하며, 이렇게 함으로써 새가 더 성공적으로 새끼를 낳고 먹일 수 있게 된다. 여름이 끝나가고 새끼들이 힘을 얻으면 새들은 따뜻한 날씨의 겨울과 안정적인 먹이 공급을 위해 다시 남쪽으로 향한다.

**추론흐름** (A) 다음에 새들이 북쪽으로 이동하는 것에 대한 에너지 소모와 위험성에 대한 내용이 나오므로, 이동하는 데 '큰 손실(many costs)'이 있다는 말이 알맞다. (B) 문장은 however로 내용 반전이 이루어지고 있는데, 이동으로 증가한 낮 시간의 장점이 이어지므로 모든 단점이 '상쇄된다(be outweighed)'라는 표현이 알맞다.

**오답근거**
(B)
② 손상된다 ➡ undermine은 긍정적인 것을 약화한다는 의미로 주로 사용되므로 문맥상 어울리지 않음.

**어휘** **equator** 《the-, the Equator》 (지구의) 적도 / **significantly** 상당히, 크게 / **current** 현재의, 현행의; 흐름, 기류; 《전기》 전류; 경향 / **predatory** 육식하는; 약탈하는, 남을 희생시키는 / **congregate** 모이다, 군집하다 / **stopover** 잠시 들름, 단기체류 / **parasite** 기생충, 기생동물 / **breed** (동물이) 새끼를 낳다, 번식하다 / **offspring** 자식, 자손; 결과 / **cost** 값, 비용; 희생, 손실 / **undermine** ~의 밑을 파다; (특히 자신감·권위 등을) 약화하다; 손상하다 / **outweigh** (가치 등이) ~보다 더 무겁다, 중대하다

**구문** **[3행~4행]** But close to the Equator / temperatures don't vary significantly throughout the year, // so why do they head north **at all**?
<br>      S         V
- at all은 의문문에서 '도대체, 조금이라도'의 의미.
  *cf.* I don't know him **at all**. (나는 그를 **전혀** 모른다. 그는 생판 모르는 사람이다.)
  **If** you do it **at all**, do your best. (**이왕** 그것을 할 **거라면**, 최선을 다해라.)

**[7행~10행]** All of these problems, however, are outweighed by *the increased daytime* [in the north] during summer,
<br>     S                      V
**producing** a much greater food supply *and more time* [in which to feed], **which** enables the birds to
<br>                                          V'    O'
breed and feed their young more successfully.
<br>         OC'
- producing 이하는 the increased daytime의 이점을 보충설명하고 있다.
- which가 가리키는 것은 producing ~ feed.

---

**1**　③　★ 소재 **성공하는 사람들의 행동 특징**　　　　　　　　　　　　　p.116

**해석**　정직을 중요하게 생각하는 사람이 상사가 회사 돈을 훔치는 것을 방금 막 목격했다고 상상해보라. 그가 자신의 가치를 고수한다면 자신의 직업을 잃을 수도 있음을 고려할 때, 이 남자는 어떤 행동을 취할까? 많은 사람들이 자신의 가치와 감정이 충돌할 때 곤란에 빠진다. 그러나 성공하는 사람은 자신이 그 일에 대해 어떻게 느끼는가와 무관하게 옳은 일을 행한다. 그들은 자신의 감정이 행동을 이끌기를 바라지 않는다. 그들은 우선 행동한 다음 감정이 뒤따라오기를 희망한다. 건강이 당신의 가치 중 하나라면 당신은 어려울 때라도 운동을 할 것인가? 당신은 정말로 먹고 싶을 때에도 커다란 초콜릿 케이크 조각을 먹지 않고 참을 것인가? 당신이 성공하기 위해서는 당신의 가치가 당신의 행동을 통제할 필요가 있다. 켄 블렌차드와 노먼 빈센트 필은 《윤리적 경영의 힘》이라는 책에서 "훌륭한 사람들이 꼴찌로 들어오는 것처럼 보일 수 있으나 대개 그들은 다른 경주에서 달리고 있다."고 썼다. 당신의 가치에 따라 사는 것은 다른 경주를 펼치는 것이다.

**추론흐름**　성공하기 위해 가치가 어떠해야 할 필요가 있는지를 찾아야 하므로 성공하는 사람들에 대해 서술된 부분을 찾는다. 네 번째 줄의 but successful people 이하를 보면 성공하는 사람들은 가치와 감정이 충돌할 때 가치 있는 일을 우선적으로 행하며 감정이 행동을 이끌기 바라지 않는다고 하였다. 그러므로 성공하려면 감정이 아닌 가치가 '행동을 통제할' 필요가 있다.

**오답근거**
① 윤리적인 방식으로 행사되어야 할 ➡ 초반에 윤리적 가치를 예시로 들었으므로 이를 활용한 오답.
② 다른 사람들과 공유되어야 할
④ 당신의 직업에까지 영향을 미칠
⑤ 다른 사람들의 가치보다 더 높을
②, ⑤ ➡ 지문에서는 가치와 행동에 관해 개인의 차원에서 다루고 있음.

**어휘**　**integrity** 고결, 정직; 완전(한 상태) / **collide** 《with》 충돌하다, 부딪히다; 《with》 상충하다 / **refrain** 《from》 자제하다, 삼가다 / **ethical** 도덕상의, 윤리적인

---

**2**　①　★ 소재 **인지치료법과 그 한계**　　　　　　　　　　　　　　p.116

**해석**　인지치료사들은 사람들에게 자신의 부정적 사고를 찾아내고 그것을 보다 긍정적 사고로 대치하도록 가르침으로써 환자들이 자신의 감정의 주인이 되어 역기능적인 사고를 극복할 수 있도록 돕고 싶어 한다. 우리 자신이 나쁜 감정을 일으키는 사고를 제거하고 유쾌한 감정을 키우는 생각을 북돋울 수 있도록 훈련시킴으로써, 우리는 우리의 감정 상태에 대한 어느 정도의 통제력을 얻어 오직 의지력 하나만으로 우울에서 우리 자신을 구해낼 수 있을지 모른다. 그러나 이것이 언제나 가능한 것은 아닐지도 모른다. 때로 감정의 강도가 대안적 사고를 하도록 허용하지 않는 경우도 있는데, 이것이 인지치료가 항상 효과가 있는 것은 아닌 이유이다. 조금 우울한 사람에게는 자신의 상황을 바라보는 다른 방식을 제안하는 것이 도움이 될 수 있다. 그러나 심각한 우울증에 사로잡혀 있는 사람에게는 그러한 제안이 다소 무신경하게 느껴질 수 있다. 자살을 생각하는 사람에게 긍정적으로 사고하라고 말하는 것은 그에게 힘을 불어넣어 주는 그다지 효과적인 방법이 아니다.

**추론흐름**　빈칸 문장 이후 부분에서 답을 찾을 수 있다. 대안적 사고가 경미한 우울증에는 효과적일지 모르나 심각한 우울증을 앓는 사람에게는 도움이 되지 않을 수도 있다는 내용에서, 감정의 강도에 따라 대안적 사고가 효과가 없을 수도 있다는 것을 알 수 있다.

**오답근거**
② 치료 환경
③ 환자의 부정적 인간관계
④ 치료에 대한 환자의 불신
⑤ 부정적 사고 그 자체 ➡ 부정적 사고는 우울증과 같은 나쁜 감정의 원인이 되기는 하나, 대안적 사고가 허용되지 않는 요인이 들어갈 빈칸과는 관계없음.

**어휘**　**cognitive** 인지의, 인식의 / **therapist** 치료전문가, 치료사 cf. **therapy** 치료, 요법 / **dysfunctional** 기능 장애의; 역기능적인 / **provoke** ~을 화나게 하다; (감정을) 불러일으키다 / **foster** ~을 촉진[육성]하다; (수양부모로서) 기르다; 수양의 / **willpower** 의지력, 결단력 / **alternative** 《to》 대안, 양자택일; 대안의, 양자택일의 / **entertain** (손님을) 접대하다; 즐겁게 해주다; (생각 등을) 품다 / **in the grip of** ~에 붙들려, 사로잡혀 / **severe** 엄한, 엄격한, 심한 / **depression** 우울(증); 불경기 / **insensitive** 무감각한, 둔감한 / **suicidal** 자살의; 몹시 위험한 / **intensity** 세기, 강도

**구문**　**[3행~6행]** By training ourselves to eliminate _thoughts_ [that provoke bad moods] and to encourage _thoughts_ [that foster pleasant emotions], / we may be able to gain _some measure of control_ [over ~] and lift ourselves ~.

구문 다이어그램:
- By training ourselves — V′ (training), O′ (ourselves)
- to eliminate _thoughts_ [that provoke bad moods] — OC′₁
- and
- to encourage _thoughts_ [that foster pleasant emotions] — OC′₂
- we — S
- may be able to gain — V₁
- _some measure of control_ [over ~] — O₁
- and lift — V₂
- ourselves ~ — O₂

---

**3**　⑤　★ 소재 **다른 이들에게 사랑받는 법**　　　　　　　　　　　　p.117

**해석**　완벽하고 자신감 있는 인물인 척하는 것이 당신이 더 사랑받는 일로 이어지는 경우는 드물다. 당신이 자신을 그리 중요하다고 생각지 않음을 다른 사람에게 보여줄 때, 그렇게 하는 것이 그들로 하여금 당신에게 더 가깝다고 느끼게 하고 당신 곁에 있고 싶어 하게 한다. '자랑 꾼'이나 자신에게 너무나 열중한 나머지 완벽한 척해야만 하는 사람을 좋아하는 사람은 아무도 없다. 우리는 자신에게 빠지지도 않고 자기중심적이지도 않은 사람을 좋아하고 그들에게 끌리는 경향이 있다.

**추론흐름**　빈칸 문장 이후 내용에서, 사람들은 자랑 꾼이나 완벽한 척해야만 하는 사람을 좋아하지 않는다고 했으므로, 결국 자신을 완벽한 인물로 위장하는 것이 당신을 더 사랑받게 해 주는 경우는 드물다는 것을 알 수 있다.

인간 본성의 이러한 면은 우리가 또한 자신 있는 사람에게 끌린다는 사실과 대조된다. 그러나 우리는 진정한 자신감을 가진 사람은 자신이 얼마나 대단한지 세상이 알게 할 필요를 느끼지 않는다는 것을 알고 있다. 그는 세상이 그것을 스스로 찾도록 내버려둔다. 그보다, 허풍을 떨고 오만한 사람은 실제로 내면에서 스스로를 왜소하게 여기는 사람이며 우리는 종종 이러한 사람에게는 본능적으로 무관심하며 끌리지 않는다. 따라서 우리 자신을 그리 중요하게 생각하지 않고, 우리의 결점과 실수를 인정하는 것이 우리가 자신감 있다는 것을 세상에 보여주는 것으로 나타나고 있다.

① 배울만한 가치가 있는 사교 기술이다
② 당신 삶의 많은 부분을 더 순조롭게 한다
①, ② ➡ 완벽한 인물로의 위장에 대한 긍정적 시각이므로 부정적 내용이 들어갈 빈칸에 적절하지 않음.
③ 항상 허세로 여겨지는 것은 아니다
④ 겉으로 보이는 것만큼 쉽지 않다

**어휘** **masquerade** 가면무도회; 《as》 변장[가장]하다, ~인 체하다 / **show-off** 자랑쟁이, 과시적인 사람 / **be consumed with[by]** ~에 열중하다, 사로잡히다 / **gravitate** 《toward[to]》 자연히 끌리다 / **self-absorbed** 자기에게만 몰두한, 관심이 있는 cf. **absorb** ~을 흡수하다, 빨아들이다 / **egotistical** 자기중심의, 이기적인 / **self-assured** 자신 있는, 자신만만한 cf. **assure** ~을 보증하다, 확실하게 하다 / **for itself** 단독으로, 혼자 힘으로 / **brag** 자랑하다 (= show off) / **arrogant** 거만한, 오만한 / **instinctively** 본능[직관]적으로 / **acknowledge** ~을 인정[승인]하다 / **pretense** 겉치레, 가식, 허세

**구문** **[7행~8행]** But we know that **a person** [who has real confidence] **doesn't feel** *the need* [to let the world know / how great he is]; ~.

**[10행~11행]** So it turns out that **not taking** ourselves so seriously *and* **acknowledging** our faults and mistakes shows the world that we are confident.
- that절의 주어인 두 개의 명사구가 and로 대등하게 연결되었다.
- not taking ourselves so seriously and acknowledging our faults and mistakes shows the world that we are confident

**4** ⑤ ★ 소재 듣고 싶은 말을 들으려는 인간의 편향성　　　　　　　　　　　　**p.**118

**해석** 연구에 의하면 사람들은 자신이 듣고 싶은 대답을 가장 잘 끌어낼 것 같은 질문을 하는 쪽으로 마음이 직감적으로 기운다. 그리고 그러한 (본인이 듣고 싶은) 대답을 들으면 자신들이 미묘하게 부추겨 다른 사람이 말한 것을 믿는 경향이 있다. 이것이 "내게 사랑한다고 말해줘요"가 그렇게 인기 있는 요청으로 계속해서 남아 있는 이유이다. 우리는 우리가 이미 다른 사람이 하게끔 만든 말을 들음으로써 우리가 선호하는 결론에 대한 지지를 끌어낸다. 이러한 경향은 우리가 함께할 친구를 선택하게 될 때 특히 두드러진다. 우리를 '좋아하는' 사람들, 그리고 우리와 '비슷한' 사람들에게 우리가 둘러싸여 있는 것을 확실히 하기 위해, 우리 생활을 신중하게 조정하는 데 수많은 시간을 보낸다. 그렇다면 우리가 아는 사람들에게 조언과 의견을 구할 때 그들이 우리가 선호하는 결론을 확증해주는 경향이 있는 것은 놀랍지 않다.

**추론흐름** 사람들은 자신이 듣기 원하는 답을 들을 수 있게끔 하는 경향(원하는 답변을 유도하고, 자신과 비슷한 사람을 친구로 삼는 것)이 있으므로, 아는 사람들에게 조언을 구할 때 그들이 '우리가 선호하는 결론을 확증해 줄 것이라는 것은 놀랍지 않다'는 것을 추론할 수 있다.

**오답근거**
① 대신 우리에게 조언을 구하는 것이 되어버리는
② 우리가 더 객관적이어야 한다고 말하는 ➡ 우리는 듣고 싶은 말을 해 줄 사람을 찾는 경향이 있다고 한 것과 상반됨.
③ 자신들이 듣고 싶은 것만 듣는 ➡ 문맥상 '자신들(they)'은 '우리가 조언과 의견을 구하는 아는 사람들'이므로 부적절.
④ 어떻게 느끼는지 우리가 이해주기를 기대하는

**어휘** **intuitively** 직감적으로 / **elicit** ~을 도출하다, 이끌어 내다 / **subtly** 미묘하게, 신비스럽게 / **prompt A to-v** A가 ~하도록 촉구하다, 부추기다 cf. **prompt** ~을 촉구하다, 부추기다; 즉석의; 신속한 / **derive** 《from》 ~을 끌어내다, 얻다; 《from》 비롯되다, 유래하다 / **prominent** 현저한, 두드러진; 중요한; 돌출한 / **ensure** ~을 확실히 하다, 보증하다 / **turn to A** A 쪽으로 향하다; A에게 도움을 청하다, A에 의지하다; A로 변하다 / **end up v-ing** 결국 ~하게 되다

**구문** **[1행~2행]** Studies show that people intuitively lean toward asking *the questions* [that are most likely to elicit *the answers* [they want to hear]].

**[2행~4행]** And *when they hear those answers, they tend to believe what they have subtly prompted others to say*, **which** is why "Tell me you love me" remains such a popular request.
- 관계대명사 which는 when they ~ to say를 의미.

**[8행~9행]** It isn't surprising, then, that when we turn to *the folks* [we know] for advice and opinions, // they tend to confirm our favored conclusions.

**51**

**해석** 자연계의 경이로운 복잡성을 관찰할 때, 복잡성이 진화의 중심 원리인 것이 틀림없다고 결론을 내리는 것은 논리적이다. 다시 말해, 두 유기체가 에너지를 얻기 위해 경쟁할 때 더 복잡한 생리기능 혹은 행동 레퍼토리를 가진 유기체가 이점을 가지는 경향이 있다는 것이다. 이것은 인간 사회에서도 사실이다. 당신이 카메라를 구입하려 한다고 하자. 당신은 구입 가능한 다른 카메라들에 비해, 함께 잘 작동하면서도 사용하기 더 쉬운 독특한 특징을 더 많이 지닌 모델을 선호할 것이다. 다른 고객들도 아마 동일하게 선호할 것이다. 이렇게, 카메라들 사이의 경쟁은 점차 더 단순한 장비를 없애, 결국 점진적으로 더 많은 특징을 가진 모델들의 집단이 남게 될 것이다. 이런 의미에서 복잡성은 시간이 지나면서 선택되어 남는 것이다. 심지어 그 복잡성이 우리에게 강요된다고 말할 수 있다.

**추론흐름** 첫 문장에서 진화의 중심 원리라고 설명한 '복잡성'의 어떤 특성이 유기체뿐 아니라 인간 사회에도 적용된다는 것인지 찾는다. 카메라들이 서로 경쟁하면서 점점 단순한 기능의 모델들은 없어지고 복잡한 기능의 모델들이 남게 되는 것처럼, 복잡성은 시간이 지남에 따라 선택되어 남는 것이라고 결론 내릴 수 있다.

**오답근거**
① 경제적 성장을 장려한다
③ 생활양식의 변화를 이끈다
④ 현대사회의 한계이다
⑤ 불공정한 경쟁을 야기한다 ➡ 복잡성을 설명하기 위해 사용된 어휘 (compete, competition)를 재구성해 만든 오답.

**어휘** **stunning** 굉장히 멋진; 깜짝 놀랄 / **intricacy** 복잡성; 복잡한 것 (= complexity) / **evolution** 진화(론); 발전 / **organism** 유기체, 유기적 조직체 / **physiology** 생리학; 생리(기능) / **behavioral** 행동의, 행동에 관한 / **repertoire** 레퍼토리, 연주곡목 / **presumably** 아마, 생각건대 / **progressively** 점진적으로, 진보적으로

**구문** **[1행~2행]** When observing the stunning intricacy [of ~], / **it** is logical to conclude that complexity **must be a**
　　(가주어)　　　　　　　　　　　　　　　　(진주어)
central principle [of evolution].
● 여기서 must는 '~임에 틀림없다'란 뜻으로 강한 추측을 나타낸다.

**[5행~7행]** It is likely that you will prefer **a model** [**that**, ~, has *more unusual features* [**that** work together well and
　　　　　　　　　　　　S'　　 V'　　 O'　　　　　　　　　 V"　　　O"
are easier to use]].
● a model을 수식하는 that 관계대명사절이 긴 경우. 그 that절 안에 more unusual features를 수식하는 또 다른 관계대명사절이 삽입되었다.

**해석** 동기부여는 수수께끼 같은 존재이다. 어떤 사람들은 처음부터 그것을 다른 사람들보다 더 많이 가지고 태어난 것처럼 보인다. 동기부여가 정말로 타고난 성격적 특징일지라도, 의미 있는 무언가에 본인의 동기를 부여함으로써 그것을 쉽게 증가시킬 수 있다는 사실을 아는 것이 좋다. 그렇게 하지 않으면, 당신은 당신이 하는 어떤 일에든 쉽게 흥미를 잃을 수 있다. 예를 들어, 빌 게이츠 주니어가 자신의 관심을 사로잡을 어떤 중요한 것도 발견하지 못했다면, 자신이 이루어 온 일을 하고자 하는 동기부여는 없었을 것이다.
　아마도 동기부여를 유지하는 최상의 방법은 언제나 도전적이고 짜릿하며 도달 가능한 범위 밖으로 완전히 벗어나지 않는, 명확하게 정의된 목표를 갖는 것이다. 목표는 또한 단기 목표이면서 장기 목표이어야 하는데, 그렇게 해야 당신의 노력이 언제 당신을 어떤 상태에 이르게 할지 알 수 있다. 그러나 이것은 동기부여와 관련하여 전체 그림의 일부에 불과하다. 성취를 향해 일하는 과정이 본질적으로 보람 있을 때, 동기부여는 따라올 것이다. 아기들이 물건을 집어 들어 맛보고, 흔들고, 던지고, 가지고 놀면서 구석구석 살펴볼 때 아기들은 어떠한 잠재적인 보상 때문이 아니라 발견의 기쁨 그 자체를 위해 배우고 있는 것이다. 또, 좋은 성적을 위해서나 부모님을 기쁘게 해 드리기 위함이 아니라, 배움 자체를 위해 배우는 것을 즐기는 아이가 더 행복하고 성공적인 학생이다.

**추론흐름** 1. 성취를 향한 과정 자체를 즐기면 자연히 동기부여가 되어 성공 가능성이 커진다는 내용. ⑤ '여정을 즐기고 성공을 거두라'가 글의 제목으로 가장 적절하다.
2. 빈칸 부분은 과정이 '어떠할' 때 동기부여가 따라오는지를 묻고 있고 빈칸 문장 뒤에 이어지는, 물건을 가지고 노는 아기와 배움 자체를 즐기는 아이의 예시를 통해 과정이 '본질적으로 보람 있을' 때 동기부여가 따라옴을 알 수 있으므로 정답은 ⑤.

**오답근거**
1. ① 삶의 목표 발견
② 내면적 욕구, 외면적 보상
③ 학습된 동기 대(對) 타고난 동기 ➡ 첫 단락의 초반 내용과 연관되지만 글 전체의 중심 내용은 아님.
④ 동기부여 전문가들의 비결
2. ① 통제될
② 실제로는 표류할 ➡ 빈칸 앞부분에서 명확한 목표의 필요성을 언급했으므로 특별한 목적 없이 성취 과정이 표류하는 것은 지문의 내용과 맞지 않음.
③ 충분히 도전적일
④ 효율적으로 수행될
③, ④ ➡ 상식적으로 그럴듯해 보이지만 지문에 근거 없음.

**어휘** **motivation** 동기(부여), 자극 / **entity** 존재; 실체(實體); 독립체 / **trait** (성격상의) 특성, 특징 / **capture** (관심을) 사로잡다; ~을 (사진·문장 등에) 담다 / **out of reach** 손이 닿지 않는, 힘이 미치지 않는 / **short-term** 단기(간)의 (↔ long-term 장기(간)의) / **when it comes to A** A에 관해서라면 / **every inch (of A)** (A의) 전부 다, 구석구석 / **for A's sake** A를 위하여; A를 이유로 / **learned** 박식한; 학문의; 학습된, 후천적인 / **innate** 타고난, 선천적인 (= inborn) / **under control** 통제[제어]되는, 지배되는 / **drift** 표류하다; (서서히 일어나는) 이동 / **intrinsically** 본래, 본질적으로 / **rewarding** 보답하는; 보람 있는

**[2행~4행]** **While** motivation may indeed be a natural personality trait, // **it**'s good to know / that you can easily

increase *yours* / by attaching *it* to something meaningful.
└ (= your motivation) ┘
가주어 진주어

● 여기서 While은 '∼할지라도'라는 뜻의 접속사.

**[5행~7행]** ~, if Bill Gates Jr. **hadn't found** *anything* [significant] [to capture his attention], / *the motivation* [to do
S′ V′ O′ S

what he has done] **would** not **have been** there.
V

● 〈if+S′+had p.p. ∼, S+조동사 과거형+have p.p. …〉는 '∼했다면 …했을 텐데'란 뜻의 가정법 과거완료 구문.

**[13행~15행]** When babies pick a thing up and examine every inch of it / by tasting it, *(by)* shaking it, *(by)* throwing

it down, and *(by)* playing with it, // they are learning |not| because of any potential reward, |but| for the
A B

pleasure of discovery itself.

---

실전 모의고사 **3** 회  **1**② **2**③ **3**④ **4**② **5**② **6**⑤

**1** ② ★ 소재 **포용력 있는 기업 문화를 위해 실행되어야 하는 것**  p.122

**해석** 기업 문화가 더 포용력 있도록 실행되어야 하는 것이 한 가지 있다면, 그것은 사람들로 하여금 불의에 맞서 목소리를 내도록 독려하는 것이다. 한 연구 결과, 집단 내 사람들이 누군가 인종적으로 모욕하는 것을 들으면 그들 자신도 그와 비슷한 모욕적 언동을 할 가능성이 더 컸다. 집단 구성원들은 처벌받지 않은 공개적 편견 행위를 목격함으로써 편견에 더 관대해진 것 같다. 편견을 편견이라고 말하거나 바로 그 자리에서 그에 반대하는 단순한 행위가 편견을 억제하는 기업 분위기를 확립한다. 한편, 침묵하는 것은 그것을 눈감아 주는 데 일조한다. 이러한 노력에 있어서, 권위 있는 위치에 있는 사람들이 중추적 역할을 한다. 즉, 그들이 편견을 지닌 행위를 비난하지 않으면 그러한 행위가 괜찮다는 무언의 메시지를 전달하게 된다. 그러나 (편견에 맞서) 행동하면 편견이 사소한 문제가 아니라 실질적이고도 부정적인 결과를 가져온다는 강력한 메시지를 전달할 수 있다.

**추론흐름** 빈칸 문장 다음에, 사람들이 공개적 편견 행위가 처벌되지 않는 것을 목격하면 그 행위에 대해 더 관대해지거나, 편견을 바로 지적하거나 반대하는 행위가 올바른 기업 문화를 확립한다고 하였다. 이는 불의에 맞서 목소리를 내는 것으로 바꾸어 표현될 수 있다.

**오답근거**
① 높은 위치에 있을 때는 침묵을 지키도록
③ 인내를 미덕으로 생각하도록
①, ③ ➡ 지문에서는 편견에 대한 침묵과 인내를 부정적으로 제시하므로 오답.
④ 지속적인 사회적 유대관계를 확립하도록 ➡ 그럴듯해 보이지만 지문 내용과는 무관.
⑤ 인종에 관한 고정관념을 바꾸도록 ➡ 인종적 모욕에 관한 내용이 있긴 하지만 주장의 근거로 사용된 예시에 불과함.

**어휘** **ethnic** 인종의, 민족의 / **insult** 모욕(적 언동), 무례: ∼을 모욕하다, ∼에게 무례한 짓을 하다 / **prejudice** 편견, 선입견 (= bias) / **tolerant** 관대한, 아량 있는; 잘 견디는 / **object to A** A에 반대하다, 이의를 제기하다 / **on the spot** 현장에서; 즉석에, 곧장 / **turn a blind eye** 〈to〉 무시하다, 못 본 체하다 / **pivotal** 주축의, 중추의 / **condemn** ∼을 비난[힐난]하다; ∼에게 유죄 판결을 내리다 / **tacit** 무언의, 암묵의 / **follow through** 〈with〉 끝까지 완수하다; (∼을) 이행하다 / **speak out** 터놓고 말하다, 솔직한 의견을 말하다 / **injustice** 불공정, 불의, 부당함 / **stereotype** 고정관념

**구문** **[1행~2행]** If there is **one thing** [*that* should be done to *make corporate culture* *more open-minded*], // **it** is
V′ O′ OC′ S V

to encourage people to speak out against injustice.
C

● it이 가리키는 것은 one thing ~ open-minded.

**[4행~6행]** **It seems that** / by witnessing *open acts of prejudice* [*that* went unpunished], / *the members of the*
S′

group became more tolerant of prejudice.
V′ C′

● 〈It seems that S′+V′〉: ∼인 것 같다.

**[6행~7행]** The simple act [of naming bias as such |or| objecting to it / on the spot] establishes
S V

a corporate atmosphere [*that* discourages it]; ~.
O

해석 어마어마한 수의 다양한 물질적 재화의 문제점 중 하나는 그것이 우리로 하여금 단순한 범주화와 고정된 분류를 강요한다는 것이다. 이는 비옷이 '재킷' 혹은 '스포츠' 구획에 있을 수 있지만, '빨간색'이나 '나일론' 구획에 있을 수는 없다는 걸 의미한다. 대부분의 후자 유형의 범주들('빨간색'이나 '나일론' 구획)은 대부분의 사람들에게 어리석어 보일 것이다. 따라서 오프라인 소매점들은 그러한 범주들('빨간색'이나 '나일론' 구획)이 완벽하게 맞을 수 있는 소수의 구매자들을 일반적으로 무시한다. 그러나 온라인 소매의 발달로, 제품을 빠르게 재분류하고 재정렬할 수 있다는 것이 판매량을 늘린다는 깨달음이 생겼다. 온라인 소매상인들은 자신이 선택한 어떤 구획이든, 그리고 아무리 많은 구획일지라도 제품을 올릴 수 있는 자유가 있다. 이러한 점은, 원래 카테고리에서라면 그 제품을 찾지 못했을 고객들을 사로잡을 잠재력이 있고, 처음에 그 제품을 찾고 있지도 않았지만 재치 있는 (제품) 배치로 인해 구매 동기가 생긴 고객들의 요구를 자극하기도 한다.

추론흐름 빈칸 문장 뒤의 내용에서, 온라인 소매상들은 제품 카테고리를 유연하게 바꿀 수 있어 잠재 고객을 사로잡거나 구매욕을 자극한다는 내용으로 보아, 제품을 빠르게 재분류 또는 재정렬하는 것은 판매량을 늘릴 것이다.

오답근거
① 충동구매를 막는다 ➡ 지문 마지막 문장이 충동구매의 증가를 암시하므로 오답.
② 오프라인 매장의 규모를 줄인다
④ 오히려 소비자를 혼란스럽게 한다
②, ④ ➡ 그럴듯해 보이지만 지문에 근거 없음.
⑤ 합리적인 가격경쟁을 확립한다

어휘 **categorization** 범주화, 분류 / **static** 정적인, 고정된; 변화가 없는 / **realization** 깨달음, 실감, 현실화, 달성 / **on the fly** 빠르게, 쉴 새 없이 / **capture** 포획, 억류; ~을 포획하다, 억류하다; (마음을) 사로잡다, 매료하다; (사진을) 기록하다 / **locate** ~의 위치를 찾아내다; (특정 위치에) 두다, 설치하다 / **stimulate** ~을 자극하다, (자극을 주어) 활발하게 하다 / **ingenious** 재치 있는, 영리한; 독창적인 / **impulsive** 충동적인

구문 **[6행~7행]** However, ~ / has come the realization that *being* able to re-categorize and rearrange products on the fly / increases the volume of sales.
● 주어(the realization that ~)가 길어지면서 주어와 동사의 위치가 바뀐 도치 구조.
● that이 이끄는 동격절의 주어는 동명사구.

**[9행~12행]** This has the potential [to capture *customers* [who **would have been** unable to locate the product / in the original category]], // *and* it also stimulates demand in *those* [who weren't even looking for the product / in the first place / *but* were motivated to buy / through ingenious positioning].
● 두 개의 절이 and로 병렬 연결되었다.
● ⟨would have p.p.⟩는 과거 사실에 대한 추측을 나타내어 '(과거에) ~했을 것이다'라는 의미.

해석 20세기 합성 의약업체의 성장으로, 의학에서 약초를 직접적으로 사용하는 것은 서구 사회에서 한동안 인기 없게 되었다. 그러한 치료법들에 대한 옛 이야기들은 현대인들의 생각에 기이하게 들렸고 그 원리는 불편한 것 같았다. 그러나 약초는 일반적으로 부작용이 전혀 없다. 모든 효과는 그 식물의 특성과 치료 계획의 결과이다. 의약품으로 약초를 사용하는 데 있어 필요하다거나 불필요하다거나 하는 성분이란 없는데, 이는 치료 양식에 있어 이분법으로 이어지는 것이다. 약학자는 약초에서 유효 성분을 따로 떼어낼 테지만, 약초학자는 '자연이 가장 잘 알고 있으며' 약초 속에 존재하는 많은 화합물들이 함께 작용할 때 더 효과적이라고 믿는다. 실험실 연구 결과 "x는 이런 일을 한다"라고 결론 내리는 것은 부정확하다. 그것(x)은 독자적으로 이렇게 작용할지 모르지만, 다른 성분들을 동반하여 체내에 섭취될 때 그 효과는 변할 것이다. 이런 복합 작용은 직접적이거나 감지하기가 어려울지 모르며 현대 과학이 모르는 (치료) 전략들을 포함할지도 모른다.

추론흐름 약초학자는 '자연이 가장 잘 알고 있다'고 믿는다는 것으로 보아, 약초 성분을 분리하는 약학자와는 달리, 약초의 자연 그대로의 상태를 중시한다고 추론할 수 있다. 빈칸 문장 뒤에서도 실험실 연구결과를 통해 약초가 다른 성분과 더불어 섭취될 때 효과가 변한다고 했고, 이러한 복합 작용은 현대 과학이 모르는 치료 전략들을 포함할지도 모른다고 하였다.

오답근거
① 정확하게 추출되어야 한다고
② 맛을 내기 위해 꼭 필요한 성분이라고
③ 치료에 사용되기에는 안전하지 못하다고
①, ③ ➡ 약초를 있는 그대로 사용하는 것을 지지하는 약초학자의 입장과 거리가 멀다.
⑤ 현대과학으로 정확하게 정의될 수 있다고

어휘 **synthetic** 합성의, 인조의; 진짜가 아닌 / **quaint** 기묘한, 기이한 (= odd) / **rationale** 근본적 이유, 원리 / **side effect** (약물 등의) 부작용 / **therapeutic** 치료(상)의 / **constituent** 성분, (구성) 요소; 구성하는; 선거권자 / **pharmacologist** 약학자 / **isolate** ~을 격리[고립]시키다, 분리하다 / **ingredient** 재료, 성분 / **herbalist** 약초학자 / **compound** 혼합물, 합성물; ~을 혼합하다; (문제를) 악화시키다; 합성의, 복합의 / **laboratory** 실험실, 연구실 / **accompany** ~와 동행하다, 함께 가다; ~을 동반[수반]하다 / **internally** 내적으로, 내부로; 체내로 / **subtle** 미묘한, 지각하기 어려운 / **extract** ~을 뽑다, 추출하다; 추출물

**[1행~4행]** ~, *the direct use [of herbs] in medicine became unpopular* / *for a time in the Western world*: old stories
  ─────────────────  S   V    C
[about such remedies] sounded quaint and the rationale (*sounded*) uncomfortable / to the modern
─────────         S'₁      V'₁     C'₁       S'₂          C'₂
mind.

● 콜론(:) 이하는 the direct ~ Western world에 대한 부연설명.

**[5행~7행]** ~, *there are no wanted or unwanted constituents*, **which** leads to a dichotomy in style of treatment.

● which는 앞 내용, there ~ constituents를 가리킨다.

**[7행~9행]** **Where** a pharmacologist would isolate the active ingredient [in an herb], /
                    S'          V'              O'
an herbalist believes ┬ that "nature knows best"
     S       V        │        S''₁   V''₁
                      │  *and*
                      └ that *the many compounds* [present in herbs] *are* more effective /
                              S''₂                         V''₂    C''₂
when working together.

● 여기서 Where는 대조를 나타내어 '~이지만, ~하는 데 반해'의 의미.

---

**4** ② ★ 소재 **특정한 성격적 특성에 반응하는 이유**                                    **p.**124

해석 유명한 성격 이론가인 해리 스택 설리번은, 왜 특정한 성격적 특성이 반복적으로 재발생하는지, 반면 왜 다른 성격들은 전혀 발현되지 않는지에 대한 적절한 설명을 제공했다. 그는, 개인이 매우 어린 나이부터 칭찬 혹은 꾸중의 결과를 가져오는 그러한 것(성격)들에 익숙해진다고 시사했다. 현미경을 통해 바라보는 것과 매우 유사하게, 이러한 좁은 초점은 세상의 나머지 부분을 인지하는 것을 방해한다. 아이가 이렇게 매우 좁은 영역을 통해 인식하는 것은 '자아' 혹은 '나'와 동일시하며 또 그렇게 부르는 무언가이다. 자아는 중요한 타인의 칭찬 혹은 꾸중을 받는 성격적 특성들을 점점 더 인식하게 되는 한편, (중요한 타인에 의해) 무시되는 특징은 동시에 덜 인식하게 된다. 그래서 사람은 자신의 자아 안에 있는 것만을 다른 이들에게서 발견할 수 있다. 당신은 사람들을 평가하는 데 있어서 특정한 성격적 특성을 측정하는 척도를 여러 번 사용한다는 것을 발견할지도 모른다. 설리번이 가장 좋아하는 말은 "자신을 판단하는 대로 타인을 판단하게 되리라."였다. 당신이 다른 사람 안에 있는 무언가에 강렬하게 반응하는 많은 경우, 그것은 그들보다 당신 자신과 더 많은 관련이 있다.

추론흐름 지문 후반부에 사람은 자신의 자아 안에 있는 것만을 다른 이들에게서 발견할 수 있다고 나와 있다. 따라서 다른 사람의 무언가에 강렬하게 반응하는 많은 경우는 사실, 다른 사람들보다 자신과 더 많은 관련이 있음을 추론할 수 있다.

오답근거
① 칭찬을 받거나 주의를 끌려는 것이다 ➡ 지문에 자주 등장하는 어휘 (approval)를 활용하였으나 특정 성격을 나 또는 타인에게서 인식하는 것은 이런 목적에 기반을 둔 행위가 아님.
③ 자신이 미래에 되고 싶은 모습을 반영한다
④ 안 좋은 기억을 불러내기 때문이다
⑤ 당신이 가장 가치 없게 여기는 특징이다

어휘 **possible** 가능한; 적절한 / **attuned** 《to》 맞춘, 익숙한 / **approval** 찬성, 동의, 승인 (↔ disapproval) / **microscope** 현미경 / **interfere** 《with》 방해[간섭]하다 / **simultaneously** 동시에, 일제히 / **scale** (물고기 등의) 비늘, 껍질; 저울; 비례, 비율; (판단의) 척도 / **have to do with** ~와 관계가 있다, 관련이 있다 / **invoke** (감정을) 불러일으키다; (법·규칙을) 적용하다

구문 **[3행~4행]** He *suggested* that / from a very young age / the individual **becomes** attuned to *those things* [that result
                                                           S'            V'              C'
in either approval or disapproval].

● suggest가 '시사하다'의 의미일 때 that절의 동사는 인칭, 수, 시제에 맞춰 변화시킨다.
*cf.* He *suggested* that the meeting (*should*) be postponed. (그는 회의가 연기되어야 한다고 **제안했다**.)

**[6행~7행]** Under the child is aware of / through this very narrow field is *something* [that he or she identifies with *and*
─────────────────────────────  S                              V      C
calls "self" or "I."]

**[7행~9행]** The self becomes increasingly aware of *personality traits* [that receive the approval *or* disapproval [of
     S              ┌──── V ────┐                                            V'            O'
significant others]], // **while** simultaneously becoming less aware of *traits* [that are ignored].
                     《역접》~하는 반면

**[11행~12행]** ~, "**As** you judge yourself, **so** shall you judge others."

● 〈(Just) as ~ so ...〉: ~인 것과 (꼭) 마찬가지로 …하다.

**해석** 현대의 삶은 끊임없는 금전적 부담, 불합리한 시간 제약, 불필요한 물질적 품목들의 홍수에 의해 짓눌리고 있다. 이러한 종류의 과잉이 우리 시대의 특징이지만, 삶이 단순할수록 경험은 더 풍부해지고 행복감이 더 깊어진다는 것은 여전히 진리다. 그러나 단순함은 금욕으로 잘못 받아들여져서는 안 된다. 이것(단순함)은 현대의 안락과 편리함을 없앤다는 의미가 아니다. 단순한 삶은 보람 있고 창의적이며 영혼에 자양분이 되는 반면, 금욕적 삶은 박탈과 결핍으로 숨 막힌다. 단순한 삶은 삶을 풍요롭게 해주지 못하면서 당신의 자원을 갉아먹는, 시간과 돈에 대한 요구로부터 자유롭다. 간디는 이렇게 말했다. "어떤 것에서든 내적 치유와 안락을 이끌어낼 수 있는 한 이를 유지해야 한다. 만약 가혹한 의무감에 그것을 포기한다면 당신은 그것을 계속해서 돌려받길 원할 것이고 그 충족되지 않는 결핍감이 당신을 괴롭힐 것이다."

**추론흐름** 빈칸 문장 뒤에서 답의 근거를 찾을 수 있다. 단순한 삶과 금욕의 삶을 대조시키면서 단순하게 사는 것은 좋지만, 현대의 편리함을 버리고 금욕적 삶을 추구하는 것은 좋지 않다고 했으므로, 단순함은 금욕으로 잘못 받아들여져서는 안 된다는 내용이 들어가야 알맞다.

**오답근거**
① 누구나 성취할 수 있는 것이 아니다 ➔ 현대의 삶의 특징을 묘사한 첫 문장에 의거할 경우 선택 가능한 오답.
③ 자기만족의 수단이 되어서는 안 된다
④ 다른 이를 도울 때 의미 있다
⑤ 항상 긍정적으로 생각함으로써 완성된다

**어휘** **weigh down** ~을 내리누르다; ~을 압박하다, 침울케 하다 / **unreasonable** 불합리한; 부당한 / **constraint** 제한, 강제 / **excess** 초과, 여분; 초과한, 여분의 / **simplicity** 간단(함), 단순(함) / **do away with** ~을 없애다, 제거하다 (= abolish) / **rewarding** 보답하는, 보람 있는 / **nourishing** 영양이 되는, 자양분이 많은 / **austerity** 긴축(경제); 엄격함, 금욕적임 / **choke** 숨 막히게 하다; 질식시키다 / **deprivation** 박탈, 상실; 궁핍 cf. **deprive** (of) ~에서 빼앗다; (권리 등을) 허용치 않다 / **want** 필요; 결핍, 부족 / **devour** ~을 게걸스럽게 먹다, 집어 삼키다; ~을 파괴하다 / **enrich** ~을 부유하게 하다; (맛 등을) 진하게 하다 / **stern** 엄격한, 단호한, 가혹한 / **self-denial** 자제(력), 극기, 금욕

**구문** **[2행~4행]** Although this kind of excess is characteristic [of our time], // it remains true that **the simpler** our lives, / **the richer** our experience and **the deeper** our sense of well-being.
    S′   V′   C′   가주어   진주어

● 〈the+비교급 ~, the+비교급 ...〉: ~할수록 더욱더 …하다

**[10행~11행]** If you **were to give** it **up** ~, you **would continue** to want it back, *and* that unsatisfied want **would make** trouble for you.
    S₁   V₁     S₂   V₂

● 〈If+S′+were to-v ~, S+조동사 과거형+동사원형 ...〉은 '~라면 …할 텐데'의 의미로 가정법 과거 구문.

---

**해석** 카메라가 기록하는 '대로' 우리가 세상을 받아들인다면, 사진은 우리가 세상에 대해 안다는 것을 의미할 것이다. 그러나 이는 이해와 정반대의 일인데, 이해라는 것은 세계를 보이는 대로 받아들이지 않는 것에서부터 시작된다. (A) 다시 말해서, 이해할 수 있는 가능성은 '아니오'라고 말할 수 있는 능력에 기인한다. 물론 사진은 현재와 과거에 대한 우리의 심상의 공백을 메워준다. 예를 들어, 제이컵 리스가 찍은 1880년대 뉴욕의 불결한 모습은, 19세기 말 미국 대도시의 빈곤이 실제로 그렇게 비참했다는 것을 알지 못하는 이들에게는 분명히 유익하다. (B) 그럼에도 불구하고, 독일의 극작가이자 시인인 브레히트가 지적하듯, 군사 시설의 사진은 그 조직에 대해 실질적으로 아무것도 나타내지 않는다. 무엇인가가 어떻게 보이는지를 기반으로 한 관계와는 다르게, 이해는 그것이 어떻게 기능하는지를 기반으로 한다. 그리고 기능이라는 것은 시간 속에서 일어나고, 시간 속에서 설명되어야 한다. (우리에게) 이야기를 들려주는 것만이 우리가 이해하게 할 수 있다.

**추론흐름** (A) 앞에 세계를 보이는 대로 받아들이지 않는 것에서 이해가 시작된다고 했고, (A)의 뒤는 앞내용을 다른 말로 바꿔 동일한 의미를 말하고 있으므로 '환언'을 나타내는 연결어 In other words가 와야 한다. (B)의 앞은 사진이 심상의 공백을 메워준다는 점에서 유익하다는 내용인 데 반해, (B) 뒤에서 사진은 실질적으로 아무것도 나타내지 않는다고 했으므로 '역접'을 나타내는 연결어 Nevertheless가 적절하다.

**오답근거**
④ ➔ (B)의 앞뒤는 인과관계가 아니라 역접에 해당하므로 '결과'를 나타내는 연결어 As a result는 적절치 않다.

**어휘** **photography** 사진(술); 사진 촬영 / **imply** ~을 암시[시사]하다 (= suggest) / **possibility** 가능성; 있음직한 일 / **be rooted in** ~에 뿌리를 두다; ~에 원인이 있다 / **fill in** ~을 메우다; ~을 작성하다 / **sharply** 날카롭게; 급격히 / **instructive** 교육적인, 유익한 / **unaware** (that) (~을) 알지 못하는 / **dramatist** 극작가 / **point out** ~을 지적[언급]하다 / **complex** 복잡한; 복합 건물, 단지; 콤플렉스 / **narrate** 이야기를 하다[들려주다]; (다큐멘터리 등의) 내레이션을 하다

**구문** **[2행~3행]** But this is the opposite of *understanding*, / **which** starts from not accepting the world **as** it looks.
    《양태》~대로

● 관계대명사 which의 선행사는 understanding.

**[4행~7행]** : ~ for example, / Jacob Riis's images of New York squalor in the 1880s are sharply instructive /
    S   V   C
to *those* [unaware that urban poverty [in late-nineteenth-century America] was really **that** miserable].
    S′   V′   C′

● that이 부사로 쓰여 miserable을 수식. '그렇게, 그 정도로'라는 뜻.

**[11행]** Only _that_ [**which** narrates] / can make us understand.
S · · · · V · O · OC

- that이 관계대명사 which의 선행사인 경우, '~하는 것, 일'로 해석하는 것이 자연스러우며 이때의 that which는 what으로 바꾸어 쓸 수 있다.
  e.g. **That which** is bought cheaply is the dearest. (싼 **게** 비지떡.)
  = What

## 실전 모의고사 **4**회  **1**⑤ **2**⑤ **3**④ **4**⑤ **5**③ **6**①

### **1**  ⑤  ★ 소재 **손에 대한 뇌의 편향성**  p.128

**해석** 인간의 뇌는 신체의 다른 부위와 비교할 때 손과 손가락에 불균형하게 더 많은 주의를 기울인다. 진화적 관점에서 볼 때, 이것은 말이 된다(설명이 가능하다). 우리 종(種)이 직립 자세를 취하고 우리 인간의 뇌가 훨씬 더 커지면서 우리의 손은 더 숙련되어 갔고 더 표현이 풍부해졌고 또한 더 위험해졌다. 우리는 가장 어려운 과제를, 오직 우리의 뇌와 손을 이용하여 달성한다. 그리고 우리는 생존을 위해 상대의 손을 재빨리 간파할 필요도 있다. 우리가 전쟁 무기를 든 손과 식량 공급을 도울 사냥 도구를 쥔 손의 차이를 즉각적으로 인지할 수 있다는 것은 매우 중요하다. 우리 뇌는 손에 집중하는 타고난 편향성을 갖고 있기 때문에, 성공적인 연예인, 마술사, 위대한 연설가들은 자신들의 공연(혹은 발표)을 더 흥미로운 것으로 만들기 위해, 무대에서의 침착함을 키우기 위해, 그리고 심지어는 우리의 주의를 흩뜨리기 위해 이러한 현상을 이용해 왔다.

**추론흐름** 인간의 뇌와 손(가락)에 대해 어떤 점이 서술되어 있는지를 찾는다. 뇌가 손에 집중하는 편향성을 가지고 있다고 했으므로 알맞은 답은 ⑤이다.

**오답근거**
① (손과 손가락)에 그것(뇌)의 통제권을 더 많이 내준다
② (손과 손가락)에 더 복잡한 메시지를 보낸다 ➡ 빈칸 뒤의, 손이 숙련되었고 어려운 과제를 달성한다는 내용과 관련 있어 보이지만 뇌가 복잡한 메시지를 보낸다는 언급은 없음.
③ (손과 손가락)으로부터 위험에 대한 정보를 더 많이 얻는다 ➡ 생존을 위해 타인의 손을 간파하는 예시가 등장하나, 다른 신체 부위보다 위험 정보를 더 얻는 내용은 없음.
④ (손과 손가락)에 눈으로부터 들어오는 것(눈에 보이는 것)을 더 많이 전달한다 ➡ 지문에 근거 없음.

**어휘** evolutionary 진화(론)적인 / standpoint 견지, 관점, 견해 / make sense 말이 되다, 이치에 닿다 / adopt ~을 채택[채용]하다, 받아들이다; 입양하다 / upright 똑바로 선, 직립의; 똑바로 서서 / posture 자세, 태도; 자세[태도]를 취하다 / expressive 표현이 풍부한, (감정 등을) 나타내는 / assess ~을 평가하다, 가늠하다 / instantly 즉시로, 즉석에서 / implement ~을 시행[이행]하다; 도구, 기구 / bias 편견, 선입견 / capitalize ~을 대문자로 시작하다; ~을 자본화하다; (on) 이용하다 / presence 존재; 출석; 태도; (특히 관객 앞에서의) 침착함 / distract (마음·주의를) 흐트러뜨리다, 딴 데로 돌리다 / surrender 항복하다; ~을 내주다, 넘겨주다 / disproportionately 불균형하게; 과잉하게; 너무 작게

**구문** **[6행~8행]** **It** is vital that we can instantly recognize _the difference_ [**between** a hand [holding a weapon of war] **and**
가주어 · · · · · · · · · · · · · · · · · · · · · · · · · · · · · · · · · · · · · · · · · · · · · · · · 진주어
∧ a hunting implement [that will ~]].
(a hand holding)

**[8행~11행]** Because our brains have a natural bias [to focus ~], // successful entertainers, magicians, and great
· · · · · · · · · · · · · · S′ · · V′ · · · · · · · O′ · · · · · · · · · · · · · · · · · · · · · · · · · · · · · · S
speakers / have capitalized on this phenomenon / **to make their presentations more exciting, to**
· · · · · · · · · · · · V · · · · · · · · · · · · · O
**increase** their stage presence, **or** even **to distract** us.

- '목적'을 나타내는 세 개의 to부정사구가 or로 대등하게 연결된 병렬구조.
- to make their presentations more exciting
  V″ · · · · · O″ · · · · · · · · OC″

### **2**  ⑤  ★ 소재 **괴로움에 대한 주의 집중 태도에 따른 감정적 반응의 차이**  p.128

**해석** 당신이 방금 막 난기류에 부딪힌 비행기에 타고 있다고 가정해보라. 당신은 혹시 책을 읽거나 영화로 주의를 분산시킴으로써 그 흔들림을 무시하고자 노력할 것인가? 아니면 당신의 안전벨트를 점검하고, 안전 예방조치를 다시 살펴보고, 비상 대피 시나리오를 고려할 가능성이 더 큰가? 이 질문은 사실, 템플 대학의

**추론흐름** 괴로움에 대한 두 가지의 주의와 관련된 태도는 사건에 주의를 기울이는 태도와 주의를 분산시키려는 태도이다. 전자는 감정이 더 강렬해지고 후자는 감정의 강도가 최소화된다고 했으므로, 주의를 기울이는 태도에 따라 사람들은 감정적 반응을 다르게 경험할 것임을 알 수 있다.

수잔 밀러에 의해 고안된 심리 실험의 일부이다. 그녀는 사람들이 스트레스를 주는 사건을 겪는 동안 신중하게 주의를 기울이는지, 아니면 반대로 자신의 주의를 분산시키려고 애쓰는지를 평가하기 위해 그 실험을 고안했다. 괴로움에 대한 이 두 가지의 주의와 관련된 태도는 사람들이 자신의 감정적 반응을 어떻게 경험하는가에 대해 서로 매우 다른 결과를 가져온다. 주의를 기울이는 사람들은, 압박을 주는 상황에서 매우 주의를 기울여 집중하는 바로 그 행동에 의해서, 자기도 모르게 자신의 반응 강도를 증폭시킬 수 있다. 결과는 그들의 감정이 그만큼 더 강렬해 보인다는 것이다. 무시하는 사람은 <u>스스로를 산만하게 하여</u> 자신의 반응에 대해 덜 주목하게 되고, 따라서 자신이 인지하는 감정의 강도를 최소화하게 된다.

**어휘** **turbulence** 소란, 혼란; 난기류 / **precaution** 예방조치, 사전대책 / **evacuation** 피난, 대피 / **devise** ~을 고안[창안]하다 / **attentional** 〈심리〉 주의의, 주의와 관련된 / **stance** 입장, 태도 / **distress** 괴로움, 고통; 재난 (상황) / **tune in** (라디오 등 주파수에) 맞춰 듣다, 귀 기울이다 (↔ tune out); 《(to)》(상황 등을) 이해하다 / **unwittingly** 자신도 모르게, 부지불식간에 / **amplify** ~을 증폭시키다, 확대[증대]하다 / **magnitude** 크기, 강도; 지진 규모 / **intense** 강렬한, 극심한 / **minimize** ~을 최소[최저]로 하다

**구문** **[5행~7행]** She designed the test / <u>to assess</u> ***whether*** <u>people</u> during ~ <u>attend carefully</u>, ***or***, ~, <u>try to distract</u>
《목적》~하기 위하여　　　　　S′　　　　　　　V′₁　　　　　　V′₂
<u>themselves</u>.
O′₂
● 〈whether A or B〉는 to assess의 목적어 역할을 하고 있다.

---

**3** **④** ★ 소재 **새로운 음식에 접근하는 올바른 태도** **p.129**

**해석** 음식에 관한 한 새로운 것에 조심스럽게 접근하는 것이 도움이 된다. 우리가 먹는 음식은 오랜 진화 과정을 통해 형성되어 왔다. 엄청난 기간에 걸쳐서 사람들은 자신들의 유일무이한 생태계가 제공했던 식물과 동물, 버섯에 적응해 왔다. 이러한 음식에 대한 새로운 변화는 시간이 지나야 알 수 있는 새로운 형태의 음식에 대한 신체의 장기적 반응을 추측할 수 있을 뿐이다. 콩 제품이 좋은 예이다. 사람들은 많은 세대에 걸쳐 두부, 간장, 그리고 낫토의 형태로 콩을 먹어 왔다. 그러나 오늘날 우리들은 '콩 단백질 추출물' 그리고 콩과 부분적으로 경화시킨 콩기름에서 뽑은 '식물성 단백질' 같은 새로운 것들을 먹고 있다. 그리고 이러한 새로운 식품의 유익함에 대한 의문들이 있다. FDA의 고위 과학자가 썼듯이 "콩 제품이 안전하다는 자신감은 분명히 엄정한 데이터보다 (그럴 것이라는) 생각에 더 많이 기초해 있다." 그러한 (엄정한) 데이터를 우리가 갖기 전까지는 전통을 고수하는 것이 최선일지 모른다.

**추론흐름** 빈칸 문장과 선택지로 보아, 음식에 대해 어떤 조언이 이루어지고 있는지를 찾아야 한다. 새로 나온 콩 제품이 안전하다는 데이터가 나오기 전까지는 전통(원래 먹어왔던 음식)을 고수하는 것이 좋다고 했으므로, 새로운 음식에 조심스럽게 접근하는 것이 좋다는 주장이다.

**어휘** **when it comes to** ~에 관한 한 / **pay** 지불하다; 이득이 되다; ~에게 이득을 주다 / **lengthy** 너무 긴; 장황한, 지루한 / **adapt** 《(to)》 적응[순응]하다, 익숙해지다 / **fungus** 《pl. fungi》 균류, 곰팡이류; 버섯 / **tofu** 두부 / **novelty** 진기함, 신비로움; 새로운 것 / **protein** 단백질 / **hydrogenated** (수소로) 경화 처리된 **cf. hydrogenate** ~을 수소화하다, 수소로 경화 처리하다 / **stick to A** A에 달라붙다; A를 집착[고수]하다

**구문** **[4행~5행]** <u>Modern changes</u> [to these diets] / <u>can only guess</u> at the body's long term reaction /
S　　　　　　　　　　V
to *new forms of food* [that have ~].

**[6행~9행]** <u>People</u> <u>have been eating</u> <u>soy</u> [in the form [of ~]] / for ~, // ***but*** today <u>we're eating</u> <u>novelties</u> [like "soy
S₁　　　V₁　　　　O₁　　　　　　　　　　　　　　　　　　　S₂　V₂　　O₂
protein isolate," and "textured vegetable protein" [from soy and partially hydrogenated soy oils]], // ***and***
there <u>are</u> <u>questions</u> [about the healthfulness [of ~]].
V₃　　S₃

---

**4** **⑤** ★ 소재 **수렵·채집을 고수한 사람들의 이유** **p.130**

**해석** 식량 채집과 사냥에 의존하던 대부분의 초기 인류가 결국 농업으로 전환했지만, 어떤 사람들은 자신들의 생활양식을 바꾸지 않고 계속해서 존속해왔고 심지어 번성해왔다. 이 공동체들은, 예를 들어 이득이 되는 식물의 성장을 촉진하기 위해 초목을 선택적으로 불태운다든지, 사냥감 유인책을 사용한다든지, 혹은 유실수를 보호하는 것과 같이, 심지어 식물 자원에 대해 최소한의 경작을 실시함으로써 자신들의 환경을 변화시킬지도 모른다. 그러나 이

**추론흐름** 빈칸 문장만으로 정답을 어느 정도 추론할 수 있다. '농업의 선구자임에도 불구하고'라는 말 뒤에는 농업을 멀리한다는 내용이 와야 적절하다.

렇게 명백한 농업의 선구자임에도 불구하고, 그들은 작물 재배 생활양식으로 바꾸지 않기로 선택했다. 그 이유는, 수렵 · 채집인으로서 살아가는 것이 농부로서 살아가는 것보다 대개 더 적게 일하기 때문이다. 인구밀도가 낮게 유지되는 한, 음식을 채집하는 생활양식이 더 매력적이고 효율적일 수 있으며, 더 균형 잡히고 다양한 식습관을 제공할 수 있다.

② ③ ➔ 빈칸에 그럴듯해 보이나 현대와의 비교는 지문 내용과 무관.
④ 농업을 발전시키는 데 필요한 노동력이 부족하다 ➔ 빈칸 다음에 수렵 · 채집이 농경에 비해 노동력이 적게 든다고는 했지만, 일부 초기 인류가 노동력 부족을 겪었다는 내용은 없음.

**구문** **[1행~3행]** While *most early peoples* [dependent ~] / eventually made the switch to farming, // **some have continued** to subsist or even (to) thrive / without changing their lifestyle.

**[3행~6행]** These communities may modify their environment, ~,
by ─ selectively **burning** vegetation **to encourage** the growth [of ~], 《목적》 ~하기 위하여
     ─ **employing** methods [to attract game],
     or
     ─ even **undertaking** the minimal husbandry [of plant resources], *such as* protecting fruit-bearing trees.
● by 뒤에 세 개의 동명사구가 or로 대등하게 연결된 병렬구조.
● such as 이하는 undertaking ~ resources의 예.

---

**5** ③ ★ 소재 공정한 마음가짐의 의미 p.130

**해석** 공정한 마음가짐은 치우침이 없는 태도를 가리킨다. 공정하려면 편견을 갖지 않고 관련된 모든 견해를 인정해야 한다. 그것은 본래 우리가 자신의 것과 다른 견해에는 무게를 덜 두는 경향이 있다는 사실을 깨닫는 것을 수반한다. 이는 우리가 우리의 견해에 대해 이기적인 이유를 가지고 있을 때 특히 그렇다. 예를 들어, 석면 제조업자들은 그 제품이 암의 원인이 될 수 있다는 사실을 알고 있으면서도 가정과 학교에서의 석면사용을 옹호하면서 막대한 이익을 거둬들인다. 그들은 자신의 제품을 사용하는 무고한 사람들의 견해와 복리뿐만 아니라 자신이 생산하는 제품의 잠재적 악영향을 무시하지만 양심의 가책을 느끼지 않는데, 왜냐하면 자신이 누릴 수 있는 막대한 이익에만 초점을 맞추기 때문이다. 공정한 마음가짐이란, 우리 자신의 이익과 상충하는 복리를 지닌 사람들의 견해를 고려하도록 요구되는 상황일 때 특히 중요하다.

**추론흐름** 빈칸 문장의 This는 우리와 다른 견해를 덜 중요하게 보는 성향을 말한다. 뒤이어 나오는 예에서 석면이 암의 원인임을 알고 있음에도 석면제조업자들이 그것을 팔아 막대한 이익을 낸다고 했으므로, 이러한 성향은 자신의 이익과 관련된 이기적인 이유가 있을 때 특히 그렇다는 것을 알 수 있다.

**오답근거**
① 대중의 의견이 우리의 이익과 밀접하게 관련되지 않을 ➔ 부연설명을 위한 예시에서 대중의 의견과 소수의 이익이 상충하므로 서로 관련 있다고 보아야 함.
② 우리의 이기주의가 더 큰 집단의 이익이 될 ➔ 이어지는 예시는 특정 집단(석면 제조업자들)의 이기주의가 더 큰 집단(대중)에 피해를 주는 경우이므로 이와 상반됨.
④ 우리의 견해가 고정관념 때문에 받아들여지지 않을 ➔ 지문 초반의 편견을 갖지 않아야 한다는 내용에서 연상할 수 있지만 글의 요지와 관련이 없음.
⑤ 우리의 행동이 우리가 얻는 정보에 기반을 둘

**구문** **[3행~4행]** It entails being aware of **the fact** **that** we, ~, tend to give less weight to *views* [that are different from our own].

**[7행~10행]** They ─ ignore ─ the potentially harmful effects of *a product* [they manufacture],
                       *as well as*
                       ─ the viewpoint and welfare of *the innocent people* [who use their product]
              *but*
              ─ avoid a crisis of conscience,
// because they are focused solely on *the large profits* [they are able to enjoy].

**[10행~11행]** Fair-mindedness is especially important // when the situation calls on us to consider the point of view
<small>S'  V'  O'  OC'</small>
of *those* [whose welfare is in conflict with our own interests].

---

**6** ① ★ 소재 **여행지 명소 방문 제한의 필요성** 　　　　　　　　　　　　　　**p.131**

---

**해석** 여행의 위험 중 하나는 우리가 충분한 안목을 갖추기 전에 사물을 보게 된다는 것이다. 이런 측면에서 새로운 정보는 연결 체인이 없는 목걸이 구슬들만큼이나 쓸모없고 이해하기 힘들다. 그런 문제는 지리적인 것과 같은 단순한 사안들로 인해 악화된다. (A) 예를 들어, 건축물들이 물리적으로는 가까이 붙어 있지만, 그것들을 이해하고 즐기는 데 요구되는 지식의 측면에서는 아주 동떨어진 것일 수도 있다. 어느 건축물은 에트루리아 고고학에 대한 어느 정도의 호기심을 필요로 할 수 있는 반면, 바로 옆 건축물은 고딕 건축에 대한 관심을 요한다. 결코 다시는 방문하지 않을 수도 있는 장소까지 멀리 왔기 때문에, 그것들이 서로 그리고 우리와 가까이 있다는 이유만으로 우리는 그것들에 연달아 경탄하도록 강요당한다. (B) 유감스럽게도 지도상의 모든 명소를 감상하는 데 요구되는 온갖 자질을 갖추고 있는 사람은 거의 없고, 어떠한 여행이라도 한 가지 주제나 목적을 선택하여, 방문할 곳을 그러한 우선순위에 적합한 장소로 제한하는 것이 모두에게 현명할 것이다.

**추론흐름** (A)의 앞은 안목을 갖추기 전에 사물을 보게 되는 것이 여행의 위험이며, 지리적 사안이 그러한 위험을 악화시킨다는 내용이고, (A)의 뒤는 여행 중 보게 되는 여러 사물들 중 건축물을 예를 들어 앞 내용을 뒷받침하는 것이므로 For instance가 적절. (B)의 앞은 관광 명소들끼리의 거리가 가깝다는 이유만으로 계속 감상을 강요당한다는 내용이고, (B)의 뒤는 여행지의 모든 명소를 감상할 자질을 갖춘 사람은 없다는 현실을 밝히고 있으므로 역접의 연결어 Unfortunately가 알맞다.

**오답근거**
⑤ ➡ (A)의 뒤는 (A) 앞의 내용에 대한 구체적인 예시이므로 '환언'의 연결어 That is는 적절치 않다.

**어휘** **sufficiently** 충분히 / **appreciative** 감식력이 있는; 감상하는; 감사의 **cf. appreciate** (제대로) ~을 인식하다; (~의) 진가를 알아보다; ~을 감상하다; ~을 감사하다 / **in this regard** 이 점에 있어서 / **grasp** ~을 꽉 잡다; ~을 완전히 이해하다 / **bead** 구슬, 비즈; (액체의) 방울 / **compound** ~을 합성하다; ~을 악화시키다; 합성의; 혼합물 / **worlds apart** 아주 동떨어진[다른] / **in terms of** ~면에서는, ~에 관해서 / **compel** ~을 강요[강제]하다 **cf. compel A to-v** A가 ~하도록 강요[강제]하다 / **succession** 연속; 계승; 상속 / **for no other reason than A** 단지 A라는 이유만으로 / **nearness** 근접 / **attraction** 끌어당김; 매력; 명소 / **do well to-v** ~하는 것이 현명하다 / **objective** 목표, 목적; 객관적인 (↔ subjective 주관적인) / **priority** 우선 사항, 우선권

**구문** **[4행~6행]** For instance, buildings may be close together physically, // yet ∧ worlds apart in terms of
<small>(buildings may be)</small>
*the knowledge* [**required** to understand and *(to)* enjoy them].
<small>= buildings</small>

**[7행~9행]** **Having come** so far to *a place* [*(that)* we may never visit again], / **we** feel compelled to admire a
<small>(= As[Because, Since] we have come[came] ~)　　　　　　　　　　　　S  V  C</small>
succession of things ~.

● Having come ~ visit again은 완료형 분사구문으로 술어동사(feel)의 시제보다 앞선 때를 나타낸다. 의미상 주어는 주절과 같은 we.

**[9행~11행]** ~, **hardly anyone** has *every quality* [required to appreciate every attraction [on a map]], // and
we'd all do well to select a theme or objective [for any trip] / and ∧ **limit** the places [*(that)* we'll visit ●]
<small>(we'd all do well to)　　　A</small>
**to** ones [that fit those priorities].
<small>= places　B</small>

● hardly가 anyone 앞에 위치해 '거의 ~않다'의 의미.
● 〈limit A to B〉: A를 B로 제한하다

## 1    ②  ★ 소재 **영미 사회의 에티켓**    p.134

**해석** 영미 사회에서는, 외부인이 있는 데서 상호작용이 이루어져야 할 때, 만약 벽이나 거리에 의해 물리적인 분리가 확보되지 않으면, 효과적인 분리는 관습 즉, 적절한 무관심에 관한 에티켓에 의해 최소한으로 확보될 수 있다. 예를 들어, 두 집단의 사람들이 식당에서 바로 옆 칸막이 좌석에 앉게 된 걸 알게 되면 두 집단 중 어느 쪽도 반대편을 엿듣는, 엄연히 존재하는 기회를 이용하지 않을 거라 생각된다. 공공장소에서는 다른 사람이 하는 일에 참견하지 않고 자기 할 일을 해야 한다. 사람들이 자신을 (다른 사람으로부터) 효과적으로 분리시키는 벽을 잠시 허물어도 괜찮다고 느끼는 것은 여성이 짐을 떨어뜨리는 때이거나 운전자가 길 한가운데에서 꼼짝하지 않을 때, 혹은 유모차에 홀로 남겨진 아기가 울기 시작할 때뿐이다.

**추론흐름** 물리적 분리가 없으면 어떤 에티켓으로 분리가 확보되는지 빈칸 문장 뒤의 사례에서 단서를 찾는다. 공공장소는 물리적 분리가 없는 곳이며 그런 곳에서는 다른 사람이 하는 일에 참견하지 않아야 한다는 내용이 있으므로 이를 포괄적으로 표현하면 '적절한 무관심'이 답임을 알 수 있다.

**오답근거**
① 우연히 발생하는 상호 협력 ➡ 지문 후반부에 다른 사람을 도와주는 경우를 설명했지만 서로 참견하지 않는다는 원칙을 깨는 예외적인 경우이며, 상호 협력이라 볼 수도 있다.
③ 물리적인 분리 ➡ 빈칸 문장에서 물리적인 분리가 확보되지 않는 경우를 전제하므로 오답.
④ 쌍방향 의사소통
⑤ 일상적인 일

**어휘** **Anglo-American** 영미의, 영국계 미국인의 / **interaction** 상호작용 cf. **interactive** 상호적인, 상호작용을 하는 / **proceed** 나아가다, 계속 진행하다 / **isolation** 분리, 고립, 격리 / **convention** 관습, 인습; 집회 / **etiquette** 에티켓, 예의(범절) / **regarding** ~에 관하여, 대하여 / **neighboring** 이웃의, 근처의, 인접한 / **avail oneself of** ~을 이용하다 / **overhear** 우연히 듣다, 엿듣다 / **keep A's nose out (of)** 쓸데없는 참견[간섭]을 하지 않다 / **go about A's own business** 자신의 일에 신경 쓰다, 집중하다 / **motorist** 자동차 운전자 / **stall** 꼼짝 못하게 하다, 멎게 하다; 가판대 / **momentarily** 잠깐 동안; 곧, 금방 / **insulate** ~을 단열[방음]하다; ~을 분리[격리]시키다 / **casual** 격식 없는, (관계가) 가벼운; 우연의, 뜻밖의 / **mutual** 서로의, 상호의; 공동의, 공통의 / **inattention** 부주의; 무관심

**구문** [1행~4행] ~, when interaction must proceed in the presence of outsiders, / if physical isolation is not obtained by walls or distance, // effective isolation can at least be obtained by **convention** — an etiquette [regarding adequate inattention].
● 대시(—) 이하는 convention을 보충설명.

[4행~6행] For example, / when two groups of persons find themselves in neighboring booths [in a restaurant], // it is expected that neither group will avail itself of the opportunities [that actually exist for overhearing the other].

[7행~10행] It is only ⌐ when a woman drops a package,
or
├ when a motorist gets stalled / in the middle of the road,
or
└ when a baby [left alone in a carriage] begins to scream,
that people feel (that) it is all right to momentarily break down the walls [which effectively insulate them].
● 〈It is ~ that〉 강조 구문. or로 대등하게 연결된 3개의 when절을 강조.

## 2    ⑤  ★ 소재 **통제할 수 없는 것을 통제할 수 있다고 생각하는 오류**    p.134

**해석** 어젯밤 축구경기에서 누가 이겼는지 알 수 없을 때조차 그 경기의 녹화 영상을 보는 것은 왜 재미가 없을까? 아마도 이것은 이미 그 경기를 했다는 사실이 우리의 응원이 어떻게든 그 결과에 영향을 줄 가능성을 막기 때문이다. 이 말이 이상하게 들릴 수 있지만, 이 이론을 뒷받침하는 많은 증거가 있다. 예를 들어, 기술이 의미 없는, 운으로 하는 게임에서 사람들은 상대가 유능하기보다 무능해 보일 때 더 많은 돈을 건다. 왜냐하면, 그들은 이것이 자신에게 결과를 지배하는 힘을 준다고 믿기 때문이다. 이와 유사하게, 복권이나 주사위 놀이에서 사람들은 자신이 당첨 번호를 선택하도록 했을 때 일반적으로 자신감을 더 느낀다. 그들의 자신

**추론흐름** 축구경기 녹화 영상을 재미없어하고, 운으로 하는 게임인데도 상대방에 따라 거는 돈을 달리하거나 신체 행동을 수반하면 더 자신 있어 하는 것은 모두, 사람들이 자신의 힘으로 통제할 수 없는 것을 통제할 수 있는 것처럼 생각하기 때문이라고 할 수 있다.

**오답근거**
① 모든 사람을 만족시킬 수 있는
② 다른 사람들로부터 조언을 얻을 필요가 없는

61

감은 그들이 주사위를 던지거나 복권에 표시하는 신체적인 행동을 수행하도록 허용된다면 더욱 상승한다. 통제하려는 우리의 욕구가 너무나 강력해서, 그리고 통제하고 있다는 느낌이 너무나 보람되어서 사람들은 종종, 통제할 수 없는 것을 통제할 수 있는 것처럼 행동하는 것으로 보인다.

③ 숫자를 다루는 데 능한 ➡ 주사위 · 복권 관련 사례에서 연상할 수 있지만 내용과 무관.
④ 자신들이 그렇지 않은데도 리더인 ➡ 결과를 지배하는 힘이 언급되고, 통제의 욕구에 대한 빈칸 문장의 서술로 그럴듯하나 내용과 무관.

**어휘**  **preclude** ~을 막다, 방해하다 / **fair** 공정한; 꽤 많은, 상당한; 살결이 흰; 금발의; (날씨가) 맑은 / **meaningless** 의미 없는, 무의미한 / **opponent** 적수, 반대자 / **incompetent** 무능한, 능력 없는 (↔ competent) / **lottery** 복권, 제비뽑기 / **rewarding** 보답하는; ~할 만한 가치가 있는, 보람 있는 / **uncontrollable** 제어[통제]할 수 없는 (↔ controllable)

**구문**  [2행~4행] Maybe this is because $\boxed{\text{the fact}}$ $\boxed{\text{that}}$ the game has already been played precludes
S' = V'

$\boxed{\text{the possibility}}$ $\boxed{\text{that}}$ our cheering will somehow influence the outcome.
O' =

[5행~7행] For instance, people bet more money on *games of chance*, / **in which** skill is meaningless, / when ~ //
S V O

**because** they believe this gives them power [over the outcome].
S'' V'' S''' V''' IO''' DO'''

● 크게 보면 〈주절+because가 이끄는 절〉의 구조.
● in which ~ meaningless는 games of chance를 부연설명하며, 여기서 in which는 where로 바꿔 쓸 수 있다.

[10행~12행] It seems (that) our desire [to control] is $\boxed{\text{so}}$ powerful, *and* the feeling of being in control ∧ $\boxed{\text{so}}$
S'₁ V'₁ C'₁ S'₂ (is)

rewarding, $\boxed{\text{that}}$ people often act / as though they can control the uncontrollable.
C'₂

● 〈so ~ that ...〉: 매우 ~해서 …하다.

---

**3**  ⑤  ★ 소재 **체중 감량을 위한 적절한 식이요법**  p.135

**해석**  하나의 개념으로서의 체중 감량은 어떤 사람들에게 무척 혼란스러울 수 있지만, 당신이 소모하는 것보다 적은 열량을 섭취한다는 기본 공식은 확실히, 누구라도 쉽게 이해할 수 있는 매우 단순한 생각이다. 그러나 더할 나위 없이 단순한 그 공식 때문에 어떤 사람들은 먹는 음식에서 지방을 완전히 제거함으로써 열량 섭취량을 줄이고자 시도한다. 이것은 건강에 위험할 뿐 아니라 당신의 몸은 당신이 좋아하는 음식에 쉽게 적응한다는 사실을 완전히 무시하는 것이다. 이는 당신의 몸이, 당신이 섭취하지 않는 것은 연소시키는 법을 모를 것을 의미한다. 그런데, 당신은 이것을 당신에게 이롭게 사용할 수 있다. 아마도 당신의 목표는 체중 감량일 것이고 따라서 당신은 체내의 지방을 연소시키길 원할 것이다. 건강에 좋은 지방을 섭취하고 탄수화물과 설탕 섭취를 줄임으로써 당신의 신체가 지방 연소를 더 잘하도록 훈련할 수 있다. 최적의 체중 감량을 위해서는 당신의 일일 열량 섭취량 가운데 절반가량만이 탄수화물에서 오도록 해야 한다. 열량의 나머지는 기름기 없는 단백질과 건강에 유익한 지방에서 와야 한다.

**추론흐름**  빈칸 문장은 This means로 시작하여 앞 내용을 환언한 것이고 그 중 우리 몸이 어떠할 것인지를 묻고 있으므로 우선 빈칸 앞을 보자. 체중 감량을 위해 지방을 완전히 제거하는 것은 건강에도 위험하고 몸이 식단에 쉽게 적응한다는 사실을 무시하는 것이라고 했다. 즉 지방을 전혀 섭취하지 않으면 몸이 지방에 적응하지 못한다는 것이고, 이는 곧 몸이 지방을 연소시키지 못한다는 의미임을 알 수 있다.

**오답근거**
① 체내의 지방량을 늘리는 데 중점을 둘 ➡ 지문에 근거 없음.
② 스스로 체내의 노폐물을 제거할 능력을 가질
③ 더 적은 열량을 섭취함으로써 바뀔 ➡ 지문 초반에 서술된 일반적 체중 감량 공식과 유사하나, 빈칸 문맥과 관련 없음.
④ 규칙적인 유산소 운동을 할 때 지방을 연소시킬 ➡ 체중 감량 소재의 지문에서 나올 법한 내용이지만 지문에 언급된 바 없음.

**어휘**  **formula** 《수학》 공식 / **ingest** ~을 섭취하다 (= take in) / **notion** 생각, 개념 / **intake** 빨아들임, 흡입; 섭취(량) / **adapt** 《to》 적응[순응]하다, 익숙해지다 / **to A's advantage** A에게 유리하게 / **consumption** 소비, 소모 / **carbohydrate** 탄수화물 / **optimal** 최선의, 최적의 / **remainder** 나머지, 잔여 / **lean** (사람 · 동물이) 마른; (고기가) 기름기 없는 / **protein** 단백질 / **aerobic** 유산소 운동의; 에어로빅의

**구문**  [1행~3행] Weight loss / as a concept can be quite confusing for some people, $\boxed{\text{but}}$ the basic formula of
S₁ V₁ C₁ S₂ =
ingesting fewer calories than you burn is certainly *a simple notion*, [easy enough *for anyone* to
V₂ C₂ 의미상 주어
understand].

[5행~6행] This is **not only** dangerously unhealthy, **but** it completely ignores $\boxed{\text{the fact}}$ $\boxed{\text{that}}$ your body easily adapts
〈not only A but (also) B〉: A뿐만 아니라 B도 =
to *the food*s [you prefer].

**62**  정답 및 해설

**해석** 극장 측이 연극을 간절히 관람하고 싶어하는 사람들로 극장 좌석을 채우고 공연이 주는 즐거움을 극대화하고자 한다면, 그 가치를 가장 높게 평가하는 사람에게 입장권이 가기를 원할 것이다. 그리고 그들은 입장권에 돈을 가장 많이 지불할 사람들이다. 그러므로 연극에서 최대의 즐거움을 끌어낼 관객으로 관객석을 가득 채우는 최선의 방법은, 시장이 감당하려고 하는 어떤 가격으로든 입장권을 판매함으로써 자유 시장이 작동하게 내버려 두는 것이다. 그러나 자유 시장은 차례를 기다리는 줄보다 더 믿을 만하게 그리 하지 않을 수도 있다. 야구장의 비싼 좌석에 앉는 사람들은 종종 늦게 나타나고 일찍 자리를 뜬다. 시장 가격은 기꺼이 가격을 지불하려는 마음뿐만 아니라 지불 능력도 반영하기 때문에 누가 특정 재화의 가치를 가장 높게 평가하는지에 대해서는 불완전한 지표이다. 극장 입장권이나 야구경기를 위해 기꺼이 긴 줄을 서겠다는 마음이 누가 진정으로 관람길 원하는지에 관한 더 나은 지표일 수도 있다.

**추론흐름** 마지막 문장에 빈칸이 있고, 연극이나 경기 관람을 진정으로 원하는 것을 판단하는 지표가 '어떤' 마음인지를 찾는다. 지문 중반의 But 이후에서 자유 시장은 차례를 기다리는 줄보다 믿을 만하지 않으며 시장 가격은 지불 능력도 반영하기 때문에 불완전하다고 설명한다. 따라서 빈칸에는 시장 경제와 대조하고 있는 줄서기가 들어가는 것이 적절.

**오답근거**
① 시장 가격을 결정하겠다는 ➡ 시장 경제에서의 입장권 가격 책정 방식과 관련하여 연상할 수 있는 오답으로 빈칸 근거에 부적합.
② 좌석에 머물겠다는 ➡ 비싼 좌석에 앉는 사람들이 종종 일찍 자리를 뜨는 예시를 활용한 오답.
③ 제값을 지급하겠다는
⑤ 항상 열심히 일하겠다는

**어휘** **maximize** ~을 최대화[극대화]하다 / **pack** (짐 등을) 싸다; ~을 가득 채우다; 꾸러미 / **house** 가장; (특정의 목적을 위한) 건물; 관객석 / **derive** 《from》 ~을 끌어내다. 얻다; ~에서 비롯되다. 유래하다 / **queue** (차례를 기다리는 사람의) 줄; 줄을 서서 기다리다 / **willingness** 기꺼이 하는 마음 / **imperfect** 불완전한. 결함이 있는 / **indicator** 지표; 계기, 장치

**구문** **[1행~3행]** If a theater really _wants_ to fill its seats / with *people* [eager to see the play]
S | V′₁ | O′₁

_and_

_(wants)_ to maximize *the pleasure* [(that) its performances give ●], //
V′₂ | O′₂

then it should want tickets to go to *those* [who value **them** most highly].
S | V | O | OC | (= tickets)

**[4행~6행]** So *the best way* [**to pack** the house with *an audience* [**that** will derive the greatest pleasure from the
S

play]] is **to let the free market operate** / by selling tickets / for **whatever** *price* [the market will bear ●].
V | C

- to부정사구(to pack ~ the play)의 수식을 받아 주어부가 길어진 구조.
- to let the free market operate
  V′ | O′ | OC′
- 이때의 whatever는 복합관계형용사로 명사 price를 수식하며, '어떤 ~일지라도'의 의미.

**[8행~9행]** **Since** market prices reflect the ability (to pay) as well as the willingness to pay, // they are imperfect
《이유》 ~ 때문에 S′ | V′ | O′ | S V C

indicators **of who** most values a particular good.
- 의문대명사 who가 이끄는 명사절이 전치사 of의 목적어 역할을 한다.

---

**해석** 사람들이 인지와 감정, 즉, 이성과 열정에 대해 이야기할 때 그들은 대개 두 가지의 서로 구분되는 정신 기능을 가리키고 있다. 그 중 하나는 냉철하고 안정되며 침착한 것으로, 명백한 논리적 규칙을 수단으로 그 결론을 향해 천천히 나아간다. 나머지 하나는 뜨겁고 다채로운 것으로, 직관적 느낌을 참고해 성급하게 결론을 내린다. 그러나 감성이 '이성'과 독립적으로 작용한다고 해서, 이것이 감성에 이유가 없다는 의미는 아니다. 바꿔 말하면, 감정이 하는 일들은, 우리로 하여금 위험에서 도망치게 하고 매력적인 사람에게 구애하게 만드는 것에서부터, 우리가 열광하는 것에 우리의 정신을 집중하는 것에 이르기까지, 모두 다 그 자체의 이유를 가지고 있다. 감성 내에 열정이 존재할 뿐만 아니라, 열정 내에는 이유도 존재한다.

**추론흐름** 빈칸 문장 다음에 오는 문장이 In other words로 시작하고 있으므로 빈칸 문장을 환언한 것임을 알 수 있다. emotion과 빈칸 문장의 the heart가 '감정, 감성'으로 유사한 의미를 나타내는데, emotion이 하는 일은 다 이유가 있다고 했으므로 빈칸 문장은 the heart가 하는 일에 이유가 없지 않다는 맥락의 어구가 와야 한다.

**오답근거**
② 우리가 열정이 없다
③ 우리의 판단이 자주 바뀐다
④ 논리적 규칙이 항상 옳다 ➡ 지문에 등장하는 어구(logical rules)를 이용한 오답.
⑤ 우리가 감정을 조절할 수 없다 ➡ 지문 흐름상 빈칸에 그럴듯해 보이나 근거 부분과 내용 연관 없음.

**cognition** 인지, 인식 / **refer to A** A를 나타내다, 가리키다: A를 기술[설명]하다; A를 참조하다 / **faculty** (대학의) 학부; (대학 등의) 교직원; 《종종 pl.》 능력, 기능 / **collected** 수집한, 모은; 침착한 / **by means of** ~을 수단으로, ~의 도움으로 / **explicit** 명백한, 뚜렷한; 솔직한 / **intuitive** 직관적인, 직감하는 / **flee** 《(from)》 달아나다, 도망치다 / **court** 구애하다; ~에게 호소하다, ~의 비위를 맞추다; 법정; 경기장 / **regulate** ~을 규제[단속]하다; (기계 등을) 조절[조정]하다

**[6행~8행]** In other words, / ***the things*** [that emotions do], /
S

┌ **from** *making* us flee from danger *and prompting* us to court attractive people,
│ V′₁  O′₁  OC′₁  V′₂  O′₂  OC′₂
└ **to** *concentrating* our minds on what we have a passion for
V′₃  O′₃

all **have** their reasons.
V  O

**[8행~9행]** **Not only** *are there* passions within hearts, ~.
V  S

- 부정어구(Not only)가 문두에 위치하면서 주어와 동사의 위치가 바뀐 도치구조.

---

**6**   1. ③   2. ⑤   ★ 소재 **다른 사람으로부터 비판을 받았을 때의 올바른 태도**   **p.137**

건설적 비판은 자신을 향상시키는 데 도움을 줄 수 있다. 종종 당신이 받는 비판은 건설적이지 않지만 정확하다. 비난하는 사람은, 어떤 요인으로든 자극받아, 당신이 무언가 잘못했다는 사실을 당신에게 알려주고 있고, 이는 당신이 그 잘못을 반복하지 않는 법을 터득하도록 돕는다. 당신이 동의하는 비판을 받을 때, 그것이 건설적 비판이든 단지 불필요하게 상기시키는 것이든, 비판을 한 사람이 타당한 주장을 하고 있다는 것을 인정하라. 예컨대, "예, 제가 오늘 직장에 30분 늦었습니다."라고 말하라.

그러나 당신의 행동에 대해 항상 해명하려는 덫에 빠지지는 마라. 이것은 어린 시절에서 비롯된 무의식적인 반응인데, 그때는 당신이 실수로 우유를 엎지르거나 옷을 더럽히고, 혹은 (귀가시간보다) 15분 늦게 집에 오자 부모님이 "왜 그랬니?"라고 물으시던 때였다. 부모님은 타당한 대답을 기대하셨고 당신은 타당한 대답을 해드리는 법을 터득했다. 성인으로서도 당신은 자신의 행동에 대해 변명하기를 때로 선택하지만, 그렇게 할 필요는 없다. (잠시) 멈추어 자신이 정말로 그렇게 하고 싶은지, 아니면 단지 오랜 습관으로 반응하고 있는 것인지 자신에게 물어보라. 예를 들어 당신은 "그래, 잭, 나는 지난주 마감인 그 에세이를 제출하지 않았어."라고 말하고, 그에게 어떠한 해명도 하지 않겠다고 결심할 수도 있다. 왜냐하면, 그는 당신의 동료이고, 당신이 언제 당신의 일을 마감하는지는 그의 책임이 아니기 때문이다. 반면 상사에게 대답할 때에는 당신은 자신이 '오늘 아침 30분 늦었다'고 그저 인정하지 않을 것이다. 당신은 직장을 소중하게 여기므로, "오늘 제 알람시계가 울리지 않았습니다."라고 서둘러 해명한다.

**1.** 다른 사람에게서 받은 비판이 정확한 내용이라면 건설적이든 그렇지 않든 그것을 인정하고, 필요할 때에만 자신의 행동에 대해 해명하라는 것이 지문의 중심 내용. 따라서 정답은 이것을 잘 드러내는 ③ '비판을 환영하고, 변명할 때 융통성을 발휘하라'가 적절하다.

**2.** 빈칸 다음 문장의 This가 가리키는 것이 빈칸에 들어갈 내용이므로 이것을 찾아야 한다. 뒷부분의 내용을 종합하면 This는 특정 행동을 한 이유에 대해 부모님이 기대하시는 대로 타당한 답변, 즉 '해명'을 하던 어렸을 때 습관이고, 성인이 되어서도 이 습관이 계속되지만 그럴 필요가 없다고 했다. 따라서 자신의 행동에 대해 항상 '해명하려는' 덫에 빠지지 말라는 것이 적절하다.

**오답근거**

**1.** ① 비판을 멈추고 남의 일에 상관하지 마라 ➡ 비판을 받는 측이 아니라 하는 측의 관점에서 보는 제목으로 지문 내용과 무관.
② 다른 이들의 의견에 쉽게 휘둘리지 마라
④ 변명을 받아들일 때, 변명을 멈추어야 할 때 ➡ 지문에 등장하는 표현(make an excuse)을 응용하여 그럴듯하나, 선택적 변명을 하라는 지문의 요지에 부적합함.
⑤ 침묵은 강력한 무기가 될 수 있다 ➡ 해명을 하지 않는 경우를 언급한 것에만 집중한 오답.

**2.** ① 두려움 때문에 굴복하려는
② 다른 사람을 비판하려는 ➡ 지문에 등장하는 핵심어(critic(ism))를 이용한 오답.
③ 자신의 책임을 소홀히 하려는
④ 자신을 비난하려는 ➡ 상식적으로 떠올릴 수 있으나 지문에 근거 없음.

**constructive** 건설적인 / **criticism** 비판; 비평 cf. **critic** 비평가; 비판하는 사람 / **accurate** 정확한 / **accuser** 고소[고발]인; 비난자 / **reminder** 상기시키는 것; 독촉장 / **valid** 타당한, 근거 있는; 유효한 / **automatic** 자동의; 무의식적인 / **be left over** ~이 남다, 잔재하다 / **accidentally** 우연히; 실수로 / **soil** 토양; ~을 더럽히다 / **submit** ~을 제출하다; 항복[굴복]하다 / **peer** 또래, 동년배 / **in charge of** ~을 맡아서, 담당해서 / **merely** 단지 / **hasten** ~을 서둘러 하다 / **sway** 흔들리다; (마음을) 흔들다 / **flexible** 구부리기 쉬운; 융통성 있는

**[4행~6행]** **When** you receive *criticism* [**with which** you agree], / **whether** it is criticism or just an unnecessary
(= which you agree with)
reminder, / **acknowledge** that the critic is making a valid point.
V  O

- 〈when 부사절+whether 부사절+주절(명령문)〉의 구조.

**[9행~11행]** This is *an automatic response* [**left** over from **childhood**, // **when** you accidentally spilled milk, / soiled your clothes, / or came home fifteen minutes late, / and your parents asked, "Why did you do that?"]

- when 이하가 childhood를 부연설명하고 있다.

**1**    ④   ★ 소재 **유전자와 생활양식 변경을 통한 개인별 맞춤 의료**                                      **p.140**

해석  우리는 우리의 유전자 변경을 통한 개인별 맞춤 의료라는 새 시대로 들어서고 있다. 이것을 달성하는 많은 방법들이 있는데, 이것은 먹는 것, 감정적 스트레스에 반응하는 방식, 흡연 여부, 운동량, 사랑의 경험 등을 바꾸는 것을 포함한다. 새로운 연구들은, 이러한 변화가 단 몇 개월 후에 수백 개 유전자의 유전자 발현을 바꿀지도 모른다는 것을 보여준다. 즉, 질병을 예방하는 유전자는 '켜고' 심장병, 유방암, 전립선암, 그리고 근육 및 관절의 이상을 촉진하는 유전자는 '끄는' 것이다. 개개인의 유전체를 완벽히 해독함으로써, 혹은 새롭게 등장한 개인 유전학회 회사를 통해 부분적으로 그리고 보다 저렴하게, 개인의 유전체 정보가 더 널리 입수 가능하게 되면서, 이러한 정보는 유전자 발현에 이로운 영향을 주고 만성 질환 유행병의 발생률을 상당히 줄여줄지 모르는, 생활양식의 광범위한 변화를 일으키게 하는 강력한 동기가 될 것이다.

추론흐름  유전자 변경을 통한 맞춤 의료를 달성하기 위한 방법으로 먹는 것, 감정적 스트레스에 반응하는 방식, 흡연 여부, 운동량, 즉 생활양식을 바꾸는 것이 언급되었다. 즉 개인의 유전체 정보를 입수할 수 있게 되면 유전자가 건강에 이롭게 바꾸어지도록 생활양식을 변화시키게 될 것이다.

오답근거
① 우리의 유전체 정보를 보호하게 ➡ 빈칸 앞부분 '유전체 정보(genomic information)가 널리 입수 가능하다'는 내용으로 연상할 법한 오답.
② 스트레스를 줄이는 노력을 하게 ➡ 지문 초반에 언급된 스트레스에 반응하는 방식은 생활양식에 대한 예시의 일부.
③ 모든 질병에 대한 하나의 치료약을 개발하게
⑤ 초기 단계에 암을 진단하게

어휘  **era** 연대, 시대 / **personalized** 개인의 필요에 맞춘, 개별화된 / **gene** 〈생물〉 유전자 cf. **genomic** 〈생물〉 게놈의, 유전체의 cf. **genome** 〈생물〉 게놈, 유전체 (한 생물이 가지는 모든 유전 정보) cf. **genomics** 〈생물〉 유전체학 / **promote** ~을 촉진[증진]하다; ~을 승진시키다; (상품을) 홍보[판촉]하다 / **joint** 〈인체〉 관절; 공동의, 연합의 / **via** ~을 통해, 거쳐 / **decode** (암호문을) 풀다, 해독하다 / **beneficially** 유익하게, 이익을 받을 수 있게 / **incidence** 범위; 발생, 발병률 / **pandemic** 전국[전 세계]적 유행병 / **chronic** 장기간에 걸친, 만성적인 / **comprehensive** 포괄적인, 종합적인 / **diagnose** (질병·문제의 원인을) 진단하다

구문  [4행~7행] New studies show that **these changes may alter gene expression [in hundreds of genes]** in only a few
　　　　　　　　　　　　　　　　　　　　　　S'　　　　　　　　V'　　　　　　O'
months — "turning on" disease-preventing genes and "turning off" genes [that promote ~].
　　　　　　V"₁　　　　　O"₁　　　　　　　　　　V"₂　　　　　　O"₂
● 대시(—) 이하는 these changes ~ months를 부연설명하고 있다.

[7행~11행]  **As** genomic information [for individuals] becomes **more widely available**
　　　　　　(비례) ~함에 따라　　　　　　　S'　　　　　　V'　　　　　C'
— **via** the decoding [of ~], *or* partially and less expensively **via** new personal genomics companies — //
this information will be *a powerful motivation* [**to make** comprehensive lifestyle changes [that
　　S　　　V　　　　　C
may beneficially affect gene expression *and* significantly reduce the incidence of the pandemic of chronic
　　　V"₁　　　　　　　O"₁　　　　　　　　　V"₂　　　　　　　O"₂
diseases]].
● 대시(—) 안의 내용은 more widely available을 부연설명하고 있다.
● to make 이하는 a powerful motivation을 수식.

**2**    ⑤   ★ 소재 **인간이 질투심을 느끼는 영역**                                      **p.140**

해석  질투심이 낮은 자존감과 밀접하게 연관되어 있다는 것은 일반적인 오해이다. 자존감이 낮은 많은 이들이 질투도 많다는 것은 확실히 사실이지만 사람이 언제 질투를 느끼는지를 결정하는 근본 원인은 낮은 자존감과 아무 관련이 없다는 것이 드러난다. 일반적으로 사람은 자기 정체성의 근간이라고 생각하는 영역에서만 위협을 느끼게 된다. 대체로 이는 직업, 학력, 취미, 혹은 육아와 같은 개인적 문제를 포함한다. 의사에게 있어, 질투심은 자신의 특정 전문 영역에서 더 뛰어난 기량을 가진 또 다른 의사와 비교될 경우에 생길 것이다. 그러나 유명한 테니스 선수와 비교될 경우, 이 의사는 아마도 무관심하게 반응할 것이다. 그가 누구인지, 자신을 어떻게 정의 내리는지, 인간으로서 자신의 가치를 어떻게 매기는지는 모두 테니스 선수로서가 아닌 의사로서의 기량에 의해 결정된다.

추론흐름  사람이 어느 영역에서만 위협을 느끼게 되는지를 찾아야 한다. 이어지는 의사의 예를 통해 질투심을 느끼는 대상이 자기와 같은 전문 영역에 종사하는 사람이며 테니스 선수한테는 그렇지 않다고 했으므로, 그 영역은 자기 정체성의 근간이 되는 영역임을 알 수 있다.

오답근거
① 자신의 사생활과 관련 있다고 ➡ 빈칸에 들어갈 이 영역(this)은 개인적 문제를 포함한다는 내용이 빈칸 문장 다음에 나오지만, 사생활과의 관련성이 핵심이 아님.
② 천재성 혹은 재능이 필요하다고
③ 인간관계에서 가장 중요하다고
④ 자신의 경력에 가장 필요하다고 ➡ 직업(의사) 예시를 든 부분에서 연상할 법한 오답이나 빈칸과 관련 없음.

어휘  **misconception** 오해, 잘못된 생각 / **intimately** 친밀히; 직접적으로 / **self-esteem** 자존감; 자부심 / **arise** 생기다, 발생하다 / **expertise** 전문 지식[기술] / **rate** 비율; 요금; 속도; (as) 평가하다[되다] / **surgeon** 외과 전문의(사)

**[2행~4행]** While $\boxed{\text{it}}$ is certainly true that many [with ~] are also jealous, // $\boxed{\text{it}}$ turns out that *the primary*
　가주어　　　　　　　　　　　진주어　　　　　　　　　　가주어　　　　　　　　진주어
*factor* [determining when a person gets jealous] is completely unrelated to low self-esteem.

**[9행~10행]** **Who** he is, **how** he identifies himself, $\boxed{and}$ **how** he rates his worth as a human being are all determined
　　　　　　　　　　　　　　　　　　　　　　　　S　　　　　　　　　　　　　　　　　　　　　　　　　　V
by ~.
　● 3개의 명사절이 and로 대등하게 연결되어 주어 역할을 하고 있다.

## 3　② ★ 소재 식품의 선전 문구를 대하는 바람직한 태도　　　　　　　　　　　　　　　**p.141**

**해석** 건강에 좋다는 선전 문구를 늘어놓는 식품은 피하라. 건강에 좋다는 선전 문구를 제품이 전달하려면, 그 제품은 우선 포장이 되어야 하므로 그것은 곧 자연식품이기보다 가공식품일 가능성이 더 크다. 일반적으로, 몸에 가장 좋다고 주장하는 것은 바로 현대 식품학의 산물인데, 이것들은 종종 불완전하거나 잘못된 과학에 토대를 두고 있다. 예를 들어, 전통 식품인 버터를 대체한 최초의 산업 식품 종류 중 하나인 마가린은 (건강에) 더 좋다고 주장했지만 심장 발작을 일으키는 트랜스지방을 함유한 것으로 드러났다. 게다가, 그런 산업 식품 제조업자들만이 자신들의 제품의 장점을 공식적으로 말하고 세상에 광고할 수 있는 정부 승인을 확보하는 자원을 가지고 있다. 그러나 신선한 농산물은 (건강에) 이로운 부분에 대해 떠벌리지 않는다. 왜냐하면, 재배자가 예산이 없거나 포장을 하지 않기 때문이다. 그러므로 당근의 침묵을, 그것이 <u>당신의 몸에 기여할 가치 있는 것이 없다는</u> 표시로 받아들이지 않도록 하라.

**추론흐름** 빈칸 문장에서 답을 추론할 수 있다. 산업 식품 제조업자들만이 제품의 장점을 제품 포장에 광고할 수 있는 자원을 가지고 있으나, 신선한 농산물은 재배자의 예산 부족으로 그렇지 못하다. 그러므로 당근 포장에 광고 문구가 없다고 해서(= 침묵하고 있다고 해서), 그 당근이 당신의 몸에 기여할 가치가 없지는 않을 것이다.

**오답근거**
① 심장 발작을 일으키는 성분을 전혀 함유하고 있지 않다는 ➡ 지문 중반부의 예시에 포함된 어휘(heart attacks)를 이용한 오답.
③ 언젠가 가공식품을 대체할 거라는
④ 소비자들에게 설명할 것이 많다는
⑤ 가공식품과 아무런 공통점이 없다는

**어휘** **whole food** 무첨가 식품, 자연식품 / **secure** 안전한; ~을 안전하게 하다; ~을 확보하다 / **boast** 《about[of]》떠벌리다, 자랑하다 / **goodness** 선량, 친절; 장점, 진수 / **constituent** 성분, 구성(요소); 구성하는; 유권자, 선거인 / **contribute** 《to》기부[기증]하다; 《to》기여[공헌]하다; 《to》(원고를) 기고하다 / **have nothing[something] in common** 《with》공통점이 없다[있다]

**구문**

**[1행~3행]** ***For a product* to carry** a health claim, / **it** must first have a package, // so immediately **it**'s more likely
　　　　　　　　　의미상 주어
to be a processed *rather than* a whole food.
　● For a product는 '목적'을 나타내는 to부정사의 의미상 주어.
　● it은 모두 a product를 가리킨다.

**[5행~7행]** For example, / **margarine**, one [of the first kinds of *industrial foods* [to replace a traditional one, butter]],
　　　　　　　　　　　　　　S
**claimed** to be better, // but **turned out** to contain *trans fats* [that cause heart attacks].
　　V₁　　　　　　　　　　　　　V₂
　● one ~ butter는 margarine을 보충설명.

**[7행~9행]** Furthermore, / only such industrial food manufacturers have *the resources* [to secure *government-*
　　　　　　　　　　　　　　　　S　　　　　　　　　　　　　　　　　　V　　　　　O
*approval* [to officially state the benefits of their products $\boxed{and}$ (to) advertise them to the world]].
　　　　　　　　　　　　　　　　　　　　　　　　　　　　　　　　　　　　　　　　　　　　(= the benefits of their products)

## 4　③ ★ 소재 선의의 거짓말이 갖는 특성　　　　　　　　　　　　　　　**p.142**

**해석** 거짓말은 두 종류로 나눌 수 있다. 선의의 거짓말과 악의적인 거짓말이 그것이다. 악의적인 거짓말은 우리가 그것이 거짓임을 알면서 하는 진술이다. 선의의 거짓말은 본질적으로 거짓은 아니지만 <u>진실의 상당 부분을 생략하는</u> 진술이다. 선의의 거짓말이라는 사실이 그것을 덜 해로운 것 혹은 더 용서가 되는 것으로 만들지는 않는다. 검열을 통해 중요 정보를 국민에게 알리지 않는 정부는 거짓을 말하는 정부와 마찬가지로 민주적이지 않다. 가족 은행계좌에서 과다 인출을 했다는 사실을 말하지 않는 아버지는 자신의 부를 직접적으로 과장하는 경우 못지않게 가족의 안녕을 위협하고 있는 것이다. 실제로, 덜 수치스러운 것처럼 '보일' 수 있기 때문에, 중요 정보를 숨기는 것은 거짓말의 가장 흔한 형식이다. 그리고 그것(중요 정보를 숨기는 것)을 탐지하고 대면하기가 더 어려울 수도 있기 때문에 그것은 종종 악의적인 거짓말보다 훨씬 더 해롭다.

**추론흐름** white lie를 어떤 진술이라고 주장하고 있는지를 추론해야 한다. 정부가 중요 정보를 숨기는 것이나, 아버지가 가족 계좌에서 과다 인출을 한 사실을 말하지 않는 것은 '진실의 상당 부분을 빼 버린' 진술이라고 할 수 있다.

**오답근거**
① (그 거짓말을) 듣는 사람을 불편하게 하는
② 관계를 파괴하는 역할을 하는
④ 사실을 확인하지 않고 정보를 전달하는 ➡ 예시는 모두 사실을 알면서도 전달하지 않는 경우이므로 오답.
⑤ 듣는 이의 신뢰를 얻기 위해 직접 화법을 사용하는

**excusable** 변명이 되는, 용서할 수 있는 / **withhold** 《from》 ~을 (의도적으로) 보류하다, 주지 않다 / **censorship** 검열(제도) / **democratic** 민주주의의, 민주적인 / **neglect** ~을 게을리[소홀히]하다; (to-v) (해야 할 일을) 하지 않다 / **overdraw** (예금을) 초과 인출하다 / **endanger** ~을 위험에 빠뜨리다, 위태롭게 하다 / **well-being** 행복, 안녕; 복지 / **exaggerate** 과장하다, 지나치게 강조하다 / **detect** ~을 탐지[인지]하다 / **confront** ~에 직면하다, 맞서다 / **leave out** ~을 빼다, 생략하다

구문　[**1행~3행**]　A black lie is *a statement* [we make] [that / we know / is false].

A white lie is *a statement* [we make] [that is not in itself false $\underline{\text{but}}$ that leaves out a significant part of the truth].
- V′₁, C′₁, V′₂, O′₂

[**4행**]　$\boxed{\text{The fact}}$ $\boxed{\text{that}}$ a lie is white / does not make it any less destructive *or* any more excusable.
- S ＝ ／ V ／ O ／ OC

[**5행~6행**]　*A government* [that withholds essential information from ~ / by ~] is **no more** democratic **than** *one* [that speaks falsely] ∧.　(is democratic)
- S ／ V′ ／ O′ ／ V ／ C
- ● 〈A is no more ~ than B〉: A가 ~이 아닌 것은 B가 …이 아닌 것과 같다. (= A is not ~ any more than B …)

[**6행~8행**]　*A father* [who neglects to mention that he has overdrawn the family bank account] is **no less** endangering his family's well-being **than** if he directly exaggerates his wealth.
- S ／ V′ ／ O′ ／ V
- ● 〈A is no less ~ than B〉: B가 ~인 것 같이 A는 …이다. A는 B에 못지않게 ~이다.

---

**5**　④　★ 소재 **도파민 신경세포의 활동으로 발생하는 적응 과정**　　　　　　p.142

해석　인간의 두뇌에는 놀라운 지혜가 있다. 도파민 신경세포의 활동은 경험이 단지 원래부터 지니고 있는 동물적 본능의 반영이 아니라는 사실을 보여준다. 대신, 그것은 도파민 신경세포 같은 매우 유연한 뇌세포의 예측에 근거하는데, 이 뇌세포들은 실제 상황을 반영하기 위해 그 연결을 끊임없이 조정하고 있다. 당신이 실수하거나 새로운 무언가와 부딪칠 때마다 당신의 뇌세포는 자기를 변화시키느라 분주하다. 멀미를 한 예로 들 수 있다. 멀미는 대개 도파민의 예측 실패로 인한 결과이다. 즉, 경험하는 운동 유형, 예컨대 익숙하지 않은 보트의 요동과 '예상되는' 운동 유형(단단하고 움직이지 않는 지면) 사이에 불일치가 있다는 것이다. 신체는 메스꺼움과 구토로 반응한다. 그러나 도파민 신경세포가 자신의 운동모형을 수정하기 시작하기까지는 오랜 시간이 걸리지 않는다. 이것이 뱃멀미가 대개 일시적인 이유이다. 끔찍한 몇 시간이 지난 후, 도파민 신경세포는 적응하여 공해(公海)의 부드러운 흔들림을 예측하는 법을 터득한다.

추론흐름　빈칸 문장의 It은 앞에서 언급된 '멀미'를 가리키는데, 빈칸 바로 뒤에 이어지는 콜론(:)은 앞 내용에 대한 상술을 이끌고 있으므로 그 부분이 빈칸의 직접적인 단서가 된다. 즉, 빈칸 문장 앞에서 경험이 도파민의 예측에 근거한다고 했는데, 콜론 뒤의 내용은 경험과 예상의 불일치를 말하고 있으므로 멀미는 도파민의 예측이 실패한 결과이다.

오답근거
① 변화하는 환경에 대한 우리의 의식적 저항
② 건강하지 않은 신경계의 징후 ➡ 멀미에 관한 잘못된 상식에 의존한 오답.
③ 발달하지 않은 지능 영역의 반영 ➡ 도파민의 경험과 예상의 불일치와 관련하여 발달하지 않은 지능 영역을 연상할법함을 응용한 오답.
⑤ 과민한 뇌세포의 사례

어휘　**dopamine** 〈인체〉 도파민 (신경전달물질의 일종) / **neuron** 〈생물〉 뉴런, 신경 세포 / **reflection** 반사; 반영 / **hard-wired** 하드웨어에 내장된; (행동이) 선천적인 / **be rooted** 《in》 ~에 뿌리박고 있다, ~에 근거가 있다 / **flexible** 구부리기 쉬운; 융통성 있는, 유연한 / **adjust** ~을 조정하다; (to) (~에) 적응하다 / **encounter** ~을 우연히 만나다; 마주침 / **motion sickness** 멀미 cf. **seasickness** 뱃멀미 / **conflict** 《with》 (~와) 충돌하다; 갈등; 불일치 / **pitch** (~을) 던지다; 정점; 음의 높이; (배·항공기의) 상하 요동 / **nausea** 메스꺼움 / **vomiting** 구토 cf. **vomit** (~을) 토하다 / **temporary** 일시적인 / **adapt** 《to》 (~에) 적응[순응]하다; (~에) 익숙해지다 / **the high seas** 공해(公海) (어느 나라에도 속하지 않은 바다) / **circumstance** (주로 pl.) 상황, 환경 / **indication** 암시; 징후 / **reflection** 반사; 반영 / **oversensitive** 지나치게 민감한

구문　[**5행~6행**]　**Every time you make** a mistake *or* **encounter** something new, your brain cells are busy *(in)* changing themselves.
- ● 〈Every time+S+V〉는 '~할 때는 언제든지'라는 뜻으로, 때를 나타내는 접속사 대용어구이다.

[**6행~9행**]　~ : there is a conflict [**between** the type of *motion* [being experienced] — for instance, the unfamiliar pitch of a boat — **and** the type of *motion* [(being) expected (solid, unmoving ground)].

해석 현대 세계에서, 사람들은 과거 그들이 (A) 지리적으로 가장 가까운 이웃에 의존하던 것보다 그들에게 덜 의존한다. 자동차를 가진 사람들은 20마일 내에 사는 사람이면 누구나 이웃으로 간주할 수 있다. 이렇게 함으로써 그들은 자신들의 벗을 선택하는 데에 이전에는 가질 수 없었던 수준의 힘을 갖게 되었다. 그러므로 매우 작은 마을을 제외하고, 그들의 바로 곁에 사는 이웃을 알아야 할 필요를 느끼는 사람은 별로 없다. 이 새로운 수단 덕분에, 단순히 근접성 때문이 아닌 (B) 동질성 때문에 벗을 선택하는 것이 점점 더 가능해지고 있다. 인구가 많은 어떠한 지역에서도, 만약 20마일 내에서 마음이 맞는 사람들을 찾을 수 있다면 그는 틀림없이 행복할 것이다. 즉, 행복은 비슷한 취향과 의견을 가진 사람들과의 교제에 의해 더 촉진된다. 현대인들은 진정한 우정을 만들 기회가 점차 많아지기 때문에, 오늘날 그토록 많은 사람들을 괴롭히는 외로움이 점점 줄어들어 거의 사라지는 지점에까지 이를 것이다.

추론흐름 (A)는 '과거' 사람들에 관한 내용으로서, 지금은 물리적인 거리가 별로 문제되지 않는다는 내용이 이어지고 있으므로 '지리적 인접성'이 알맞다. (B) 다음 내용은 마음이 맞는 사람, 비슷한 취향과 의견을 가진 사람과 교제할 가능성이 증대된다고 했으므로 '동질성(congeniality)'이 벗을 선택하는 기준이다.

오답근거
(B)
③ 관습 ➔ 현대에 교제 범위가 넓어짐에 따라 발생하는 현상이므로 관습과는 무관.

어휘 **companion** 동료, 친구 / **on account of** ~ 때문에, ~의 이유로 / **proximity** 근접(성) / **populous** 인구가 조밀한, 붐비는 / **congenial** 같은 성질의, 마음이 맞는 cf. **congeniality** (성격·취미 등의) 일치 / **association** 협회; 합동, 제휴; 연상 / **genuine** 진짜의, 진품의; 참된 / **afflict** ~을 괴롭히다, ~에게 피해를 입히다 / **diminish** 줄다, 감소하다 / **vanishing point** 소실점, 사물이 사라지는 지점 (회화나 설계도 등에서 투시하여 물체의 연장선을 그었을 때, 선과 선이 만나는 점) cf. **vanish** (갑자기) 사라지다, 없어지다 / **geographically** 지리(학)적으로 / **convention** 집회, 협정; 관습, 인습

구문 [5행~7행] ~, / **more and more** $\boxed{it}$ becomes possible to choose our companions / on account of congeniality *rather*
　　　　　　　　　　가주어　　　　　　　　　　진주어
*than* on account of mere proximity.
● 〈비교급+and+비교급〉: 점점 더 ~한. 원래는 it becomes more and more possible.

[9행~12행] **Since** modern people have a growing number of *opportunities* [to make genuine friendships], // *the*
　　　　　　〈이유〉 ~ 때문에　　S′　　　V′　　　　　　　O′
*loneliness* [that now afflicts so many people] will gradually diminish almost to the vanishing point.
　　　S　　　　　　　　　　　　　　　　　　　　　　V

## 실전 모의고사 **7**회 ❶⑤ ❷④ ❸④ ❹① ❺⑤ ❻②

해석 접촉요법과 유사한 침술은 특히 손이 닿기 어려운 부위에서 근섬유가 풀리도록 해주는 데 놀라울 정도로 효과적일 뿐 아니라 수고를 덜어주는 도구로도 기능한다. 예를 들어, 매우 효과적인 접촉요법인 마사지는, 아픈 부위에 압력을 가하고 몇 분 동안 그 압력을 지속해야 한다. 이것은 종종 그 부위를 계속해서 문지르는 것보다 더 효과가 좋다. 침술 시술에서는, 일단 바늘이 삽입되어 바늘 끝이 모래알 크기의 부위를 가볍게 건드리도록 놓으면, 수 분 동안 그 위치에 있을 수 있다. 이것은 한 번에 여러 부위에 행해질 수 있다. 이 시간 동안 환자를 혼자 남겨둘 수 있으며 침술사는 다른 일, 예를 들면 다른 환자를 치료할 수 있다. 이렇게 침술사는, 한 부위만 계속해서 압력을 주어야 하고 한 번에 오직 한 명의 환자와 제한된 수의 부위만 치료할 수 있는 접촉 치료사에 비해 상당한 이점을 가지고 있다.

추론흐름 접촉요법과 비교해 침술의 기능상 장점을 추론해야 한다. 빈칸 문장 뒤의 예시를 종합해 보면, 아픈 부위에 계속 압력을 가해야 하는 접촉요법에 비해 바늘을 삽입하기만 하고 침술사가 다른 일을 동시에 할 수 있는 침술은 노동, 즉 수고가 덜 필요하다.

오답근거
① 위약 효과
② 예방약
③ 신체에 대한 자극 ➔ 상식적으로 침술이 신체에 대한 자극을 주기는 하지만 접촉요법과 비교한 침술의 기능상 장점을 설명하는 빈칸에 부적합.
④ 개인 치료사

어휘 **acupuncture** 침술 cf. **acupuncturist** 침술사 / **remarkably** 두드러지게, 현저하게, 매우 / **fiber** 섬유(질), 섬유 조직 / **uncoil** (감은 것을) 풀다, 펴다; 풀리다 / **insert** ~을 끼우다, 삽입하다 / **have an advantage over** ~보다 유리하다, 우위를 확보하다 / **therapist** 치료 전문가, 치료사 / **placebo effect** 위약 효과, 플라시보 효과 (위약 투여에 의한 심리 효과로 실제로 호전되는 일) / **preventive** 예방적인, 방지하는; 예방(법) / **stimulus** 자극; 격려

구문 [1행~3행] Acupuncture, / **which** is similar to touch therapy, / is $\boxed{\text{not only}}$ remarkably effective in getting muscle
　　　　　　　S₁　　　　　　　　　　　　　　　　　　　V₁　　　　　　　　　　　C₁　　　　　　V′　　　O′
fibers to uncoil, ~, // $\boxed{\text{but}}$ it $\boxed{\text{also}}$ functions as a labor-saving tool.
　　　　　OC′　　　　　　　　　　　S₂　　　　V₂
● which ~ therapy는 Acupuncture에 대한 부연설명. 〈not only A but (also) B〉: A뿐만 아니라 B도.

**[6행~7행]** ~, / ***once*** a needle is inserted and (*is*) positioned **so that** its tip lightly touches a grain-of-sand sized
 　　　　　　　　S'　　　　　V'₁　　　　　　　V'₂　　　　　　　S˝　　　　　V˝　　　　O˝

spot, // it can be left in place / for several minutes.
　　　　S　　V

- 여기서 once는 '일단 ~하면'이라는 뜻의 접속사로 쓰였다.
- 〈so that ~〉은 '~하기 위하여, ~하도록'의 뜻으로 목적을 나타냄.

**[9행~12행]** Thus, an acupuncturist has a great advantage over *a touch therapist*, /
　　　　　　　　　　　　S　　　　　V　　　　O

**who** ┌ is required to continuously place pressure at a point
　　　　│　　V'₁　　　　　　　　　O'₁
　　　　│ *and*
　　　　└ can only treat one patient *and* a limited number of points at a time.
　　　　　　　V'₂　　　　　　　　O'₂

- who 이하는 a touch therapist에 대한 부연설명.

**2**　④　★ 소재 **남녀 감정 표현의 사회적 규범과 예외**　　　　　　　**p.146**

**해석** 우리 사회에는 누가 어떤 감정을 표현'해야 하는가'에 관한 미묘한 규범이 있고 이는 남성과 여성 모두를 암묵적으로 압박한다. 비록 여성들은 특정 상황에서 감정 표현이 더 자유롭지만, 직업 세계에서는 우는 것에 대한 금기가 여성에게까지 확장된다. 사생활에서 여성들은 두려움과 슬픔을, 남성들은 분노를 표현하는 것이 일반적으로 더 적절하다고 간주된다. 즉, 사람들 앞에서 우는 여성은 암묵적으로 인정해주고, 화가 나서 눈물을 흘리는 남성에게는 눈살을 찌푸리는 규범인 것이다. 그러나 여성이 권력 있는 지위를 갖게 되면 분노를 표현하는 것에 대한 금지는 사라진다. 오히려, 알파 여성을 포함하는 모든 강력한 리더들은 집단의 목적이 좌절되었을 때 분노를 표출하도록 기대된다. 분노가 특정 순간에 가장 효과적인 반응인가 아닌가와 무관하게, 그것(분노)이 상사로부터 나오면 그것(분노)은 사회적으로 부적절한 것으로 보이지 않는다.

**추론흐름** 빈칸 문장의 바로 앞을 보면, 여성이 강력한 리더일 경우에는 집단의 목표가 좌절됐을 때 화를 내는 것이 기대된다고 하였다. 따라서 리더로서 표출하는 분노는 사회적 규범에 맞는, 즉 사회적으로 부적절하게 보이지는 않는 것이다.

**오답근거**
① 여성적이지 않은 것으로 인식된다
② 매우 부적절하다
③ 직원들의 반발을 불러일으킨다
①, ②, ③ ➡ 여성 리더의 분노 표출이 기대된다는 흐름과 상반되는 오답.
⑤ 문제의 핵심을 다루지 못한다

**어휘** **subtle** 미묘한, 감지[포착]하기 힘든 / **implicitly** 함축적으로, 암묵적으로 (= tacitly) 절대적으로, 무조건적으로 / **constrain** 《to-v》 ~에게 억지로 시키다: ~을 억제[압박]하다 / **taboo** 금기(사항), 터부 / **extend** 확장하다; 주다, 베풀다 / **frown** 《on》 눈살을 찌푸리다; 찌푸린 얼굴 / **shed** 《눈물을》 흘리다; (잎이) 떨어지다 / **evaporate** 증발하다; 사라지다 / **unfeminine** 여성적이지 않은 (↔ feminine) / **provoke** ~을 화나게 하다; (감정을) 불러일으키다 / **opposition** 반대, 반발 / **out of place** 제자리에 있지 않은, 부적절한 / **address** 주소(를 쓰다); 연설; ~에게 연설하다; (문제 등을) 다루다, 처리하다

**구문** **[4행~6행]** In private life, / women are generally perceived as more appropriate / when expressing fear and sadness,
　　　　　　　　　　　　　　　S₁　　　└──V₁──┘

*and* men ∧ anger
　　　S₂ (are generally perceived as more appropriate when expressing)
— *a norm* [**that** tacitly approves of a woman [crying openly] *but* frowns on men [shedding tears]
　　　　　　　　　　V'₁　　　　O'₁　　　　　　　　V'₂　　　O'₂
when ∧ upset].
　(they (= men) are)

- 대시(—) 이하는 women are ~ men anger에 대한 부연설명.

**[9행~10행]** Regardless of **whether** anger is the most effective response in a given moment, / **it** does not seem
　　　　　　　　　　　　　　　S'　V'　　　　C'　　　　　　　　　　S　　V

socially out of place // when **it** comes from the boss.
　　　C　　　　　　　　S˝　V˝

- whether는 전치사 of의 목적어 역할을 하는 명사절을 이끌고 있다.
- it은 모두 anger를 가리킨다.

**해석** 주의력 결핍 과잉행동 장애(ADHD)의 특징인 주의산만성과 충동성은 밝은 전망을 갖고 있을지 모른다. 새로운 연구에서 연구자들은 절반이 ADHD를 가진 60명의 대학생에게 드라마, 음악, 유머, 창의적 글쓰기 등 10개 영역에 걸쳐 창의성을 측정하는 일련의 테스트를 실시했다. 학생들은 또한 생각을 개선하고 체계화하는 것과 같은 자신들의 문제해결 방식에 대한 질문에 답했다. 결과는 ADHD 집단이 전반적으로 창의성에서 더 높은 점수를 획득했음을 보여주었다. "완고함 같은 성격 특징은 약점으로도 혹은 강점으로도 볼 수 있습니다. 그리고 주의산만도 이와 비슷하다고 봅니다." 연구를 주관했던 홀리 화이트가 말했다. "쉽게 주의가 분산되는 사람들이 불리한 상황이 많이 있습니다만 그들은 많은 새로운 생각이 들어오는 데 열려 있기도 하지요. 이것이 그렇지 않다면 우리가 보지 못할 흥미로운 생각의 조합을 가능하게 합니다." 그들은 또한 생각을 개선하고 명확히 하는 것을 더 좋아하는 비(非) ADHD 집단보다 브레인스토밍과 아이디어 산출에 대해서 더 큰 선호를 보였다.

**추론흐름** 지문 후반부에 나오는 but 이하 내용이 답을 내는 단서가 된다. ADHD 집단이 많은 새로운 생각에 열려 있는 것, 브레인스토밍과 아이디어 산출을 더 선호하는 것과 관련된 특징은 창의성(creativity)이므로, 이와 관련된 어구를 찾는다.

**오답근거**
① 문제해결력이 더 뛰어났음 ➡ 빈칸 이전 문장이 문제해결 방식에 대해 질문한 내용이나, 지문 전반에서 문제해결력이 뛰어났다는 추론은 불가능.
② 문제가 있는 성격적 특징을 더 적게 보였음
③ 언어적으로나 신체적으로 더 안정적이었음 ➡ 첫 문장에서 주의산만성과 충동성이 ADHD의 일반적 특징임을 인정하고 전제하므로 오답.
⑤ 대답에 있어 일관성을 더 많이 보였음 ➡ 빈칸 다음의 내용을 종합해서 알 수 있는 ADHD 집단의 높은 창의성과 상반되는 서술이므로 오답.

**어휘** **distractibility** 주의산만성, 정신이 흐트러짐 cf. **distracted** (주의가) 산만한 / **impulsiveness** 충동성 / **hallmark** 특징, 특질 / **deficit** 적자; 부족, 결손 / **hyperactivity** 행동[활동] 과잉 / **disorder** 무질서, 혼란; 장애, 병 / **silver lining** 구름의 흰 가장자리; 밝은 희망[전망] / **domain** 영토; 범위, 영역 / **refine** ~을 정제하다, 깨끗하게 하다; (작은 변화를 주어) 개선하다 / **stubbornness** 고집 셈, 완고(함) / **at a disadvantage** (다른 사람에 비해) 불리한 / **brainstorming** 브레인스토밍, 창조적 집단 사고 / **clarify** ~을 명확히 하다; ~을 맑게 하다, 정화시키다 / **across the board** 전반적으로, 전역에 걸쳐 / **uniformity** 한결같음, 균일성, 획일성

**해석** 놀랍게도 카페인은 일반적인 각성제가 아니다. 그것은 뇌 세포가 각성하도록 만들지도 더 잘 수행하도록 하지도 않는다. 그보다 카페인은 간접적인 방식으로 작용한다. 기분을 '상승'시키는 화학물질의 방출을 촉진하는 대신, 카페인은 대개 뇌를 진정시키고 잠이 들게 하는 신경전달물질인 아데노신의 활동을 억제한다. 카페인 분자는 화학적으로 아데노신과 닮았기 때문에, 뇌 세포의 수용기 영역을 차지해 아데노신을 대신할 수 있다. 이렇게 하는 것이 아데노신이 도파민과 같은 기분을 '더 상승시키는' 신경전달물질에 의해 생기는 각성 상태를 억압하지 못하도록 만든다. 이처럼 카페인은 자신을 아데노신으로 위장함으로써 뇌 세포가 지속적인 각성 상태에 머물도록 속인다. 소량의 카페인이라도 효과가 크다. 전문가들은 커피 두어 잔의 카페인이면 뇌의 아데노신 수용체의 절반을 두 시간 동안 잠들게 해서, 당신의 뇌가 계속해서 높은 각성 상태에 있도록 만든다고 말한다.

**추론흐름** 카페인이 일반 각성제와 어떻게 다른지를 묻고 있다. 빈칸 다음 문장에서 카페인은 뇌를 각성시키는 화학물질이 방출되도록 하는 것이 아니라 뇌를 진정시키는 신경전달물질의 활동을 억제한다고 하였으므로, 카페인은 뇌가 진정되지 못하도록 해서 간접적으로 각성시키는 것이라고 할 수 있다.

**오답근거**
② 다른 각성제와 함께 (일을) 수행한다
③ 뇌의 많은 기능에 참여한다
④ 종류에 따라 다르게 기능한다 ➡ 카페인의 종류에 대한 언급 없음.
⑤ 화학물질의 여러 가지 효과를 촉진한다
②, ③, ⑤ ➡ 카페인의 기능으로 아데노신의 활동 억제만 언급됨.

**어휘** **stimulant** 자극(물); 각성제 / **trigger** (총의) 방아쇠; (방아쇠를 당겨) 쏘다; ~을 일으키다, 유발하다 / **neurotransmitter** 《인체》 신경전달물질 / **adenosine** 《인체》 아데노신 (신경전달물질의 일종) / **molecule** 《화학》 분자 / **receptor** 《인체》 수용기, 감각기관 / **displace** ~을 대신하다, 대체하다 / **suppress** ~을 억압[억제]하다 / **alertness** 민첩; 각성도 / **dopamine** 《인체》 도파민 (신경전달물질의 일종) / **disguise oneself as** ~로 변장[위장]하다 / **fool A into v-ing** A가 ~하도록 속이다 / **persistent** 지속적인, 끊임없는 / **excitability** 흥분, 격하기 쉬운 성질 / **go a long way** 쓸모가 있다, 효과가 있다 / **roundabout** 간접적인, 빙 도는

**구문** [3행~5행] Instead of triggering the release [of ~], / <u>it</u> <u>blocks</u> the action of *the neurotransmitter, adenosine,* [that
　　　　　　　　　　　　　　　　　　　　　　S 　V 　　　　　　　　　　　　　　　　　　　　　O
ordinarily <u>tells</u> <u>the brain</u> **to** quiet down *and* **(to)** go to sleep].
　　　　　　V′ 　　O′ 　　　　　　OC′

[9행~11행] Experts say that <u>the caffeine [in ~]</u> <u>can knock out</u> <u>half the brain's adenosine receptors</u> / for a couple
　　　　　　　　　　　　　　　　S′ 　　　　　　　V′ 　　　　　　　O′
of hours, / **keeping** your brain on high alert.
　　　　　　V″ 　O″ 　　OC″
● keeping 이하는 '결과'를 나타내는 분사구문.

**해석** 심리학자들은 각 사람이 자기 세계에 대한 독특한 '인지 지도'를 발전시킨다는 것을 발견한다. 똑같은 가정에서도 한 아이는 세상을 장밋빛 안경을 통해 보는 법을 배우는 한편 다른 아이는 세상을 냉혹하고 위험한 곳으로 보는 법을 배운다. 소리에 대해 상당한 예민함을 타고난 어떤 아이들은 청각 환경에 주의를 기울이는 아이로 성장할 것이고, 시각적으로 더 민감한 아이를 둘러싸고 있는 색깔과 빛, 모양의 많은 부분을 보지 못할 것이다. 어떤 사람은 양에, 또 다른 사람은 느낌에 더 관심을 갖는다. 어떤 사람은 개방적이고 사람을 잘 신뢰하는 데 반해 어떤 사람은 조심스럽고 의심이 많다. 이런 개인적 차이는 시간이 흐르면서 습관으로 발전하고 그 다음으로 경험에 관해 생각하고 경험을 해석하는 방식으로 발전한다. 이러한 '지도'는 그것을 사용하는 사람들에게 일관된 지침을 제공하기 때문에 유용하지만 실재에 대한 객관적이고, 보편적으로 타당한 그림을 제시한다는 의미에서는 거의 정확하지 않다. 실제로, 같은 상황에서도 서로 다른 인지 지도를 사용하는 두 사람은 서로 완전히 다른 실재를 보고 경험할 것이다.

**추론흐름** 빈칸 문장의 Such maps는 '인지 지도'를 뜻하는 것임을 빈칸 다음 문장을 통해 추론할 수 있다. 같은 상황이라 하더라도 사람들은 자신의 인지 지도에 따라 다르게 느끼고 해석하게 된다고 했으므로, 인지 지도는 실재에 대해 객관적이고 보편적으로 타당한 그림을 제시하는 데는 정확하지 않을 것이다.

**오답근거**
① 사람이 이상적인 삶을 사는 것에 대한 방향을 제시한다는
② 아이들이 무엇을 인지하고 학습하는가를 설명한다는 ➡ 앞부분에 등장한 아이들의 예시를 활용한 오답.
③ 사람의 감정과 경험의 균형을 이루게 한다는
④ 개인의 관점들 사이의 차이를 설명한다는 ➡ 인지 지도에 대한 설명을 통해 개인의 관점 차이라는 개념을 연상할 수 있지만, 빈칸에는 인지 지도가 정확히 제시할 수 없는 것이 들어가야 하므로 상반된 내용의 오답.

**어휘** **cognitive** 인지의, 인식의 / **household** 가구(의), 가족(의) / **rosy** 장밋빛의; 유망한, 낙관적인 / **harsh** 가혹한; 거친 / **sensitivity** 예민함, 민감성 / **auditory** 청각의, 귀의 / **quantity** 양 (↔ quality 질) / **retiring** 내향적인, 수줍은; 은퇴하는 / **suspicious** 의심하는, 수상쩍은 / **consistent** 일관된, 언행이 일치된 / **objective** 목표, 목적; 객관적인

**구문** [**4행~6행**] Some children, / born with a great sensitivity [to sound], /
    S

  ┌ will grow up / paying attention to the auditory environment
  │   V₁
  │ *and*
  └ *(will)* not see many [of *the colors, lights, and shapes* [that surround ~].
       V₂          O₂

[**7행~9행**] These individual differences develop / with time / **into** habits, *and* then **into** ways [of **thinking about**
                 S           V

  *and* **interpreting** experience].
● into가 이끄는 두 개의 전명구가 and로 대등하게 연결되었다. 또한 of 전명구에서 thinking about과 interpreting도 목적어 experience를 공유하며 and로 대등하게 연결되었다.

**해석** 있을 법하지 않을 것 같은 방식으로 연관성이 만들어질 때 우리는 설명하기 힘든 무언가가 작용하고 있다고 생각하는 경향이 있다. 서른 명이 있는 방에서 서로 생일이 같다는 것을 발견한 두 사람을 생각해보자. 많은 사람들에게 자연스러운 반응은, 이러한 겉으로 보기에 있을 법하지 않은 일치에 대해 뭔가 깊이 있고 유의미한 설명이 존재한다고 결론짓는 것일 것이다. 혹은 당신이 친구 밥에게 전화를 걸려고 전화기로 다가간다고 가정해보자. (그때) 전화벨이 울리고 그것이 밥이라면, 그것은 "와, 이런 우연이 있나? 이건 단순한 우연의 일치였을 리가 없어. 아마 밥과 나는 텔레파시가 통하고 있나 봐."라고 생각하게 된다. 사실, 이와 같은 사례는 다소 평범하게 설명된다. 서른 명이 있는 방에서 두 사람이 같은 생일일 확률은 대략 70퍼센트이다. 그리고 당신은 그러한 상황에서 (당신이 밥에게 전화를 걸려고 했던 상황에서) 밥이 전화를 걸지 않았거나 다른 사람이 전화를 걸어온 적이 얼마나 많았는지는 잊어버린 것이다. 인간의 생각은 사건들 사이의 관계를 모색하고 찾아낸다. 심지어 그러한 관련성이 존재하지 않을 때조차도 말이다.

**추론흐름** 마지막 빈칸 문장이 첫 문장과 양괄식을 이룬다. 즉, 우리의 생각은 사건들 사이의 관계를 모색하기 때문에 실제로 연관성이 없는 상황에서조차 연관성을 찾으려고 한다는 내용이 되어야 한다. 지문의 예시도 우리가 서로 관련 있다고 느끼는 사건들이 실제로는 관련 없음을 설명하고 있다.

**오답근거**
① 상황이 전혀 변하지 않을
③ 그 사건들이 이미 끝났을
④ 우리가 그러한 사건들을 목격하지 않았을
⑤ 그 사건들이 실제로는 일어나지 않았을
④, ⑤ ➡ 지문에서 든 예시는 우리가 실제로 경험한 사건에 대한 우리의 잘못된 판단을 다루고 있다.

**어휘** **improbable** 일어날 것 같지 않은, 있을 법하지 않은 / **seemingly** 겉으로 보기에, 표면상으로 / **concurrence** 동시 발생, (우연의) 일치 (= coincidence) / **prompt A to-v** A가 ~하도록 촉구하다, 부추기다 **cf. prompt** ~을 촉구하다, 부추기다; 즉석의; 신속한 / **telepathically** 텔레파시로 / **mundane** 평범한, 흔히 있는 / **probability** 있을 법한 일; 확률 / **tie-in** 끼워 파는 물건; 관계, 관련

**구문** [**1행~2행**] When a connection is made / in a manner [that seems improbable], // we have a tendency [to think
          S″      V″                             S  V    O      V′

  something mysterious is at work].
           O′

**[2행~3행]** Consider *two people* [in a room of thirty people] [**who** discover they have the same birthday].

**[7행]** This **could not have been** a mere coincidence.
- ● ⟨could not have p.p.⟩는 '~였을 리가 없다'란 뜻으로 과거에 대한 강한 부정을 나타낸다.

**[9행~10행]** The probability that two people [in ~] have the same birthday is approximately 70 percent.

---

## 실전 모의고사 **8**회   1 ④   2 ⑤   3 ③   4 ①   5 ④   6 ④

### 1   ④   ★ 소재 방의 모양이 회의에 미치는 영향                                        p.152

**해석** 일반적으로, 회의실의 모양이 그 크기만큼 중요하지는 않다. 분명히, 대부분의 방은 적절한 비율의 직사각형이다. 중요한 것은 당신이 필요한 수만큼의 좌석을 적절한 배열로 배치할 수 있느냐이다. 그러나 최근에는 비록 그 결과물이 대개 일반적인 방에 비해 못하다는 사실에도 불구하고 많은 방들이 특수한 목적을 위해 설계되고 있다. 많은 경우 좌석이 고정되어 있다. 즉, 일반적으로 상호 작용이 용이하지 않은 패턴으로 되어 있는 것이다. 이것은 방의 모양이 그 안에서 어떤 종류의 회의가 열릴 수 있는지를 결정한다는 걸 의미한다. 바닥이 경사져 있다면 강의나 영화, 또는 토론을 보는 데는 제격일지 모르지만 사람들이 서로를 볼 수 있길 원한다면 그런 바닥은 좋지 않다. 강단이 높으면 불필요한 격식과 거리감, 자의식을 조장할 뿐만 아니라 회의가 열려야 하는 장소를 제한함으로써 더할 나위 없이 좋은 방을 융통성 없이 만들 수 있다.

**추론흐름** 빈칸 다음의 예들은 모두, 방 내부의 구조가 다르면 그 안에서 열기에 적절한 회의의 성격도 달라진다는 설명을 하고 있다.

**오답근거**
① 그 안에서 열리는 회의의 성과를 지배한다 ➡ 회의의 성과는 지문에 직접적인 근거 없음.
② 행사의 격식을 높여준다 ➡ 빈칸 다음의 예시 중 방의 모양이 불필요한 격식(formality)을 조장하는 경우를 활용한 오답.
③ 대개 장소와 수용 인원에 의해 제한된다 ➡ by limiting where ~ take place 부분을 응용. 방이 장소에 의해 제한되는 것이 아니라 방에 의해 장소가 제한된다.
⑤ 방이 새로운 목적에 맞춰 변경될 수 있게 도와준다

**어휘** **reasonable** 합리적인, 타당한; 비싸지 않은 / **proportion** 비율, 균형 / **configuration** 배열, 구성 / **facilitate** ~을 용이하게 하다, 쉽게 하다 / **slope** 경사지게 하다; 경사, 비탈 / **elevated** 높여진, 높은; 고상한, 고결한 / **platform** 대(臺); 강단; 승강장 / **render** ~을 (어떤 상태가 되게) 만들다[하다]; (도움을) 주다 / **inflexible** 잘 구부러지지 않는; 융통성 없는 / **formality** 형식상의 절차, 격식 / **self-consciousness** 자의식이 강함, 남의 시선을 의식함 / **dominate** 지배하다, 다스리다 / **capacity** 용량, 수용력; 능력 / **dictate** 받아쓰게 하다; 지시[명령]하다; ~을 좌우하다 / **avail** 도움이 되다, 쓸모가 있다; 이익, 효용 / **modify** ~을 변경[수정]하다

**구문** **[4행~5행]** But recently, many rooms have been designed for specific purposes, / despite **the fact** **that** the result is usually inferior to an ordinary room.

**[8행~10행]** Elevated platforms can **render** a perfectly good room **inflexible** / by *limiting* where the meeting has to take place, **as well as** by *creating* unnecessary formality, distance, *and* self-consciousness.
- ● render는 let, make, have와 마찬가지로 ⟨목적어+목적격보어⟩를 취할 수 있는 동사.
- ● by가 이끄는 두 개의 전명구가 as well as로 대등하게 연결되어 있다.

### 2   ⑤   ★ 소재 인성교육의 효과를 극대화하는 교수법                                  p.152

**해석** 규율과 동기부여와 같은 교실 문제들은 일반적으로, 실제적이고 즉각적인 전략을 통해 다뤄지고 해결될 수 있다. 그러나 학교는 인성교육을 교실 활동의 최전면으로 가져옴으로써 이러한 영역에서 훨씬 더 큰 성공을 이룰 수 있다. 인성교육은 다른 많은 부문에 통합될 때 가장 효과가 있다. 교장과 (교육)행정가들은 인성 관련 주제를 본질적으로 간략히 다루는 과목의 교육을 지원하는 동시에 인성교육 교수법에 관한 훈련 기회를 교사들에게 제공할 수 있다. 과학 교사는 학생들에게 특정 과학 프로젝트의 윤리성을 분석해 보라고 요청하거나 특정 과학자들의 인성 분석을 과제로 내줄지 모른다. 역사 수업에서는 종교가 어떻게 그리고 어느 정도까

**추론흐름** 과학과 역사 수업 시간에 그 과목과 통합하여 인성교육이 잘 이루어질 수 있다고 했고 마지막 결론 문장에서도 그런 답을 추론할 수 있다. 즉, 인성교육이 많은 다른 부문들 속에 통합될 때 효과가 있음을 뜻한다.

**오답근거**
① 잘 교육받은 상담가가 주도할 ➡ 지문에서는 인성교육의 주체를 상담가가 아닌 교사로 전제하고 있음.
② 각각의 과목이 균등하게 지도될 ➡ 과학과 역사 수업의 예시에서 떠올릴 수 있는 내용이지만 지문의 요지와 무관.

지 인성 발달에 영향을 미쳤는지를 추적하는 방식으로 종교 역사가 가르쳐질 수 있다. 비슷한 방법과 주제가 어떤 교실에서도, 어떤 주제에 대해서도 효과가 있도록 적용될 수 있으며, 그것은 일반적으로 인성 발달이라는 주제를 강화시킬 것이다.

③ 학교와 가정이 함께 협력할
④ 배려하는 환경에서 이루어질
③, ④ ➡ 인성교육이라는 소재에 관해 상식적으로 맞는 것으로 보이지만 지문 내용과 무관.

**어휘** **resolve** (문제를) 해결하다; 결심(하다); 용해되다, 녹다 / **foreground** (그림 등의) 전경(前景), 최전면 / **administrator** 관리자, 행정가 / **extend** (손 등을) 뻗다, 확장하다; 주다, 베풀다 / **inherently** 본래, 선천적으로 / **touch on** ~을 간단히 다루다[언급하다] / **theme** 테마, 주제 / **ethics** 윤리학 *cf.* **ethical** 윤리적인, 도덕상의 / **trace** 자취, 발자국; ~을 추적하다 / **reinforce** ~을 강화[보강]하다 / **integrate** 통합하다, 전체로 합치다

**구문** **[5행~7행]** Principals and administrators <u>can **extend**</u> to teachers / <u>training opportunities [in how to teach character</u>
S                V                        O
education] // **while** supporting their teaching of *subjects* [which inherently touch on character-related
~하는 동시에
themes].
● extend의 목적어가 길어져 전명구(to teachers) 뒤로 이동했다.

---

**3**    ③    ★ 소재 **군중 심리를 활용한 광고 전략**                                             **p.**153

**해석** 광고인들은 많은 사람들이 그렇게 생각한다면, 그것이 충분한 증거로 보인다고 말한다. 자선 모금 텔레비전 프로그램의 프로듀서들은 이미 기부를 약속한 시청자들의 끊임없는 명단을 만드는 데 지나치게 많은 시간을 쏟는다. 아직 기부하지 않은 사람들에게 전달되는 메시지는 분명하다. 바로, "기부하기로 결정한 모든 사람들을 보세요. 기부는 옳은 일임에 틀림없습니다."라는 것이다. 레스토랑 주인들도 테이블이 전혀 부족하지 않을 때에도 긴 대기 줄을 인위적으로 만들어 가게의 품질에 대한 일종의 가시적인 사회적 증거를 만들어내기 위하여 비슷한 전략을 사용한다. 판매사원은 그 제품을 구입한 사람들이 전하는 수많은 상세한 설명으로 자신의 설득에 흥취를 더하는 법을 재빨리 배운다. 판매와 동기부여 컨설턴트인 캐벗 로버트는 이러한 원칙의 핵심을 판매 수련생들에 대한 그의 적절한 조언으로 포착해낸다. "사람들의 95퍼센트는 모방자이며 단지 5퍼센트만이 창시자이기 때문에, 인기 있는 제품이라는 생각이 질 좋은 제품이라는 증거보다 더 강력하다."

**추론흐름** 모금방송에서 기부자들의 명단을 계속해서 알려서 많은 사람들이 참여하고 있으므로 옳은 일이라는 것을 알린다고 하였다. 이어지는 내용에서, 레스토랑 주인들이 인위적으로 기나긴 대기 줄을 만드는 것과 판매사원이 물건에 대한 상세하고 수많은 구매 평을 보여주는 것은 모두, 사람들의 군중 심리를 이용해 구매 혹은 호응을 유도하는 예이다.

**오답근거**
① 우리는 광고의 홍수 속에서 더 매력적인 광고를 원한다
② 우리가 아무리 노력해도 품질 자체는 조작될 수 없다 ➡ 레스토랑의 예시에서 가게의 품질에 대한 부분도 조작이 가능했으므로 오답.
④ 다양성이 사회 기준으로 여겨진다
⑤ 광고의 효과는 (광고) 콘텐츠의 품질에 비례한다

**어휘** **charity** 자선[구호] 단체; 자선(행위) / **devote A to B** A를 B에 바치다, 쏟다 / **incessant** 끊임없는, 쉴 새 없는 / **pledge** 맹세, 서약; ~을 맹세[서약]하다 / **contribution** 기부(금); 기여, 공헌 *cf.* **contribute** 기부[기여]하다 / **artificially** 인위적으로, 부자연스럽게 / **spice** 양념(을 치다); 흥취(를 더하다) / **pitch** (~을) 던지다; 던지기; 음조; (판매원의) 설득, 선전 / **numerous** 수많은, 다수의 / **account** 계좌; (이용) 계정; 보고, 설명 / **apt** 적절한, 적당한 / **imitator** 모방하는 사람 / **initiator** 창시자, 선창자 *cf.* **initiate** ~을 시작하다, 창시하다 / **potent** 강력한, 유력한 / **manipulate** ~을 교묘하게 다루다, 조작하다 / **proportionate** 비례하는, 균형이 잡힌

**구문** **[1행~3행]** <u>The producers [of charity telethons]</u> <u>devote</u> <u>unreasonable amounts of time</u> / to the incessant listing of
                  S                         V             O
*viewers* [who have already pledged contributions].

**[5행~7행]** <u>Restaurant owners</u> <u>employ</u> <u>a similar strategy</u> / **to manufacture** a kind of visible social proof [for ~] / by ~
                S           V          O                  《목적》 ~하기 위하여
/ even when ~.

---

**4**    ①    ★ 소재 **낮은 지위가 유발하는 자기 존중감 위협**                                           **p.**154

**해석** 낮은 지위가 항상 부정적인 재정적 결과를 가져오기는 하지만 그 영향력이 물질적 측면에서만 판단되어서는 안 된다. 적어도 절대 빈곤 수준 이상에서는, 지위 결핍으로 인한 가장 심각한 불이익이 단지 재정적 문제로 인한 신체적 불편함에만 있는 경우는 거의 없다. 더 자주, 심지어는 주로, 그 불이익은 낮은 지위가 우리의 자기 존중감에 주는 도전에 있다(낮은 지위가 자기 존중감을 위협한다). 낮은 지위가 수치스러움을 동반하지 않는 한 우리는 대개 비교적 긴 시간 동안 불평 없이 그것을 견뎌낼 수 있다. 이것의 증거로, 우리는 역사상의 수많은 병사들만 생각해 보아도 된다. 그들은 상류 계급의 구성원으로 여겨지지 않았지만, 심지어 사회의 가장 가난한 구성원들이 겪었던 것보다 훨씬 더 심한 고난을 전쟁터에서 기꺼이 견뎌냈다. 고난을 겪는 내내 그들을 지탱해 준 것은 그들이 다른 사람들로부터 얼마나 크게 존경받는지에 대한 자각이었다.

**추론흐름** 빈칸 문장의 it은 지위 결핍으로 인한 불이익을 의미하고, 낮은 지위가 무엇에 도전을 주는지를 찾으면 된다. 빈칸 문장 바로 뒤에서 낮은 지위가 수치스러움을 동반하지 않으면 그것을 견뎌낼 수 있다고 했으므로, 이를 바꿔 말하면 낮은 지위가 불이익을 주는 경우는 '자기 존중감'에 도전을 주는 때이다. 병사들의 예시 또한 이를 뒷받침한다.

**오답근거**
② 재정적 안정에 대한 생각 ➡ 첫 문장에서 낮은 지위의 재정적 결과를 언급한 후 물질적 측면에서만 판단되어서는 안 된다고 했으므로 오답.
③ 겸손과 존중의 전통

73

④ 고난으로부터 배우는 우리의 능력 ➡ 지문 후반부의 고난을 겪은 (suffered) 병사 예시를 활용한 오답.

⑤ 타인을 높이 존중해주고자 하는 개인의 의지 ➡ 마지막 문장의 어휘를 재구성한 것으로, 타인을 존중하려는 의지는 언급되지 않음.

**어휘** **status** 신분, 지위 / **invariably** 항상, 언제나 / **material** 물질의; 재료, 원료; 자료 / **penalty** 형벌; 벌금, 벌칙; 불이익 / **deficiency** 부족, 결핍 / **consist** 《in》 (~에) 있다 (= lie in); 《of》 구성되다, 이루어져 있다 / **humiliation** 굴욕, 수치스러움 cf. **humility** 겸손 / **willingly** 자진해서, 기꺼이 cf. **willingness** 기꺼이 하는 마음 / **sustain** ~을 떠받치다, 지탱하다; ~을 지속[유지]하다 / **esteem** 존중, 존경; ~을 존중[존경]하다

**구문** **[2행~4행]** **The most serious penalty** [from ~], ~, hardly ever **consists** in mere physical discomfort [caused by ~].
　　　　　　　S 　　　　　　　　　　　　　　　　　　　　　　　　V

**[8행~10행]** They were not considered to be ~ *but* willingly endured *hardships* on the battle field [**far worse**
　　　　　　　S 　　　　V₁　　　　　C₁ 　　　　　　　　　　V₂ 　　　　O₂
than *those* [**suffered** / by ~ [of ~]]].

● far worse ~와 suffered ~는 각각 hardships와 those를 수식하고 있다.

---

**5** **④** ★ 소재 **예술 작품의 해석 다양성** **p.154**

**해석** 위대한 예술은 (다양한) 해석에 열려 있고, 이것은 위대한 예술이 여러 세대에 걸쳐 여전히 자극적이고 매혹적인 하나의 이유이다. 여기에 내재하는 문제점은 예술이 특정 소설과 영화에 묘사되듯 악의적인 행동에 영감을 줄 수도 있다는 것이다. 젊어서 개념 예술가가 되고자 했던 시절에, 내 작품이 지닌 영향력을 통제할 수 없다는 것이 나를 매우 불안하게 했다. 그림을 그리기 시작했을 때, 그것은 더 심했는데 나 자신도 내 작품이 의미하는 바를 전적으로 확신하지 못했기 때문이었다. 그것은 개인적으로 당시의 나에게 위험한 것 같았다. 시간이 흐르면서, 나는 점차 회화와 예술의 복잡성과 불가해성을 존중하게 되었을 뿐 아니라 그것이 어떻게 대상에 힘을 부여하는지도 알게 되었다. 나는 예술 작품이 창작자에 의해 생기를 얻고 계속 다양한 사고와 느낌, 반응을 일으킬 수 있다고 믿는다. 그러나 사실 예술의 정확한 영향은 완전히 예측될 수 없다.

**추론흐름** 빈칸이 '위대한 예술'에 대한 서술 부분에 주어졌으므로, 이후의 내용에서 '위대한 예술'을 설명한 부분을 종합한다. 이어지는 설명에서 예술이 악의적 행동을 유발할 수 있고, 예술가가 자신의 작품이 지닌 영향력을 통제할 수 없으며 작품의 의미를 확신하지도 못하고, 예술의 영향은 완전히 예측될 수 없다고 하였다. 이를 종합하면, 예술은 본질적으로 주관적인 것이라 사람들에게 다양한 해석을 가능하게 하므로 그 의미와 영향력을 예측하기 불가능하다는 것이다. 이를 한 마디로 표현하면 '(다양한) 해석에 열려 있는' 것이라고 할 수 있다.

**오답근거**
① 진정으로 시대를 앞서 가고
② 본질적으로 객관적이고 ➡ 지문에 등장하는 어휘(inherent, object)를 이용한 오답으로, 정답과 반대됨.
③ 우리의 감성에 도전 의식을 주고
①, ③ ➡ 위대한 예술의 특성으로 떠올릴 수 있는 상식에 의존한 오답.
⑤ 보는 사람의 호기심에 호소하고

**어휘** **stimulating** 자극이 되는, 고무적인 / **inherent** 고유의, 본래부터의 / **malevolent** 악의적인 / **aspiring** 장차 ~가 되려는; 야심 있는 / **conceptual** 개념의 / **impact** 충돌; 영향(력), 효과 / **complexity** 복잡성 / **incomprehensibility** 이해할 수 없음, 불가해성 (不可解性) cf. **comprehensible** 이해할 수 있는 / **empower** ~에게 권한[자율권]을 주다 / **animate** ~을 생기 있게 하다; ~을 만화 영화로 만들다 / **generate** ~을 발생시키다, 만들어내다 / **anticipate** ~을 예상[예측]하다; ~을 고대하다 / **inherently** 본래, 선천적으로 / **objective** 목표, 목적; 객관적인 / **sensibility** 감성; 민감 / **interpretation** 해석, 설명 / **appealing** 《to》 매력적인, 흥미로운; 호소하는

**구문** **[1행~2행]** Great art is open to interpretation, / **which** is *one reason* [*(why)* it remains stimulating and fascinating / for generations].

● which는 Great art ~ to interpretation을 가리킨다.
● 관계부사 why가 생략된 절이 선행사인 one reason을 수식한다.

**[4행~5행]** When I was young and aspiring to be a conceptual artist, / **it** disturbed me greatly that I couldn't control
　　　　　　　　　　　　　　　　　　　　　　　　　　　　가주어　　　　　　　　　　　진주어
*the impact* [*(that)* my work had ●].

**[7행~8행]** ~, I gradually **came** **not only** **to respect** the complexity and incomprehensibility [of painting and art]
　　　　　　　　　　　　　　　　　　　　　　　　〈not only A but (also) B〉: A뿐만 아니라 B도
**but** *(came)* **to see how** it empowers the object.

● 〈come to-v〉: ~하게 되다
● how가 이끄는 명사절이 see의 목적어로 쓰였다.

**해석** 현명한 사람의 주된 관심 초점은 언제나 현재이지만 그들은 그러면서도 시간을 주변적으로 인식한다. 다시 말해서, 그들은 시계가 가리키는 (물리적) 시간은 계속 이용하지만 심리적 시간으로부터는 (A) 자유롭다. 이것을 실행할 때 자신도 모르는 사이에 시계가 가리키는 시간을 심리적 시간으로 바꿔버리지 않도록 주의하라. 예를 들어, 당신이 과거에 어떤 실수를 저질렀고 지금 그로부터 배운다면 시계가 가리키는 시간을 이용하고 있는 것이다. 반면, 실수를 마음속으로 곱씹고 자기비판이나 후회, 혹은 죄책감이 일어난다면, 당신은 그 실수를 '나 자신'과 '나의 것'으로 만들고 있는 것이다. 당신은 그것(실수)을 자아의식의 일부로 만들고 그것은 심리적 시간이 되는데, 이 심리적 시간은 잘못된 정체성과 항상 연관된다. 자신의 지나간 실수에 대해 (B) 용서하지 않는 것은 필연적으로 심리적 시간이라는 무거운 짐을 수반한다.

**추론흐름** 빈칸 (A)는 앞뒤 문장만으로 근거가 충분치 않으므로, 글의 전반을 파악해야 풀 수 있다. 빈칸 문장의 they는 첫 문장의 The enlightened person을 가리키므로 현명한 사람이 심리적 시간에 대해 '어떠한지'를 파악해야 한다. 빈칸 다음 문장에서 물리적 시간을 심리적 시간으로 전환하지 말라고 하며, 이어지는 예시에서 과거의 실수를 곱씹으며 자아의식의 일부로 만들 때 심리적 시간이 되고 잘못된 정체성을 확립한다고 했다. 따라서 현명한 사람이라면 이것으로부터 '자유로워야' 하므로 free가 적절. 빈칸 (B)는 실수에 대한 어떤 태도가 심리적 시간을 수반하는 것인지 추론해야 하는데, (B) 문장 앞에서 실수가 심리적 시간이 되는 것은 실수를 마음속으로 곱씹음으로써 자아의식의 일부로 만들 때라고 했다. 이것은 곧 자신의 실수에 대해 '용서하지 않는' 행동이므로 Nonforgiveness가 알맞다.

**오답근거**

(A)

① 무지하다 ➡ 현명한 사람은 심리적 시간과의 연관성이 적다고 할 수 있겠으나 심리적 시간에 무지하다는 언급은 없음.

⑤ 인식한다 ➡ 첫 문장의 어구(are ~ aware of time)를 활용한 오답.

(B)

①, ② 부인 ➡ 실수에 대한 반응으로 예상할 수 있으나, 지문에 근거 없음.

**어휘** **enlightened** 계발[계몽]된; 현명한 / **peripherally** 주변적으로; 지엽적으로 / **alert** 경계하는; 기민한; (위험 등을) 알리다 / **unwittingly** 자신도 모르게, 부지불식간에 / **transform** ~을 변형시키다, 바꾸다 / **dwell** 살다, 거주하다 cf. **dwell on** ~을 곰곰이 생각하다, 곱씹다 / **remorse** 후회, 자책 / **guilt** 유죄(임); 죄책감 / **identity** 정체, 신원; 동일함, 일치 / **necessarily** 필연적으로 / **denial** 부인, 부정; 거부 / **deprived** 궁핍한, 불우한

**구문** **[3행~4행]** Be alert / **as** you do this / **so that** you do not unwittingly **transform** clock time **into** psychological time.
(목적)~하기 위하여

● as는 여기서 '~할 때'라는 뜻의 접속사로 쓰였다. 문맥상 when, while 등으로 바꿔 쓸 수 있다.
● 〈transform A into B〉: A를 B로 변형시키다

**[4행~5행]** For example, / **if** you **made** a mistake in the past *and* learn from it now, / you are using clock time.
S' V'₁ V'₂ S V O

● if절에 동사의 과거형(made)을 사용한 것은 의미상 직설법으로 과거를 표현하고 있다.

---

실전 모의고사 **9** 회 **1**⑤ **2**⑤ **3**④ **4**③ **5**② **6**1.③ 2.②

**해석** 당신의 요구를 충족시키는 다수의 원천을 찾는 것은 중요하다. 우리는 우리에게 중요한 타인이 우리의 모든 요구를 완벽하게 충족시켜줘야 할 뿐 아니라, 우리의 요구가 무엇인지 그들에게 알려주지 않아도 그렇게 해야 한다고 가정하는 경향이 있다. 이것은 그들에게 매우 커다란 부담이며 따라서 많은 인간관계가 실망으로 끝나는 것은 당연하다. 당신이 사랑에 빠지면, 파트너의 요구를 충족시키기 위해 특별한 노력을 기울이기가 쉽다. 처음에 당신은 연애편지를 쓰고 꽃을 주고 낭만적인 저녁식사를 요리하는 것에 황홀해 한다. 그러나 시간이 흐르면서 이러한 특별한 노력은 기쁨이 아니라 부담이 될지 모른다. 한 사람이 당신의 모든 요구들을 충족시킬 것이라고 기대하지는 마라. 최상의 관계는, 당신의 파트너에게서만이 아니라 외부의 사람들에게서도 요구가 충족되는 그러한 관계이다.

**추론흐름** 마지막 두 문장을 통해 빈칸에 들어갈 내용을 추론할 수 있다. 한 사람이 당신의 모든 요구를 충족해줄 거라 기대하면 안 되며, 외부 사람들에게서도 요구가 충족되어야 한다고 했으므로 빈칸 문장은 요구 충족의 다양한 원천을 찾아야 한다는 내용이 되어야 한다.

**오답근거**

① 당신 자신의 요구를 이해하는 것 ➡ 지문의 핵심 소재인 '요구'에 관한 상식으로 만든 오답.

② 당신이 받는 것보다 더 많은 것을 다른 사람에게 주는 것

③ 이별을 피할 수 없음을 인정하는 것 ➡ 중반부의 '인간관계가 실망으로 끝나는 것이 당연하다'는 언급과 연관되는 오답.

④ 일상으로부터 만족을 얻는 것

**어휘** **thrilled** (몹시 좋아서) 황홀해 하는, 신이 난 / **inevitability** 피할 수 없음, 불가피함 / **separation** 분리, 분할; 별거 / **gratification** 만족(감), 희열 / **multiple** 복합적인; 다수의, 다양한

**해석** 우리들 대부분에게, 손실의 위험은 그와 동등한 이득의 가능성보다 우리의 결정에 더 큰 영향력을 발휘한다. 예를 들어 길에서 100달러를 잃어버린 뒤 우리가 경험하는 고통은 동일한 액수를 발견하는 데 따르는 기쁨을 훨씬 넘어선다. 이러한 예를 반영하면, 부정적 정보는 그림의 형식이든 말의 형식이든 긍정적인 정보가 (발휘)하는 것보다 뇌에 훨씬 더 강력한 영향력을 발휘한다. 그러나 이러한 성향은 단순히 정보 순서를 재조정함으로써 극복될 수 있다. 다시 말해, 정보가 어떻게 전달되느냐 하는 것이 무언가에 대한 우리의 태도와 그것에 대해 우리가 형성하는 이미지에 커다란 관련성을 가진다. 만약 당신이 누군가가 똑똑하고 부지런하고 충동적이고 완고하다는 말을, 그 순서대로 들으면, 당신이 이 사람을 아직 만나지 않았다고 가정했을 때, 당신은 아마 부정적인 특징이 긍정적인 것 앞에 온 경우보다 그 사람에 대해 더 호의적인 견해를 갖게 될 것이다.

**추론흐름** 빈칸 문장의 This bias는 긍정적 정보보다 부정적 정보에 더 큰 영향을 받는 성향을 가리킨다. 빈칸 문장 뒤의 In other words로 환언된 문장이 단서가 되며 그 문장은 또 이어지는 문장들에 의해 부연설명되고 있다. 즉 부정적 정보보다 긍정적 정보를 먼저 들으면 반대 순서로 제시한 것보다 더 호의적인 견해를 지니게 된다고 했으므로 정보 제시 순서를 재조정함으로써 이러한 성향을 극복할 수 있는 것이다.

**오답근거**
① 객관적인 진술을 함 ➡ 빈칸의 근거인, 후반부의 주어진 예시와 무관함.
② 빠른 결정을 내림
③ 부정적 감정을 표현하지 않음 ➡ 부정적 감정이 핵심 소재이긴 하지만 부정적 감정의 억제는 지문과 관련 없음.
④ 우리의 판단에 미치는 영향력을 무시함 ➡ 정보 전달 방식과 태도와의 관련성에 대해 언급한 빈칸 바로 다음 문장과 어울리지 않음.

**어휘** **exert** (능력 등을) 행사하다, 발휘하다 / **equivalent** 동등한, 상응하는 / **distress** 고통, 괴로움 / **exceed** ~을 넘다, 초과하다 / **bias** 편견, 선입견; 성향 / **have a[no] bearing on** ~와 관련이 있다[없다] / **industrious** 근면한, 부지런한 / **impulsive** 충동적인, 감정에 끌린 / **obstinate** 완고한, 고집 센 / **precede** ~보다 앞서다, 먼저 일어나다; ~보다 우월[우선]하다 / **reorder** ~을 다시 정리하다; ~을 추가 주문하다 / **sequence** 연속적인 사건; 순서, 차례; (영화의) 장면

**구문** **[2행~4행]** For example, / the distress [we experience / after losing $100 on the street] far exceeds the pleasure [that accompanies finding that same amount].

**[4행~6행]** Mirroring this example, / negative information, either in the form of pictures or (in the form of) words, (= If we mirror ~) 〈either A or B〉: A이거나 혹은 B이거나 exerts a more powerful effect on the brain than positive information does.

● Mirroring this example은 의미상 주어가 we, you, one 등의 일반인이기 때문에 문장의 주어(negative information)와 다를지라도 생략된 형태. 문맥상 '조건(~한다면)'을 나타낸다.

**[6행~8행]** In other words, / how information is conveyed has a huge bearing on our attitude towards ∧ and on the (something) image [we form ● of something].

**[8행~11행]** If you are told that someone is intelligent, ~ obstinate, / ~, // assuming that you have not met this 《때》~할 때 person, / you're likely to form a more favorable opinion [of him] than you would (form) if negative characteristics preceded positive ones.

● than 이하에 〈S+조동사 과거형+(동사원형) ..., if+S'+동사의 과거형 ~〉의 가정법 과거 구문이 쓰였다. '~라면 …할 텐데'란 의미.

**해석** 천연자원은 대개 그것을 생산하는 데 드는 비용보다 훨씬 많은 수익을 준다. 많은 석유 기업들이 배럴당 1달러의 비용으로 석유를 추출하여 그것을 배럴당 100달러에 판매하면서 자신들의 정제소에서 거대한 이익을 창출한다. 이는 새로운 기업들이 미개발 매장지를 찾아내는 데 주요한 유인책이 된다. 그러나 천연자원이 갖는 문제 중 하나는 일단 점유되면 독점화가 쉽게 따라온다는 것이다. 왜냐하면, 전통적인 경제 활동과 달리, 공급이 자연에 의해 제한되고, 따라서 막대한 이익에 대한 보장이 존재하지 않기 때문에 기존의 유전을 두고 경쟁하는 것은 무의미하다. 찾을 수 있는 새로운 유전이 있다 하더라도 발견하는 과정은 시간이 걸리고, 비용이 많이 든다. 따라서 천연자원을 취급하는 회사들은 대개 경쟁으로부터 차단되고 대부분 이익은 운 좋게도 처음에 발견했던 소수가 보유한다.

**추론흐름** 천연자원의 문제점을 묻고 있다. 빈칸 문장 다음에 이어지는 문장에서 기존의 유전을 두고 경쟁하는 것이 무의미하다고 했으므로 독점화의 문제일 것으로 추론할 수 있다. 단락의 결론에 해당하는 So로 시작하는 마지막 문장도 이를 뒷받침한다.

**오답근거**
① 누구나 개발할 수 있다는 ➡ 천연자원을 취급하는 회사들은 경쟁으로부터 차단된다는 마지막 문장과 상반됨.
② 이윤이 (개발) 비용보다 적다는 ➡ 첫 문장에서 천연자원은 비용보다 수익이 많다고 했으므로 모순된다.
③ 추출 과정이 복잡할 수 있다는 ➡ 유전 발견 과정이 시간이 걸리고 고비용이라는 내용이 있으나, 추출 과정은 지문의 요지와 무관.
⑤ 자원이 빠르게 고갈된다는 ➡ 천연자원에 대한 상식에 근거한 오답.

**어휘** **resource** 〈보통 pl.〉자원, 재원; 자료; 〈pl.〉문제 해결력, 지략 / **generate** ~을 발생시키다, 만들어내다 / **refinery** 정제소, 정련소 / **extract** ~을 뽑다, 추출하다; 추출물 cf. **extraction** 뽑아냄, 추출 / **barrel** 한 통, 1배럴(의 양) / **incentive** 동기, 자극, 유인책 / **seek out** ~을 찾아내다, 색출하다 / **possession** 소유(물), 재산 / **conventional** 전통[인습]적인; 틀에 박힌, 진부한 / **existing** 현존하는, 기존의 / **time-consuming** 시간이 걸리는, 시간을 낭비하는 / **insulate** ~을 단열[방음]하다; ~을 분리[격리]하다 / **retain** ~을 계속 유지하다, 간직하다 / **exploit** ~을 (부당하게) 이용[착취]하다; ~을 개척[개발]하다; 공훈, 공적 / **monopolization** 독점화

**구문** [6행~7행] ~, supply is limited by nature, // and hence [it] is meaningless to compete for an existing oil field / [as]
　　　　　　　　　　　　　　　　　　　　　　　가주어　　　　　　　　　　　　　　진주어　　　　　　　　　　《이유》~ 때문에
　　　there is no [guarantee] of [large profits].
　　　　　　　　　　　└──── = ────┘

[9행~11행] So, companies [dealing in natural resources] are often insulated from competition *and* the majority [of
　　　　　└────────── S₁ ──────────┘　　　└─── V₁ ───┘　　　　　　　　　└── S₂
　　profits] are retained by *the few* [who were lucky enough to make original discovery].
　　　　　└── V₂ ──┘

---

**4** ③ ★ 소재 '잡동사니' 범주의 문제점　　　　　　　　　　　　　　　　　　　　　　　　　**p.**160

**해석** 당신의 공간을 정리하고 싶다면 각각의 서랍과 선반의 구역, 혹은 기타 수납공간이 하나의 특정한 품목 범주를 가져야 한다. 동일한 공간 안에 여러 품목들을 함께 넣어야 할 필요가 있다면 그 결합이 논리적이고 명확하게 정의되도록 하라. 예를 들어, 양말과 속옷이 하나의 서랍 안에 함께 존재하도록 하고자 한다면 이 둘이 서로 섞이지 않게 해주는 칸막이를 사용하라. 이러한 방식으로 당신은 한 개의 서랍을 두 개로 효과적으로 만들어낸 것이다. 가장 어려운 부분은, 분명하게 범주에 들어맞지 않는 그러한 모든 여분의 물품들에서 생긴다. '잡동사니'라고 이름 붙인 서랍은 언제나 처음에는 야구 카드 몇 장과 여기저기 굴러다니는 사진들로 그런대로 소박하게 시작한다. 그러나 결국 그것은 손톱깎이, 풍선껌 포장지, 절반쯤 쓴 엽서, 파티 초대장과 같이 같은 범주로는 분류될 수 없는 것들로 가득한 서랍으로 바뀌고 만다. 그 결과, 잡동사니는 물건을 집어넣기가 가장 쉬운 범주인 동시에 무언가를 찾기에는 가장 불가능한(어려운) 범주이다.

**추론흐름** 범주로 분류될 수 없는 다양한 물건들을 '잡동사니'라고 쓰인 서랍에 모두 집어넣는다면, 그곳은 물건을 넣기엔 가장 쉽지만 반대로 어떤 것을 찾기에 가장 불가능한(어려운) 곳이 될 것이다.

**오답근거**
① 칸막이를 사용하기에 가장 효율적인 범주이다 ➡ 양말과 속옷의 효과적 분리를 위해 칸막이(divider)를 사용하라는 조언과 관련 있으나, '잡동사니' 범주와 무관.
② 버릴 물건들을 모아두기에 가장 간단한 곳이다 ➡ 잡동사니로 언급된 물건들(bubble gum wrappers, half-written postcards 등)로 유추할 법하지만 이 물건들을 '버리는' 것은 언급되지 않음.
④ 지저분한 공간을 정리하기에 가장 좋은 방법이다
⑤ 비슷한 물건들을 찾는데 가장 도움이 되는 범주이다 ➡ 정답과 반대되는 내용.

**어휘** **ensure** 확실히 ~하게 하다, ~을 보장하다 / **coexist** 함께 존재하다, 공존하다 / **mix up** ~을 뒤죽박죽으로 만들다 / **miscellaneous** 잡다한, 갖가지의 / **innocently** 결백하게, 순수하게 / **transform** 변하다, ~을 탈바꿈시키다 / **nail clippers** 손톱깎이 / **classify** ~을 분류하다, 구분하다 / **messy** 어질러진, 지저분한

**구문** [7행~10행] ~ but eventually it transforms into *a drawer* [full of *things like ~ party invitations* [**that** cannot be
　　　　classified into one category]].
　　　　● that 이하는 things like ~ party invitations를 수식.

---

**5** ② ★ 소재 미술 재료의 가능성과 한계　　　　　　　　　　　　　　　　　　　　　　　**p.**160

**해석** 미술 재료는 그것이 지닌 가능성으로 우리를 유혹한다. 종이의 질감, 물감의 냄새, 돌의 무게, 모든 것이 우리의 상상을 자아내는 힌트를 제시한다. 좋은 재료가 있으면 희망이 자라고 가능성이 배가된다. 어떤 재료들은 매우 즉각 반응하여 수천 년간 화가들이 그 재료들에 의지해 왔다. (미술) 재료에는 가능성이 있지만 또한 한계도 있다. 재료의 가능성은 화가의 행동에 의해서만 발현된다. 잉크는 흐르고 싶어 하지만 아무 표면에서나 흐르지 않는다. 점토는 모양을 형성하고 싶어 하지만 아무 모양이나 만들지 않는다. 그것들은 당신이 상상하는 것을 엿듣지 않으며 당신이 한가하게 바라는 것에 응답하여 일어나 움직이지 않는다. 물감은 당신이 놓아둔 곳에 그대로 있다. 당신이 연필로 그리는 그림들은, 그려야 했거나 그리려고 생각했던 그림들이 아니라, 종이 위에 나타나 있는 것들일 뿐이다. 분명한 진실은, 재료는 당신의 손이 그것들에게 하라고 시키는 것을 정확히 한다는 것이다.

**추론흐름** 글의 중반부에서, 미술 재료에는 가능성이 있지만 화가의 행동에 의해서만 발현되는 것이 한계라고 주장하고 있다. 이후에 재료의 한계를 뒷받침하는 다양한 미술 재료들의 예가 제시되고 있고 빈칸 문장에서 이를 종합하고 있다. 따라서 빈칸에는 재료의 한계, 즉 당신의 손이 시키는 것들을 정확히 할 뿐이라는 내용이 들어가야 한다.

**오답근거**
① 당신의 상상뿐만 아니라 현실에까지 영감을 준다는 것 ➡ 미술 재료가 상상에 영감을 준다는 도입부에서 발전된 내용이지만 재료의 한계와 무관.
③ 실제로 그런 것보다 더 즉각 반응하는 것처럼 보인다는 것 ➡ 지문에 등장한 표현(responsive, in response to)을 사용한 오답.
④ 제대로 함께 쓰이면 그 가능성을 드러낸다는 것
⑤ 어디에 그리고 언제 쓰이는지에 제한될 수 있다는 것

**어휘** **seduce** ~을 유혹하다, 꾀다 / **texture** 질감, 감촉; 조직, 구성 / **multiply** 증가하다; 곱하다 / **readily** 손쉽게; 즉시 / **responsive** 즉각 반응하는, 바로 대답하는; 관심을 보이는 / **clay** 점토, 찰흙; 흙 / **listen in** (on) 몰래 엿듣다; (to) (라디오를) 듣다 / **idle** 한가한, 게으른; 쓸데없는, 무의미한 / **precisely** 정확히, 바로

**구문** [5행] **Where** materials have potential, they also have limits.
　　　　● 여기서 Where는 대조를 나타내어 '~이지만, ~하는 데 반해'의 의미.

**[8행~10행]** ~ ; *the figures* [you draw with your pencil] — not *the ones* [you needed to draw *or* thought about drawing]

— **are** *the only ones* [that appear on the paper].

S′ / V′ / C′

● not the ones ~ drawing은 the figures you draw with your pencil을 보충설명.

---

**6** **1.** ③ **2.** ② ★ 소재 **꼬리표를 붙여 범주화시키는 것의 부정적 영향** p.161

<table>
<tr><td>

**해석** 작가이자 '불확실성의 과학자'인 나심 탈레브가 보기에, 우리가 습관적으로 꼬리표를 붙이는 것이 우리로 하여금 실제로 이해하는 것보다 더 많이 이해한다고 생각하게끔 한다. 그는 우리 대다수가 뇌를 위한 잘못된 '사용자 설명서'를 그저 참고해 왔고, 이것은 우리가 주변 환경을 정확하게 바라보는 능력을 방해한다고 한다. 끊임없이 꼬리표를 붙이는 습관으로, 우리는 꼬리표가 세계의 일부로서 어떤 식으로든 실제로 존재한다고 잘못 가정한다. 게다가 이런 습관은 우리의 창의성을 둔화시킨다. 서로 다른 개인과 사물을 상자에 담는 것은 이른바 그 상자의 바깥에서 생각하는 것을 더 어렵게 한다. 하버드의 심리학자인 엘렌 랭거는 이를 '범주의 덫에 걸린' 것이라고 부른다. 예를 들어, 한 자동차 정비공이 (용수철에서) 그저 또 하나의 용수철을 보는 반면, 그를 잠깐 방문한 아내는 꼬리표로 이루어진 남편의 생각에 얽매여 있지 않아서 (용수철에서) 장난감을 보고, 이렇게 하여 유명한 장난감 용수철인 슬링키가 탄생한다. 그리고 마지막으로, 모든 것을 하나의 보편적 부류 혹은 꼬리표의 예로 취급하면서 우리는 개개인이 지닌 독특한 성격적 특성의 주변부에 있는 아름다움을 놓치고 만다. 골동품 가게의 그릇 세트는 그것들만의 독특한 멋을 가지고 있지만 백화점의 (그릇) 세트는 전부 동일하고, 당신 이웃 그리고 길 아래쪽에 사는 그들의 이웃의 그릇 세트와 같다. 그것에 아름다움이 어디 있겠는가?

</td><td>

**추론흐름** **1.** 꼬리표를 붙여 범주화시키는 습관으로 우리의 창의성이 둔화되고 개별적 사물의 아름다움을 놓치게 된다는 내용의 글이므로 정답은 ③ '완고한 범주화의 대가.'
**2.** 빈칸 문장의 this practice는 이전 문장의 '끊임없이 꼬리표를 붙이는 습관'을 가리키고, 빈칸 문장이 Additionally로 시작하므로 빈칸에는 앞 문장에 이어 이 습관의 또 다른 부정적인 영향이 들어갈 것이다. 빈칸 문장 다음의 '서로 다른 개인과 사물을 상자에 담는 것'은 '꼬리표 붙이기(labeling)'와 유사한 의미를 지니는데, 이것이 상자(= 범주화의 고정적인 틀) 밖에서 생각하는 것을 더 어렵게 한다고 했다. 또한, 이어지는 장난감 슬링키의 발명 예시로 끊임없이 꼬리표를 붙이는 습관이 '우리의 창의성을 둔화시킨다'는 것을 추론해낼 수 있다.

**오답근거**
**1.** ① 정확한 꼬리표의 중요성 ➡ 글쓴이는 꼬리표를 붙이는 것 자체를 비판하고 있다.
② 진정한 아름다움: 개성을 사랑하는 법을 배우기 ➡ 범주화를 비판하는 근거 중 마지막에 등장한 사항일 뿐, 지문을 포괄하는 중심 내용은 아님.
④ 물적 재화에 집중하는 것의 폐해 ➡ 예시에서 언급된 사물들(spring, toy, a set of bowls)에서 떠올릴 수 있는 오답.
⑤ 불확실성의 세계에서 살아가는 방법 ➡ 지문의 첫 문장에 등장하는 어휘(Uncertainty)를 사용한 오답.
**2.** ① 단순한 문제를 복잡하게 만든다
③ 숨겨진 가능성을 드러낸다
④ 대인관계를 제한한다
⑤ 우리의 생산성을 향상한다
③, ⑤ ➡ 꼬리표 붙이기에 대한 긍정적 언급은 빈칸 문맥과 어울리지 않음.

</td></tr>
</table>

**어휘** **uncertainty** 불확실(성) / **habitual** 습관적인; 상습적인 / **labeling** 표시; 꼬리표를 붙이기 *cf.* **label** 꼬리표; 라벨; 상표 / **refer to A** A를 나타내다; A를 참조하다 *cf.* **refer to A as B** A를 B라고 부르다[일컫다] / **impede** ~을 방해하다; 지연시키다 / **surroundings** (주변) 환경 / **incessantly** 끊임없이 / **box up** ~을 상자에 넣다 / **individual** 개인; 각각의; 독특한 *cf.* **individuality** 개성; 특성 / **so-called** 소위, 이른바 / **trap** 덫[함정]; ~을 덫으로 잡다 / **category** 범주 *cf.* **categorization** 범주화, 분류 / **look in** (on) (집에) 잠깐 들르다 / **construct** ~을 건설하다; 건축물; (마음속으로 구성한) 생각 / **miss out** (on) (~을) 놓치다 / **fringe** 앞머리; (실을 꼬아 만든) 술; 주변부 / **trait** (성격상의) 특성, 속성 / **flair** 재능; 경향; 세련됨; 멋 / **rigid** 뻣뻣한; 엄격한; 완고한 / **material** 물질의; 유형의; 재료, 원료 / **complicate** ~을 복잡하게 만들다 / **deaden** (소리·감정 등을) 약하게 하다, 둔화시키다 / **interpersonal** 대인관계에 관련된 / **productivity** 생산성

**구문** **[2행~4행]** He suggests that many of us have simply been referring to the wrong "user's manual" [for our brains], /

S / V / O

which impedes *our ability* [**to** accurately **view** our surroundings].

**[8행~10행]** For example, / an auto mechanic sees just another spring, / while *his wife* [**looking in** on him], [*(being)*

S / V / S′

free of his constructs of labels], sees a toy — thus, / **the Slinky**, **the famous toy spring**, is born.

V′ / =

**[12행~14행]** The antique shop's set of bowls have their own individual flair // **while** the department store's sets

《역접》 ~하는 반면

(= sets of bowls) / (= your neighbors의 소유격)

are all the same, *and* are just like **those** of your neighbors, *and* **their** neighbors [down the street].

∧

(the department store's sets are just like those of)

## **1**　④　★ 소재 **칸트가 주장한 진정한 미적 즐거움**　　p.164

**해석** 많은 철학자들이 예술이 우리에게 주는 즐거움을 예술의 가치에 필수적인 것으로 간주해왔다. 그러나 대부분의 철학자들은 '진정한' 미적 즐거움과 미적 감상의 대상이 우리에게 줄지 모르는 다른 즐거움을 어느 정도 구별해야 한다고 주장한다. 이러한 구별은 칸트에 의해 아주 명확하게 이루어졌다. 그는 진정한 미적 즐거움이란 <u>사리사욕이 없는</u> 것이라고 주장했다. 칸트가 이 말로 의미한 것은, 진정한 즐거움은 대상의 실제적 존재와 관계가 없어야 한다는 것이다. 예를 들어 훌륭하게 차려진 식사를 바라볼 때 우리가 느끼는 즐거움을 생각해보라. 이 즐거움의 상당 부분은 칸트의 의미에서 볼 때는 사심이 있다. 왜냐하면 그것은 음식을 즐기고자 하는 욕망과 연결되어 있기 때문이다. 이 만찬을 먹을 가능성은 우리가 그것을 바라볼 때 느끼는 즐거움의 일부인 것이다. 음식에 대한 진정한 미적 감상이 존재하기 위해서는 그 즐거움이 음식의 실제적인 존재에 대한 어떠한 생각과도 무관하게, 순수하게 음식의 외관에 있어야 한다.

**추론흐름** 빈칸 뒤에서 칸트가 말한 미적 즐거움에 대해 자세히 서술되고 있다. 그는 만찬을 맛있게 먹을 생각으로 즐거운 것(즉 사리사욕에 해당)이 아니라, 음식 그 자체의 외관으로 평가하는 것이 진정한 미적 즐거움이라고 하였다.

**오답근거**
① 보편적인
② 만질 수 없는
③ 상대적인 ➡ 미적 즐거움의 특성으로 언급될 법하나 지문 내용과 무관.
⑤ 현실적인

**어휘** **distinction** 구별, 특징 **cf. make a distinction** 구별하다 / **aesthetic** 미(美)의, 미적 감각이 있는; 미학의 / **independent of** ~에서 독립하여, ~와 관계없이 / **feast** 잔치, 향연 / **genuine** 진짜인, 진품의; 진심의, 참된 / **as to A** A에 관하여, A에 대하여 / **intangible** 만질 수 없는; 무형의 / **unselfish** 이기적이 아닌, 사리사욕이 없는

**구문** **[2행~4행]** But most of them insist on making some distinction [between "true," aesthetic pleasure *and*
(S) (V) (O)
*other pleasures* [that the object of aesthetic appreciation may give us ●]].
(DO´) (S´) (V´) (IO´)

**[5행~6행]** **What** Kant means by this is **that** true pleasure must be independent of the actual ~.
(S) (V) (C)
● What과 that이 이끄는 명사절이 각각 문장의 주어와 보어 역할을 하고 있다.

**[8행~9행]** **The possibility** [of consuming this feast] **is** part [of the pleasure [we take ● in looking at it]].
(S) (V) (C) (= the feast)

**[9행~10행]** *For* there **to be** genuine aesthetic appreciation [of food], / that pleasure must be purely in its
의미상 주어 (S) (V)
appearance, ~.
● there는 to be의 의미상 주어이며, to be는 '목적'을 나타낸다.

## **2**　④　★ 소재 **성별에 따라 감정 처리 능력이 학습에 미치는 영향**　　p.164

**해석** 아마도 남자아이와 여자아이의 뇌의 차이점 중 가장 이해가 되지 못한 부분은 감정 처리 분야일 것이다. 그러나 남자아이에 초점을 맞춘 최근의 뇌 기반 연구는 감정 처리가 학습 능력에 결정적임을 보여주었다. 일반적으로 여성의 뇌는 남성의 뇌보다 더 많은 감정 관련 자극을, 더 많은 감각을 통해, 더 완벽하게 처리한다. 남자아이들은 여자아이들과 동일한 정보를 감정적으로 처리하는 데, 그리고 관리하는 데 종종 더 오랜 시간이 걸린다. 이렇게 감정 능력이 더 떨어지는 것은 남성을 본질적으로 더 취약하게 만든다. 예를 들어, 아침에 집에서 위기를 맞았던(감정이 상했던) 소년은 오전 수업의 상당 부분을 습득할 수 없게 하는 매우 높은 수준의 스트레스를 지닌 채 학교에 올지 모른다. 반면 비슷한 위기를 맞았던(감정을 느꼈던) 소녀는 그 위기를 재빨리 언어화한 다음 계속해서 공부할 것이다. 이렇게 하는 것이 그 소녀가 나쁜 감정에서 빠르게 분리될 수 있도록 해준다. 따라서 감정 처리는 놓쳐버리는 학습 및 (감정) 처리 기회에 대해 남자아이들이 여자아이들에 비해 일반적으로 더 큰 위험에 처해 있는 영역이다.

**추론흐름** 후반부의 예를 보면 감정 처리 능력이 떨어지는 남자아이들은 여자아이들과 대조적으로 감정적 위기를 겪으면 학습이 힘들 만큼의 많은 스트레스를 받는다고 하였다. 그러므로 감정 처리는 학습 능력에 결정적이라는 사실을 알 수 있다.

**오답근거**
① 대중연설의 기본이 됨
② 의사소통 능력에 영향을 미침 ➡ 후반부의 언어화한다(verbalize)는 표현 때문에 선택할 수 있는 오답.
③ 성격 형성에 도움이 됨
⑤ 다른 사람들과 공감하도록 도와줌
③, ⑤ ➡ 빈칸에 그럴듯해 보이지만 지문에 근거 없음.

**어휘** **emotive** 감정의, 감정을 나타내는 / **processing** 처리 과정, 공정 / **stimulant** 자극(물); 각성제 / **intrinsically** 본래, 본질적으로 / **fragile** 부서지기 쉬운; 연약한, 취약한 / **crisis** 《*pl.* crises》 위기; 결정적 단계 / **verbalize** (생각 등을) 언어로 나타내다 / **empathize** 감정 이입하다, 공감하다

**구문** **[7행~10행]** For instance, ***a boy*** [who has had a crisis at home / in the morning] **may come** to school / with *a high level of stress* [that makes him unable to learn for much [of the morning]], // while *a girl* [with a similar crisis] is likely to verbalize the crisis quickly, *and then* (is likely to) move on.

S (a boy) · V (may come) · V˝ (makes) · O˝ (him) · OC˝ (unable to learn...) · S' (a girl) · V'₁ (is likely to verbalize) · O'₁ (the crisis) · V'₂ (move on)

---

## 3  ③  ★ 소재 정보 습득의 차원을 넘어서는 배움의 핵심                                          p.165

**해석** 배움에는 한 가지 종류 이상이 존재한다. 정보를 습득하는 것이 학습이지만, 이해하는 것, 즉 깨달음을 얻는 것도 학습이다. 책을 읽은 뒤 저자가 이야기한 것을 정확하게 기억해낼 수 있다면 당신은 무언가를 학습한 것이다. 만약 저자가 이야기한 것이 사실이라면 당신은 세상에 관한 무언가를 학습하기까지 한 것이다. 그러나 새로운 정보가 세상에 관한 사실이건 아니면 단순히 의견이건, 당신이 오직 기억력만을 이용한다면 당신은 정보밖에 얻은 것이 없다. 깨달음을 얻지 못한 것이다. 깨달음을 얻는 것이란 그것이 다른 사실들과 어떤 연관성이 있는지, 어떤 관점에서 그것이 같거나 다른지 등 무언가에 대한 모든 것을 아는 것이다. 배움에 있어 더 높은 목적인 깨달음은 저자가 이야기하는 바를 아는 것에 더하여 저자의 목적과 의도를 알고자 지속적인 노력을 기울일 때에만 이루어진다. 정보를 얻는 것은 깨달음을 얻기 위한 전제이다. 그러나 핵심은 <u>정보를 얻는 데서 멈추지 않는 것</u>이다.

**추론흐름** 빈칸 문장의 앞을 보면, 정보 습득은 깨달음을 위한 전제이며, 깨달음을 얻으려면 저자의 목적과 의도를 알고자 지속적으로 노력해야 한다고 했다. 그러므로 결론은 정보를 얻는 데에서 그치지 않도록 하라는 것이다.

**오답근거**
① 독서 자체를 피하지 않는 것
② 기억력을 향상시키는 것 ➡ 기억력 향상은 정보 습득에 국한될 뿐, 깨달음으로 발전할 수 없으므로 오답.
④ 배움의 과정을 즐기는 것 ➡ 그럴듯해 보이지만 지문 내용과 무관.
⑤ 지식을 제공하는 사람이 되는 것

**어휘** **acquisition** 획득, 습득 / **enlighten** ~을 이해시키다, 깨우치다 **cf. enlightenment** 깨우침, 이해 / **nothing but** 단지 ~일 뿐 (= only) / **utilize** ~을 이용[활용]하다 / **persistent** 지속적인, 끊임없는 / **prerequisite** 전제가 되는, 필수의; 전제, 필요조건

**구문** **[5행~6행]** But **whether** the new information is a fact [about the world] *or* merely an opinion, // **you have gained** nothing but information / **if** you have only utilized your memory.

S' (the new information) · V' (is) · C' (a fact...) · S (you) · V (have gained) · O (nothing but information) · S˝ (you) · V˝ (have utilized) · O˝ (your memory)

● 〈whether 부사절+주절+if 부사절〉의 구조.

**[7행~9행]** **To be** enlightened is **to know** *what something is all about*: what its connections are with other facts, / in what respects it is the same, or different, etc.

S (To be enlightened) · V (is) · C (to know what something is all about)

● to부정사구가 문장의 주어와 보어 역할을 하고 있다.
● 콜론(:) 이하는 what something is all about에 대한 부연설명.

**[9행~11행]** **The higher goal of learning**, **enlightenment**, is achieved // only when, / in addition to knowing what an author says, / you make the persistent effort **to know** his meaning and intention.

S (The higher goal of learning = enlightenment) · V (is achieved) · 《목적》 ~하기 위하여

---

## 4  ⑤  ★ 소재 냄새 관련 어휘의 부족이 일으키는 현상                                          p.166

**해석** 냄새 관련 어휘의 부족은 냄새에 관해 의미 있게 생각하는 우리의 능력 또는 심지어 냄새를 충분히 인식하는 우리의 능력을 손상시킨다고 《책의 냄새》의 저자 한스 린디스바허는 말한다. "냄새는 언어 속에 잘 정착되어 있지 않다"고 그는 말한다. "당신은 당신이 보는 무언가를 사각형, 푸른색, 혹은 각진 것이라고 말할 수 있는 방식으로 냄새를 기술할 수 없다. 당신은 빌려 온 용어에 의존해야 하고, 그것이 바로 당신이 곤란에 맞닥뜨리는 지점이다." 그가 의미하는 것은 '고약한 냄새의', '끔찍한', 혹은 '향기로운' 같은 원시적이고 모호한 몇몇 단어 이외에, 우리가 생선, 꽃, 젖은 모피, 새 차, 음식물 쓰레기, 바닐라 등 비교적 소수의, 후각적으로 친숙한 실체를 가지고 냄새를 범주화하는 경향이 있다는 것이다. 그렇게 하는 것(범주화)에 의존하기 때문에 독특한 냄새를 그것만의 방식으로 기술할 수 없게 되고, 우리는 냄새의 미묘함과 복잡성을 간과하게 된다.

**추론흐름** 냄새를 묘사할 때, 빌려 온 용어에 의존해야 하고 생선, 꽃 등 비교적 소수의 후각적으로 친숙한 실체들로 냄새를 범주화하는 경향이 있는 것은 냄새를 표현하는 어휘가 부족하다는 의미이다.

**오답근거**
① 다양한 냄새가 혼합된 상태
② 냄새의 보이지 않는 성질 ➡ 눈에 보이는 것을 기술할 때와의 차이를 설명한 것은 냄새를 표현할 때의 언어적 한계를 설명하기 위해서임.
③ 냄새를 범주화하는 습관 ➡ 지문을 종합해 보면 냄새의 범주화는 언어적 한계에서 나온 행동임.
④ 냄새와 관련된 표현의 독특함 ➡ 냄새의 표현 한계로 인하여 독특한 냄새를 잘 표현할 수 없다고 했으므로 지문 내용과 다름.

**구문** **[4행~5행]** You can't describe a smell **the way that** you can say *something* [you see] is square, blue, or angled.
　　　　　　　　　　　　　　　　　　　　　　　　　　 S′　 V′　　　　　　　　　 O′

- the way that: '~하는 방식으로'라는 뜻. 이때의 that은 관계부사로 in which로 바꿔 쓸 수 있다.

**[6행~8행]** **What** he means **is that** aside from ~ [such as ~], / we tend to categorize smells / with ~: ~.
　　　　　　　 S　　　 V　 C

**[8행~10행]** **Our reliance** [on doing so] **prevents** us from being able to describe a novel smell on its own terms //
　　　　　　　　　 S　　　　　　　　　　 V₁　　 O₁

*and* **leads** us to overlook an odor's subtleties and complexities.
　　　 V₂　 O₂　　　　　　　 OC₂

---

**5**　　③　★ 소재 **우정의 종류에 따른 상이한 역할**　　　　　　　　　　　　　　　　　　　**p.166**

**해석** 이상적으로 우정은 결코 정적이지 않다. 우정은 항상 새로운 정서적, 지적 자극을 제공하여, 그 관계가 지루함이나 무감정으로 퇴색하지 않는다. 우리는 새로운 일, 활동, 모험을 시도한다. 우리는 새로운 태도, 생각, 가치관을 계발한다. 우리는 친구를 더 깊이, 그리고 더 친밀하게 알게 된다. 많은 활동들은 (그것에) 도전하게끔 만드는 요인들이 곧 소진되어 단기적으로만 즐거운데 반해, 친구는 평생에 걸쳐 잠재적으로 무한한 자극을 제공하여 우리의 정서적, 지적 능력을 개선한다. 그러나 이러한 이상이 그리 흔히 성취되는 것은 아니다. 성장을 촉진하는 대신 어떤 종류의 우정은 종종 <u>자신만의 고치를 제공한다</u>. 커피 간담회, 운동을 같이 하는 친구들, 술을 같이 마시는 친구들, 직업별 협회와 같은 피상적인 교제는 노력이나 성장을 요구하지 않으면서 비슷한 생각을 가진 사람들 집단의 일원이라는 포근한 감각을 선사하고, (그 결과) 우리의 자아상은 전혀 변화할 필요 없이 유지될 수 있다.

**추론흐름** 특정 종류의 우정이 성장을 촉진하는 대신 어떤 역할을 하는지 묻고 있다. 빈칸 문장 뒤에서, 피상적 교제는 노력이나 성장이 요구되지 않으면서 집단의 일원이라는 포근한 감각을 선사하고 자아상은 그대로 유지된다고 하였으므로 자신만의 고치를 제공한다고 표현할 수 있다.

**오답근거**
① 개인의 희생을 강요한다
② 너무 부담스러워진다
①, ② → 빈칸 뒤에 열거한 것과 같은 피상적인 교제는 노력이나 성장을 요구하지 않는다고 했으므로 빈칸 근거에 상반됨.
④ 나이가 듦에 따라 퇴색된다
⑤ 불건전한 행동을 조장한다
④, ⑤ → 빈칸 문장에서 말하는 우정은 이상적인 우정과 다르다는 점에서 연상할 수 있기는 하지만 지문 내 근거 없음.

**구문** **[4행~7행]** While many activities are enjoyable only in the short run / **because** their challenges are soon exhausted,
　　　　　　　　　　　 S′　　　　　 V′　 C′　　　　　　　　　　　　　　　　　= activities의 소유격

// **friends offer** potentially infinite stimulation throughout life, **refining** our emotional and intellectual
　　 S　　 V　　　　　　　 O

skills.

- 크게 보면 〈While이 이끄는 절+주절〉의 구조. While이 이끄는 절 안에 because가 이끄는 절이 삽입되어 있다.
- refining 이하는 '결과'를 나타내는 분사구문.

**[8행~11행]** **The superficial sociality** [of ~] **gives** a soothing sense [of being part [of ~]] without demanding effort
　　　　　　　　　 S₁　　　　　　　　 V₁　 O₁

or growth, // *and* **our self-image can be preserved** without ever having to change.
　　　　　　　　　　 S₂　　　　　 V₂

- 두 개의 절이 and로 대등하게 연결된 병렬구조.

[해석] 기술 진보와 더불어, 복지가 (A) 줄어드는 일부 집단이 존재하는 것이 거의 항상 사실이다. 기술 변화는 노동 시장에 충격을 가하고, 물리적 환경을 변화시키며, 기존의 인적, 물적 자본을 쓸모없게 만들어버린다. 그리고 개인, 제조업자, 심지어 국가 간의 부를 급격히 재분배한다. 반복적인 경쟁에서는 이 득을 본 사람이 손해를 본 사람에게 보상해주려고 했을 수도 있다. 그러나 기술 변화는 본질적으로 비(非)반복적인 경쟁이다. 왜냐하면, 발명은 오직 한 차례만 이루어지는 것이기 때문이다. 그러므로 손해를 본 사람들은 조직을 만들고, 기술 진보를 완전히 저지하려고 시도할 가능성이 매우 높다. 기술 변화에 대한 (B) 반대는 자주, 곳곳에서 일어났고, 이러한 전체 발명 과정에서 가장 큰 중대사이자 관심사로 여겨진다.

[추론흐름] 빈칸 (A)는 이어지는 문장에서 기술 진보가 노동 시장에 충격을 가하고 기존 자본을 쓸모없게 만들어버린다고 했으므로 이와 관련된 집단의 복지는 줄어들 것임을 알 수 있다. 빈칸 (B)의 이전 문장에서 손해를 본 사람들(losers)이 조직을 만들어 기술 진보(technological progress)를 저지할(hinder) 것이라고 했으므로 (B)는 기술 변화에 대한 '반대'인 것이 문맥상 자연스럽다.

[오답근거]

(A)

① 보장되는, ④ 인정받는 ➡ 빈칸 문장에만 대입했을 때 그럴듯한 오답. 지문이 기술 진보로 손해를 본 사람들의 입장에 관해 서술되고 있으므로 문맥에 맞지 않음.

(B)

①, ② 적응, ⑤ 개방성 ➡ 기술 진보를 수용한다는 긍정적 반응이므로 문맥상 부적절.

[어휘] **technological** (과학) 기술(상)의 / **case** 경우; 실정, 사실 / **welfare** 복지, 복리; 행복 / **obsolete** 더 이상 쓸모가 없는, 한물간 / **dramatically** 극적으로; 급격히 / **redistribute** ~을 재분배하다 / **manufacturer** 제조업자, 생산자 / **compensate** 《for》 (~을) 보상하다 / **by A's (very) nature** 본질적으로 / **hinder** ~을 저해[방해]하다 / **altogether** 완전히, 전적으로 / **adaptation** 각색; 적응 / **integrate** ~을 통합하다, 전체로 합치다 / **opposition** 《to》 (~에 대한) 반대, 반발 / **openness** 개방성

[구문] **[1행~2행]** With technological progress, / <u>it</u> is almost always the case that there are *some groups* [whose welfare
                        가주어                     진주어

is reduced].

**[8행~10행]** Opposition [to technological change] / occurred in many periods and places, / and *(opposition [to technological change])* / **is thought of as** the single greatest matter of importance and interest / in this
                   A                                        B

whole process of invention.
    ● 〈think of A as B〉는 'A를 B로 생각하다, 여기다'라는 뜻으로, 여기에서는 수동태로 쓰였다.

---

## 실전 모의고사 **11**회    **1**④ **2**③ **3**④ **4**⑤ **5**④ **6**⑤

[해석] 당신의 특정한 내적 갈등이 그저 두뇌 불균형이거나 심리적 장애라는 생각은 유전과 환경이 상호적이라는 사실을 간과하는 것이다. 두뇌 불균형은 분명 유전적으로 물려받아 생길 수도 있지만, 스트레스나 심리적 요인에서 기인할 수도 있다. 심리적 문제는 다시, 선천적인 생물학적 소인에 영향을 받을 수도 있다. 어느 것이 먼저이고 어느 것이 '근본적인' 원인인지 말할 방법은 없다. 같은 이유로, 불안, 공황, 걱정, 혹은 공포증 극복으로의 종합적인 접근은 생리적 혹은 심리적인 원인을 별개로 다루도록 제한할 수 없다. 생물학적, 행동적, 감정적, 정신적, 대인 관계적, 그리고 심지어 영적인 요인을 포함하는 몇 가지 다른 관점을 다루는 다양한 전략이 필요하다.

[추론흐름] 인간의 내적 갈등이 생리적 문제인 두뇌 불균형과 심리적 문제인 심리장애, 둘 다 원인일 수 있으며 이 두 요인이 서로에게서 기인할 수 있다는 것을 설명하고 있다. 즉 내적 갈등의 원인은 유전에 의한 것(두뇌 불균형)과 환경에 의한 것(심리적 장애)이 '상호적'이라고 볼 수 있다.

[오답근거]

① 정신적 상태가 주관적이라는
② 다양한 환경적 요인들이 있다는
③ 유전자가 우리에게 강력한 영향을 미친다는
②, ③ ➡ 환경 요인, 또는 유전 요인 중 한쪽의 영향력만 이야기하므로 오답.
⑤ 행동 치료가 효과적임이 드러났다는

[어휘] **imbalance** 불균형 / **disturbance** (심리적) 장애; 방해 / **neglect** ~을 도외시하다; ~을 방치하다 / **inheritance** 유산, 유전(되는 것) / **inborn** 타고난, 선천적인 / **predisposition** (병에 대한) 소인; 성향 / **by the same token** 같은 이유로, 마찬가지로 / **phobia** 공포증 / **restrict A to B** A를 B로 제한[한정]하다 / **physiological** 생리학(상)의; 생리적인 / **in isolation** 별개로; 홀로 / **level** 관점, 입장; 수준 / **behavioral** 행동의, 행동에 관한 / **interpersonal** 대인관계에 관련된 / **heredity** 유전(적 특징)

**[1행~3행]** **The idea** **that** your particular inner conflicts are just a brain imbalance or just a psychological
S └─ = ─┘
disturbance **neglects** **the fact** **that** heredity and environment are interactive.
V O └─ = ─┘

**[7행~8행]** By the same token, / a comprehensive approach **to overcoming** anxiety, panic, worry, or phobias <u>cannot</u>
S V
<u>restrict</u> <u>itself</u> **to treating** physiological or psychological causes in isolation.
O
- overcoming과 treating이 이끄는 동명사구는 각각 전치사 to의 목적어 역할.

---

**2** ③ ★ 소재 **노동력과 다른 생산수단의 차이점** p.170

**해석** 수익을 극대화하기 위해서, 조직은 가능한 한 높은 가격에 팔릴 수 있는 제품을 생산하고자 값싼 자재, 노동력, 기계 설비를 갖추려 애쓴다. 경제적인 관점에서, (생산에의) 투입 요소 간에 뚜렷한 구별은 없다. 그렇지만 번거롭게 노동력과 다른 생산수단 사이에는 한 가지 차이가 있는데, 이는 전통적인 경제학에서는 표현하거나 비중을 둘 방법이 없지만 그럼에도 불가피하게 세상에 존재하는 차이이다. 생산 라인이 업무를 못 낼 만큼 값비싸지면, 그것은 가동이 중단될 수도 있고 (그렇다 하더라도) 부당해 보이는 자신의 운명에 눈물짓지 않을 것이다. 기업은 도시된 에너지 자원이 우울증에 빠지게 하지 않고도 석탄을 사용하는 것에서 천연가스를 사용하는 것으로 바꿀 수 있다. 이와 달리, 노동력은 아픔을 느낀다. 노동력은 그 가격이나 존재를 감축하려는 어떠한 움직임에도 감정적으로 반응하는 습성이 있다. 노동력은 화장실 칸에서 흐느끼고, 성과 미달에 대한 두려움으로 병들고, 인원 감축으로부터 회복하지 못할 수도 있다.

**추론흐름** 빈칸 문장이 역접 연결어로 연결되었으므로 앞에서 언급한 생산 요소 간에 뚜렷한 구별은 없다는 내용과 반대되는 내용이 빈칸에 온다. 또한 선택지를 통해, 생산요소 중 무엇과 무엇에 차이가 있다고 설명하고 있는지를 찾아야 함을 알 수 있다. 빈칸 문장 이후를 보면, '생산 라인과 에너지 자원'은 부정적인 변화에도 눈물짓지 않으며 우울증에 빠지지 않는 반면, '노동력'은 아픔을 느낀다는 차이가 있음을 설명하고 있다. 따라서 생산요소, 즉 생산수단 중에서 '노동력'과 '그 외 생산수단들'에 관한 차이를 설명하고 있음을 알 수 있다.

**오답근거**
① 노동의 질과 생산 비용 ➡ 빈칸 문장 다음에 등장한 생산 라인의 가격 상승에 관한 예시에서 연상할 수 있는 오답.
② 자본 투자와 기술
④ 천연자원과 다른 원료 ➡ 기업이 석탄에서 천연가스로 자원을 바꾸는 예시를 활용한 오답.
⑤ 생산 관리와 생산성

**어휘** **maximize** ~을 극대화하다 / **distinction** (뚜렷한) 차이; 특징; 뛰어남 / **input** 조언(의 제공); 투입; 입력(하다) / **conventional** 관습적인; 전통적인 / **unavoidably** 불가피하게 / **prohibitively** 엄두를 못 낼 만큼, 엄청나게 / **seeming** 외상상의, 겉보기의 / **injustice** 불평등, 부당함 / **sob** 흐느껴 울다 / **cubicle** (칸막이한) 좁은 방 / **underachievement** 성과 미달; 성적 부진 / **redundancy** 감원 조치; 불필요한 중복

**구문** **[1행~3행]** ~, <u>organizations</u> <u>seek</u> <u>to combine cheap materials, labor, and machinery</u> / to produce *products* [that can
S V O
be sold at the highest possible price].

**[4행~7행]** ~, there is **one difference ~ production** , *a difference* [that conventional economics ~ weight to ●] *but*
└─────────── = ───────────┘
[**that** is nevertheless unavoidably present in the world].
- one difference ~ production과 a difference는 동격. 2개의 that절이 but으로 연결되어 a difference를 수식한다.
- 첫 번째 that은 목적격 관계대명사, 두 번째 that은 주격 관계대명사로 쓰였다.

**[8행~9행]** ~ **without** the neglected energy source **falling** into depression.
- 〈without+O+v-ing/p.p.〉는 'O가 ~하지 않으면서, ~하지 않은 채로'라는 뜻으로 문장의 동사와 동시에 일어나는 상황을 나타낸다.

---

**3** ④ ★ 소재 **성공적인 광고의 필수 요건** p.171

**해석** 광고주들이 배워야 하는 가장 어려운 교훈 중 하나는 광고에 삽입하는 메시지가 단지 목적을 이루기 위한 수단일 뿐이라는 것이다. 당신이 광고에 삽입하는 메시지가 중요한 것이 아니다. 중요한 것은 표적 시장이 광고에서 취하는 메시지이다. 광고주들 대부분은 당신이 광고에서 어떤 말을 하면, 사람들이 그것을 광고에서 취할 것이라고 믿는다. 그럴 수도, 그렇지 않을 수도 있다. 사람들은 일반적으로 광고에 거의 주의를 기울이지 않고, 대강의 개요만을 이해한다. 그들은 자주 광고의 중요치 않은 측면들에 집중한다. 그들은 종종 내용

**추론흐름** 빈칸 문장이 '결과'를 뜻하는 연결사로 시작되고 있으므로 앞 내용과 인과관계가 성립해야 하고, 아울러 그 내용은 광고주들이 하지 말아야 할 일임을 알 수 있다. 앞 문장은 사람들이 광고의 전체 개요나 일부분만 기억한다는 것이고, 뒤 문장은 광고에서 전하고자 하는 핵심 메시지는 짧고 간결해야 한다는 내용이므로, 광고주들은 광고에 너무 많은 정보를 넣지 말아야 할 것이다.

대부분을 잊어버리고, 그들의 관심을 끈 일부만을 기억한다. 그러므로 광고를 너무 많은 정보로 채우지 않는 것이 필수적인데, 그것은 많은 광고주들이 실패하는 것이다. '반드시 소통되어야 하는 메시지'의 개요는 짧고, 간결하며, 분명하고, 알아보기 쉬워야 한다. 그리고 크리에이티브 팀이 떠올리는 어떤 발상이라도 이 개요와 대조하여 엄밀히 확인되어야 한다.

**어휘**  **but** 단지, 다만 / **a means to an end** 목적을 위한 수단 / **target market** 표적 시장 (기업이 판매의 대상으로 하는 시장 및 잠재고객층) / **broad** 개괄적인; 폭넓은 / **pick up** (어떤 정보를) 알게 되다 / **outline** 윤곽; 개요 / **abstract** 개요; 추상적인 / **unequivocal** 명백한, 분명한 / **creative team** 크리에이티브 팀 (광고를 창작하는 부서 혹은 팀) / **rigorously** 엄밀히, 엄격히 / **overcrowd** ~을 너무 많이 수용하게 하다

**구문**  **[1행~2행]**  One [of the most difficult lessons [(that) advertisers have to learn ●]] is **that** the messages [(which) you put ● into advertisements] are but the means to an end.
- the most difficult lessons와 the messages는 목적격 관계대명사절의 수식을 받고 있다. ●는 원래 목적어가 위치했던 자리.
- that은 문장의 보어 역할을 하는 명사절을 이끈다.

**[2행~4행]**  **It is** not the messages [you put ● into an advertisement] **that** matter; **it is** the messages [the target market takes ● away from the advertisement] **that** matter.
- 〈It is ~ that〉 강조구문.

**[6행~8행]**  ~; they often forget most of the content, **remembering** only the bits [that grabbed them].
- remembering 이하는 부대상황을 나타내는 분사구문.

**[8행~9행]**  So **it** is essential not to overcrowd advertisements with too much information, **a failing of many advertisers**.
- a failing of many advertisers는 to overcrowd ~ information과 동격.

**4**  ⑤  ★ 소재 대상을 다시 살펴보는 것의 필요성  **p.172**

**해석**  새로운 것을 발견하기 위해서는, 익숙한 것을 다시 살펴보려는 의지가 있어야 한다. 발견에 가장 큰 장애물 중 하나는 우리가 사물에 대해 발전시켜온 '그렇게 생겼을 것이다'라는 전형적인 생각이다. '이것은 내 손금 보듯 훤하다.'라는 말은 '나는 마음속에 충분할 만큼 이미지를 형성했기 때문에 더 이상 이것을 보지 않는다.'라는 뜻이다. 하지만 지금 바로 잠깐 당신이 주로 사용하는 손의 손등을 실제로 보면, 당신은 피부 위에서 작은 비대칭의 거미줄 모양을 이루는 미세한 주름 같은 새로운 것을 알아챌 수 있을지도 모른다. 또는 아주 작은 흉터나 점, 혹은 피부 아래의 혈관의 모양과, 당신이 손가락을 움직일 때 그것들이 뼈 주위에서 어떻게 움직이는지를 볼 수 있을지도 모른다. 아마도 당신은 전에는 인식하지 못했던 미묘한 (피부) 색의 변화를 보게 될 것이다. 이제 잘 사용하지 않는 손을 보라. 두 손의 차이점이 보이는가? 이것들이 바로 우리가 있는 그대로의 사물과 사건을 보지 않고 마음속의 '다시보기' 버튼을 누를 때 놓치는 요소들이다.

**어휘**  **impediment** 장애(물) / **suffice** 충분하다 / **dominant** 우세한; 주요한 (↔ nondominant) / **minute** 미세한; 세심한 / **subtle** 미묘한, 감지하기 힘든 / **embrace** (생각 등을) 받아들이다; 껴안다

**구문**  **[2행~3행]**  One [of the strongest impediments [to discovery]] is the representative "looks-like code" [(that) we've developed ● for what things are].

**[5행~7행]**  But if you take a moment right now [and] actually look at the back of **your dominant hand**, **your doing hand**, you may notice something new — the tiny lines [across the skin] [**forming** small asymmetrical webbing patterns].

- 대시(—) 이하는 something new를 보충 설명하고 있다.
- forming 이하는 the tiny lines를 수식.

**[10행~12행]** These are *the elements* [we miss / when we hit the "replay" button [in our minds] *rather than* see the actual objects and events].
V — S S˜ V˜₁ O˜₁ V˜₂ O˜₂

---

**5** ④ ★ 소재 **귀를 보호하기 위한 소리 압축 작용** p.172

**해석** 우리 귀는 중이(中耳)와 내이(內耳)의 연약한 부분을 보호하기 위해 매우 큰 소리를 압축한다. 보통은, 주변 세상의 소리가 커질수록 소리의 크기에 대한 우리의 지각도 그에 비례해 증가한다. 그러나 소리가 정말로 크면, 고막에 의해 전달되는 신호의 비례적 증가가 돌이킬 수 없는 손상을 일으킬 것이다. 이를 방지하고자, 신체는 주변 세상의 소음도의 큰 증가가 우리 귀에서는 훨씬 적은 소음도 변화를 일으키게 하기 위해 특정한 방식으로 소리의 총량을 낮춘다. 귀에 있는 내유모(內有毛)세포는 50데시벨의 역동 범위, 즉 우리가 들을 수 있는 소리 크기의 범위를 갖지만 우리는 역동 범위의 120데시벨 이상을 들을 수 있다. 소음도가 4데시벨 증가할 때마다 1데시벨의 증가만 내유모세포에 전달된다. 대부분의 사람들은 이런 현상이 일어나는 때를 인지할 수 있는데 그러한 종류의 소리는 질이 다르기 때문이다.

**추론흐름** 빈칸 문장으로 보아, 이어지는 설명을 통해 중이와 내이를 보호하기 위한 귀의 기능이 무엇인지 추론해야 함을 알 수 있다. 외부 소리의 증가가 고막에 전달되어 돌이킬 수 없는 손상을 입는 것을 방지하기 위해 신체가 받아들이는 소리의 총량을 낮춘다고 했다. 이어서 (외부 세상에서의) 4데시벨의 증가가 내유모세포에는 1데시벨로만 전달된다고 했으므로 귀가 '매우 큰 소리를 압축한다'는 것이 적절.

**오답근거**
① 뇌로부터의 신호에 반응한다 ➜ 지문에 등장하는 어휘(signal)를 이용한 오답.
② 자극에 의해 충격을 받으면 수축한다 ➜ 소리의 크기를 낮추는 것이 귀가 물리적으로 수축하는 것을 의미하지 않고 지문에도 근거 없음.
③ 특정 소리의 높이를 변화시킨다 ➜ 음의 높이 변화에 대해서는 지문에 언급된 바 없음.
⑤ 외부 필터링(여과)을 이용한다 ➜ 귀의 보호 작용은 귀 안의 내유모세포에서 일어나므로 부적절.

**어휘** **delicate** 연약한; 섬세한; 미묘한 / **component** 구성 요소, 성분 / **perception** 지각 (작용), 인식 / **proportionately** 비례해서 cf. **proportional** 비례하는 / **transmit** ~을 전송하다, 전하다; (병을) 전염시키다 / **eardrum** 고막 / **irreversible** 되돌릴 수 없는 / **dynamic** 역동적인 / **decibel** 데시벨(음의 세기를 나타내는 단위) / **detect** ~을 탐지[인지]하다 / **contract** 계약(서); 계약하다; 줄어들다, 수축하다 / **stimulus** (*pl.* stimuli) 자극; 격려 / **pitch** (~을) 던지다; 던지기; 음의 높이 / **compress** ~을 압축[요약]하다 / **external** 외부의; 외부에서 작용하는 (↔ internal)

**구문** **[4행~5행]** But when sounds are really loud, / a proportional increase [in *the signal* [transmitted by the eardrum]]
S' V' C' S
would cause irreversible damage.
V O

**[5행~7행]** **To protect** against **this**, / the body reduces the total volume in a specific way / **so that** large increases
《목적》 ~하기 위해 (= irreversible damage) S'
[in sound level] in the world create much smaller changes [of level] in our ears.
V' O'

- 여기서 so that은 '목적'을 나타내며, in order that으로 바꾸어 쓸 수 있다.

---

**6** ⑤ ★ 소재 **과학적 발전을 더디게 하는 중국인들의 사고방식** p.173

**해석** 중국인들은 '무엇이 A이거나 A가 아니다'와 같은 엄격한 논리적 구조에 관심을 갖지 않았던 것처럼 보인다. (A) 대신에, 그들은 '아마' 혹은 '다소' 같은 개념들을 허용하는 사고방식에 이끌렸다. 조지프 니덤은 중국인들의 사고에 있어서의 이러한 특성이 과학적 발전에 전혀 악영향을 미치지 않았다고 일관되게 주장하고 프랜시스 베이컨과 마찬가지로 '과학의 진보에서 엄격한 논리는 쓸모가 없다'는 것을 믿는다. 그러나 분명히, 베이컨은 그 진술에 의해 (사람들에게) 기억되기를 원치 않았을 것이다. 과학적 탐구의 도구로서의 논리에 대한 그의 반대는 그가 살았던 시대의 거의 모든 선두적인 과학자들에게 무시당했다. (B) 비슷한 맥락에서, 로버트 하트웰은 중국인의 사고가 서양의 형식 논리학보다는 역사적 유추법에 기반을 두었다고 주장했다. 그는 유추법에 의한 추론이 성공적인 공학 기술의 발견으로 이어질 수 있음을 인정하면서도 그러한 방법을 사용한 근대 세계의 변화는 '삼사백 년'이 아니라 '수천 년'이 걸렸을 것이라고 주장한다.

**추론흐름** (A)의 앞은 중국인들이 엄격한 논리 구조에 관심이 없었던 것처럼 보인다는 내용, (A) 다음에는 앞 내용에 대조되는 '아마'나 '다소' 같은 개념에 그들이 이끌렸다는 내용이다. 따라서 Instead가 적절하다. (B)의 앞은 베이컨이 무시당한 사례를 들어, 엄격한 논리가 과학의 진보에 필수적이지 않다는 것을 부정하고 있다. (B)의 뒤에 인용된 학자의 말에서 (엄격한 논리와 상반되는) 중국인의 사고방식으로는 세상이 변화하는 데 시간적 소모가 컸을 것이라는 단점을 제시하고 있다. 즉, (B)의 앞뒤는 유사한 주장이므로 (B)에는 '비슷한 맥락으로'와 같은 연결어가 와야 한다.

**오답근거**
(A)
②, ③ ➜ (A)의 뒤에 앞 내용(중국인들이 엄격한 논리적 구조에 관심을 가지지 않았던 것)과 유사한 내용이 비교되는 문맥이 아니므로 비교의 연결어 Likewise는 부적절.
(B)
③ ➜ (B)의 뒤 내용은 지문 전체를 요약한 것이 아니므로 To sum up은 오답.
④ ➜ (B) 앞 내용의 결과가 (B) 뒤에 서술되는 것이 아니므로 결과의 연결어 Consequently는 오답.

**어휘** **rigid** 뻣뻣한; (규칙 등이) 엄격한 / **logical** 논리적인; 타당한, 사리에 맞는 / **somewhat** 어느 정도, 다소 / **steadfastly** 확고부동하게 / **peculiarity** 특성; 기이한 특징 / **objection** 《to》 (~에 대한) 이의, 반대 / **inquiry** 연구, 탐구; 조사; 문의 / **leading** 가장 중요한, 선두적인 / **historical** 역사(상)의, 역사와 관련된 **cf. historic** 역사적으로 중요한 / **analogy** 유사점; 비유; 유추(법) / **inference** 추론, 추리 / **engineering** 공학 (기술) / **transformation** 변화, 변형 / **millennia** 천 년(간) / **to sum up** 요컨대, 요약해서 말하면 / **vein** 정맥; 방식, 태도; 기질

**구문** **[1행~2행]** The Chinese do not **appear to have been** interested in rigid logical structures / such as "something is **either** A **or** not A."

● 〈appear to-v (~하는 것처럼 보이다)〉 구문으로, 완료부정사 to have p.p.가 쓰였다.

**[10행~12행]** He admits that inference [by analogy] / can lead to successful engineering discoveries, // but insists that *the transformation of the modern world* [**using** such methods] / **would have taken** "several millennia" *rather than* "three or four centuries."

〈A rather than B〉: B보다는 오히려[차라리] A

● 〈would have p.p.〉는 과거 사실에 대한 추측을 나타내어 '(과거에) ~했을 것이다'라는 의미.

# 실전 모의고사 **12**회 **1**③ **2**④ **3**③ **4**④ **5**⑤ **6**1.⑤ 2.②

---

**1** ③ ★ 소재 **공개된 의견의 영향력** p.176

**해석** 단지 어떤 생각을 누구나 알고 있는 사실로 만드는 행위만으로도 그것의 영향을 바꿔놓을 수 있다. 예를 들어, 개인들은 성별이나 인종 집단 간 차이에 대한 사적인 견해를 품을 수 있지만 그 견해가 일반적인 것은 아니라고 생각하기 때문에 그것을 남에게 알리지는 않는다. 하지만 일단 그 의견이 공개적으로 알려지면, 사람들은 대담해져 자신의 편견에 기대어 행동할 수도 있다. 단순히 그것이 공공연하게 동의되었기 때문만이 아니라 '다른 모든 사람이' 그 정보에 따라 행동할 것으로 기대하기 때문이다. 한 예로, 어떤 사람들은 특정한 인종 집단에 대해 부정적 견해가 없음에도, 자신의 동료들이 그러한 견해를 가지고 있을 것이고 그들을 거스르는 것은 대가가 클 것이라는 예상에서 그 인종 집단의 구성원을 차별할지도 모른다.

**추론흐름** 하나의 생각을 어떻게 만들어야 그것이 미치는 영향이 변화하는지를 찾아야 한다. 뒤에 이어지는 내용에서, 사적인 견해, 즉 생각을 품고만 있을 때와 그것이 공개되었을 때 사람들의 행동이 달라진다고 하였다. 그러므로 하나의 생각을 '모두가 알게' 되면서 그 생각의 영향이 달라지는 것을 알 수 있다.

**오답근거**
① 개인적 신념
② 창조적인 결과물
④ 강력한 주장 ➡ 의견의 공개가 반드시 강력한 주장의 형식을 취한다는 내용은 없음.
⑤ 한물간 정보

**어휘** **mere** 단지 ~만의; ~에 불과한 / **harbor** (계획이나 생각 등을) 품다 / **ethnic** 민족[종족]의 / **keep to oneself** (정보 등을) 남에게 알리지 않다 / **air** (의견을) 발표하다; 방송하다 / **in public** 공개적으로 / **embolden** ~을 대담하게 하다 / **publicly** 공공연하게; 여론에 의해 / **discriminate** 차별하다; (~을) 구별하다 / **defy** ~에 거역[저항]하다 / **costly** 대개[희생]가 큰; 많은 돈이 드는 / **obsolete** 더 이상 쓸모가 없는, 한물간

**구문** **[6행~9행]** Some people, ~, might discriminate against the members [of an ethnic group] / despite having no
 S                                    V
negative opinion about them, / in **the expectation** **that** their ~ opinions *and* **that** defying ~ costly.

● the expectation과 동격을 이루는 두 개의 that절이 and로 대등하게 연결된 병렬구조.

---

**2** ④ ★ 소재 **미래를 예상하는 데 유용한 기억 체계** p.176

**해석** 우리의 기억력은 과거 경험의 조각들을 따로따로 저장한 다음 한 사건이 기억나야 할 때 관련된 조각들을 재구성하려고 시도함으로써 작동하는 것처럼 보인다. 이는 결정적 측면에서 기억을 신뢰할 수 없도록 하는데, 가끔 관련 없는 기억들이 결합되기 때문이다. 때때로 우리는 우리의 뇌가 간단히 다시 볼 수 있는 비디오테이프와 같은 기억 체계를 가지기를 바란다. 그러나 하버드 대학의 심리학자들에 따르면 비디오테이프가 과거의 사건을 기억하는 데는 유용하겠지만, 미래를 그려보는 데는 덜 유용할 것이라고 말한다. 우리가 미래에 관해 생각할 때, 과거를 정확히 반복하지는 않지만 그것과 비슷한 사건

**추론흐름** 우리의 기억 체계 특성과 비디오테이프의 특성을 역접의 연결어 However를 이용하여 대조하고 있다. 비디오테이프는 과거를 기억하는 데는 유용하고 미래를 그려보는 데는 덜 유용할 것이라고 했으므로, 우리의 기억 체계는 이와 대조적으로 미래를 예상하는 데 유용할 것이다.

**오답근거**
① 더 정확한 현실을 보여주는 것에 ➡ 비디오테이프가 가진 특징인 정확성을 활용한 오답.

을 예상해보려고 노력한다. 우리로 하여금 새로운 사건을 상상하도록 과거 사건의 스케치를 되새기게 하고 그 스케치들을 재결합하게 하는 기억 체계는 아직 오지 않은 상황을 효과적으로 예상하는 것에 특별히 맞춰져 있는 것 같다.

② 과거 사건에 대한 혼동을 해결하는 것에
③ 기억의 부족한 부분을 완전히 보완하는 것에
②, ③ ➡ 과거의 사건을 기억할 때 관련 없는 기억들이 결합되기도 하므로 기억 체계를 완전히 신뢰할 수 없다고 했음.
⑤ 덜 복잡한 기억 체계를 만드는 것에 ➡ 핵심 소재인 기억 체계(memory system)를 변형하여 만든 오답.

**구문** **[1행~3행]** Our memories seem to work / **by storing** individual pieces of past experience separately $and$ then **attempting** to reassemble the related pieces / when an event needs to be recalled.
● by의 목적어인 두 개의 동명사구가 and로 대등하게 연결된 병렬구조.

**[9행~10행]** *A memory system* [which **allows** us **to review** sketches of past events $and$ *(to) recombine* them / to
S · · · · · · · · · · · V′ · · · O′ · · · · · · · OC′₁ · · · · · · · · · · · · · · · · OC′₂
imagine new ones] **seems** to be specifically tailored to efficiently anticipating situations yet to come.
· · · · · · · · · · · · · · · · · · · V · · · · · · · · · · · · · · · · · · · · · · · · · · · · · · · · · C
● 주어가 관계대명사절의 수식을 받아 동사와 멀리 떨어진 구조.
● 관계사절 내에는 allows의 목적격보어인 두 개의 to부정사구가 and로 대등하게 연결되어 있다.

---

**3** ③ ★ 소재 **아름다움에 대한 에머슨과 동료 시인들과의 관점 차이** p.177

**해석** 1844년에 출판된 '시집'이라는 제목의 수필에서 미국 작가인 랠프 월도 에머슨은 그의 동료들이 지지하는 아름다움의 편협한 정의에 대해 좌절감을 나타냈다. 에머슨의 동시대 사람들 중 다수가 과거의 유명한 예술가와 시인을 찬양했으며, 아름다움은 오직 손상되지 않은 자연경관에서만 찾을 수 있다고 믿었다. 그러나 에머슨만큼은 산업화 시대의 여명에서 글을 쓰고 철도, 창고, 운하와 공장들의 확산에 관심을 두고 관찰하며, 아름다움의 다른 형태의 가능성에 대한 여지를 마련하고 싶어 했다. 그는 구식인 시와 자신이 진정한 현대 시라고 여겼던 시들을 대조했다. 그는 '전자(구식인 시)는 공장 촌과 철도를 자연경관의 상처로 바라본다. 그러나 진정한 시는 그것들을 위대한 자연 질서의 연속으로 보며, 벌집이나 기하학적인 거미줄과 똑같이 존중받을 만한 것으로 본다.'라고 믿었다.

**추론흐름** 우선 빈칸 문장을 통해 동료 시인들이 지지한 생각이 에머슨에게 좌절감을 주는 것이므로 그의 생각과는 '다른' 내용일 것으로 짐작할 수 있다. 이어지는 내용에서 동료 시인들은 과거의 유명한 예술가와 시인을 찬양하고 아름다움을 오직 자연경관에서만 찾았던 것에 비해 에머슨은 아름다움을 그 당시 산업화의 산물들에게까지 확장하여 바라보았다. 그러므로 에머슨은 동료 시인들이 가진 아름다움의 정의가 편협하다고 보았을 것이다.

**오답근거**
① 시의 독창성에 대한 이해
② 자연 질서에 대한 과학적 설명 ➡ 마지막 문장에 언급된 '자연 질서(natural order)'를 활용한 오답.
④ 과거의 예술적 감각 ➡ 과거(past)의 예술을 비판하는 것이 아니라 아름다움에 대한 동료들의 편협한 시각에 좌절한다는 내용.
⑤ 문학 작품에 대한 제한적 해석

**구문** **[5행~8행]** *Emerson* himself, ~, **writing** at the dawn of the industrial age, **observing** with interest the proliferation
· · · · · · · · S
of railways ~ factories, wished to make room [for the possibility [of alternative forms [of beauty]]].
· · · · · · · · · · · · · · · · · · · · V · · · · · · · · · · · · · · · · · · · · · · · · · · · · · O
● writing ~ age, observing ~ factories는 분사구문으로 '~하면서'로 해석하면 자연스럽다.

---

**4** ④ ★ 소재 **후각마케팅의 성공 조건** p.178

**해석** 온 업계가 감각마케팅을 중심으로 형성되고 있는데, 그중 후각이 핵심이다. 비교적 최근에 이루어진 연구에서 많은 흥미로운 사실들이 밝혀지고 있다. 예를 들어, 연구원들이 여성들 사이에서 긍정적인 반응을 보인다고 알려진 바닐라 향을 어느 가게의 여성복 코너에 풍기는 연구가 이루어졌다. 남성복 코너에는 사전 검사에서 남성들이 호의적으로 반응했던 톡 쏘면서도 달콤한 모로코 장미향을 풍기게 했다. 이 향기가 매출에 미친 효과는 믿을 수 없을 정도였다. 각각의 코너에서 매출이 평소의 두 배를 기록한 것이다. 더 나아가 그 향기를 서로 바꿨을 때, 매출은 평소보다 급락했다. 이 연구에서, 우리는 향기

**추론흐름** 후각을 이용한 마케팅에 관한 글. 방문하는 고객들이 선호하는 향기를 매장에 퍼뜨렸을 때는 매출이 급증했지만, 그렇지 않은 향기를 퍼뜨렸을 때는 급감했다고 한다. 따라서 단순한 향기가 아니라, 고객이 선호하는(고객에게 맞춰진) 향기를 사용해야 효과가 있음을 알 수 있다.

**오답근거**
① 다른 자극에 의존할
② 브랜드의 이미지와 연관될

가 대상 고객층에게 맞춰졌을 때만 효과가 있다는 결론을 내릴 수 있다. "좋은 향기를 사용하기만 해서는 그것이 효과가 있을 거라고 기대할 수 없습니다."라고 이번 실험의 담당 연구원인 에릭 스팽겐버그는 말한다. "(대상과) 조화를 이루어야 합니다."

③ 정서적 연관성을 불러일으킬
②, ③ → 지문의 내용으로는 향기의 효과에 대한 브랜드나 고객의 정서와의 연관성을 유추할 수 없음.
⑤ 민감한 고객에 의해 인식될

**어휘** **centerpiece** 중심 항목, 핵심; (식탁 중앙의) 장식물 / **stem from** ~에서 생겨나다, 기인하다 / **diffuse** ~을 분산[확산]시키다; 퍼지다, 번지다; (냄새를) 풍기다 / **fragrance** 향기, 향 (= scent) / **favorably** 호의적으로, 호의를 가지고 / **plunge** 급락하다; (갑자기) 거꾸러지다, 거꾸러뜨리다 / **congruent** 조화로운, 적절한; 《기하》 크기와 형태가 동일한 / **evoke** (감정 등을) 떠올리게 하다, 환기시키다 / **tailor A to B** A를 B에 맞추다

**구문** **[3행~5행]** ~, *a study* was performed [**in which** researchers introduced **the smell of vanilla**, *a scent* [known to
~ women], into the women's department of a store].
● in which(= where) 이하는 a study를 수식.
● the smell of vanilla와 a scent ~ women은 동격.

**[5행~6행]** ~, the researchers diffused **the smell of rose maroc**, *a spicy, honeylike fragrance* [**that** men had
responded favorably to ● / in pretests].
● the smell of rose maroc과 a spicy, honeylike ~ in pretests는 동격.

**5** ⑤ ★ 소재 공정성에 대한 자기중심적 편향성 p.178

**해석** 대부분 사람은 공정성에 관한 자기 생각이 *자기중심적으로 편향되었다는 것*을 알지 못한다. 예를 들어, 구성원들이 몇 가지 설문지를 완성하도록 요구받았던 실험을 보자. 그것은 (완성하는 데) 45분 혹은 90분이 걸렸다. 설문조사는 (걸린) 시간에 상관없이 어떤 참가자들이 다른 참가자들보다 두 배 많은 설문을 작성하도록 구성되었다. 금전적인 보상이 어떻게 분배되어야 할지 질문을 받았을 때, 참가자들은 분배 과정에서 자신들에게 유리한 면을 강조했다. 더 오랜 시간 작성한 사람들은 시간을 강조했다. 설문지의 완성(도)은 더 많은 설문을 작성한 사람들에 의해 강조되었다. 그렇다면, (어떤 일에) 덜 기여한 사람들이 자원을 똑같이 나누기를 선호하는 반면에 더 기여한 사람들은 노력에 근거해 나누기를 선호하는 것은 당연한 것 같다.

**추론흐름** 설문에 참가한 사람들이 자신들에게 유리한 면을 각각 강조함으로써 그에 따라 보상받기를 원한다고 했으므로 공정성에 대한 생각이 '자기중심적으로 편향되었다는' 것을 알 수 있다.

**오답근거**
① (자신들의) 행동의 기초라는 → 실험에서 자신들의 생각을 따라 행동한 것이 초점이 아니라, 자신들의 행동에 기반을 두어 공정성을 판단한 것.
② 경험을 통해 학습된다는
③ 자신들의 가치관과 관련 있다는 → 지문 후반부에 사람들이 각자 다른 부분을 강조했다는 내용에서 혼동할법하나 지문에 근거 없음.
④ 사회규범에 영향 받는다는

**어휘** **fairness** 공정성 / **questionary** 설문지(법) (= questionnaire) / **regardless of** ~에 상관없이 / **monetary** 통화[화폐]의 / **distribute** ~을 분배[배부]하다; (상품을) 유통시키다 cf. **distribution** 분배, 분포; 유통 / **dimension** 관점, 차원; 규모 / **favor** ~에게 유리하다; 호의를 보이다 / **it should seem ~** 아무래도 ~인 것 같다 / **contribute** 《to》 기여하다; 《to》 기부하다 / **egocentrically** 자기중심적으로, 이기적으로 / **biased** 편향된, 선입견이 있는

**구문** **[9행~10행]** **It** should seem natural, then, that *members* [who contribute less] prefer to divide resources equally,
*whereas* **those** [who contribute more] prefer to divide (resources) based on efforts.
● whereas는 두 가지 사실을 비교 혹은 대조할 때 쓰이는 접속사.

**6** 1. ⑤ 2. ② ★ 소재 효과적인 연극 관람을 위한 관객의 역할 수행을 돕는 방법 p.179

**해석** 연극을 보러 간 관객이 무대 위의 논리적으로 모순된 행위에 주의를 기울이지 않음으로써 연기자를 도우려는 요령을 발휘하여 공연의 성공에 중요한 방식으로 기여한다는 것은 널리 알려져 있다. 관객이 이것에 성공하기 위해서는, 공연자가 관객의 일을 가능한 한 쉽게 만드는 방식으로 연기해야 한다는 것은 분명하다. 이것은 절제력과 세심한 주의, 그중에서도 특별한 성질을 지닌 것을 필요로 할 것이다. 예를 들어, 다른 등장인물들 간의 상호작용(대화)을 엿들을 수 있는 물리적 위치에 있는 연기자들이 무관심의 표현을 보일 수도 있다는 것이 시사되어 왔다. 대화에 참여하고 자신들이 물리적으로 엿들음을 당하는 것이 가능하다 느끼는 배역들은 대본을 따르면서 이를 도울 것이다. 이것을 설명하

**추론흐름** 1. 첫 문장에서 관객은 무대 위의 논리적으로 모순된 행위에 주의를 기울이지 않음으로써 공연에 기여한다고 했고, 이후 관객의 이러한 기여를 돕기 위한 연기자들의 행동에 관한 설명과 예시가 이어지고 있다. 따라서 ⑤ '그럴듯한 무대 위 상호작용을 만드는 법'이 답으로 적절.
2. 빈칸에 들어갈 내용은 연기자들이 보이는 특정 행동의 예인데, 이전 내용으로 보아 이 행동은 관객이 무대 위의 논리적으로 모순된 행위에 주의를 기울이지 않을 수 있도록 '돕는' 것이다. '돕는' 방식이 구체적으로 무엇인지는 빈칸 문장 이후에서 추론하면 된다. 대화를 엿들을 수 있는 위치에 있는 방문객, 즉 연기자는 상사와 비서의 대화를 모르는 척하여 관객이 그가 대화를 들을 수 없다고 느끼는 것을 '도울' 것이므로 그들은 '무관심의 표현'을 보인다는 것이 적절한 답이 된다.

기 위해, 상사와 비서, 그리고 방문객이 있는 연극의 한 장면을 상상해보라. 비서가 방문객에게 자신의 상사가 외출 중이라고 말하려면, 방문객은 사내 전화기에서 한 걸음 물러나 그들(상사와 비서)의 대화를 눈치채지 못한 척하며 사무실을 둘러보는 것이 현명할 것이다. 이것은 방문객이 상사와 비서가 하고 있는 이야기를 들을 수 없다고 관객이 느끼는 것을 도와주면서 비서가 상사와 대사를 주고받을 수 있게 해줄 것이다.

1. ① 연극 공연의 방해요소 피하기
② 관객의 긍정적 호응의 필요성 ➡ 첫 문장에서 공연의 성공을 위한 청중의 역할을 언급한 것으로 만든 오답.
③ 관객을 속이기 위해 공연자들이 사용하는 책략들 ➡ 공연자들의 행동은 관객을 속이기 위해서가 아니라 돕기 위해서임.
④ 공연 중에 있을 수 있는 실수 예방하기

2. ① 진실한 사과 ➡ 대화를 엿들었을 때의 기본적인 예의로 생각하여 떠올릴 수 있는 상식에 의존한 오답.
③ 이해하고 있다는 분명한 표시 ➡ 제시된 연극의 한 장면에서 방문객은 상사와 비서의 대화를 '눈치채지 못한 척'해야 하므로 정답과 반대되는 오답.
④ (대화에) 끼어들 기회
⑤ 동등한 대화 참여
④, ⑤ ➡ 대화에 끼어들거나 참여하는 것은 예시의 방문객이 보이는 무심한 행동과 상반되는 오답.

**어휘** **on behalf of** ~을 대신[대표]하여; ~을 도우려고 / **inconsistency** 모순, 불일치; 《주로 pl.》 모순된 행위[말] / **apparent** 확실히 보이는; 분명한; 외관상 ~같은 / **discipline** 규율, 훈육; 단련법; 절제력 / **circumspection** 세심한 주의, 신중; 용의주도(함) / **overhear** (~을) 우연히 듣다, 엿듣다 / **interaction** 상호작용 / **illustrate** ~을 설명하다, 예증하다 / **interoffice** 부국(部局) 간의, 회사 내의 / **be ignorant** 《(of)》 (~에) 무지한; (~을) 눈치채지 못한 / **line** 선; (글의) 행; 대사 / **hindrance** 방해 (요인), 장애(물) / **tactic** 《주로 pl.》 전술, 전략 / **onstage** 무대 위에서(의) / **inattention** 부주의; 무관심 / **cut in** (대화에) 끼어들다, (남의 말을) 자르다 / **participation** 참가, 참여

**구문** **[1행~3행]** **It** is commonly understood that _the audience_ [attending a play] / contributes [in a significant way] to
　　　　　가주어　　　　　　　　　　　진주어
the success of the show [by exercising tact on behalf of the performers [by not paying attention to logical inconsistencies [on stage]]].

**[5행~6행]** This will require discipline and circumspection, but of a special nature.
　　　　　　　　　　　　　　　　　　　　　　　　　　　　　(discipline and circumspection)

**[10행~12행]** If the secretary **is to tell** the visitor / that her boss is out, // **it** will be wise _for the visitor_ to step back
　　　　　　　　　　　　　　　　　　　　　　　　　　　　　　　　　　가주어　　　의미상 주어　　진주어
from the interoffice telephone ⌐and⌐ (to) look around the office / pretending to be ignorant of their conversation.
● 〈be to-v〉는 조건절에 쓰여 의지나 의도를 나타낼 수 있다.

**[12행~14행]** _This_ will allow the secretary to exchange lines with her boss / **while helping** the audience feel / that
　　　　　　　　S　　　V　　　　　O　　　　　　　　　OC　　　　　　(= while it[this] helps)
the visitor cannot hear what the boss and secretary are talking about.
　　　　　　　　　　　　　(= the thing that)
● This는 앞 문장의 진주어(to step back ~ their conversation)를 가리킨다.
● helping 앞에 '부대상황'을 나타내는 분사구문의 뜻을 분명히 하고자 접속사 while을 덧붙인 형태.

---

## 1  ④ ★ 소재 **아인슈타인의 한계**　　　　　　　　　　　　　**p.182**

**해석** 상대성이론의 창시자이자 양자물리학의 대부이며 시·공간의 선구자인 알베르트 아인슈타인은 자신의 이력 내내 그를 괴롭혔던 문제에 직면해 있었다. 즉, 자신의 연구 결과에 대한 통찰력이 부족했다는 것이다. 현대의 가장 위대한 과학 선지자가 이런 종류의 장벽에 직면해 있었다는 것은 상상하기 어려울지 모르지만, 아인슈타인에게조차 한계는 있었다. 놀랄 만큼 직관적인 발전을 이뤘음에도 불구하고 그는 종종 자신이 아는 바 이상 생각하는 데 어려움을 겪는 자신을 발견했다. 그 결과, 상대성이론과 관련된 가장 결정적인 아이디어 중 상당수가, 아인슈타인이 아니라 그의 연구를 해석하는 다른 과학자들에 의해 발전했다. 양자물리학에서도, 아인슈타인은 기본 개념을 제시했지만 그 개념들이 어떤 결과를 이끌지를 처음에는 인식하지 못했다. 모든 물리학을 통합할 이론에 대해 생애 마지막이자 가장 훌륭한 탐구를 하면서, 그는 정작 학창 시절 동안 배운 수학과 과학의 범위를 결코 넘지 못했다.

**추론흐름** 아인슈타인이 직면했던 문제를 구체적으로 설명해주는 부분을 찾아 읽어 내려가야 한다. 중반 이후에, 아인슈타인이 본인의 지식을 넘어서는 생각을 하는 데 어려움을 겪었다는 내용이 나온다. 또한 그는 그 지식들을 더 발전시키거나 그것들이 가져올 결과를 예상하지 못했다. 이를 바꿔 표현하면 자신의 연구 결과에 대한 통찰력이 부족했다고 할 수 있다.

**오답근거**
① 장애물에 맞설 자신감 ➡ 빈칸 문장 다음의 표현(facing an obstacle)을 이용한 오답으로 자신감에 대해서는 지문에 언급된 바 없음.
② 자신의 이론을 발전시켜줄 지지자들 ➡ 다른 과학자들이 그의 이론을 발전시켜 주었다고 하는 지문 내용과 상반됨.
③ 자신의 연구에 대한 재정 계획
⑤ 다른 과학자들과 일하는 사회성 ➡ 지문에 등장하는 표현(other scientists)을 활용한 오답.

**어휘** **godfather** 대부, 창시자 / **pioneer** 선구자, 개척자; ~을 개척하다 / **torment** 고통, 고문; ~을 괴롭히다, 고문하다 / **visionary** 환영의, 예지력 있는; 선지자 / **extraordinary** 보통이 아닌, 비상한, 놀랄만한 / **intuitive** 직관적인, 직관력 있는 / **leap** 껑충 뛰다, 도약하다; 뜀, 도약 / **stunning** 멋진, 매력적인; 깜짝 놀랄만한 / **associate** (with) 연관[관련] 짓다; (with) (사람과) 어울리다 / **set out** 출발[시작]하다; ~을 제시[설명]하다; ~을 정리[진열]하다 / **fundamental** 기본적인, 기초의; 중요한 / **initially** 처음에, 시초에 / **unify** 하나로 하다, 통일[통합]하다 / **insight** 통찰(력) / **implication** 함축, 암시; 〈pl.〉 영향, 결과

**구문** [3행~5행] **It** may be difficult to imagine the greatest scientific visionary [of modern times] facing an obstacle of
　　　　　가주어　　　　　　　진주어
　　　this nature, ~.
　● the greatest scientific visionary of modern times가 imagine의 목적어, facing an obstacle of this nature가 목적격보어.

[6행~8행] As a result, **many** [of *the most stunning ideas* [associated with the theory of relativity]] **were developed**
　　　　　　　　S　　　　　　　　　　　　　　　　　　　　　　　　　　　　　　　　　　　　　V
　　　/ **not** by Einstein **but** by other scientists [interpreting his work].
　　　　〈not A but B〉: A가 아니라 B인

---

## 2  ② ★ 소재 **주의 집중의 편향을 유도하는 사람들의 성향**　　　　　**p.182**

**해석** 부재(不在)에 대해 생각할 수 없다는 것이 우리가 매우 별난 판단을 내리도록 이끌 수 있다. 약 30년 전에 실시한 한 연구에서, 미국 사람들에게 스리랑카와 네팔, 그리고 서독과 동독의 두 개의 국가 쌍을 보여줬다. 다음으로 그들은 이 두 쌍을 유사점과 차이점에 관해 순위를 매겨보라는 요청을 받았다. 놀랍게도 대부분의 미국인들이 두 번 모두 후자의 쌍을 선택했다. 어떻게 한 쌍의 국가가 다른 쌍보다 더 닮았으면서 동시에 더 닮지 않을 수 있단 말인가? 물론, 그럴 수는 없다. 그에 대한 설명은, 사람들이 질문을 받았을 때 자신의 주의를 어떻게 집중시키느냐에 있다. 유사점을 판단하라는 요청을 받으면 그들은 그중에서 예를 들어 그 나라들의 이름과 같은 유사점이 있는 부분들을 찾아내고 유사점이 있지 않은 부분들은 무시할 것이다. 그리고 마찬가지로 차이점을 판단하라고 하면 그들은 예를 들어 그 나라들의 정부와 같은 차이점이 있는 부분들을 찾아내고 차이점이 있지 않은 부분들은 무시하는 경향이 있다.

**추론흐름** 빈칸 문장으로 보아, 우리로 하여금 별난 판단을 내리게 하는 것을 찾아야 한다. 이어지는 연구 내용을 보면, 사람들은 유사점을 판단할 때 유사성이 있는 부분에만 집중하고 유사성이 '없는' 부분은 간과하여 모순된 판단을 한다. 차이점을 판단할 때도 마찬가지다. 이는, '없는 것(부재(不在))'에 대해 생각하지 못하는 것을 의미한다.

**오답근거**
① 잘못된 정보의 존재
③ 다른 나라에 대한 지식의 부족 ➡ 연구 결과는 국가에 대한 정보가 부족한 것과 관련이 없음.
④ 동일한 점을 구별해내는 우리의 성향 ➡ 유사점 판단만 고려하고 차이점 판단은 포괄할 수 없는 오답.
⑤ 흑백 논리로 사물을 바라보는 것 ➡ 지문 후반부에서, 판단을 요청받은 특성 이외의 부분들은 무시했다는 내용으로 현혹될 수 있는 함정.

**어휘** **peculiar** 기이한, 독특한 (= odd, strange) / **rank** 계급, 등급; (순위를) 매기다, 평가하다 / **in terms of** ~면에서는, ~에 관해서 / **similarity** 닮음, 유사(성) (↔ dissimilarity 차이점) / **presence** 존재, 있음; 참석 (↔ absence 부재, 없음; 결석) / **inclination** 경향, 성향

**구문** [8행~9행] If (they are) asked to judge similarity, / they will look for the presence of similar parts — for example,
　　　　　　　　　　　　　　　　　　　　　　　　S　　V₁　　　　　　　　　　　　O₁
　　　their names — *and* ignore the absence of similar parts.
　　　　　　　　　　　　　　　V₂　　　　　　　O₂

**해석** 행복은 긍정적 느낌의 원형이다. 아리스토텔레스 이래로 많은 사상가들이 말했듯이 우리가 하는 모든 것은 결국 행복을 경험하는 것을 목적으로 한다. 그러나 분명히 행복(만)이 고려할 가치가 있는 유일한 감정은 아니다. 사실, 자기 삶의 질을 향상시키기 원한다면 행복은 잘못된 출발점일지도 모른다. 행복은 상황적인 특징이라기보다 개인적 특징에 더 가깝다. 시간이 지나면서 외부 조건에 관계없이 어떤 사람들은 자신이 행복하다고 생각하는 반면 어떤 사람은 어떤 일이 자신에게 일어나든 상대적으로 덜 행복하게 느끼는 데 익숙해질 것이다. (행복 이외의) 다른 감정들은 자신이 무엇을 하고, 어떤 사람과 함께 있고, 어떤 장소에 있느냐에 훨씬 더 영향을 받는다. 이러한 기분들은 직접적인 변화에 더 쉽게 반응하며, 또한 우리가 얼마나 행복한지를 느끼는 정도와 연결되어 있기 때문에, 장기적으로 이러한 기분들은 우리의 삶의 평균적인 질을 높이는 능력을 갖춘다.

**추론흐름** 빈칸 문장으로 보아, 빈칸 앞 문장의 행복에 대한 서술과는 대조되는 내용의 어구가 필요하다는 것을 알 수 있다. 빈칸 뒤 내용을 요약하자면, 삶의 질을 향상시키려면 행복이 잘못된 출발점일지도 모른다는 것과 오히려 그 외의 감정, 기분들이 삶의 질을 높인다는 것이므로 빈칸에는 행복만이 고려할 가치가 있는 감정은 아니라는 내용이 적절하다.

**오답근거**
① (행복)은 정확하게 측정될 수 없는 것이다
② (행복)이 당신이 원하는 것을 갖는다는 뜻은 아니다
①, ② ➜ 빈칸 뒤에 이어지는 행복의 개인적 특성과 연관되어 보이나 지문의 요지와 무관.
③ (행복)은 당신이 성공을 위해 미루는 무언가가 아니다
⑤ (행복)은 다른 감정에 의해 영향을 받아서는 안 된다 ➜ 지문 후반부에 우리의 감정은 행복에 연결되어 있다고 했으나, 이것이 잘못되었다는 내용이 아님.

**어휘** **prototype** 원형(原型); 견본, 전형 / **regardless of** ~에 상관없이 / **external** 외부의, 외면적인 (↔ internal) / **mood** 기분, 감정; 분위기; ⟨pl.⟩ 변덕 / **responsive** (to) 바로 대답하는, 반응하는; 민감한 / **in the long run** 장기적으로, 궁극적으로

**구문** [7행~9행] Other feelings are much more influenced **by** what one does, who one is with, | or | the place (where) one happens to be.
● by의 목적어로 쓰인 명사상당어구 3개가 or로 병렬구조를 이루고 있다.

**해석** 흠 없는 매너로 유명한 한 남자를 예우하기 위해 열린 호화스러운 연회를 묘사하는 오래된 일본의 일화가 있다. 연회를 여는 동안 그 남자는 약간의 '두부'를 옆 사람의 무릎 위에 떨어뜨렸지만, 그의 명백한 경솔함에도 불구하고 그의 명성은 해를 입지 않았다. 그리고 놀랍게도 다른 손님들은 자신들이 갖고 있는 그 남자에 대한 이미지를 유지하기 위해 두부를 던지기 시작한다. 이 이야기의 흥미로운 부분은, 때로는 지지자들이 자신들이 우상시하는 이의 실수를 인정하는 것이 어렵다는 것이다. 이것은 단지 그들이 우상시하는 이가 난처함을 모면하게 하는 것이 아니라 그보다는 그의 지지자들이 그것(지도자의 실수) 때문에 힘들어할 것이기 때문일지 모른다. 만약 지도자가 틀리다면 지지자들은 때때로 그를 지지한 것이 잘못이었음에 틀림없다고 느낀다. 이러한 이유로, 지지자들은 다른 방안(우상의 실수를 인정하는 것)을 받아들이기보다 완전 무결함의 신화에 집착하는 것을 더 좋아하는지 모른다.

**추론흐름** 지지자들이 무엇을 어려워하는지를 찾아야 한다. 만약 그들의 우상이 잘못된 행동을 할 경우 그를 지지해왔던 것이 잘못이었다고 느끼게 되어 힘들어한다는 내용이 나온다. 따라서 지지자들은 그들 우상의 행동이 잘못된 것, 즉 실수라고 인정하기 어려울 것이다.

**오답근거**
① 집단의 이익을 거스르는 것
③ 리더의 잠재능력을 부정하는 것 ➜ 잠재능력에 대한 근거는 지문에 없음.
④ 자신들이 우상시하는 이의 명성을 무조건적으로 믿는 것 ➜ 빈칸 문장의 hard를 놓치면 고를법한 오답.
⑤ 집단 내의 감정적 갈등을 해결하는 것

**어휘** **anecdote** 일화, 비화 / **extravagant** 낭비하는, 사치스러운 / **banquet** 연회, 축하연 / **renowned** ~로 유명한, 명성 있는 / **flawless** 흠 없는, 완전한, 완벽한 / **tofu** 두부 / **indiscretion** 무분별, 경솔함 / **spare** 남는, 여분의; (시간·돈 등을) 할애하다; (불쾌한 일에서) ~을 모면하게 하다 / **idol** 우상, 우상시 되는 사람[물건] / **cling** ((to)) 달라붙다, 매달리다; ((to)) 집착하다 / **alternative** ((to)) 대안, 양자택일; 대신의, 양자택일의 / **unquestioningly** 의문을 품지 않고; 무조건적으로 / **reputation** 평판, 명성

**구문** [8행~9행] ~ they **must have been** wrong for supporting him.
● ⟨must have p.p.⟩는 '~했음에 틀림없다'란 뜻으로 과거에 대한 강한 추측을 나타낸다.

**해석** 초기의 인류는 어떻게 불을 만드는 법을 알아냈을까? 고대인들은 나무에 내리쳐 불꽃과 불을 일으키는 번개, 바람에 날려 다른 불을 (옮겨) 붙이는 불꽃, 불의 열기, 돌멩이를 부딪쳐 만들어지는 불꽃 사이의 추상적인 연관성을 개념적으로 조합했다. 그런 다음 직관적 추측과 예리한 판단으로, 나무 톱밥 위에 돌멩이를 부딪쳐 생기는 불꽃으로 자신들 스스로 불을 만들 수 있다는 것을 깨달았다. 그들의 사고는 서로 다른 영역의 이미지들을 불을 만드는 방

**추론흐름** 글의 흐름상, 서로 다른 영역의 이미지를 아이디어로 융합하는 것을 A라 하고 논리적 사고를 B라 할 때 이 둘은 정반대라고 하였다. 빈칸을 지각하는 것은 논리와 관련이 없는 것이므로 빈칸은 A와 상응한다. A의 의미와 연결되는 것은 ②.

**오답근거**
① 자연계에서 되풀이해 발생하는 특정 사건 ➜ 지문 초반에 나열된 자연적

법에 관한 아이디어로 융합했다. 이는 논리적 사고와 정반대이다. 이것은 개념적 혼성으로, 사고 과정이 논리적 사고의 인위적 제약을 초월하는 것이다. 논리는 서로 다른 다양한 대상에서 나타나는 유사한 패턴에 대한 지각 같은 것과는 관련이 없지만, 많은 사람들에게 놀랍게도 (이러한 지각은) 창조적 사고에서 중심적인 역할을 한다.

현상으로 연상할 수 있으나 지문의 중심내용과 거리가 멀다.
③ 실제적인 응용이 부족한 혼합된 개념 ➡ 혼합된 개념이 창조적 사고에 중심적 역할을 한다고 했으므로 이를 부정적으로 언급하는 것은 지문의 흐름과 불일치.
④ 결론을 도출하는 방법에 관한 인위적 제약 ➡ 빈칸 직전 문장의 표현(the artificial constraints)을 활용한 오답.
⑤ 즉흥적인 연관성으로 인한 행동 ➡ 언뜻 그럴듯하지만 연관성이 즉흥적이라는 언급은 없어 사실상 지문의 내용과 무관함.

**어휘** **conceptually** 개념상으로 cf. **conceptual** 개념의 / **abstract** 개요; 추상적인 / **ignite** 불이 붙다, 점화되다: ~에 불을 붙이다 / **bang** (~을) 쾅하고 치다; 쾅(하는 소리) / **intuitive** 직관적인, 직관력 있는 / **guesswork** 짐작, 추측 / **subtle** 미묘한, 지각하기 어려운; 예리한 / **shaving** 면도(하기); 《주로 pl.》 깎아낸 부스러기, 대팻밥 / **fuse** 퓨즈; 도화선; (~을) 녹다[녹이다]; ~을 융합하다 / **domain** 영토; 범위, 영역 / **diametric** 직경의, 지름의; 정반대의 / **blending** 혼합(물) / **transcend** ~을 초월하다 / **constraint** 제한, 제약; 강제 / **recurring** 되풀이하여 발생하는 / **dissimilar** 같지 않은, 다른 / **application** 응용, 적용 / **derive** 《from》 ~을 끌어내다, 얻다; 《from》 비롯되다, 유래하다 / **impromptu** 준비 없는, 즉흥적인 / **association** 협회; 합동; 연상, 함축

**구문** **[1행~4행]** The ancients conceptually blended abstract connections / among *lightning* [**that** struck trees *and*
  S                              V                 O
created sparks and fires]; *sparks* [**blown** by the wind] [**that** ignited other fires]; the heat of fire; and
*sparks* [**made** by banging rocks].
● among 이하의 명사구 네 개로 문장이 길어진 형태. 여기에서 세미콜론(;)은 and의 역할을 한다.

**[9행~10행]** Logic is not concerned with *that kind of perception of similar patterns* [in multiple dissimilar subjects],
/ which, / to the surprise of many, / plays the central role in creative thinking.
● which는 that kind of ~ dissimilar subjects를 가리킨다. 관계대명사 which와 동사 plays 사이에 삽입어구가 들어간 형태.

---

**6** ② ★ 소재 **사실의 가변적 특성** **p.185**

**해석** 사실이 '진실'이며 실제를 대변하는 한 그것은 물론 변할 리 없는데, 엄밀히 말해 진실은 바뀌지 않으며 현실 역시 그러하기(변하지 않기) 때문이다. 그러나, 사실은 어느 정도 (A) **가변적**이다. 다시 말해서 우리가 진실이라고 받아들이는 모든 명제가 정말로 진실인 것은 아니다. 그리고 우리가 진실이라고 받아들이는 거의 모든 특정 명제가 더 지속적이거나 한층 정확한 관찰 및 조사에 의해 거짓으로 입증될 수 있음을 인정해야 한다. 더욱이 사실(facts)은 (B) **문화적으로** 결정된다. 가령 어느 원자 과학자가, 원시 부족민이 결정하고 받아들이는 것과는 다른, '자신에게 있어서' 특정한 사실을 결정하는 현실에 대한 복잡한 가상의 구조를 자신의 머릿속에 지니고 있다고 하자. 과학자가 원시 부족민의 의식에 쓰이는 주술에 관한 사실에 동의하지 않을 수도 있는 것과 마찬가지로, 원시 부족민은 핵입자에 관한 그 과학자의 사실에 동의하지 않을 수도 있다.

**추론흐름** (A)가 속한 문장이 However로 시작하므로 앞 문장, 즉 사실은 변하지 않는 불변의 것이라는 내용과 대조되는 서술이 빈칸에 올 것을 추측할 수 있다. 또한, In other words로 이어지는 빈칸 다음 문장에서 우리가 진실이라고 여기는 명제도 거짓임이 입증될 수 있다고 했으므로, '사실'은 어느 정도 '가변적(variable)'임을 알 수 있다. (B)에 이어지는 예시는 원자 과학자와 원시 부족민이 사실이라고 여기는 것이 서로 다름을 서술하고 있는데, 이들은 불특정 개인으로 각각 그들이 속한 문화를 대변하는 존재이다. 그러므로 '사실'은 개인이 속한 문화를 토대로 '문화적으로(culturally)' 결정됨을 추론할 수 있다.

**오답근거**
(A)
①, ⑤ 일정한 ➡ 첫 문장의 '사실은 변하지 않는다'는 내용만 읽고 성급하게 고를법한 오답.
(B)
③ 과학적으로 ➡ 빈칸 (B) 다음 문장에 등장하는 예시(An atomic scientist)를 활용한 오답.
④ 논리적으로 ➡ 상식적으로 그럴듯하나 지문에 근거 없음.

**어휘** **insofar as** ~하는 한에 있어서는 (= as[so] far as) / **to some[a certain] extent** 얼마간, 어느 정도까지 / **proposition** (사업상) 제의; (처리할) 일; 명제 / **concede** (마지못해) ~을 인정하다; ~을 부여하다 / **given** 정해진; 특정한; ~을 고려해 볼 때 / **falsify** (문서를) 위조하다; (사실을) 속이다; ~이 거짓임을 입증하다 / **patient** 인내심 있는; (연구 등이) 지속적인 / **observation** 관찰 cf. **observance** (규칙 등의) 준수 / **atomic** 원자의; 원자력의 / **complicated** 복잡한 (= **intricate**) / **hypothetical** 가설[가정]의 / **tribesman** (원시적인) 부족민 / **nuclear** 《물리》 원자력의; 《생물》 (세포) 핵의 / **particle** (아주 작은) 입자[조각]; 《물리》 미립자 / **ritual** 의식상의; 의례적인; (특히 종교상의) 의례 / **regular** 규칙적인, 정기적인; 지속적인; 일정한 / **variable** 가변적인; 변덕스러운

**구문** **[1행~2행]** ~, they cannot change, of course, // because truth, strictly speaking, **does not** change, **nor does reality**.
                                                                              V'            S'
● 〈nor[neither] +V+S〉: S도 역시 그러하다. 부정문의 동의 표현을 이끄는 접속사 nor가 앞으로 나오면서 주어와 동사의 순서가 바뀐 도치구조.

**[3행~6행]** In other words, **not all** *propositions* [**that** we take ● to be true] are really true; // and we must concede
                                          S₁                                      V₁          C₁          S₂        V₂
that almost any given *proposition* [**that** we take ● to be true] / can be falsified / by more patient or more
    O₂

92 정답 및 해설

accurate observation and investigation.
- 〈not all[every] ~〉은 '모두 ~인 것은 아닌'이란 뜻으로 부분부정을 나타냄.

[6행~9행] An atomic scientist, ~, maintains *a complicated, hypothetical structure of reality* [in his mind] [**that**
　　　　　S　　　　　　　　　　　V　　　　　　　　O

determines — for him — *certain facts*] [**that** are different from *the facts*] [**that** are determined for

*and* accepted by a tribesman].
- that이 이끄는 세 개의 주격 관계대명사절이 각각 앞의 명사구를 수식해 문장이 길어진 구조.

# 실전 모의고사 14회　❶③ ❷① ❸④ ❹⑤ ❺① ❻1.① 2.④

---

**1**　③　★ 소재 **소비자가 기대하는 제품의 조건**　　　　　　　　　　　　　p.188

---

**해석** 광고에 나오는 '완벽한' 자동차는 우리에게 쓸모가 없다. 왜냐하면 우리에게는, 우리의 오래된 자동차가 더 이상 제대로 작동하지 않아서 바꿔야 한다는 변명거리가 없을 것이기 때문이다. 우리는 물건이 쓸모없게 되길 원한다. 왜냐하면 그렇게 될 때 그것이 우리에게 새로운 것을 구매할 구실을 마련해주기 때문이다. 그러나 동시에 우리는 제품의 질에 대한 단순하고도 분명한 요구사항을 가지고 있다. 자동차 점화 장치에 열쇠를 넣고 돌릴(시동을 걸 때) 우리는, 자동차가 출발하면서 우리가 가야 할 곳으로 우리를 데려다 줄 것을 기대한다. 휴대전화로 전화를 걸 때 우리는, (전화가) 연결될 기대하고 휴대전화 연결망 때문에 갑자기 통화가 끊어지면 짜증이 난다. 우리가 가진 제품 중 어떤 것도 훌륭하게 기능할 필요는 없다. 자동차가 공학 기술의 걸작일 필요는 없으며 휴대전화가 음향의 완벽함을 제공할 필요는 없다. 오늘날의 시대에 우리는 완벽함을 요구하지 않지만, 더 단순한 무언가를 고집하는 건 확실하다. 즉, 그 물건이 (기능)하기로 되어있는 방식대로 기능해야 한다는 것이다.

**추론흐름** 지문 중반부에서, 우리는 그저 시동을 걸면 자동차가 출발하고 휴대전화를 걸면 통화가 연결되기를 기대하며, 제품에 훌륭한 기능이나 완벽함을 요구하지 않는다고 했다. 따라서 물건이 '그저 그것이 마땅히 그래야 하는 방식대로 기능하는 것'을 고집하는 것임을 알 수 있다.

**오답근거**
① 우리의 요구에 맞게 주문 제작될 수 있어야
② 재미 요소를 가지고 있어야
④ 새로운 것에 대한 우리의 욕구를 충족시켜 줘야 ➡ 지문 앞부분(At the same time 이전)만 읽었을 때 선택하기 쉬운 오답으로, 빈칸 부분과 직접적인 관련 없음.
⑤ 공인된 기관에 의해 보증되어야
①, ②, ⑤ ➡ 빈칸에 상식적으로 그럴듯해 보이지만 지문 내용과 무관.

**어휘** alibi 알리바이; 변명 (= excuse) / obsolete 쓸모없게 된, 진부한 / brilliantly 찬란하게; 훌륭히, 뛰어나게 / masterpiece 걸작, 명작 / sonic 음의, 소리의 / customize ~을 주문에 응하여 만들다, 주문 제작하다 / certify ~을 증명하다, 보증하다; ~에게 증명서를 발행하다 / authorize ~에게 권한[권위]을 부여하다

**구문** [1행~3행] The "perfect" cars [in ads] would be useless to us, // because we wouldn't have **the alibi** **that** our old
　　　　　　　　　　S　　　　　　　　V　　C

car doesn't work well enough anymore *and* we need to change it.
- the alibi와 동격을 이루는 that절은 두 개의 절이 and로 대등하게 연결된 병렬구조.

[3행~4행] We want things to *become obsolete*, // because / when they *do* / it gives us *an excuse* [to buy something
　　　　　S　V　　O　　OC　　　　　　　　　　　(= become obsolete)
new].

---

**2**　①　★ 소재 **과업의 동시 수행이 불가능한 경우**　　　　　　　　　　　p.188

---

**해석** 당신은 걷고, 보고, 말하는 것을 동시에 할 수 있다. 그러나 두 개의 서로 다른 물건을 그리기 위해 양손을 동시에 사용하는 것은 훨씬 더 어렵다는 것을 알게 된다. 왜 어떤 일은 동시에 할 수 있지만 그 밖의 다른 일은 각각 다른 때에 해야 할까? 당신은 서로 다른 일들이 뇌의 동일한 자원, 즉 동일한 기능을 사용하기 위해 경쟁해야 하는 경우에는 언제나 '한 번에 한 가지로' 일들을 하는 수밖에 없을지 모른다. 걷고, 보고, 말하는 것과 관련된 과정은 당신 뇌의 서로 다른 부분에서 일어난다. 반면, 탁자를 그리는 동시에 의자를 그리는 데 있어 당신은 몇 가지 복잡한 계획을 짜고 그것을 놓치지 않고 따라가기 위해 똑같은 자원을 사용해야 할 것이다. 정말로, 우리 모두는 몇 가지 복잡한 문제를 동시에 처리하려고 할 때마다 그런 갈등을 겪는다. 즉, 어떤 경우에 우리는 동시적이 아니라 순차적으로 일을 하는 수밖에 없다.

**추론흐름** 빈칸 문장이 That is로 시작하여 앞 문장을 환언하고 있으므로 앞을 먼저 읽는다. 어려운 일들을 동시에 하려고 할 때마다 곤경에 빠진다면, 이런 경우에는 동시적이 아니라 순차적으로 일을 해야만 할 것이다.

**오답근거**
② 다른 사람들로부터 조언을 얻는
③ 전문적인 기술을 습득하는 ➡ 동시적 일 처리의 어려움은 기술 부족이 아닌 뇌의 동일한 기능 사용 때문에 발생하는 일.
④ 많은 것들을 동시에 이루는 ➡ 빈칸 바로 앞 문장인 근거와 상반됨.
⑤ 보다 덜 복잡한 과제를 선택하는 ➡ 그럴듯해 보이지만 지문 내용과는 무관.

**어휘** **keep track** 《of》 (정보 등을) 놓치지 않고 따라가다 / **intricate** 얽힌, 복잡한, 난해한 (= complicated) / **sequentially** 순차적으로, 연속적으로 / **simultaneously** 동시에, 일제히 (= concurrently)

**구문** **[1행~2행]** ~ — but find [it] much harder to use both hands at once / **to draw** two different things.
                     V′ 가목적어   OC′                    진목적어     《목적》~하기 위하여

---

## **3** ④ ★ 소재 대상에 따른 길들여짐의 속도 차이                             **p.189**

**해석** 우리의 감정은 경험에 맞춰 변한다. 그래서 상황이 변하면 우리의 최초의 반응도 결국 약해지고, 우리는 이전의 감정 상태로 되돌아간다. 상황이 좋아지든 나빠지든 간에, 우리는 조금 지나면 이를 당연하게 여긴다. 즉, 상황에 길들여지는 것이다. 이것이, 경제 성장이 우리가 예상한 만큼 복지를 향상시키지 못한 이유이다. 올해 나의 소득과 지출이 증가한다고 하자. 나는 내년에도 (올해와) 동일한 수준의 행복을 여전히 성취하기 위해 더 많은 수입을 필요로 할 것이다. 우리는 수입의 변화에 길들여지게 되며, 수입은 우리의 행복에 있어 그 영향력을 빠르게 잃는다. 그러나 수입은, 말하자면 우정과는 매우 다르다. 왜냐하면, 내가 올해 친구를 더 많이 사귄다 하더라도 우정 자체는 내 행복에 영원한 영향을 미치기 때문이다. 수입과는 달리 더 많은 친구에 대한 나의 인식은 시간이 지나면서 줄어들지 않으며 그 다음 해에 더욱이 많은 친구들을 필요로 하지 않는다. 즉, 우리는 돈으로 살 수 없는 것보다 돈으로 살 수 있는 것에 더 빠르게 길들여지는 것 같다.

**추론흐름** 우리가 더 빠르게 길들여지는 것을 찾아야 한다. 늘어난 수입으로 생겨나는 행복감은 빨리 사라지지만, 돈으로 살 수 없는 우정의 경우는 행복에 영원한 영향을 미친다고 했으므로 정답은 ④.

**오답근거**
① 우리가 최초에 경험했던 감정 ➔ 지문 초반에서 최초에 경험했던 감정에 길들여지는 것을 설명하지만, 중반 이후에는 이와 다른 우정의 경우를 언급하므로 마지막 문장의 빈칸에 부적합.
② 복지의 향상보다 인간관계의 변화
③ 우리가 더 나은 경제적 수단을 가진 상황
⑤ 소비하지 않는 일상보다 친구가 없는 일상
②, ⑤ ➔ 복지, 우정, 소비, 친구 등 지문에 나오는 개념들을 활용하나 지문의 요지와 반대됨.

**어휘** **initial** 처음의, 시초의; 머리글자 / **diminish** 줄다, 감소하다 / **revert** 《to》 (원래 상태·습관 등으로) 되돌아가다 / **habituate** 《to》 길들여지다; 습관이 되다

---

## **4** ⑤ ★ 소재 과학적 분석이 통하지 않는 영역                             **p.190**

**해석** 과학은 세상을 무엇으로 이루어졌는지 알아내기 위해 분해할 수 있는 하나의 대상으로 여긴다. 그리고 물론, 그것은 매우 흥미로운 일이며 당신은 그런 방식으로 어떤 중요한 것들을 배울 수 있다. 그러나 이런 종류의 실험에 반응하지 않는 중요한 것들이 있다. 예를 들어, 인간관계는 분석이 아니라 신뢰에 달려 있다. 만약 내가 끊임없이 당신의 의도를 시험한다면, 나는 우리 사이에 있는 우정의 가능성을 파괴하게 될 것이다. 과학적 접근이 미치지 못하는 또 다른 영역은 우리가 사물을 완전체로 다뤄야만 하는 곳이다. 예를 들어 한 화학자가 아름다운 그림을 가져서 그 캔버스의 모든 물감 부스러기를 분석한 후, 그것의 화학적 구성이 어떤 것인지 당신에게 말할 수 있다. 그러나 그림은 완전한 상태에서 접해야 하는 것이기 때문에, 그 사람은 그림의 중요한 점을 놓칠 것이다. 따라서 존재하고 있는 매우 다양한 사물과 현상을 해석하고 이해하기 위해서는 우리에게 세상을 바라보는 상호 보완적인 방법이 필요하다.

**추론흐름** 빈칸에는 과학이 세상을 어떻게 보는지가 들어가야 한다. 빈칸 문장과 대조되는 내용이 서술될 But 이후에 '분석을 할 수 없는 인간관계'와 '하나의 완전체로 다뤄야 하는 그림'과 같이 과학적 분석이 통하지 않는 영역에 대한 예시가 이어지므로, 과학은 세상을 분해할 수 있는 것으로 여김을 알 수 있다.

**오답근거**
① 경험하고 배울 ➔ 빈칸 바로 다음 문장과 관련된 상식에 근거한 오답.
② 당신의 관점을 넓혀줄
③ 이론을 입증하기 위해 관찰할 ➔ 관찰을 통한 이론의 입증은 과학적 방법의 하나라는 상식에서 연상할 수 있지만, 지문 내용과 무관.
④ 새로운 지식을 창출하기 위해 이용할

**어휘** **as opposed to A** A가 아니라; A와는 대조적으로 / **fall short** 《of》 (~에) 미치지 못하다; 모자라다 / **wholeness** 총체, 전체; 완전 / **chemist** 화학자 / **scrap** 한 조각, 파편; ~을 버리다 / **composition** 구성 요소; 작곡 / **complementary** 상호 보완적인 / **perspective** 관점, 시각; 원근법; 전망 / **exploit** ~을 활용하다; ~을 착취하다 / **pull A apart** A를 (여러 부분으로) 분리하다

**구문** **[1행~2행]** Science treats the world as [an object], [something] [you could pull apart to find out what it's made of].
                                          =

**[6행~7행]** Another place [**where** the scientific approach falls short] is (the place) [**where** we have to treat things in their wholeness].
              S                                     V   C
    ● 두 where 모두 형용사절을 이끈다. 두 번째 where는 앞에 선행사 the place가 생략된 형태.

**[7행~10행]** For instance, a chemist could ┬ take a beautiful painting,
                         S₁             V₁     O₁
                                   ├ analyze every scrap [of paint on the canvas],
                                      V₂          O₂
                                    *and then*
                                   └ tell you what its chemical composition is,
                                    V₃ IO₃        DO₃
    *but* he or she would miss the point of the painting / ~.
           S₂         V₂            O₂

[해석] 우리 대다수는 자신에 대해 좋은 평판을 가지고 있는데, 이것은 사회심리학자들이 자기중심적 편견이라고 부르는 때로 재미있고 빈번하게 매우 위험한 현상의 요점이다. 실험에서, 사람들은 자신이 성공했다는 말을 들었을 때는 그것을 자신의 능력과 노력 덕분이라 여기며 칭찬을 기꺼이 받아들인다. 그러나 실패는 불운이나 문제의 '불가능성'과 같은 외부 요인의 탓으로 돌린다. 자기중심적 편견과 이와 유사한 개념인, 허황된 낙관주의, 자기 정당화, 그리고 내집단 편향에 관한 연구는 문학과 종교가 가르쳐 온 것, 즉 자만하다가는 낭패 보기 쉽다는 사실을 우리에게 상기시킨다. 자신과 자신이 속한 집단을 우호적으로 인식하는 것은 우리를 우울증으로부터 보호해 주고 스트레스를 완화하며 우리의 희망을 유지해 준다. 그러나 그것은 부부간의 불화, 잘난 체하는 편견, 국가적 오만, 그리고 전쟁을 대가로 치르며 그렇게 하는 것이다. 자기중심적 편견을 주의하는 것은 거짓된 겸손이 아니라 우리의 진정한 재능과 장점, 그리고 다른 사람의 그것(재능과 장점) 또한 긍정하는 겸손함 쪽으로 우리를 손짓하여 부른다.

[추론흐름] 빈칸 문장을 읽으면, 무엇이 거짓되지 않은 진정한 겸손으로 우리를 이끄는지 추론해야 함을 알 수 있다. 지문의 중반부에서 자기중심적 편견 및 유사 개념들이 '자만은 낭패를 불러올 수 있다'는 가르침과 연관된다고 했고, 빈칸 직전 문장에서는 it(자신과 자신이 속한 집단을 우호적으로 인식하는 것, 즉 자기중심적 편견)의 부정적 측면으로 잘난 체하는 편견과 국가적 오만 등을 언급했으므로 자기중심적 편견은 겸손과 상반된다는 것을 알 수 있다. 따라서 진정한 겸손을 향해 나아가려면 '자기중심적 편견을 주의하는 것'이 필요하다.

[오답근거]
② 우리 조상들의 지혜를 존경하는 것
③ 모든 잠재적 문제가 생기지 않도록 조심하는 것 ➡ 빈칸 직전 문장에 나열된 부정적 현상을 활용한 오답.
④ 우리의 개인적 한계를 이해하는 것 ➡ 겸손과 연관되어 보여 선택할 수 있지만 지문에 직접적인 근거 없음.
⑤ 성공뿐 아니라 실패를 심사숙고하는 것 ➡ 지문에 등장한 어휘(have succeeded, failure)를 활용한 오답.

[어휘] **gist** 요지, 골자 / **perilous** 아주 위험한 / **self-serving** 이기적인 cf. **self-serving bias** 자기중심적 편견 / **readily** 손쉽게; 즉시; 기꺼이 / **credit** 신용(거래); 칭찬; 공로 / **illusory** 환상에 불과한; 착각의, 현혹시키는 / **optimism** 낙관론 (↔ pessimism 비관론) / **self-justification** 자기 정당화 / **in-group** 내집단(조직·사회 내부의 소규모 집단) / **buffer** 완충제; (충격을) 완화하다 / **sustain** ~을 떠받치다; ~을 지속[유지]하다 / **at the cost of** ~의 비용을 지불하고, ~을 희생하고 / **marital** 결혼(생활)의; 부부의 / **discord** 불화, 다툼 / **condescending** 거들먹거리는, 잘난 체하는 / **arrogance** 거만, 오만 / **beckon (to) A** A를 손짓으로 부르다, 신호하다 / **humility** 겸손 / **affirm** ~을 단언하다; ~을 긍정하다 / **virtue** 미덕; 선(행); 장점 / **mindful** ~을 의식하는; ~에 유념[주의]하는 / **contemplate** ~을 고려하다; (~을) 심사숙고하다

[구문] **[1행~3행]** Most of us have a good reputation with ourselves, / **which** is the gist of *a sometimes amusing and*
(= and this[that])
*frequently perilous phenomenon* [**that** social psychologists call ● self-serving bias].
● which가 가리키는 것은 Most ~ ourselves.

**[3행~4행]** In experiments, / people readily accept credit / when (they are) told (that) they have succeeded, / **attributing** it **to** their ability and effort.
● attributing 이하는 부대상황을 나타내는 분사구문. 〈attribute A to B〉: A를 B의 덕[탓]으로 보다

**[10행~12행]** Being mindful of self-serving bias beckons us **not** to false modesty **but** to *humility* [**that** affirms our
S          V    O        〈not A but B〉: A가 아니라 B인
genuine talents and virtues and, likewise, **those** of others].
(= the genuine talents and virtues)

[해석] 미국의 유명한 역사학자인 크리스토퍼 래쉬는 정보화 시대의 정보 과잉이 약화된 자아의식을 실제로 야기하고, 따라서 의미 있는 인간관계를 형성하고 현재를 즐기는 능력을 앗아간다고 믿는다. 다른 사람을 사랑할 수 있기 전에 자신을 진정으로 사랑해야 한다. 그러나 실상가상으로, 오늘날 우리의 대화는 실로 연결된 두 개의 종이컵을 통해 이야기하는 초등학교 3학년생들의 대화처럼 깊이가 없다. 가장 인기 있는 소셜 네트워킹 서비스 중 하나인 페이스북은 이러한 현상을 증가시킬 뿐이다. "X는 지금 무얼 하고 있는가?"라고 적힌 페이스북 소식란이 "차가 막힌다" 또는 "여동생과 싸우고 있다"와 같은 사소한 사항으로 채워질 것이라고 아무도 예상하지 못했을 것이다. 당신은 또한 "아무개가 도둑맞고 있다"거나 "아무개

[추론흐름] 1. 첫 문장에서 역사학자 크리스토퍼 래쉬의 견해를 인용하여 정보화 시대의 정보 과잉이 의미 있는 인간관계를 형성하고 현재를 즐기는 능력을 앗아간다고 했고, 이를 뒷받침하는 예시로 소셜 네트워크의 남용으로 인해 현재에 충실하지 못하는 현상을 설명하며 변화를 촉구하는 구조이다. 따라서 ① '늘어나는 정보, 줄어드는 삶의 의미'가 답으로 적절.
2. 빈칸에 들어갈 내용으로는 '자기 삶의 지도를 만들고 있는' 것이 무엇을 대체했는지를 찾으면 된다. 빈칸 앞의 예시를 종합해 볼 때 '자기 삶의 지도를 만들고 있는 것'은 소셜 네트워크상에 자신의 상태를 표현하는 것이고, 이것이 대체한 행위는 현재에 충실한 것, 즉 '자신의 삶을 실제로 사는' 것이다. 빈칸 뒤에서 이러한 현상을 휴가에 대해 이야기하면서 휴가를 촬영하느라 충실하지 않은 것에 비유한 것도 이를 뒷받침한다.

[오답근거]
1. ② 긴장을 풀려면 플러그를 뽑아라: 온라인 자아로부터 얻은 휴가
③ 사소한 것을 활용하기: 페이스북의 주안점 ➡ 지문에 등장하는 어휘(trivial, Facebook)를 이용한 오답.

가 직장에 늦었는데 열쇠를 찾을 수 없다" 같은 항목을 발견할 수 있다. 이것은 마치 사람들이 자신의 삶을 실제로 사는 대신에 자기 삶의 지도를 만들고 있는 것과 마찬가지이고, 휴가에 대한 전부를 친구들에게 문자 메시지로 보내면서, 나중에 보기 위해 휴가 전체를 촬영하는 행락객과 유사하다. 그러나 당신은 지금 거기에 있다. 당신은 바로 지금 그들과 함께 있다. 당신은 지금 실제로 그것을 할 수 있다.

④ 사생활의 상실: 소셜 네트워킹의 남용
②, ④ ➡ 소셜 네트워킹 서비스의 사용에 대한 비판적인 시각이 담겨 있어 정답으로 착각하기 쉽지만, 사실상 지문의 내용과 무관함.
⑤ 소셜 미디어를 활용해서 순간을 포착하자 ➡ 지문의 요지와 반대되는 오답.

2. ① 과거 사건들을 기록하는
② 다른 사람들로부터 배우는
③ 친밀한 인간관계를 유지하는 ➡ 첫 문장에서 정보 과잉의 결과로 의미 있는 인간관계 형성이 어려움을 언급한 것을 이용한 오답. 이어지는 휴가 예시의 내용과도 맞지 않음.
⑤ 이미 주어진 지도를 따라가는 ➡ 빈칸 문장에 등장하는 어휘(maps)를 이용한 오답.

**어휘** **overabundance** 과잉, 과다 / **sense of self** 자아감, 자아의식 / **incapacity** 무능력; 기술 부족; ((to-v)) ~하지 못함 / **shallow** 얕은; 얄팍한, 피상적인 / **add to** ~을 늘리다, 증가시키다 / **anticipate** ~을 예상하다; ~을 고대하다 / **announcement** 발표, 소식; 공고 / **trivial** 사소한, 하찮은 / **entry** 입장; 참가; 기재(사항) / **akin to A** A와 유사한 / **vacationer** 행락객, 피서객 / **unwind** (감긴 것을) 풀다; 긴장을 풀다 / **capitalize on** ~을 활용하다 / **focal** 중심의; 초점의 *cf.* **focal point** 초점; 중심(부); 주안점 / **abuse** 남용, 오용; 학대 / **ready-made** 이미 만들어져 나오는; 이미 주어진

**구문** **[1행~4행]** Christopher Lasch , a well-known American historian , believed **that** an overabundance of information [in an information age] actually resulted in a weaker sense of self *and* thus an incapacity [**to form** meaningful relationships *and* **(to) enjoy** the present].
● 동사 believed는 that 이하 전체를 목적어로 취한다.

**[4행~6행]** **Worse** yet, / our conversations today are shallow / like those of *third-graders* [talking via *two paper cups* [connected by a string]].
(= the conversations)
● 여기서 Worse는 What is worse의 줄임말.

**[10행~12행]** It's like people are creating maps [of their lives] / instead of actually living them, akin to
(= their lives)
*the vacationers* [**who** film the entire vacation / **to watch** it later], / while texting their friends about it all.
(= the vacation)
● 이때의 to watch는 '목적'을 나타내는 부사적 용법.

실전 모의고사 **15**회 **1** ③ **2** ⑤ **3** ③ **4** ④ **5** ③ **6** ②

**1** ③ ★ 소재 개인의 신념 진술에 대한 판단 성향 **p.194**

**해석** 사람들은 진술이, 그것을 진술한 사람의 진정한 태도를 반영한다고 생각하는 타고난 성향을 갖고 있다. 놀라운 것은, 사람들은 그 사람이 그 진술을 자신의 자유의지에 의해 하지 않았음을 아는 때에도 계속해서 그렇게 생각한다는 것이다. 이것이 사실이라는 몇몇 과학적 증거는 에드워드 존스와 제임스 해리스라는 심리학자의 연구로부터 나왔다. 그들은 사람들에게 쿠바의 독재자인 피델 카스트로에 대한 호의적인 글들을 보여주고 그 글의 저자의 (카스트로에 대한) 진짜 느낌을 추측해보도록 했다. 존스와 해리스는 이 사람들 중 몇몇에게는 저자가 카스트로에 찬성하는 글을 쓰는 것을 스스로 선택했다고 말했고, 또 다른 사람들에게는 저자가 카스트로에 호의적인 글을 쓰도록 요구받았다고 말했다. 이상한 점은, 저자가 카스트로를 찬성하는 글을 쓰도록 배정받았다는 사실을 아는 사람들조차 그 저자가 카스트로를 좋아한다고 추측했다는 점이다. 신념의 진술은 그것을 보는 사람들에게 특정한 무의식적 반응을 일으키는 것으로 보인다.

**추론흐름** 빈칸 문장의 What is surprising과 상응하는 표현인 The strange thing 이하를 읽으면, 저자가 카스트로를 찬성하는 글을 쓰도록 배정받았다는 사실을 아는 사람들조차 여전히 그 저자가 카스트로를 좋아한다고 생각했다는 내용이 나온다. 즉, 사람들은 그 사람이 자의적으로 진술하지 않음을 알 때에도 그가 진정 그 진술대로 생각할 것이라고 여긴다는 것을 알 수 있다.

**오답근거**
① 그러한 성향은 시간이 흐르면서 바뀔 수 있음
② 그 진술이 특정한 정치적 상황에서는 불가피함 ➡ 독재자에 대한 호의적인 진술은 실험에 사용된 도구일 뿐이며 정치적 상황과 무관.
④ 사람이 어떤 것에 대해 똑같은 견해를 지닐 수 없음
⑤ 우리는 그렇지 않으면(= 진술이 그 진술을 작성한 사람의 진정한 태도를 반영한다고 생각하지 않으면) 어떤 사람의 진정한 감정을 증명할 수 없음
➡ 지문에 등장하는 어구(true feelings)를 활용한 오답.

**어휘** dictator 독재자, 지배자 / **pro-** ~에 찬성하는 (↔ anti-) / **assign** ~을 할당[배당]하다; ~을 임명하다 / **inevitable** 피할 수 없는, 불가피한

**구문** [4행~6행] | Some scientific evidence | that this is the case **comes** from a study by *psychologists Edward Jones*
S

*and James Harris*, **who** showed people an essay [that was ~], *and* asked them to guess the true feelings
V'₁  IO'₁  DO'₁  V'₂  O'₂  OC'₂

[of its author].

- who 이하는 psychologists Edward Jones and James Harris에 대한 부연설명.

[8행~10행] The strange thing was that even ***those people*** [who knew that the author had been assigned / to do a
S'  O˜

pro-Castro essay] **guessed** that the writer liked Castro.
V'  O'

---

**2** ⑤ ★ 소재 **음식 금기의 불합리성이 집단 결속력에 미치는 영향** **p.**194

**해석** 우리는 모두 싫어하는 음식을 적어도 한 가지는 가지고 있다. 그러나 흥미롭게도 문화 전체가 때로 특정 음식을 피하고 심지어 그것을 금기로 여기기도 한다. 종교적 교리에서부터 위생에 이르까지 그 이유는 다양할 수 있지만, 음식 금기를 합리적으로 설명하려는 노력은 역사를 통틀어 항상 실패해 왔다. 원래, 음식 금기는 외부인을 배제시키며 집단에 결속력을 주는 효과가 있다. 따라서 음식 금기에 대한 합리적인 설명은 금기가 가진 영향력을 떨어뜨릴 것이다. 만약 음식 금기가 합리적이라면 외부인들이 그것을 자연스럽게 따라 하게 될 것이고, 독특함이 결여되어, 사회적 결속이 사라질 것이다. 유대인과 힌두인들이 두 가지 유명한 역사적 사례이다. 그들은 갑각류 또는 소고기를 먹는 현대적인 즐거움을 희생하는 대신, 자신들을 이방인들과 분리하는 데 성공하여, 사회 결속에서 명백하고 분명한 이익을 얻어냈다. 이러한 기호가 아무리 불합리해 보여도, 모든 경우에 그것은 집단의 정체성을 키워주고 문화를 정의하는 데 기여한다.

**추론흐름** 음식 금기는 어떤 효과가 있는지를 찾아야 한다. 금기에 대해 합리적으로 설명하면 그 영향력이 떨어진다고 하였고, 음식 금기가 합리적이면 집단 결속력이 사라진다고 했으므로 음식 금기는 외부인을 배제하고 집단에 결속력을 주는 효과를 지닌다고 할 수 있다. 지문 후반의 유대인과 힌두인들의 사례도 이를 뒷받침한다.

**오답근거**
① 종교적 교리를 강요하고 위생을 증진하는 ➡ 빈칸 앞 문장에 언급된 어휘를 활용한 오답.
② 자신들의 문화적 가치를 다른 사회 집단에 강요하는
③ 문화 간의 성공적인 협력을 촉진하는
②, ③ ➡ 이방인과 자신의 집단을 분리한 것과 상반되는 의미의 오답.
④ 개인의 정체성을 좁히고 문화적 이해를 제한하는 ➡ 음식 금기의 긍정적인 측면을 설명하는 전체 흐름과 맞지 않음.

**어휘** taboo 금기(사항), 터부 / **doctrine** 교리, 원칙, 학설 / **hygiene** 위생 / **by A's nature** 천성적으로, 본래 / **detract** 《from》 (가치를) 떨어뜨리다 / **Jew** 유대인(의), 유대교 신자(의) / **Hindu** 힌두인(의), 힌두교 신자(의) / **cohesion** 화합, 결합; 《물리》 응집력 cf. **coherence** 결합력; 통일성, 일관성 / **enforce** (법률 등을) (강제로) 시행[집행]하다, 지키게 하다 / **collaboration** 협력; 합작, 공동작업(물) / **erode** 침식[부식]하다, 서서히 손상되다 / **exclude** ~을 제외[배제]하다; ~을 추방하다, 몰아내다

**구문** [7행~10행] ~ ; while they have sacrificed the modern delights [of eating shellfish or beef], // they have succeeded
S˜  V˜  O˜  S'  V'₁

/ in separating themselves from strangers / *and* made clear and obvious gains in social cohesion.
V'₂  O'₂

[10행~11행] **However irrational** these preferences may be, // in every case / they serve to feed identity *and* define
S'  V'  S  V

culture.

- 〈However+형용사[부사]+S'+V'〉는 '아무리 ~하더라도'란 뜻으로 '양보'를 나타냄. No matter how와 바꿔 쓸 수 있다.

---

**3** ③ ★ 소재 **연구 행위가 사건에 미치는 영향** **p.**195

**해석** 물리학자 존 휠러는 말했다. "전자(電子)와 같이 아주 작은 대상을 관찰하기 위해서도 물리학자는 컵을 부수고, 안으로 손을 뻗어 자신이 선택한 측정 장치를 설치해야 한다. 게다가 그 측정은 전자의 상태를 바꾸어 우주는 측정 이후에 결코 (측정 이전과) 동일하지 않을 것이다." 다시 말해, 한 사건을 연구하는 행위가 사건 자체에 변화를 일으킬 수 있다는 것이다. 이러한 현상은 물리학의 영역에 한정되지 않으며, 특히 사회과학에서 종종 표명된다. 인류학자들은 한 부족을 연구할 때 부족 구성원이 외부자에 의해 자신들이 관찰당하고 있다는 사실을 인식할 수 있고, 그 결과 (평소와) 다르게 행동할 수 있다는 것을 알고 있다. 마찬가지로 심리학 연구도 종종 이런 문제에 부딪히는데, 특히 피실험자가 그 실험의 가정이 무엇인지 아는 경우에는 그들이 실험될 때 그들의 행동을 (평소와 다르게) 바꾸려고 하기 때문이다. 이것이 심리학자들이

**추론흐름** 어떤 사건을 연구하는 행위가 그 사건 자체에 영향을 미칠 수 있으며 이는 물리학, 인류학, 심리학이 모두 마찬가지임을 서술하고 있다. 따라서 심리학자들이 실험을 통제하듯이 과학은 (정확한 결과를 얻기 위해) 연구 행위의 영향을 최소화하려고 노력할 것이다.

**오답근거**
① 실험의 결과에 의존하려고
② 인과 관계를 밝히려고
①, ② ➡ 실험 관련 내용으로서 그럴듯해 보이지만 지문과 무관.
④ 우주의 원리를 설명하려고 ➡ 지문에 등장하는 어휘(the universe)를 활용한 오답.

(피실험자에게) 보이지 않는 통제와 (피실험자와 실험자 모두에게) 이중으로 보이지 않는 통제를 사용하는 이유이다. 과학은 연구 행위의 영향을 최소화하려고 노력하지만, 사이비 과학은 그렇지 않다.

⑤ 통제되지 않은 상황을 유지하려고 ➡ 빈칸 문장 앞에서 실험에 '보이지 않는 통제'를 한다고 했으므로 상황을 전혀 통제하지 않는 것은 아님.

**어휘** **minuscule** 아주 작은, 하찮은 / **electron** 〈화학〉 전자(電子) / **shatter** ~을 산산이 부수다; 산산조각이 나다 / **realm** 범위, 영역 / **pronounce** ~을 발음하다; 선언하다, 표명하다 / **anthropologist** 인류학자 / **bump up against** (문제 등에) 부딪히다, 직면하다 / **hypothesis** 〈*pl.* hypotheses〉 가정, 가설 / **pseudoscience** 사이비 과학 cf. **pseudo** 허위의, 가짜의, 모조의 / **minimize** ~을 최소[최저]로 하다

**구문** [7행~9행] Anthropologists know that when ~, // the tribe members may be conscious of **the fact** **that** they are
S'    V'    C'    └── = ──┘
being monitored by an outsider *and*, as a result, they may behave differently.

[9행~11행] Similarly, / psychological studies frequently bump up against these problems, // *as* subjects attempt
S    V    O    《이유》 ~ 때문에 S'   V'
to alter their behavior / when ~, / especially if they know what the experimental hypotheses are.
O'    O''

---

**4**   ④   ★ 소재 **친숙한 것을 선호하는 경향**    p.196

**해석** 우리는 종종 우리가 광고에 현혹되기에는 너무 똑똑하다고 믿지만, 그렇지 않다. 만약 당신이 연구의 테스트 참가자들에게 음악이나 미술에 관한 그들의 선호도를 설명해 달라고 요청한다면, 그들은 자기 스스로 작품의 질에 근거한 어떤 설명을 찾아낼 것이다. 그러나 몇몇 연구결과는 '친숙함이 선호를 만든다.'는 것을 입증하고 있다. 당신이 사람들에게 짧은 곡들을 들려주거나 몇 점의 그림들을 보여주면서 그들이 음악을 듣거나 미술작품을 보는 횟수를 달리한다면, 대체로 사람들은 낯선 작품들보다 친숙한 것들을 더 긍정적으로 평가할 것이다. 평가하는 사람들은 자신들이 하나의 곡을 다른 곡보다 좋아하는 이유가 더 친숙하기 때문이라는 사실을 알지 못한다. 상품이 본질적으로 같은 경우라도, 사람들은 친숙한 것을 선택하는데, 이것이 그들이 광고를 통해 그 상품명을 알기 때문에 친숙한 것뿐일지라도 그러하다.

**추론흐름** 빈칸 문장을 통해 Myth—Truth 구조의 단락임을 짐작할 수 있으며 빈칸은 통념에 주어졌다는 것을 우선 인식해야 한다. 이어지는 내용을 통해, 사람들의 선호가 친숙함에 의해 만들어진다는 것이 입증되고, 상품도 광고를 통해 친숙해진 것을 선택한다고 하였다. 그러므로 사람들은 실제로 광고에 현혹되는 것이고, 현혹되지 않는다고 생각하는 것이 통념이다.

**오답근거**
① 때때로 불쾌해진다    ② 항상 둘러싸여 있다
③ 흔히 설득당한다 ➡ 정답과 상반되는 개념. 빈칸에 잘못된 통념이 들어가는 것을 놓치면 고를법한 오답.
⑤ 쉽게 주의가 흐트러진다

**어휘** **come up with** (해답을) 찾아내다; ~을 생산하다; 제시[제안]하다 / **breed** (동물이) 새끼를 낳다; ~을 야기하다 / **liking** 선호, 좋아함 / **on the whole** 대체로 / **equivalent** 동등한 / **go with** ~을 선택하다, 받아들이다 / **seduce** ~을 유혹하다, 꾀다

**구문** [1행~2행] We often think that we are **too** smart **to be** seduced by advertisements, // but we aren't.
● 〈too ~ to ...〉는 '...하기에는 너무 ~하다', '너무 ~해서 ...할 수 없다'란 뜻.

[5행~7행] If you ┌ play short pieces of music for people
S' │ V'₁    O'₁
│ *or*
├ show them slides of paintings
│ V'₂ IO'₂    DO'₂
│ *and*
└ vary *the number of times* [they hear or see the music and the art], //
V'₃    O'₃
on the whole / people will rate the familiar things more positively / than the unfamiliar ones.
S    V    O

---

**5**   ③   ★ 소재 **관념 간의 상호작용과 무의식으로의 이동**    p.196

**해석** 요한 헤르바르트는 정신이 어떻게 작용하는지, 특히 정신이 어떻게 관념이나 개념을 처리하는지 연구하고자 했던 독일 철학자였다. 그가 관념에 대해 사용했던 용어 'Vorstellung'은 생각, 심상(心像), 심지어 감정 상태까지 포함한다. 이러한 것들은 정신의 전체적인 내용을 구성하고 헤르바르트는 그것들을 고정된 요소가 아니라 역동적인 요소로 보았는데, 이것들은 움직이고 서로 상호작용할 수 있다. 그가 말하기를, 유사한 관념은 서로 끌어당기고 더욱 복잡한 관념을 형성하기 위해 결합한다고 한다. 두 관념이 다르면 연관을 맺지 않은 상태로 계속 존재할 수도 있다. 이것은 두 관념이 시간이 지나면서 약해지게 하고, 결국 '식별

**추론흐름** 헤르바르트가 무의식을 어떻게 보았는지 찾아야 하는데 지문의 중반부 이후 내용을 종합하면 빈칸을 추론할 수 있다. If로 시작하는 문장에서 연관성이 없는 두 관념이 시간의 경과에 따라 약해져 식별역 아래로(무의식으로) 가라앉게 된다고 했으며, 이어서 두 관념이 서로 모순되면 둘 중 하나를 의식 너머로, 즉 우리가 '무의식'으로 알고 있는 곳으로 밀어낸다고 했다. 이 내용을 종합하면 무의식은 '약하거나 반대되는 관념들을 위한 저장소'라고 할 수 있다.

역' 아래로 가라앉게 된다. 혹시라도 두 관념이 서로 전적으로 모순된다면, '저항이 발생하여' 관념 중 하나를 의식 너머로, 즉 우리가 현재 '무의식'으로 알고 있는 곳으로 몰아내는 에너지를 가지고 서로를 밀어낸다. 헤르바르트는 무의식을 일종의 <u>약하거나 반대되는 관념들을 위한 저장소</u>로 보았다.

**어휘** **encompass** ~을 둘러싸다; ~을 포함하다 / **static** 정지된, 고정된 (↔ dynamic 역학; 역동적인) / **unlike** 비슷하지 않은, 다른 / **association** 협회; 연관(성) / **threshold** 문지방; 한계점 / **consciousness** 의식; 자각 (↔ 《the》 unconscious 무의식) / **contradict** ~을 반박하다; (진술 등이) 모순되다 / **resistance** 저항(력); 반대 / **repel** ~을 쫓아버리다; (자석·전극 등이) 밀어내다 / **propel** 나아가게 하다; ~을 몰고 가다 / **counterpart** 상대편, 대응물 / **abstract** 개요; 추상적인 / **have power over** ~을 지배하다, 마음대로 하다

**구문** **[4행~5행]** These make up the entire content [of the mind], // and Herbart saw them not as static but (as)
$\underset{S_1}{}$ $\underset{V_1}{}$ $\underset{O_1}{}$ $\underset{S_2}{}$ $\underset{V_2}{}$ $\underset{O_2}{}$
dynamic elements, *(which are)* able to move and interact with one another.
● 〈not A but B〉: A가 아니라 B인
● 형용사 able 이하가 dynamic elements를 부연설명한다.

**[7행~8행]** This causes them to weaken over time, so that they eventually sink below the "threshold of
$\underset{S}{}$ $\underset{V}{}$ $\underset{O}{}$ $\underset{OC}{}$ $\underset{S'}{}$ $\underset{V'}{}$
consciousness."
● so that 이하는 '결과'를 나타낸다.

**[9행~11행]** Should two ideas directly contradict one another, / "resistance occurs" and they repel one another /
$\underset{조동사}{}$ $\underset{S'}{}$ $\underset{V'}{}$ $\underset{O'}{}$ $\underset{S_1}{}$ $\underset{V_1}{}$ $\underset{S_2}{}$ $\underset{V_2}{}$ $\underset{O_2}{}$
with an energy [that propels one of **them** beyond consciousness, / into *a place* [that we now know ● as
(= the two ideas) =
"the unconscious."]]
● Should ~ another는 〈If+S+should+V〉 구문에서 If가 생략되면서 주어(two ideas)와 조동사(should)가 도치된 형태.
(= If two ideas should directly contradict ~)
● beyond consciousness와 into a place ~ "the unconscious."는 동격의 관계로 콤마(,)가 동격을 나타냄.

---

**6** ② ★ 소재 '앵커링'으로 인한 비합리적 결정 p.197

**해석** '앵커링(닻 내리기)'이란 (A) 결정을 내릴 때 한 지점에 과도하게 집중하는 인간의 성향을 말한다. 당신이 일단 닻을 내린 다음에는, 그것으로 인해 당신이 처할 수도 있는 상태의 위험성을 알 수 있게 될 가능성은 거의 없다. 예를 들어, 와인의 가치를 결정하는 모든 다양한 요인들을 모르는 어떤 사람은 고급 레스토랑에서 와인을 주문할 때 '가격'이라는 오직 한 가지 요인에만 의존할 것이다. 가격은 그가 어떤 와인이 가장 좋은 선택일지를 결정하는 데 무게를 실어주고 그로 하여금 고가의 선택에 돈을 낭비하게 하는 닻이 된다. 마케팅 부서들은 이러한 경향을 알고 있기 때문에 소비자가 지불하게 할 수 있는 금액을 극대화하기 위해 상품 가격을 교묘하게 매기는 데 상당한 시간을 보낸다. 당신의 뇌가 당신에게 쓸 수 있는 속임수를 인식할 때 당신은 그 고급 와인 목록에 대처할 준비를 더 잘할 수 있을 것이다. 여기 조언이 하나 있다. (B) <u>가장 저렴한 것을 사는 걸 두려워하지 마라.</u>

**추론흐름** 하나의 정보에만 집중해 비합리적인 결정을 하게 되는 '닻 내리기(정박 효과)'에 대한 내용. (A)는 For example 다음의, 가격이라는 단일 정보에만 과도하게 집중해 와인을 결정하는 예시를 통해, '앵커링'이 '결정을 내릴' 때 한 가지 측면에만 집중하는 인간의 성향을 나타낸다는 것을 유추할 수 있다. (B)는 '앵커링'에 대처하기 위한 조언에 해당하는데, (B) 앞부분에서 하나의 정보(가격)에만 무게를 둘 때 돈을 낭비하고 마케팅 부서들의 상술에 이용될 것을 알 수 있다. 즉, 가격이라는 단일 정보에 매이지 않으면 가장 저렴한 것을 선택할 수도 있음을 내포하고 있다.

**어휘** **anchor** 닻; 닻을 내리다; ~을 고정시키다 / **tendency** 성향, 경향 / **precariousness** 불확실함; 위험 / **fancy** 공상(하다); 화려한; 값비싼, 고급의 / **weight** 무게, 체중; (추 등을 매달아) ~을 무겁게 하다; ~에 가중치를 주다 / **engineer** 기술자; 공사를 설계하다; (일을) 꾀하다, 수작을 부리다 / **maximize** ~을 극대화[최대화]하다 / **play a trick[tricks] on** ~을 속이다 / **negotiate** 협상[교섭]하다

**[2행~4행]** **Once** you've established an anchor, // there's little | **chance** | **that** | you'll be able to see the precariousness

of *the position* [*(which)* it might put you in ●].

● 여기서 Once는 '일단 ~하면'이라는 뜻의 접속사로 쓰였다.

**[4행~5행]** ~, *a man* [**who** doesn't know all of *the various factors* [**that** determine a wine's value]] will rely on
　　　　　S　　　　　　　　　　　　　　　　　　　　　　　　　　　　　　　　　　　　　V

just one factor — price — / when ordering wine at a fancy restaurant.
　　　　　O

**[5행~7행]** The price will be *the anchor* [that weights his decision [on **which** wine will be the best choice] — | *and* |
　　　　　S　　V　　　C　　　　　　V'₁　　O'₁

makes him **waste** his money **on** a high-priced choice].
V'₂　O'₂　OC'₂

● 여기서 which는 명사 wine을 수식하는 의문형용사.
● ⟨waste A on B⟩는 'A를 B에 낭비하다'라는 뜻.

**[7행~9행]** **Being aware of** this tendency, / marketing departments spend a lot of time engineering product prices
　　　　　(=Because[As, Since] they are aware of)　　　　　S　　　　　V　　　O

/ **to maximize** the amount of *money* [*(which)* they can get consumers to pay ●].
　《목적》~하기 위하여　　　　　　　　　　　S'　V'　　O'　　OC'

● Being aware of ~는 '이유'를 나타내는 분사구문.

m　　　e　　　m　　　o　　　m　　　e　　　m　　　o

memo memo memo

# 쎄듀 초등 커리큘럼

| 영역 | 교재 |
|---|---|
| 구문 | 초등코치 천일문 SENTENCE — 1001개 통문장 암기로 완성하는 초등 영어의 기초 (초3~초4) |
| 문법 | 초등코치 천일문 GRAMMAR — 1001개 예문으로 배우는 초등 영문법 (초4~초6) |
| 문법 | 신간 왓츠 Grammar Start 시리즈 — 초등 기초 영문법 입문 (초2~초3) |
| 문법 | 신간 왓츠 Grammar Plus 시리즈 — 초등 필수 영문법 마무리 (초5~초6) |
| 독해 | 신간 왓츠 리딩 70 / 80 / 90 / 100 A / B — 쉽고 재미있게 완성되는 영어 독해력 (초2~초6) |
| 어휘 | 초등코치 천일문 VOCA&STORY — 1001개의 초등 필수 어휘와 짧은 스토리 (초3~초4) |
| 어휘 | 패턴으로 말하는 초등 필수 영단어 1 / 2 — 문장 패턴으로 완성하는 초등 필수 영단어 (초1~초4) |
| ELT | Oh! My PHONICS 1 / 2 / 3 / 4 — 유·초등학생을 위한 첫 영어 파닉스 (예비초~초1) |
| ELT | Oh! My SPEAKING 1 / 2 / 3 / 4 / 5 / 6 — 핵심 문장 패턴으로 더욱 쉬운 영어 말하기 (초1~초4) |
| ELT | Oh! My GRAMMAR 1 / 2 / 3 — 쓰기로 완성하는 첫 초등 영문법 (초1~초3) |

# 쎄듀 중등 커리큘럼

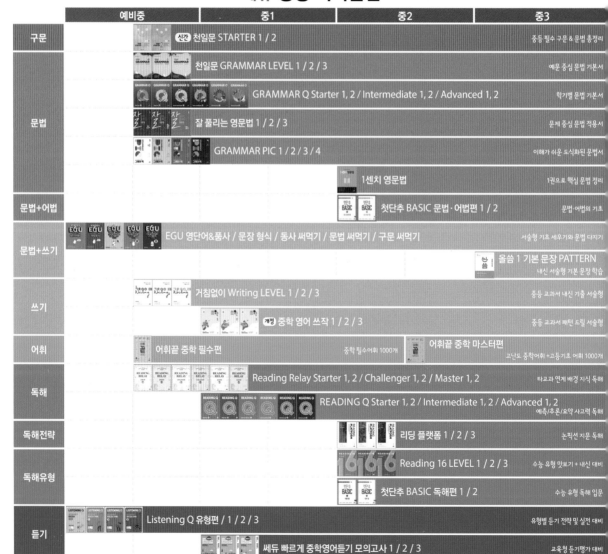

| 영역 | 교재 |
|---|---|
| 구문 | 신간 천일문 STARTER 1 / 2 — 중등 필수 구문 & 문법 총정리 (예비중~중3) |
| 문법 | 천일문 GRAMMAR LEVEL 1 / 2 / 3 — 예문 중심 문법 기본서 |
| 문법 | GRAMMAR Q Starter 1, 2 / Intermediate 1, 2 / Advanced 1, 2 — 학기별 문법 기본서 |
| 문법 | 잘 풀리는 영문법 1 / 2 / 3 — 문제 중심 문법 적용서 |
| 문법 | GRAMMAR PIC 1 / 2 / 3 / 4 — 이해가 쉬운 도식화된 문법서 |
| 문법 | 1센치 영문법 — 1권으로 핵심 문법 정리 |
| 문법+어법 | 첫단추 BASIC 문법·어법편 1 / 2 — 문법·어법의 기초 |
| 문법+쓰기 | EGU 영단어&품사 / 문장 형식 / 동사 써먹기 / 문법 써먹기 / 구문 써먹기 — 서술형 기초 세우기와 문법 다지기 |
| 문법+쓰기 | 올씀 1 기본 문장 PATTERN — 내신 서술형 기본 문장 학습 |
| 쓰기 | 거침없이 Writing LEVEL 1 / 2 / 3 — 중등 교과서 내신 기출 서술형 |
| 쓰기 | 개정 중학 영어 쓰작 1 / 2 / 3 — 중등 교과서 패턴 드릴 서술형 |
| 어휘 | 어휘끝 중학 필수편 — 중학 필수어휘 1000개 |
| 어휘 | 어휘끝 중학 마스터편 — 고난도 중학어휘 +고등기초 어휘 1000개 |
| 독해 | Reading Relay Starter 1, 2 / Challenger 1, 2 / Master 1, 2 — 타교과 연계 배경 지식 독해 |
| 독해 | READING Q Starter 1, 2 / Intermediate 1, 2 / Advanced 1, 2 — 예측/추론/요약 사고력 독해 |
| 독해전략 | 리딩 플랫폼 1 / 2 / 3 — 논픽션 지문 독해 |
| 독해유형 | Reading 16 LEVEL 1 / 2 / 3 — 수능 유형 맛보기 + 내신 대비 |
| 독해유형 | 첫단추 BASIC 독해편 1 / 2 — 수능 유형 독해 입문 |
| 듣기 | Listening Q 유형편 / 1 / 2 / 3 — 유형별 듣기 전략 및 실전 대비 |
| 듣기 | 쎄듀 빠르게 중학영어듣기 모의고사 1 / 2 / 3 — 교육청 듣기평가 대비 |